北京法天眼合规管理平台、云南春锐律师事务所 **推荐**

企业家财税思维之

企业税务风险识别、评估与应对

陈锐 高少华 杨发勇 周旭泽◎主编

ENTREPRENEURIAL TAX AND FINANCE THINKING:
Identification, Assessment And Response To Enterprise Tax Risks

法律出版社 | LAW PRESS
北京

图书在版编目（CIP）数据

企业家财税思维之企业税务风险识别、评估与应对 / 陈锐等主编. -- 北京 : 法律出版社, 2025. -- ISBN 978 -7 -5244 -0022 -6

Ⅰ. F812.423

中国国家版本馆 CIP 数据核字第 2025DZ0975 号

企业家财税思维之企业税务风险识别、评估与应对
QIYEJIA CAISHUI SIWEI ZHI QIYE SHUIWU FENGXIAN SHIBIE, PINGGU YU YINGDUI

陈　锐　高少华
杨发勇　周旭泽　主编

策划编辑 张　颖
责任编辑 张　颖
装帧设计 鲍龙卉

出版发行 法律出版社
编辑统筹 法律应用出版分社
责任校对 王晓萍
责任印制 刘晓伟
经　　销 新华书店

开本 710 毫米×1000 毫米　1/16
印张 24.5　**字数** 421 千
版本 2025 年 3 月第 1 版
印次 2025 年 3 月第 1 次印刷
印刷 北京中科印刷有限公司

地址:北京市丰台区莲花池西里 7 号(100073)
网址:www.lawpress.com.cn
投稿邮箱:info@lawpress.com.cn
举报盗版邮箱:jbwq@lawpress.com.cn
销售电话:010 -83938349
客服电话:010 -83938350
咨询电话:010 -63939796

书号:ISBN 978 -7 -5244 -0022 -6
定价:92.00 元

凡购买本社图书,如有印装错误,我社负责退换。电话:010 -83938349

序

税，也许可以将其定义为，国家依法以一定税种、按一定税率向纳税人征收的货币或实物。税法就是关于税收的法律。税收是很普遍的社会现象，但在这一问题上的理性认知却并不普遍。人们常说，税是取之于民而又用之于民的。其实，实现税取之于民、用之于民的美好初衷与良好愿望并不容易。如何“取之于民”直接说是税法问题，根本上是政治问题，它是一个由谁决定、由谁说了算的问题，这就是民主问题，而具体的征收又是一个法治的过程，即必须依照法定的程序进行。至于如何“用之于民”，则需要国家预算法律、财政法律、国有资产管理法律、社会保障法律包括教育、医疗、养老、失业与贫困救济等共同来落实，故它是法治问题，更是民主问题。历史早已说明，人们对于税法的美好夙愿与良好期待，只有在完善的民主与完备的法治之下才可能得以实现。

税收法律关系的主体，一是征税主体，二是纳税主体。我们先来看征税主体。它是国家，或者代表国家的政府及其税务机关。征税主体具有特定性，不是任何机构可充任的。税是由国家征收的，因而也就使之具有了国家强制性。征税机关是以国家强制力包括警察、法庭、监狱等暴力工具作为后盾的。因此，纳税人必须纳税。

说到纳税人，也就是纳税主体。他可能是国家公权力之外依法具有纳税义务的个人或者企业等法人与非法人组织。纳税人在国家或者社会中具有相当的普遍性。对于成年的公民来说，只要参与社会生活——任何人都不能不参与社会生活——也就不能不纳税。在社会实际生活中，个人是纳税主体，企业也是纳税主体，企业甚至是税负承担数量最为庞大的纳税主体。

所有的税收都必须依法以一定税种、按照一定的税率进行。这里的税种、税率都是由法律规定的，税必须是依法征收的。在税法上，每一个税种它的征税对象、纳税人、税目、税率、纳税环节、纳税期限、缴纳方法、减税、免税及违章处理等都是由法律规定的。作为纳税人必须依法纳税而不可抵制；征税机关更必须依法征税而不可妄为。

正是基于以上的认知，也许可以得出但不限于这样的结论：纳税主体是极为广泛的，其中最主要而普遍的无疑是个人或者企业；所有的征税和纳税都必须依照相关法律进行。因此研究个人和企业的纳税问题，就成了重要的法律问题，也当然地成为法律人尤其是律师十分重要的工作。在当前这个走向法治而税法尚不完善的时代，相应的律师服务就更加不可缺少且弥足珍贵。

在庞大的律师群体中，对于税收法律具有精深研究、对税收法务具有丰富经验的律师，就显得特别重要。公民或企业在依法纳税的时候，也有着自己的合法权益。如何依法纳税，如何既履行自己的纳税义务，又维护自己的合法权益，就成为纳税人的重要诉求。就企业来说，由于他们担负的税负种类与范围不同，其纳税的情形远比一个公民更为复杂。因此，企业需要更多地了解税法以及时纳税并规避税务风险，需要依法维权以维护自身涉税的合法权益。

本书《企业家财税思维之企业税务风险识别、评估与应对》的主编陈锐、高少华、杨发勇、周旭泽律师及其他副主编及编委成员，均具有深厚的税务理论功底，并通过长期为企业提供涉税法律服务积累了丰富的实操经验。该书对于作为纳税人的企业、企业家，以及作为征税工作人员的公务人员都相当有益。编者对企业可能遇到的各种税务风险的表现、后果加以解析，有针对性地提出相应的合规建议，并详细列明了法律依据。其写作方式独具特色，具有极强的适用性和便捷性，尤其适宜企业家、企业法务人员、企业税务工作者作为手册，日常使用。故为此序以推荐之。

卓泽渊

2024 年夏于京西

前　言

在共同富裕、法治经济、社保入税、金税四期等大背景下，如何有效管控税务风险，是所有企业和企业家面临的最大问题！

2021年3月，中共中央办公厅、国务院办公厅印发了《关于进一步深化税收征管改革的意见》，要求以习近平新时代中国特色社会主义思想为指导，围绕把握新发展阶段、贯彻新发展理念、构建新发展格局，深化税收征管制度改革。到2023年，基本建成以"双随机、一公开"监管和"互联网＋监管"为基本手段、以重点监管为补充、以"信用＋风险"监管为基础的税务监管体系，实现从"以票管税"向"以数治税"分类精准监管转变。到2025年，深化税收征管制度改革取得显著成效，基本建成功能强大的智慧税务，形成国内一流的智能化行政应用系统，全方位提高税务执法、服务、监管能力；基本实现发票全领域、全环节、全要素电子化，着力降低制度性交易成本。

《关于进一步深化税收征管改革的意见》提到要精准实施税务监管。建立健全以"信用＋风险"为基础的新型监管机制。健全守信激励和失信惩戒制度，充分发挥纳税信用在社会信用体系中的基础性作用。加强重点领域风险防控和监管，对逃避税问题多发的行业、地区和人群，根据税收风险适当提高"双随机、一公开"抽查比例。对隐瞒收入、虚列成本、转移利润以及利用"税收洼地"、"阴阳合同"和关联交易等逃避税行为，加强预防性制度建设，加大依法防控和监督检查力度。依法严厉打击涉税违法犯罪行为，健全违法查处体系，充分依托国家"互联网＋监管"系统多元数据汇聚功能，精准有效打击"假企业"虚开发票、"假出口"骗取退税、"假申报"骗取税费优惠等行为，保障国家税收安全。

目前我们国家税收政策的主基调是"税费应收尽收、优惠应享尽享"。

而企业和企业家最大的问题则是不了解税收法规政策而导致的一方面涉税违法犯罪，另一方面浪费大量税收优惠。尤其是面对各种涉税违法犯罪行为，国家持续加大打击力度，仅2023年就依法查处违法纳税人13.5万户，挽回各类税款损失1810亿元，对8228名犯罪嫌疑人采取了强制措施。

智慧税务推动税收征管方式从“收税到报税再到算税”、征管流程从“上机到上网再到上云”、征管效能从“经验管税到以票管税再到以数治税”的转变。新的税收征管系统将充分运用大数据、人工智能等信息技术，为每个市场主体详尽描绘“数据画像”，从而实现全方位、全业务、全流程、全智能的精准监管。

随着税收法规政策的不断更新和税收监管环境的日益严格，企业税务风险已经成为影响企业稳健经营和持续发展的关键因素之一。税务风险对企业而言不仅仅是补税、加收滞纳金、罚款，还会影响企业的经营战略、信用评级、项目竞标、投资融资等方方面面。因此，对于企业而言，如何有效识别、评估和应对税务风险，已然成为一项亟待解决的重要任务。智慧监管利剑高悬，企业及企业家切莫心存侥幸，要切实做好税务风险管理，依法纳税、安全纳税，实现税务风险最小化及合法税收利益最大化。

税务风险管理涉及市场主体的各种业务和交易行为，贯穿企业全生命周期。本书主要围绕企业日常税务处理，以及主要税种和财务报表指标及报表项目的涉税风险，对各风险点的风险表现和风险后果进行分析，并在此基础上给出相应的合规管理和应对建议。

首先，从企业日常税务事项入手，分析企业在日常税务操作中可能遇到的风险点，如税务登记、纳税申报、税款缴纳、发票开具等环节可能存在的税务风险，为企业正确进行税务处理提供合规操作建议。

其次，针对不同税种（尤其是增值税、企业所得税、个人所得税等主要税种）可能涉及的风险点进行深入分析，帮助企业了解各税种的风险点和应对策略，为企业税务风险管理提供有针对性的指导。

最后，财务报表指标及报表项目涉税风险也是本书重点关注的内容。

财务报表是企业财务状况和经营成果的重要体现,也是税务风险识别评估的重要依据。通过分析财务报表指标和报表项目,揭示其中可能存在的税务风险点,帮助企业更加准确地把握税务风险,并切实做好税务风险管理和自查自纠。

总之,以数治税、精准监管、精确执法等先进理念,对企业的纳税遵从提出了更高的要求。税收大数据精准识别税收风险、预警监控税收风险,税收违法行为打击常态化等监管措施的升级,使企业税务风险管理面临严峻考验,税收监管数字化、智能化也让企业的涉税风险日益凸显。本书旨在为企业提供一套系统全面的税务风险管理思路,帮助企业有效识别、评估和应对税务风险,为企业的稳健经营和持续发展提供有力保障。

虽力求做到内容完整准确,但由于编者水平和经验有限,书中不足之处在所难免,敬请读者批评指正,我们将与您共同探讨、改进和完善。

本书旨在方便读者学习理解税收政策,而并非税收执法和政策执行的依据,具体涉税事项请以正式文件及税务机关的实操口径为准。编者后续将会针对企业的主要业务、交易和事项,推出本书的姊妹篇,敬请期待!

编　者

2024 年 8 月

目·录

CONTENTS

第二篇

主要税种税务风险管理

第一篇

日常税务事项风险管理

法律、行政法规规定负有纳税义务的单位和个人为纳税人；负有代扣代缴、代收代缴税款义务的单位和个人为扣缴义务人。纳税人、扣缴义务人必须依照法律、行政法规的规定缴纳税款，代扣代缴、代收代缴税款。

纳税人、扣缴义务人依法纳税的前提，是要根据《税收征收管理法》及其实施细则以及其他相关法律法规的规定，做好日常税务管理工作，即纳税人、扣缴义务人需要做好税务登记、账簿管理、纳税申报、凭证管理等相关事项的税务风险管理工作，确保依法合规纳税，有效防控风险。

第一章　税务登记风险管理

从事生产、经营的纳税人、扣缴义务人，应当按照《税务登记管理办法》及其他相关法律法规的规定，依法、及时办理税务设立、变更、注销登记，以及扣缴税款登记等手续，有效防控下列风险。

一、未依法办理税务设立登记

风险表现

从事生产、经营的纳税人未依法办理税务设立登记；扣缴义务人未按照规定办理扣缴税款登记。

风险后果

1. 纳税人未按照规定办理税务登记，将面临以下处罚：

(1)纳税人不按照规定的期限申报办理税务登记，由税务机关责令限期改正。逾期仍不改正的，可以处2000元以下的罚款；情节严重的，处2000～10,000元的罚款。

(2)纳税人通过提供虚假的证明资料等手段，骗取税务登记证的，处2000元以下的罚款；情节严重的，处2000～10,000元的罚款。

(3)纳税人未按照规定办理税务登记的，由税务机关核定其应纳税额，责令缴纳；不缴纳的，税务机关可以扣押其价值相当于应纳税款的商品、货物。扣押后仍不缴纳应纳税款的，经县以上税务局(分局)局长批准，依法拍卖或者变卖所扣押的商品、货物，以拍卖或者变卖所得抵缴税款。

(4)纳税人不办理税务登记的，由税务机关责令限期改正；逾期不改正的，经税务机关提请，由市场监督管理机关吊销其营业执照。

2. 扣缴义务人未按照规定办理扣缴税款登记的，会被税务机关责令限期改正，并可处以1000元以下的罚款。

合规建议

1. 除国家机关、个人和无固定生产、经营场所的流动性农村小商贩外，其余从事生产、经营的纳税人(包括但不限于企业,企业在外地设立的分支机构和从事生产、经营的主体,个体工商户和从事生产、经营的事业单位等),均应依法办理税务登记。

(1)从事生产、经营的纳税人领取营业执照的,应当自领取营业执照之日起30日内向生产、经营所在地税务机关申报办理税务登记,税务机关发放税务登记证及副本。

(2)从事生产、经营的纳税人未办理营业执照但经有关部门批准设立的,应当自有关部门批准设立之日起30日内向生产、经营所在地税务机关申报办理税务登记,税务机关发放税务登记证及副本。

(3)从事生产、经营的纳税人未办理营业执照也未经有关部门批准设立的,应当自纳税义务发生之日起30日内向生产、经营所在地税务机关申报办理税务登记,税务机关发放临时税务登记证及副本。

(4)有独立的生产经营权、在财务上独立核算并定期向发包人或者出租人上交承包费或租金的承包承租人,应当自承包承租合同签订之日起30日内,向其承包承租业务发生地税务机关申报办理税务登记,税务机关发放临时税务登记证及副本。

(5)境外企业在中国境内承包建筑、安装、装配、勘探工程和提供劳务的,应当自项目合同或协议签订之日起30日内,向项目所在地税务机关申报办理税务登记,税务机关发放临时税务登记证及副本。

(6)上述规定以外的其他纳税人,均应当自纳税义务发生之日起30日内,向纳税义务发生地税务机关申报办理税务登记,税务机关发放税务登记证及副本。

2. 依法负有扣缴税款义务的扣缴义务人(国家机关除外),应当依法办理扣缴税款登记。

(1)已办理税务登记的扣缴义务人应当自扣缴义务发生之日起30日内,向税务登记地税务机关申报办理扣缴税款登记。税务机关在其税务登记证件上登记扣缴税款事项,不再发放扣缴税款登记证件。

(2)根据税收法律、行政法规的规定可不办理税务登记的扣缴义务人,应当自扣缴义务发生之日起30日内,向机构所在地税务机关申报办理扣缴税款登记。税务机关发放扣缴税款登记证件。

法律依据

1.《税务登记管理办法》

第二条 企业,企业在外地设立的分支机构和从事生产、经营的场所,个体工商户和从事生产、经营的事业单位，均应当按照《税收征管法》及《实施细则》和本办法的规定办理税务登记。

前款规定以外的纳税人，除国家机关、个人和无固定生产、经营场所的流动性农村小商贩外，也应当按照《税收征管法》及《实施细则》和本办法的规定办理税务登记。

根据税收法律、行政法规的规定负有扣缴税款义务的扣缴义务人（国家机关除外），应当按照《税收征管法》及《实施细则》和本办法的规定办理扣缴税款登记。

第八条　企业，企业在外地设立的分支机构和从事生产、经营的场所，个体工商户和从事生产、经营的事业单位（以下统称从事生产、经营的纳税人），向生产、经营所在地税务机关申报办理税务登记：

（一）从事生产、经营的纳税人领取工商营业执照的，应当自领取工商营业执照之日起30日内申报办理税务登记，税务机关发放税务登记证及副本；

（二）从事生产、经营的纳税人未办理工商营业执照但经有关部门批准设立的，应当自有关部门批准设立之日起30日内申报办理税务登记，税务机关发放税务登记证及副本；

（三）从事生产、经营的纳税人未办理工商营业执照也未经有关部门批准设立的，应当自纳税义务发生之日起30日内申报办理税务登记，税务机关发放临时税务登记证及副本；

（四）有独立的生产经营权、在财务上独立核算并定期向发包人或者出租人上交承包费或租金的承包承租人，应当自承包承租合同签订之日起30日内，向其承包承租业务发生地税务机关申报办理税务登记，税务机关发放临时税务登记证及副本；

（五）境外企业在中国境内承包建筑、安装、装配、勘探工程和提供劳务的，应当自项目合同或协议签订之日起30日内，向项目所在地税务机关申报办理税务登记，税务机关发放临时税务登记证及副本。

第九条　本办法第八条规定以外的其他纳税人，除国家机关、个人和无固定生产、经营场所的流动性农村小商贩外，均应当自纳税义务发生之日起30日内，向纳税义务发生地税务机关申报办理税务登记，税务机关发放税务登记证及副本。

第十一条　纳税人在申报办理税务登记时，应当根据不同情况向税务机关如实提供以下证件和资料：

（一）工商营业执照或其他核准执业证件；

（二）有关合同、章程、协议书；

（三）组织机构统一代码证书；

（四）法定代表人或负责人或业主的居民身份证、护照或者其他合法证件。

其他需要提供的有关证件、资料，由省、自治区、直辖市税务机关确定。

第十五条 已办理税务登记的扣缴义务人应当自扣缴义务发生之日起30日内，向税务登记地税务机关申报办理扣缴税款登记。税务机关在其税务登记证件上登记扣缴税款事项，税务机关不再发放扣缴税款登记证件。

根据税收法律、行政法规的规定可不办理税务登记的扣缴义务人，应当自扣缴义务发生之日起30日内，向机构所在地税务机关申报办理扣缴税款登记。税务机关发放扣缴税款登记证件。

第四十条 纳税人不办理税务登记的，税务机关应当自发现之日起3日内责令其限期改正；逾期不改正的，依照《税收征管法》第六十条第一款的规定处罚。

第四十一条 纳税人通过提供虚假的证明资料等手段，骗取税务登记证的，处2000元以下的罚款；情节严重的，处2000元以上10000元以下的罚款。纳税人涉嫌其他违法行为的，按有关法律、行政法规的规定处理。

第四十二条 扣缴义务人未按照规定办理扣缴税款登记的，税务机关应当自发现之日起3日内责令其限期改正，并可处以1000元以下的罚款。

2.《税收征收管理法》

第三十七条 对未按照规定办理税务登记的从事生产、经营的纳税人以及临时从事经营的纳税人，由税务机关核定其应纳税额，责令缴纳；不缴纳的，税务机关可以扣押其价值相当于应纳税款的商品、货物。扣押后缴纳应纳税款的，税务机关必须立即解除扣押，并归还所扣押的商品、货物；扣押后仍不缴纳应纳税款的，经县以上税务局（分局）局长批准，依法拍卖或者变卖所扣押的商品、货物，以拍卖或者变卖所得抵缴税款。

第六十条 纳税人有下列行为之一的，由税务机关责令限期改正，可以处二千元以下的罚款；情节严重的，处二千元以上一万元以下的罚款：

（一）未按照规定的期限申报办理税务登记、变更或者注销登记的；

……

纳税人不办理税务登记的，由税务机关责令限期改正；逾期不改正的，经税务机关提请，由工商行政管理机关吊销其营业执照。

……

二、未依法办理税务变更登记

风险表现

纳税人税务登记内容发生变化时，未依法办理税务变更登记手续。

风险后果

纳税人未按照规定期限申报办理税务变更登记的，由税务机关责令限期改正，可处2000元以下的罚款；情节严重的，处2000～10,000元的罚款。

合规建议

纳税人税务登记内容发生变化的，应当按照下列规定向原税务登记机关申报办理变更税务登记：

1. 纳税人已在市场监督管理机关办理变更登记的，应当自市场监督管理机关变更登记之日起30日内，向原税务登记机关申报办理变更税务登记。

2. 纳税人按照规定不需要在市场监督管理机关办理变更登记，或者其变更登记的内容与登记内容无关的，应当自税务登记内容实际发生变化之日起30日内，或者自有关机关批准或者宣布变更之日起30日内，到原税务登记机关申报办理变更税务登记。

法律依据

1.《税务登记管理办法》

第十六条　纳税人税务登记内容发生变化的，应当向原税务登记机关申报办理变更税务登记。

第十七条　纳税人已在工商行政管理机关办理变更登记的，应当自工商行政管理机关变更登记之日起30日内，向原税务登记机关如实提供下列证件、资料，申报办理变更税务登记：

（一）工商登记变更表；

（二）纳税人变更登记内容的有关证明文件；

（三）税务机关发放的原税务登记证件（登记证正、副本和登记表等）；

（四）其他有关资料。

第十八条　纳税人按照规定不需要在工商行政管理机关办理变更登记，或者其变更登记的内容与工商登记内容无关的，应当自税务登记内容实际发生变化之日起30日内，或者自有关机关批准或者宣布变更之日起30日内，持下列证件到原税务登记机关申报办理变更税务登记：

（一）纳税人变更登记内容的有关证明文件；

（二）税务机关发放的原税务登记证件（登记证正、副本和税务登记表等）；

（三）其他有关资料。

2.《税收征收管理法》

第六十条第一款 纳税人有下列行为之一的，由税务机关责令限期改正，可以处二千元以下的罚款；情节严重的，处二千元以上一万元以下的罚款：

（一）未按照规定的期限申报办理税务登记、变更或者注销登记的；

……

3.《税收征收管理法实施细则》

第九十条 纳税人未按照规定办理税务登记证件验证或者换证手续的，由税务机关责令限期改正，可以处2000元以下的罚款；情节严重的，处2000元以上1万元以下的罚款。

三、未依法办理税务注销登记

风险表现

纳税人发生需要办理税务注销登记的情形时，未依法办理税务注销登记手续。

风险后果

纳税人未按照规定期限申报办理税务注销登记的，由税务机关责令限期改正，可处2000元以下的罚款；情节严重的，处2000～10,000元的罚款。

合规建议

纳税人发生下列情形时，应依法办理注销税务登记：

1.纳税人发生解散、破产、撤销以及其他情形，依法终止纳税义务的，应当在向市场监督管理机关或者其他机关办理注销登记前（按规定不需要在市场监督管理机关或者其他机关办理注册登记的，应当自有关机关批准或者宣告终止之日起15日内），持有关证件和资料向原税务登记机关申报办理注销税务登记。

2.纳税人被市场监督管理机关吊销营业执照或者被其他机关予以撤销登记的，应当自营业执照被吊销或者被撤销登记之日起15日内，向原税务登记机关申报办理注销税务登记。

3.纳税人因住所、经营地点变动，涉及改变税务登记机关的，应当在向市场监督管理机关或者其他机关申请办理变更、注销登记前，或者住所、经营地点变动前，持有关证件和资料，向原税务登记机关申报办理注销税务登记，并自注销税务登记之日起30日内向迁达地税务机关申报办理税务登记。

4. 境外企业在中国境内承包建筑、安装、装配、勘探工程和提供劳务的，应当在项目完工、离开中国前15日内，持有关证件和资料，向原税务登记机关申报办理注销税务登记。

【提示】纳税人办理注销税务登记前，应当向税务机关提交相关证明文件和资料，结清应纳税款、多退（免）税款、滞纳金和罚款，缴销发票、税务登记证件和其他税务证件，经税务机关核准后，办理注销税务登记手续。

法律依据

1.《税务登记管理办法》

第二十六条　纳税人发生解散、破产、撤销以及其他情形，依法终止纳税义务的，应当在向工商行政管理机关或者其他机关办理注销登记前，持有关证件和资料向原税务登记机关申报办理注销税务登记；按规定不需要在工商行政管理机关或者其他机关办理注册登记的，应当自有关机关批准或者宣告终止之日起15日内，持有关证件和资料向原税务登记机关申报办理注销税务登记。

纳税人被工商行政管理机关吊销营业执照或者被其他机关予以撤销登记的，应当自营业执照被吊销或者被撤销登记之日起15日内，向原税务登记机关申报办理注销税务登记。

第二十七条　纳税人因住所、经营地点变动，涉及改变税务登记机关的，应当在向工商行政管理机关或者其他机关申请办理变更、注销登记前，或者住所、经营地点变动前，持有关证件和资料，向原税务登记机关申报办理注销税务登记，并自注销税务登记之日起30日内向迁达地税务机关申报办理税务登记。

第二十八条　境外企业在中国境内承包建筑、安装、装配、勘探工程和提供劳务的，应当在项目完工、离开中国前15日内，持有关证件和资料，向原税务登记机关申报办理注销税务登记。

第二十九条　纳税人办理注销税务登记前，应当向税务机关提交相关证明文件和资料，结清应纳税款、多退（免）税款、滞纳金和罚款，缴销发票、税务登记证件和其他税务证件，经税务机关核准后，办理注销税务登记手续。

2.《税收征收管理法》

第六十条第一款　纳税人有下列行为之一的，由税务机关责令限期改正，可以

处二千元以下的罚款;情节严重的,处二千元以上一万元以下的罚款:

(一)未按照规定的期限申报办理税务登记、变更或者注销登记的;

……

3.《税收征收管理法实施细则》

第九十条 纳税人未按照规定办理税务登记证件验证或者换证手续的,由税务机关责令限期改正,可以处2000元以下的罚款;情节严重的,处2000元以上1万元以下的罚款。

第二章　账簿、凭证风险管理

依法设置账簿，妥善保管账簿、记账凭证等财务会计资料，是纳税人、扣缴义务人依法纳税的前置义务，纳税人、扣缴义务人应当按照有关法律、行政法规和国务院财政、税务主管部门的规定设置账簿，根据合法、有效凭证记账和进行核算，有效防控下列风险。

一、未依法开立并报告存款账户

风险表现

纳税人未按照国家有关规定，在银行或者其他金融机构开立基本存款账户和其他存款账户，并将其全部账号向税务机关报告。

风险后果

纳税人未按照规定将其全部银行账号向税务机关报告的，会被税务机关责令限期改正，可以处2000元以下的罚款；情节严重的，处2000~10,000元的罚款。

合规建议

从事生产、经营的纳税人应当按照国家有关规定，持税务登记证件，在银行或者其他金融机构开立基本存款账户和其他存款账户，并在开立账户之日起15日内，向主管税务机关书面报告其全部账号；发生变化的，应当自变化之日起15日内，向主管税务机关书面报告。

法律依据

1.《税收征收管理法》

第十七条　从事生产、经营的纳税人应当按照国家有关规定，持税务登记证件，在银行或者其他金融机构开立基本存款帐户和其他存款帐户，并将其全部帐号向税务机关报告。

……

第六十条第一款　纳税人有下列行为之一的，由税务机关责令限期改正，可以处二千元以下的罚款；情节严重的，处二千元以上一万元以下的罚款：

……

（四）未按照规定将其全部银行帐号向税务机关报告的；

……

2.《税收征收管理法实施细则》

第十七条 从事生产、经营的纳税人应当自开立基本存款账户或者其他存款账户之日起15日内，向主管税务机关书面报告其全部账号；发生变化的，应当自变化之日起15日内，向主管税务机关书面报告。

二、未按照规定设置和保管账簿及有关资料

风险表现

1. 作为纳税人，未按照规定设置、保管账簿（包括总账、明细账、日记账以及其他辅助性账簿）或者保管记账凭证和有关资料。

2. 作为扣缴义务人，未按照规定设置、保管代扣代缴、代收代缴税款账簿或者保管代扣代缴、代收代缴税款记账凭证及有关资料。

3. 除法律、行政法规另有规定外，未依法将账簿、记账凭证、报表、完税凭证、发票、出口凭证以及其他有关涉税资料保存10年。

风险后果

1. 纳税人未按照规定设置、保管账簿或者保管记账凭证和有关资料的，会被税务机关责令限期改正，可以处2000元以下的罚款；情节严重的，处2000～10,000元的罚款。

2. 扣缴义务人未按照规定设置、保管代扣代缴、代收代缴税款账簿或者保管代扣代缴、代收代缴税款记账凭证及有关资料的，会被税务机关责令限期改正，可以处2000元以下的罚款；情节严重的，处2000～5000元的罚款。

合规建议

1. 纳税人应当自领取营业执照或者发生纳税义务之日起15日内，按照国家有关规定设置账簿，包括总账、明细账、日记账以及其他辅助性账簿，其中总账、日记账应当采用订本式。纳税人建立的会计电算化系统应当符合国家有关规定，并能正确、完整核算其收入或者所得。

2. 扣缴义务人应当自扣缴义务发生之日起10日内，按照所代扣、代收的税种，分别设置代扣代缴、代收代缴税款账簿。

3. 纳税人、扣缴义务人应确保账簿、记账凭证、报表、完税凭证、发票、出口凭证以及其他有关涉税资料合法、真实、完整;除法律、行政法规另有规定外,相关资料应当保存10年。

【提示】纳税人、扣缴义务人会计制度健全,能够通过计算机正确、完整计算其收入和所得或者代扣代缴、代收代缴税款情况的,其计算机输出的完整的书面会计记录,可视同会计账簿。否则,应当建立总账及与纳税或者代扣代缴、代收代缴税款有关的其他账簿。

法律依据

1.《税收征收管理法》

第十九条 纳税人、扣缴义务人按照有关法律、行政法规和国务院财政、税务主管部门的规定设置帐簿,根据合法、有效凭证记帐,进行核算。

第六十条第一款 纳税人有下列行为之一的,由税务机关责令限期改正,可以处二千元以下的罚款;情节严重的,处二千元以上一万元以下的罚款:

……

(二)未按照规定设置、保管帐簿或者保管记帐凭证和有关资料的;

……

第六十一条 扣缴义务人未按照规定设置、保管代扣代缴、代收代缴税款帐簿或者保管代扣代缴、代收代缴税款记帐凭证及有关资料的,由税务机关责令限期改正,可以处二千元以下的罚款;情节严重的,处二千元以上五千元以下的罚款。

2.《税收征收管理法实施细则》

第二十二条 从事生产、经营的纳税人应当自领取营业执照或者发生纳税义务之日起15日内,按照国家有关规定设置账簿。

前款所称账簿,是指总账、明细账、日记账以及其他辅助性账簿。总账、日记账应当采用订本式。

第二十五条 扣缴义务人应当自税收法律、行政法规规定的扣缴义务发生之日起10日内,按照所代扣、代收的税种,分别设置代扣代缴、代收代缴税款账簿。

第二十六条 纳税人、扣缴义务人会计制度健全,能够通过计算机正确、完整计算其收入和所得或者代扣代缴、代收代缴税款情况的,其计算机输出的完整的书面会计记录,可视同会计账簿。

纳税人、扣缴义务人会计制度不健全,不能通过计算机正确、完整计算其收入和所得或者代扣代缴、代收代缴税款情况的,应当建立总账及与纳税或者代扣代缴、代收代缴税款有关的其他账簿。

第二十九条 账簿、记账凭证、报表、完税凭证、发票、出口凭证以及其他有关涉税资料应当合法、真实、完整。

账簿、记账凭证、报表、完税凭证、发票、出口凭证以及其他有关涉税资料应当保存10年;但是,法律、行政法规另有规定的除外。

三、未依法将财务、会计制度等报送税务机关备案

风险表现

纳税人未按照有关法律、法规的规定将财务、会计制度或者财务、会计处理办法和会计核算软件报送税务机关备案。

风险后果

纳税人未按照规定将财务、会计制度或者财务、会计处理办法和会计核算软件报送税务机关备查的,会被税务机关责令限期改正,可以处2000元以下的罚款;情节严重的,处2000~10,000元的罚款。

合规建议

1. 纳税人应当自领取税务登记证件之日起15日内,将其财务、会计制度或者财务、会计处理办法报送主管税务机关备案。纳税人使用计算机记账的,应当在使用前将会计电算化系统的会计核算软件、使用说明书及有关资料报送主管税务机关备案。纳税人建立的会计电算化系统应当符合国家有关规定,并能正确、完整核算其收入或者所得。

2. 纳税人、扣缴义务人的财务、会计制度或者财务、会计处理办法与国家财政、税务主管部门有关税收的规定抵触的,依照国家财政、税务主管部门有关税收的规定计算应纳税款、代扣代缴和代收代缴税款。

法律依据

1.《税收征收管理法》

第二十条 从事生产、经营的纳税人的财务、会计制度或者财务、会计处理办法和会计核算软件,应当报送税务机关备案。

纳税人、扣缴义务人的财务、会计制度或者财务、会计处理办法与国务院或者国务院财政、税务主管部门有关税收的规定抵触的,依照国务院或者国务院财政、税务主管部门有关税收的规定计算应纳税款、代扣代缴和代收代缴税款。

第六十条第一款 纳税人有下列行为之一的，由税务机关责令限期改正，可以处二千元以下的罚款；情节严重的，处二千元以上一万元以下的罚款：

……

（三）未按照规定将财务、会计制度或者财务、会计处理办法和会计核算软件报送税务机关备查的；

……

2.《税收征收管理法实施细则》

第二十四条 从事生产、经营的纳税人应当自领取税务登记证件之日起15日内，将其财务、会计制度或者财务、会计处理办法报送主管税务机关备案。

纳税人使用计算机记账的，应当在使用前将会计电算化系统的会计核算软件、使用说明书及有关资料报送主管税务机关备案。

纳税人建立的会计电算化系统应当符合国家有关规定，并能正确、完整核算其收入或者所得。

四、非法印制、转借、倒卖、变造、伪造完税凭证

风险表现

纳税人、扣缴义务人非法印制、转借、倒卖、变造或者伪造完税凭证。

风险后果

纳税人、扣缴义务人非法印制、转借、倒卖、变造或者伪造完税凭证的，会被税务机关责令改正，处2000～10,000元的罚款；情节严重的，处10,000～50,000元的罚款；构成犯罪的，可能会被依法追究刑事责任。

合规建议

1. 纳税人、扣缴义务人应当依法取得（或开具）合法、真实、完整的完税凭证，不得非法印制、转借、倒卖、变造或者伪造完税凭证。

2. 除法律、行政法规另有规定外，完税凭证及其他有关涉税资料应当保存10年。

【提示】完税凭证，是指各种完税证、缴款书、印花税票、扣（收）税凭证以及其他完税证明。

法律依据

1.《税收征收管理法》

第三十四条 税务机关征收税款时，必须给纳税人开具完税凭证。扣缴义务

人代扣、代收税款时，纳税人要求扣缴义务人开具代扣、代收税款凭证的，扣缴义务人应当开具。

2.《税收征收管理法实施细则》

第二十九条 账簿、记账凭证、报表、完税凭证、发票、出口凭证以及其他有关涉税资料应当合法、真实、完整。

账簿、记账凭证、报表、完税凭证、发票、出口凭证以及其他有关涉税资料应当保存10年；但是，法律、行政法规另有规定的除外。

第四十五条 税收征管法第三十四条所称完税凭证，是指各种完税证、缴款书、印花税票、扣(收)税凭证以及其他完税证明。

未经税务机关指定，任何单位、个人不得印制完税凭证。完税凭证不得转借、倒卖、变造或者伪造。

完税凭证的式样及管理办法由国家税务总局制定。

第九十一条 非法印制、转借、倒卖、变造或者伪造完税凭证的，由税务机关责令改正，处2000元以上1万元以下的罚款；情节严重的，处1万元以上5万元以下的罚款；构成犯罪的，依法追究刑事责任。

第三章　纳税申报风险管理

纳税人必须依法办理纳税申报、缴纳税款,并如实报送纳税申报表、财务会计报表及其他纳税资料(需要注意的是,即使纳税期内没有应纳税款,或者处在享受减税、免税待遇期间,也应依法进行纳税申报);扣缴义务人必须依法代收、代扣并及时解缴税款,如实报送代扣代缴、代收代缴税款报告表及其他有关资料。纳税人、扣缴义务人应当有效防控下列风险。

一、未及时、如实办理纳税申报

风险表现

1. 纳税人未按照规定的申报期限、申报内容如实办理纳税申报,报送纳税申报表、财务会计报表及其他纳税资料。

2. 纳税人在纳税期内没有应纳税款,或者处在享受减税、免税待遇期间,未按照规定办理纳税申报。

3. 扣缴义务人未按照规定的申报期限、申报内容如实报送代扣代缴、代收代缴税款报告表及其他有关资料。

风险后果

1. 纳税人未按照规定的期限办理纳税申报和报送纳税资料的,或者扣缴义务人未按照规定的期限向税务机关报送代扣代缴、代收代缴税款报告表和有关资料的,由税务机关责令限期改正,可以处2000元以下的罚款;情节严重的,可以处2000~10,000元的罚款。

2. 纳税人、扣缴义务人编造虚假计税依据的,由税务机关责令限期改正,并处50,000元以下的罚款。

3. 纳税人不进行纳税申报,不缴或者少缴应纳税款的,由税务机关追缴其不缴或者少缴的税款、滞纳金,并处不缴或者少缴的税款0.5~5倍的罚款。

合规建议

1. 纳税人必须依照法律、行政法规规定或者税务机关依照法律、行政法规的规定确定的申报期限、申报内容如实办理纳税申报，报送纳税申报表、财务会计报表以及税务机关根据实际需要要求纳税人报送的其他纳税资料。

【提示】纳税人在纳税期内没有应纳税款的，或者纳税人在减税、免税期间，也应当按照规定办理纳税申报。

2. 扣缴义务人必须依照法律、行政法规规定或者税务机关依照法律、行政法规的规定确定的申报期限、申报内容如实报送代扣代缴、代收代缴税款报告表以及税务机关根据实际需要要求扣缴义务人报送的其他有关资料。

3. 若纳税人、扣缴义务人不能按期办理纳税申报或者报送代扣代缴、代收代缴税款报告表，应当在规定的期限内向税务机关提出书面延期申请，经税务机关核准，方可以延期申报，并应当在纳税期内按照上期实际缴纳的税额或者税务机关核定的税额预缴税款，并在核准的延期内办理税款结算。若因不可抗力，不能按期办理纳税申报或者报送代扣代缴、代收代缴税款报告表，可以延期办理，但是，应当在不可抗力情形消除后立即向税务机关报告。

法律依据

1.《税收征收管理法》

第二十五条 纳税人必须依照法律、行政法规规定或者税务机关依照法律、行政法规的规定确定的申报期限、申报内容如实办理纳税申报，报送纳税申报表、财务会计报表以及税务机关根据实际需要要求纳税人报送的其他纳税资料。

扣缴义务人必须依照法律、行政法规规定或者税务机关依照法律、行政法规的规定确定的申报期限、申报内容如实报送代扣代缴、代收代缴税款报告表以及税务机关根据实际需要要求扣缴义务人报送的其他有关资料。

第二十七条 纳税人、扣缴义务人不能按期办理纳税申报或者报送代扣代缴、代收代缴税款报告表的，经税务机关核准，可以延期申报。

经核准延期办理前款规定的申报、报送事项的，应当在纳税期内按照上期实际缴纳的税额或者税务机关核定的税额预缴税款，并在核准的延期内办理税款结算。

第六十二条 纳税人未按照规定的期限办理纳税申报和报送纳税资料的，或者扣缴义务人未按照规定的期限向税务机关报送代扣代缴、代收代缴税款报告表和有关资料的，由税务机关责令限期改正，可以处二千元以下的罚款；情节严重的，可以处二千元以上一万元以下的罚款。

第六十四条 纳税人、扣缴义务人编造虚假计税依据的，由税务机关责令限期改正，并处五万元以下的罚款。

纳税人不进行纳税申报,不缴或者少缴应纳税款的,由税务机关追缴其不缴或者少缴的税款、滞纳金,并处不缴或者少缴的税款百分之五十以上五倍以下的罚款。

2.《税收征收管理法实施细则》

第三十二条 纳税人在纳税期内没有应纳税款的,也应当按照规定办理纳税申报。

纳税人享受减税、免税待遇的,在减税、免税期间应当按照规定办理纳税申报。

第三十七条 纳税人、扣缴义务人按照规定的期限办理纳税申报或者报送代扣代缴、代收代缴税款报告表确有困难,需要延期的,应当在规定的期限内向税务机关提出书面延期申请,经税务机关核准,在核准的期限内办理。

纳税人、扣缴义务人因不可抗力,不能按期办理纳税申报或者报送代扣代缴、代收代缴税款报告表的,可以延期办理;但是,应当在不可抗力情形消除后立即向税务机关报告。税务机关应当查明事实,予以核准。

二、未按照规定期限足额缴纳或者解缴税款

风险表现

纳税人、扣缴义务人未按照法律、行政法规规定或者税务机关依照法律、行政法规的规定确定的期限足额缴纳或者解缴税款。

风险后果

纳税人、扣缴义务人未按照规定的期限缴纳或者解缴税款,由税务机关责令限期缴纳,并从滞纳税款之日起,按日加收滞纳税款万分之五的滞纳金。逾期仍未缴纳的:

1. 经县以上税务局(分局)局长批准,税务机关可以采取下列强制执行措施追缴其未缴纳的税款及滞纳金:(1)书面通知其开户银行或者其他金融机构从其存款中扣缴税款;(2)扣押、查封、依法拍卖或者变卖其价值相当于应纳税款的商品、货物或者其他财产,以拍卖或者变卖所得抵缴税款。

【提示】个人及其所扶养家属维持生活必需的住房和用品,不在强制执行措施的范围之内。

2. 除采取强制执行措施外,税务机关还可以对其处不缴或者少缴税款0.5~5倍的罚款。

合规建议

1. 纳税人、扣缴义务人应当按照法律、行政法规规定或者税务机关依照法律、行政法规的规定确定的期限，缴纳或者解缴税款。

2. 纳税人有下列特殊困难，不能按期缴纳税款的，应当在缴纳税款期限届满前提出申请，并报送相关材料，经省、自治区、直辖市、计划单列市税务机关批准，可以延期缴纳税款最长不得超过 3 个月：

(1)因不可抗力，导致纳税人发生较大损失，正常生产经营活动受到较大影响的；

(2)当期货币资金在扣除应付职工工资、社会保险费后，不足以缴纳税款的。

法律依据

1.《税收征收管理法》

第三十一条 纳税人、扣缴义务人按照法律、行政法规规定或者税务机关依照法律、行政法规的规定确定的期限，缴纳或者解缴税款。

纳税人因有特殊困难，不能按期缴纳税款的，经省、自治区、直辖市国家税务局、地方税务局批准，可以延期缴纳税款，但是最长不得超过三个月。

第三十二条 纳税人未按照规定期限缴纳税款的，扣缴义务人未按照规定期限解缴税款的，税务机关除责令限期缴纳外，从滞纳税款之日起，按日加收滞纳税款万分之五的滞纳金。

第四十条 从事生产、经营的纳税人、扣缴义务人未按照规定的期限缴纳或者解缴税款，纳税担保人未按照规定的期限缴纳所担保的税款，由税务机关责令限期缴纳，逾期仍未缴纳的，经县以上税务局(分局)局长批准，税务机关可以采取下列强制执行措施：

(一)书面通知其开户银行或者其他金融机构从其存款中扣缴税款；

(二)扣押、查封、依法拍卖或者变卖其价值相当于应纳税款的商品、货物或者其他财产，以拍卖或者变卖所得抵缴税款。

税务机关采取强制执行措施时，对前款所列纳税人、扣缴义务人、纳税担保人未缴纳的滞纳金同时强制执行。

个人及其所扶养家属维持生活必需的住房和用品，不在强制执行措施的范围之内。

第六十八条 纳税人、扣缴义务人在规定期限内不缴或者少缴应纳或者应解缴的税款，经税务机关责令限期缴纳，逾期仍未缴纳的，税务机关除依照本法第四十条的规定采取强制执行措施追缴其不缴或者少缴的税款外，可以处不缴或者少缴的税款百分之五十以上五倍以下的罚款。

2.《税收征收管理法实施细则》

第四十一条 纳税人有下列情形之一的，属于税收征管法第三十一条所称特殊困难：

（一）因不可抗力，导致纳税人发生较大损失，正常生产经营活动受到较大影响的；

（二）当期货币资金在扣除应付职工工资、社会保险费后，不足以缴纳税款的。

计划单列市国家税务局、地方税务局可以参照税收征管法第三十一条第二款的批准权限，审批纳税人延期缴纳税款。

第四十二条 纳税人需要延期缴纳税款的，应当在缴纳税款期限届满前提出申请，并报送下列材料：申请延期缴纳税款报告，当期货币资金余额情况及所有银行存款账户的对账单，资产负债表，应付职工工资和社会保险费等税务机关要求提供的支出预算。

税务机关应当自收到申请延期缴纳税款报告之日起20日内作出批准或者不予批准的决定；不予批准的，从缴纳税款期限届满之日起加收滞纳金。

第七十三条 从事生产、经营的纳税人、扣缴义务人未按照规定的期限缴纳或者解缴税款的，纳税担保人未按照规定的期限缴纳所担保的税款的，由税务机关发出限期缴纳税款通知书，责令缴纳或者解缴税款的最长期限不得超过15日。

三、通过隐匿收入、虚列成本等手段偷逃税款

风险表现

纳税人、扣缴义务人通过以下手段进行偷逃税款，即不缴或者少缴应纳税款或已扣、已收税款：

1. 伪造、变造、转移、隐匿、擅自销毁账簿、记账凭证或者其他涉税资料。

2. 在账簿上虚列、多列支出。比如：

（1）通过虚列人头发放工资等方式虚假列支费用。

（2）列支与企业生产经营无关的费用，如老板个人消费拿到公司报销等。

（3）超范围和标准列支费用，如为职工超标准缴纳社保、公积金等。

（4）相关支出未取得合法凭证，如应该取得发票的支出未取得合规发票而以收据入账。

(5)虚抵增值税进项税额。

(6)虚报专项附加扣除等。

3. 在账簿上不列、少列收入。比如:

(1)通过私人账户(包括银行卡、微信、支付宝等)收款隐匿收入。

(2)未开票收入未进行纳税申报。

(3)以签订"阴阳合同"等形式隐匿或者以他人名义分解收入、财产等。

4. 提供虚假材料,骗取税收优惠。

5. 编造虚假计税依据。

6. 为不缴、少缴税款而采取其他欺骗、隐瞒手段。

7. 经税务机关通知申报而拒不申报或者进行虚假的纳税申报。

风险后果

纳税人、扣缴义务人采取伪造、变造、隐匿、擅自销毁账簿、记账凭证;在账簿上多列支出或者不列、少列收入;经税务机关通知申报而拒不申报或者进行虚假的纳税申报等手段,造成不缴或者少缴应纳税款或已扣、已收税款的后果:

1. 尚未构成犯罪的,由税务机关按照偷税无限期追缴其不缴或者少缴的税款、滞纳金(按日万分之五),并处不缴或者少缴的税款0.5~5倍的罚款。

2. 构成逃税罪的,依法追究刑事责任(单位犯罪的,对单位判处罚金,并对其直接负责的主管人员和其他直接责任人员,依照以下规定处罚):

(1)逃避缴纳税款或者已扣、已收税款,数额较大(≥10万元)并且占应纳税额10%以上的,处3年以下有期徒刑或者拘役,并处罚金;

(2)数额巨大(≥50万元)并且占应纳税额30%以上的,处3~7年有期徒刑,并处罚金。

【提示】①对多次实施逃税行为,未经处理的,按照累计数额计算。②针对纳税人,经税务机关依法下达追缴通知后,补缴应纳税款,缴纳滞纳金,已受行政处罚的,不予追究刑事责任;但是,5年内因逃避缴纳税款受过刑事处罚或者被税务机关给予二次以上行政处罚的除外。

合规建议

纳税人、扣缴义务人,应当按照有关法律、行政法规和国务院财政、税务主管部门的规定设置账簿,根据合法、有效凭证记账并进行核算。不得出现以下情形,以逃避缴纳(不缴或者少缴)应纳税款或者已扣、已收税款:

1. 伪造、变造、转移、隐匿、擅自销毁账簿、记账凭证或者其他涉税资料。

2. 在账簿上虚列、多列支出或者不列、少列收入，以签订“阴阳合同”等形式隐匿或以他人名义分解收入、财产；编造虚假计税依据。

3. 虚抵增值税进项税额，虚报专项附加扣除等。

4. 提供虚假材料，骗取税收优惠。

5. 采取其他欺骗、隐瞒手段不缴、少缴税款。

6. 未按照规定期限及时进行纳税申报，甚至在经税务机关通知申报后仍拒不申报或者进行虚假的纳税申报。

法律依据

1.《税收征收管理法》

第五十二条 因税务机关的责任，致使纳税人、扣缴义务人未缴或者少缴税款的，税务机关在三年内可以要求纳税人、扣缴义务人补缴税款，但是不得加收滞纳金。

因纳税人、扣缴义务人计算错误等失误，未缴或者少缴税款的，税务机关在三年内可以追征税款、滞纳金；有特殊情况的，追征期可以延长到五年。

对偷税、抗税、骗税的，税务机关追征其未缴或者少缴的税款、滞纳金或者所骗取的税款，不受前款规定期限的限制。

第六十三条 纳税人伪造、变造、隐匿、擅自销毁帐簿、记帐凭证，或者在帐簿上多列支出或者不列、少列收入，或者经税务机关通知申报而拒不申报或者进行虚假的纳税申报，不缴或者少缴应纳税款的，是偷税。对纳税人偷税的，由税务机关追缴其不缴或者少缴的税款、滞纳金，并处不缴或者少缴的税款百分之五十以上五倍以下的罚款；构成犯罪的，依法追究刑事责任。

扣缴义务人采取前款所列手段，不缴或者少缴已扣、已收税款，由税务机关追缴其不缴或者少缴的税款、滞纳金，并处不缴或者少缴的税款百分之五十以上五倍以下的罚款；构成犯罪的，依法追究刑事责任。

2.《刑法》

第二百零一条 纳税人采取欺骗、隐瞒手段进行虚假纳税申报或者不申报，逃避缴纳税款数额较大并且占应纳税额百分之十以上的，处三年以下有期徒刑或者拘役，并处罚金；数额巨大并且占应纳税额百分之三十以上的，处三年以上七年以下有期徒刑，并处罚金。

扣缴义务人采取前款所列手段，不缴或者少缴已扣、已收税款，数额较大的，依照前款的规定处罚。

对多次实施前两款行为，未经处理的，按照累计数额计算。

有第一款行为，经税务机关依法下达追缴通知后，补缴应纳税款，缴纳滞纳金，已受行政处罚的，不予追究刑事责任；但是，五年内因逃避缴纳税款受过刑事处罚或者被税务机关给予二次以上行政处罚的除外。

第二百一十一条 单位犯本节第二百零一条、第二百零三条、第二百零四条、第二百零七条、第二百零八条、第二百零九条规定之罪的，对单位判处罚金，并对其直接负责的主管人员和其他直接责任人员，依照各该条的规定处罚。

3.《最高人民法院、最高人民检察院关于办理危害税收征管刑事案件适用法律若干问题的解释》(法释〔2024〕4号)

第一条 纳税人进行虚假纳税申报，具有下列情形之一的，应当认定为刑法第二百零一条第一款规定的“欺骗、隐瞒手段”：

(一)伪造、变造、转移、隐匿、擅自销毁账簿、记账凭证或者其他涉税资料的；

(二)以签订“阴阳合同”等形式隐匿或者以他人名义分解收入、财产的；

(三)虚列支出、虚抵进项税额或者虚报专项附加扣除的；

(四)提供虚假材料，骗取税收优惠的；

(五)编造虚假计税依据的；

(六)为不缴、少缴税款而采取的其他欺骗、隐瞒手段。

具有下列情形之一的，应当认定为刑法第二百零一条第一款规定的“不申报”：

(一)依法在登记机关办理设立登记的纳税人，发生应税行为而不申报纳税的；

(二)依法不需要在登记机关办理设立登记或者未依法办理设立登记的纳税人，发生应税行为，经税务机关依法通知其申报而不申报纳税的；

(三)其他明知应当依法申报纳税而不申报纳税的。

扣缴义务人采取第一、二款所列手段，不缴或者少缴已扣、已收税款，数额较大的，依照刑法第二百零一条第一款的规定定罪处罚。扣缴义务人承诺为纳税人代付税款，在其向纳税人支付税后所得时，应当认定扣缴义务人“已扣、已收税款”。

第二条 纳税人逃避缴纳税款十万元以上、五十万元以上的，应当分别认定为刑法第二百零一条第一款规定的“数额较大”、“数额巨大”。

扣缴义务人不缴或者少缴已扣、已收税款“数额较大”、“数额巨大”的认定标准，依照前款规定。

第三条 纳税人有刑法第二百零一条第一款规定的逃避缴纳税款行为，在公安机关立案前，经税务机关依法下达追缴通知后，在规定的期限或者批准延缓、分期缴纳的期限内足额补缴应纳税款,缴纳滞纳金,并全部履行税务机关作出的行政处罚决定的,不予追究刑事责任。但是,五年内因逃避缴纳税款受过刑事处罚或者被税务机关给予二次以上行政处罚的除外。

纳税人有逃避缴纳税款行为,税务机关没有依法下达追缴通知的,依法不予追究刑事责任。

第四条　刑法第二百零一条第一款规定的“逃避缴纳税款数额”,是指在确定的纳税期间,不缴或者少缴税务机关负责征收的各税种税款的总额。

刑法第二百零一条第一款规定的“应纳税额”,是指应税行为发生年度内依照税收法律、行政法规规定应当缴纳的税额,不包括海关代征的增值税、关税等及纳税人依法预缴的税额。

刑法第二百零一条第一款规定的“逃避缴纳税款数额占应纳税额的百分比”,是指行为人在一个纳税年度中的各税种逃税总额与该纳税年度应纳税总额的比例;不按纳税年度确定纳税期的,按照最后一次逃税行为发生之日前一年中各税种逃税总额与该年应纳税总额的比例确定。纳税义务存续期间不足一个纳税年度的,按照各税种逃税总额与实际发生纳税义务期间应纳税总额的比例确定。

逃税行为跨越若干个纳税年度,只要其中一个纳税年度的逃税数额及百分比达到刑法第二百零一条第一款规定的标准,即构成逃税罪。各纳税年度的逃税数额应当累计计算,逃税额占应纳税额百分比应当按照各逃税年度百分比的最高值确定。

刑法第二百零一条第三款规定的“未经处理”,包括未经行政处理和刑事处理。

四、妨碍税务机关追缴欠缴税款

风险表现

纳税人在欠缴应纳税款后,采取转移或者隐匿财产的手段,妨碍税务机关追缴欠缴税款。

风险后果

纳税人欠缴应纳税款后,采取转移或者隐匿财产的手段,妨碍税务机关追缴欠缴的税款:

1. 尚未构成犯罪的,由税务机关追缴欠缴的税款、滞纳金,并处欠缴税款 0.5 ~ 5 倍的罚款。

2. 构成逃避追缴欠税罪的,依法追究刑事责任(单位犯罪的,对单位判处罚金,

并对其直接负责的主管人员和其他直接责任人员,依照以下规定处罚):

(1)致使税务机关无法追缴欠缴的税款,数额在1万~10万元(不含)的,处3年以下有期徒刑或者拘役,并处或者单处欠缴税款1~5倍罚金;

(2)数额大于等于10万元的,处3~7年有期徒刑,并处欠缴税款1~5倍罚金。

合规建议

纳税人应当按照规定期限及时缴纳税款。经税务机关通知申报后不得拒不申报或者进行虚假的纳税申报,更不能通过转移、隐匿应纳税的商品、货物以及其他财产或者应纳税的收入等手段,妨碍税务机关追缴欠缴的税款。

法律依据

1.《税收征收管理法》

第六十五条 纳税人欠缴应纳税款,采取转移或者隐匿财产的手段,妨碍税务机关追缴欠缴的税款的,由税务机关追缴欠缴的税款、滞纳金,并处欠缴税款百分之五十以上五倍以下的罚款;构成犯罪的,依法追究刑事责任。

2.《刑法》(2020修正)

第二百零三条 纳税人欠缴应纳税款,采取转移或者隐匿财产的手段,致使税务机关无法追缴欠缴的税款,数额在一万元以上不满十万元的,处三年以下有期徒刑或者拘役,并处或者单处欠缴税款一倍以上五倍以下罚金;数额在十万元以上的,处三年以上七年以下有期徒刑,并处欠缴税款一倍以上五倍以下罚金。

3.《最高人民法院、最高人民检察院关于办理危害税收征管刑事案件适用法律若干问题的解释》(法释〔2024〕4号)

第六条 纳税人欠缴应纳税款,为逃避税务机关追缴,具有下列情形之一的,应当认定为刑法第二百零三条规定的"采取转移或者隐匿财产的手段":

(一)放弃到期债权的;

(二)无偿转让财产的;

(三)以明显不合理的价格进行交易的;

(四)隐匿财产的;

(五)不履行税收义务并脱离税务机关监管的;

(六)以其他手段转移或者隐匿财产的。

五、骗取国家出口退税款

风险表现

纳税人以假报出口或者其他欺骗手段，骗取国家出口退税款。

风险后果

纳税人以假报出口或者其他欺骗手段，骗取国家出口退税款：

1. 尚未构成犯罪的，由税务机关追缴其骗取的退税款，并处骗取税款1～5倍的罚款；同时可以在规定期间内停止为其办理出口退税。

2. 构成骗取出口退税罪的，依法追究刑事责任（单位犯罪的，对单位判处罚金，并对其直接负责的主管人员和其他直接责任人员，依照以下规定处罚）：

（1）骗取税款数额较大（≥10万元）的，处5年以下有期徒刑或者拘役，并处骗取税款1～5倍罚金。

（2）骗取税款数额巨大（≥50万元）或者有下列其他严重情节的，处5～10年有期徒刑，并处骗取税款1～5倍罚金：

①2年内实施虚假申报出口退税行为三次以上，且骗取国家税款大于等于30万元的；

②5年内因骗取国家出口退税受过刑事处罚或者二次以上行政处罚，又实施骗取国家出口退税行为，数额大于等于30万元的；

③致使国家税款被骗取大于等于30万元并且在提起公诉前无法追回的；

④其他情节严重的情形。

（3）骗取税款数额特别巨大（≥500万元）或者有下列其他特别严重情节的，处10年以上有期徒刑或者无期徒刑，并处骗取税款1～5倍罚金或者没收财产：

①2年内实施虚假申报出口退税行为五次以上，或者以骗取出口退税为主要业务，且骗取国家税款大于等于300万元的；

②5年内因骗取国家出口退税受过刑事处罚或者二次以上行政处罚，又实施骗取国家出口退税行为，数额大于等于300万元的；

③致使国家税款被骗取大于等于300万元并且在提起公诉前无法追回的；

④其他情节特别严重的情形。

【提示】纳税人缴纳税款后，以假报出口或者其他欺骗手段，骗取所缴纳的税款的，依照逃税罪定罪处罚；骗取税款超过所缴纳的税款部分，依照骗取出口退税罪的规定处罚。

合规建议

纳税人必须基于真实业务和交易申报办理出口退税，而不能以假报出口或者其他欺骗手段骗取国家出口退税款。

法律依据

1.《税收征收管理法》

第六十六条 以假报出口或者其他欺骗手段，骗取国家出口退税款的，由税务机关追缴其骗取的退税款，并处骗取税款一倍以上五倍以下的罚款；构成犯罪的，依法追究刑事责任。

对骗取国家出口退税款的，税务机关可以在规定期间内停止为其办理出口退税。

2.《刑法》(2020 修正)

第二百零四条 以假报出口或者其他欺骗手段，骗取国家出口退税款，数额较大的，处五年以下有期徒刑或者拘役，并处骗取税款一倍以上五倍以下罚金；数额巨大或者有其他严重情节的，处五年以上十年以下有期徒刑，并处骗取税款一倍以上五倍以下罚金；数额特别巨大或者有其他特别严重情节的，处十年以上有期徒刑或者无期徒刑，并处骗取税款一倍以上五倍以下罚金或者没收财产。

纳税人缴纳税款后，采取前款规定的欺骗方法，骗取所缴纳的税款的，依照本法第二百零一条的规定定罪处罚；骗取税款超过所缴纳的税款部分，依照前款的规定处罚。

3.《最高人民法院、最高人民检察院关于办理危害税收征管刑事案件适用法律若干问题的解释》(法释〔2024〕4 号)

第七条 具有下列情形之一的，应当认定为刑法第二百零四条第一款规定的“假报出口或者其他欺骗手段”：

(一)使用虚开、非法购买或者以其他非法手段取得的增值税专用发票或者其他可以用于出口退税的发票申报出口退税的；

(二)将未负税或者免税的出口业务申报为已税的出口业务的；

(三)冒用他人出口业务申报出口退税的；

(四)虽有出口，但虚构应退税出口业务的品名、数量、单价等要素，以虚增出口退税额申报出口退税的；

(五)伪造、签订虚假的销售合同，或者以伪造、变造等非法手段取得出口报关单、运输单据等出口业务相关单据、凭证，虚构出口事实申报出口退税的；

（六）在货物出口后，又转入境内或者将境外同种货物转入境内循环进出口并申报出口退税的；

（七）虚报出口产品的功能、用途等，将不享受退税政策的产品申报为退税产品的；

（八）以其他欺骗手段骗取出口退税款的。

第八条　骗取国家出口退税款数额十万元以上、五十万元以上、五百万元以上的，应当分别认定为刑法第二百零四条第一款规定的“数额较大”、“数额巨大”、“数额特别巨大”。

具有下列情形之一的，应当认定为刑法第二百零四条第一款规定的“其他严重情节”：

（一）两年内实施虚假申报出口退税行为三次以上，且骗取国家税款三十万元以上的；

（二）五年内因骗取国家出口退税受过刑事处罚或者二次以上行政处罚，又实施骗取国家出口退税行为，数额在三十万元以上的；

（三）致使国家税款被骗取三十万元以上并且在提起公诉前无法追回的；

（四）其他情节严重的情形。

具有下列情形之一的，应当认定为刑法第二百零四条第一款规定的“其他特别严重情节”：

（一）两年内实施虚假申报出口退税行为五次以上，或者以骗取出口退税为主要业务，且骗取国家税款三百万元以上的；

（二）五年内因骗取国家出口退税受过刑事处罚或者二次以上行政处罚，又实施骗取国家出口退税行为，数额在三百万元以上的；

（三）致使国家税款被骗取三百万元以上并且在提起公诉前无法追回的；

（四）其他情节特别严重的情形。

第九条　实施骗取国家出口退税行为，没有实际取得出口退税款的，可以比照既遂犯从轻或者减轻处罚。

从事货物运输代理、报关、会计、税务、外贸综合服务等中介组织及其人员违反国家有关进出口经营规定，为他人提供虚假证明文件，致使他人骗取国家出口退税款，情节严重的，依照刑法第二百二十九条的规定追究刑事责任。

六、扣缴义务人应扣未扣、应收而不收税款

风险表现

扣缴义务人应扣未扣、应收而不收税款。比如,用人单位未依法代扣代缴职工个人所得税等。

风险后果

扣缴义务人应扣未扣、应收而不收税款的,由税务机关向纳税人追缴税款,对扣缴义务人处应扣未扣、应收未收税款0.5~3倍的罚款。

合规建议

扣缴义务人应当依照法律、行政法规的规定履行代扣、代收税款的义务。扣缴义务人依法履行代扣、代收税款义务时,纳税人拒绝的,扣缴义务人应当及时报告税务机关处理。

法律依据

《税收征收管理法》

第三十条 扣缴义务人依照法律、行政法规的规定履行代扣、代收税款的义务。对法律、行政法规没有规定负有代扣、代收税款义务的单位和个人,税务机关不得要求其履行代扣、代收税款义务。

扣缴义务人依法履行代扣、代收税款义务时,纳税人不得拒绝。纳税人拒绝的,扣缴义务人应当及时报告税务机关处理。

税务机关按照规定付给扣缴义务人代扣、代收手续费。

第六十九条 扣缴义务人应扣未扣、应收而不收税款的,由税务机关向纳税人追缴税款,对扣缴义务人处应扣未扣、应收未收税款百分之五十以上三倍以下的罚款。

七、阻挠税务机关依法进行税务检查

风险表现

纳税人、扣缴义务人逃避、拒绝或者以其他方式阻挠税务机关依法进行税务检查。主要包括下列情形:

1. 提供虚假资料,不如实反映情况,或者拒绝提供有关资料;

2. 拒绝或者阻止税务机关记录、录音、录像、照相和复制与案件有关的情况和资料；

3. 在检查期间，转移、隐匿、销毁有关资料；

4. 不依法接受税务检查的其他情形。

风险后果

1. 接受税务机关依法进行的税务检查是纳税人、扣缴义务人的法定义务之一。如果纳税人、扣缴义务人逃避、拒绝或者以其他方式阻挠税务机关检查，会被税务机关责令改正，可以处 1 万元以下的罚款；情节严重的，处 1 万 ~5 万元的罚款。

2. 若纳税人、扣缴义务人有税收违法行为，拒不接受税务机关处理，税务机关可以收缴其发票或者停止向其发售发票。

合规建议

1. 纳税人、扣缴义务人必须接受税务机关依法进行的税务检查，如实反映情况，提供有关资料，不得拒绝、隐瞒。

2. 税务机关在进行税务检查时，未依法出示税务检查证和税务检查通知书的，被检查人有权拒绝检查。

法律依据

1.《税收征收管理法》

第五十四条　税务机关有权进行下列税务检查：

（一）检查纳税人的帐簿、记帐凭证、报表和有关资料，检查扣缴义务人代扣代缴、代收代缴税款帐簿、记帐凭证和有关资料；

（二）到纳税人的生产、经营场所和货物存放地检查纳税人应纳税的商品、货物或者其他财产，检查扣缴义务人与代扣代缴、代收代缴税款有关的经营情况；

（三）责成纳税人、扣缴义务人提供与纳税或者代扣代缴、代收代缴税款有关的文件、证明材料和有关资料；

（四）询问纳税人、扣缴义务人与纳税或者代扣代缴、代收代缴税款有关的问题和情况；

（五）到车站、码头、机场、邮政企业及其分支机构检查纳税人托运、邮寄应纳税商品、货物或者其他财产的有关单据、凭证和有关资料；

（六）经县以上税务局（分局）局长批准，凭全国统一格式的检查存款帐户许可证明，查询从事生产、经营的纳税人、扣缴义务人在银行或者其他金融机构的存款帐户。税务机关在调查税收违法案件时，经设区的市、自治州以上税务局（分局）局长批准，可以查询案件涉嫌人员的储蓄存款。税务机关查询所获得的资料，不得用于税收以外的用途。

第五十六条 纳税人、扣缴义务人必须接受税务机关依法进行的税务检查，如实反映情况，提供有关资料，不得拒绝、隐瞒。

第五十九条 税务机关派出的人员进行税务检查时，应当出示税务检查证和税务检查通知书，并有责任为被检查人保守秘密；未出示税务检查证和税务检查通知书的，被检查人有权拒绝检查。

第七十条 纳税人、扣缴义务人逃避、拒绝或者以其他方式阻挠税务机关检查的，由税务机关责令改正，可以处一万元以下的罚款；情节严重的，处一万元以上五万元以下的罚款。

第七十二条 从事生产、经营的纳税人、扣缴义务人有本法规定的税收违法行为，拒不接受税务机关处理的，税务机关可以收缴其发票或者停止向其发售发票。

2.《税收征收管理法实施细则》

第九十六条 纳税人、扣缴义务人有下列情形之一的，依照税收征管法第七十条的规定处罚：

（一）提供虚假资料，不如实反映情况，或者拒绝提供有关资料的；

（二）拒绝或者阻止税务机关记录、录音、录像、照相和复制与案件有关的情况和资料的；

（三）在检查期间，纳税人、扣缴义务人转移、隐匿、销毁有关资料的；

（四）有不依法接受税务检查的其他情形的。

八、为纳税人、扣缴义务人非法提供方便

风险表现

为纳税人、扣缴义务人非法提供银行账户、发票、证明或者其他方便，导致未缴、少缴税款或者骗取国家出口退税款。

风险后果

为纳税人、扣缴义务人非法提供银行账户、发票、证明或者其他方便，导致未缴、少缴税款或者骗取国家出口退税款的，除会被税务机关没收违法所得外，还可能会被处以未缴、少缴或者骗取的税款1倍以下的罚款。

合规建议

纳税人、扣缴义务人在与他人发生业务往来时，应确保交易真实，依法、及时提

供或取得发票等各类合法凭据，而不得为其他纳税人、扣缴义务人非法提供银行账户、发票、证明或者其他方便。

法律依据

《税收征收管理法实施细则》

第九十三条 为纳税人、扣缴义务人非法提供银行账户、发票、证明或者其他方便，导致未缴、少缴税款或者骗取国家出口退税款的，税务机关除没收其违法所得外，可以处未缴、少缴或者骗取的税款1倍以下的罚款。

第四章　发票相关风险管理

发票在企业经营管理过程中具有非常重要的作用。

一方面，一般纳税人适用一般计税方法时取得增值税专用发票可以抵扣增值税进项税额；而不管是增值税专用发票还是普通发票，都是企业在发生属于增值税应税范围的支出时，据以在企业所得税前扣除相关支出的主要合法凭证。

另一方面，与发票相关的风险是企业重大的涉税风险。既包括因为发票开具问题而引发的民商事争议，也包括发票违法行为导致的税务行政处罚，更有虚开增值税专用发票罪、虚开发票罪等刑事风险。

因此，任何单位和个人在购销商品、提供或者接受经营服务以及从事其他经营活动中，都应当按照规定开具、使用、取得、保管发票，切实防控下列与发票相关的风险。

一、未依法开具、使用、保管、缴销发票

风险表现

1. 应当开具而未开具发票，包括：（1）销售商品、提供服务以及从事其他经营活动的单位和个人，对外发生经营业务收取款项时，未向付款方开具发票；（2）特殊情况下（如从农业生产者手中购买免税农产品时），付款方未向收款方开具发票。

2. 未按照规定的时限、顺序、栏目，全部联次一次性开具发票，或者纸质发票未加盖发票专用章。

3. 未按照发票管理规定使用发票，存在拆本使用发票、扩大发票使用范围、以其他凭证代替发票使用等情形。

4. 未在办理变更或者注销税务登记的同时，办理发票的变更、缴销手续。

风险后果

当事人违反发票管理相关法规的规定，有下列情形之一的，由税务机关责令改正，可以处 1 万元以下的罚款；有违法所得的予以没收：

1. 应当开具而未开具发票,或者未按照规定的时限、顺序、栏目,全部联次一次性开具发票,或者未加盖发票专用章。

2. 未按规定使用发票:(1)拆本使用发票;(2)扩大发票使用范围;(3)以其他凭证代替发票使用。

3. 跨规定区域开具发票。

4. 未按照规定缴销发票。

5. 未按照规定存放和保管发票。

合规建议

销售商品、提供服务以及从事其他经营活动的单位和个人:

1. 在对外发生经营业务收取款项时,应向付款方开具发票;特殊情况下(比如,从农业生产者手中购买免税农产品时),由付款方向收款方开具发票。

2. 开具发票应当按照规定的时限、顺序、栏目,全部联次一次性如实开具,开具纸质发票应当加盖发票专用章。

【提示】除国务院税务主管部门规定的特殊情形外,纸质发票限于领用单位和个人在本省、自治区、直辖市内开具。

3. 应当按照发票管理规定使用发票,不得有下列行为:

(1)拆本使用发票;

(2)扩大发票使用范围;

(3)以其他凭证代替发票使用。

4. 在办理变更或者注销税务登记时,应同时办理发票的变更、缴销手续。

5. 应当按照国家有关规定存放和保管发票,不得擅自损毁。已经开具的发票存根联,应当保存5年。

法律依据

1.《税收征收管理法》

第二十一条第二款　单位、个人在购销商品、提供或者接受经营服务以及从事其他经营活动中,应当按照规定开具、使用、取得发票。

2.《发票管理办法》

第十八条　销售商品、提供服务以及从事其他经营活动的单位和个人,对外发生经营业务收取款项,收款方应当向付款方开具发票;特殊情况下,由付款方向收款方开具发票。

第二十一条　开具发票应当按照规定的时限、顺序、栏目,全部联次一次性如实开具,开具纸质发票应当加盖发票专用章。

……

第二十三条 任何单位和个人应当按照发票管理规定使用发票,不得有下列行为:

(一)转借、转让、介绍他人转让发票、发票监制章和发票防伪专用品;

(二)知道或者应当知道是私自印制、伪造、变造、非法取得或者废止的发票而受让、开具、存放、携带、邮寄、运输;

(三)拆本使用发票;

(四)扩大发票使用范围;

(五)以其他凭证代替发票使用;

(六)窃取、截留、篡改、出售、泄露发票数据。

税务机关应当提供查询发票真伪的便捷渠道。

第二十四条 除国务院税务主管部门规定的特殊情形外,纸质发票限于领用单位和个人在本省、自治区、直辖市内开具。

省、自治区、直辖市税务机关可以规定跨市、县开具纸质发票的办法。

第二十七条 开具发票的单位和个人应当在办理变更或者注销税务登记的同时,办理发票的变更、缴销手续。

第二十八条 开具发票的单位和个人应当按照国家有关规定存放和保管发票,不得擅自损毁。已经开具的发票存根联,应当保存5年。

第三十三条 违反本办法的规定,有下列情形之一的,由税务机关责令改正,可以处1万元以下的罚款;有违法所得的予以没收:

(一)应当开具而未开具发票,或者未按照规定的时限、顺序、栏目,全部联次一次性开具发票,或者未加盖发票专用章的;

(二)使用税控装置开具发票,未按期向主管税务机关报送开具发票的数据的;

(三)使用非税控电子器具开具发票,未将非税控电子器具使用的软件程序说明资料报主管税务机关备案,或者未按照规定保存、报送开具发票的数据的;

(四)拆本使用发票的;

(五)扩大发票使用范围的;

(六)以其他凭证代替发票使用的;

(七)跨规定区域开具发票的;

(八)未按照规定缴销发票的;

（九）未按照规定存放和保管发票的。

3.《发票管理办法实施细则》

第二十二条　《办法》第十八条所称特殊情况下，由付款方向收款方开具发票，是指下列情况：

（一）收购单位和扣缴义务人支付个人款项时；

（二）国家税务总局认为其他需要由付款方向收款方开具发票的。

第四十条　《办法》第三十三条第六项规定以其他凭证代替发票使用的，包括：

（一）应当开具发票而未开具发票，以其他凭证代替发票使用；

（二）应当取得发票而未取得发票，以发票外的其他凭证或者自制凭证用于抵扣税款、出口退税、税前扣除和财务报销；

（三）取得不符合规定的发票，用于抵扣税款、出口退税、税前扣除和财务报销。

构成逃避缴纳税款、骗取出口退税、虚开发票的，按照《中华人民共和国税收征收管理法》、《办法》相关规定执行。

二、开具或者取得虚开增值税发票

风险表现

1. 虚开增值税专用发票（包括用于骗取出口退税、抵扣税款的其他发票），主要包括以下情形：(1)没有实际业务，开具增值税专用发票；(2)有实际应抵扣业务，但开具超过实际应抵扣业务对应税款的增值税专用发票；(3)对依法不能抵扣税款的业务，通过虚构交易主体开具增值税专用发票；(4)非法篡改增值税专用发票相关电子信息；(5)违反规定以其他手段虚开增值税专用发票。

2. 虚开普通发票，主要包括以下情形：(1)没有实际业务而为他人、为自己、让他人为自己、介绍他人开具发票；(2)有实际业务，但为他人、为自己、让他人为自己、介绍他人开具与实际业务的货物品名、服务名称、货物数量、金额等不符的发票；(3)非法篡改发票相关电子信息；(4)违反规定以其他手段虚开。

风险后果

当事人违反相关规定虚开发票或者非法代开发票：

1. 尚未构成犯罪的，由税务机关没收违法所得；虚开金额在1万元以下的，可以并处5万元以下的罚款；虚开金额超过1万元的，并处5万元以上50万元以下的罚款。

2. 构成犯罪的，依法追究刑事责任（单位犯罪的，对单位判处罚金，并对其直接

负责的主管人员和其他直接责任人员,依照以下规定处罚):

(1)虚开增值税专用发票或者虚开用于骗取出口退税、抵扣税款的其他发票的犯罪:

①虚开的税款数额大于等于 10 万元的,处 3 年以下有期徒刑或者拘役,并处 2 万~20 万元罚金。

②虚开的税款数额较大(≥50 万元)或者有以下其他严重情节的,处 3~10 年有期徒刑,并处 5 万~50 万元罚金:

A. 在提起公诉前,无法追回的税款数额大于等于 30 万元的;

B. 5 年内因虚开发票受过刑事处罚或者二次以上行政处罚,又虚开增值税专用发票或者虚开用于骗取出口退税、抵扣税款的其他发票,虚开税款数额大于等于 30 万元的;

C. 其他情节严重的情形。

③虚开的税款数额巨大(≥500 万元)或者有以下其他特别严重情节的,处 10 年以上有期徒刑或者无期徒刑,并处 5 万~50 万元罚金或者没收财产:

A. 在提起公诉前,无法追回的税款数额大于等于 300 万元的;

B. 5 年内因虚开发票受过刑事处罚或者二次以上行政处罚,又虚开增值税专用发票或者虚开用于骗取出口退税、抵扣税款的其他发票,虚开税款数额大于等于 300 万元的;

C. 其他情节特别严重的情形。

为虚增业绩、融资、贷款等不以骗抵税款为目的,没有因抵扣造成税款被骗损失的,不以虚开增值税专用发票罪论处,构成其他犯罪的,依法以其他犯罪追究刑事责任。

以同一购销业务名义,既虚开进项增值税专用发票、用于骗取出口退税、抵扣税款的其他发票,又虚开销项的,以其中较大的数额计算。

以伪造的增值税专用发票进行虚开,达到规定的标准的,应当以虚开增值税专用发票罪追究刑事责任。

受票方利用他人虚开的专用发票,申报抵扣税款进行偷税的,应当依法追缴税款,处以偷税数额 5 倍以下的罚款;进项税金大于销项税金的,还应当调减其留抵的进项税额。利用虚开的专用发票进行骗取出口退税的,应当依法追缴税款,处以骗税数额 5 倍以下的罚款。

(2)虚开上述规定以外的其他发票(虚开普通发票)的犯罪:

①具有下列严重情节的,处2年以下有期徒刑、拘役或者管制,并处罚金:

A. 虚开发票票面金额大于等于50万元;

B. 虚开发票大于等于100份且票面金额大于等于30万元;

C. 5年内因虚开发票受过刑事处罚或者二次以上行政处罚,又虚开发票,票面金额达到第一、二项规定的标准60%以上。

②具有下列特别严重情节的,处2~7年有期徒刑,并处罚金:

A. 虚开发票票面金额大于等于250万元;

B. 虚开发票大于等于500份且票面金额大于等于150万元;

C. 5年内因虚开发票受过刑事处罚或者二次以上行政处罚,又虚开发票,票面金额达到第一、二项规定的标准60%以上的。

以伪造的发票进行虚开,达到规定的标准的,应当以虚开发票罪追究刑事责任。

合规建议

1. 销售方在销售商品、提供服务以及从事其他经营活动的过程中,对外发生经营业务收取款项时,应当按照规定的时限、顺序、栏目,全部联次一次性如实(受票方名称、货物数量、金额及税额等全部内容与实际相符)向交易对方开具发票;纸质发票应加盖发票专用章。

2. 购买方购买商品、接受服务以及从事其他经营活动,支付款项时,应当从销售方(也必须是收款方)取得发票;取得发票时,不得要求变更品名和金额。若购买方取得不符合规定的发票,不得作为财务报销凭证,更不能作为增值税进项税额抵扣凭证和企业所得税税前扣除凭证。

(1)在取得增值税专用发票时必须注意查验销售方使用的是不是其所在省(自治区、直辖市和计划单列市)的专用发票,专用发票注明的销售方名称、印章、货物数量、金额及税额等全部内容是否与实际相符。

(2)在满足《国家税务总局关于纳税人善意取得虚开的增值税专用发票处理问题的通知》规定的"善意取得虚开的增值税专用发票"的情形时,虽不以偷税或者骗取出口退税论处,但仍然不得抵扣进项税款或者申报出口退税(已经抵扣的进项税款或者取得的出口退税,应依法追缴);应重新从销售方取得合法、有效的专用发票,依法抵扣进项税款或者申报出口退税。

【提示】尽管"三流一致"(货物流、资金流、发票流一致)与虚开发票并没有必然联系,三流不一致也并不必然构成虚开。但实务中,税务机关为了提高税收征管的效率还是会将“三流一致”作为判断是否虚开的一个主要依据,因此当事人在开具或取得发票时,应尽量注意“三流一致”甚至“四流一致”(货物流、资金流、发票流、合同流一致);如果无法保证,则应将足以证明业务真实性的相关证据(如资金最终的实际负担者是购买方,货物的所有权是在交易主体之间发生转移等)留存备查。

3. 当事人如果需要临时使用发票,可以凭购销商品、提供或者接受服务以及从事其他经营活动的书面证明、经办人身份证明,直接向经营地税务机关申请代开发票(依法应当缴纳税款的,应当先由税务机关征收税款,再开具发票),而不能让他人非法代开发票。

法律依据

1.《发票管理办法》

第十六条 需要临时使用发票的单位和个人,可以凭购销商品、提供或者接受服务以及从事其他经营活动的书面证明、经办人身份证明,直接向经营地税务机关申请代开发票。依照税收法律、行政法规规定应当缴纳税款的,税务机关应当先征收税款,再开具发票。税务机关根据发票管理的需要,可以按照国务院税务主管部门的规定委托其他单位代开发票。

禁止非法代开发票。

第十九条 所有单位和从事生产、经营活动的个人在购买商品、接受服务以及从事其他经营活动支付款项,应当向收款方取得发票。取得发票时,不得要求变更品名和金额。

第二十条 不符合规定的发票,不得作为财务报销凭证,任何单位和个人有权拒收。

第二十一条 开具发票应当按照规定的时限、顺序、栏目,全部联次一次性如实开具,开具纸质发票应当加盖发票专用章。

任何单位和个人不得有下列虚开发票行为:

(一)为他人、为自己开具与实际经营业务情况不符的发票;

(二)让他人为自己开具与实际经营业务情况不符的发票;

(三)介绍他人开具与实际经营业务情况不符的发票。

第三十五条 违反本办法的规定虚开发票的,由税务机关没收违法所得;虚开金额在1万元以下的,可以并处5万元以下的罚款;虚开金额超过1万元的,并处5

万元以上50万元以下的罚款;构成犯罪的,依法追究刑事责任。

非法代开发票的,依照前款规定处罚。

2.《发票管理办法实施细则》

第二十四条 填开发票的单位和个人必须在发生经营业务确认营业收入时开具发票。未发生经营业务一律不准开具发票。

第二十五条 《办法》第十九条规定的不得变更金额,包括不得变更涉及金额计算的单价和数量。

第二十九条 《办法》第二十一条所称与实际经营业务情况不符是指具有下列行为之一的:

(一)未购销商品、未提供或者接受服务、未从事其他经营活动,而开具或取得发票;

(二)有购销商品、提供或者接受服务、从事其他经营活动,但开具或取得的发票载明的购买方、销售方、商品名称或经营项目、金额等与实际情况不符。

3.《刑法》(2020修正)

第二百零五条 虚开增值税专用发票或者虚开用于骗取出口退税、抵扣税款的其他发票的,处三年以下有期徒刑或者拘役,并处二万元以上二十万元以下罚金;虚开的税款数额较大或者有其他严重情节的,处三年以上十年以下有期徒刑,并处五万元以上五十万元以下罚金;虚开的税款数额巨大或者有其他特别严重情节的,处十年以上有期徒刑或者无期徒刑,并处五万元以上五十万元以下罚金或者没收财产。

单位犯本条规定之罪的,对单位判处罚金,并对其直接负责的主管人员和其他直接责任人员,处三年以下有期徒刑或者拘役;虚开的税款数额较大或者有其他严重情节的,处三年以上十年以下有期徒刑;虚开的税款数额巨大或者有其他特别严重情节的,处十年以上有期徒刑或者无期徒刑。

虚开增值税专用发票或者虚开用于骗取出口退税、抵扣税款的其他发票,是指有为他人虚开、为自己虚开、让他人为自己虚开、介绍他人虚开行为之一的。

第二百零五条之一 虚开本法第二百零五条规定以外的其他发票,情节严重的,处二年以下有期徒刑、拘役或者管制,并处罚金;情节特别严重的,处二年以上七年以下有期徒刑,并处罚金。

单位犯前款罪的,对单位判处罚金,并对其直接负责的主管人员和其他直接责任人员,依照前款的规定处罚。

4.《最高人民法院、最高人民检察院关于办理危害税收征管刑事案件适用法律若干问题的解释》(法释〔2024〕4号)

第十条 具有下列情形之一的,应当认定为刑法第二百零五条第一款规定的“虚开增值税专用发票或者虚开用于骗取出口退税、抵扣税款的其他发票”:

(一)没有实际业务,开具增值税专用发票、用于骗取出口退税、抵扣税款的其他发票的;

(二)有实际应抵扣业务,但开具超过实际应抵扣业务对应税款的增值税专用发票、用于骗取出口退税、抵扣税款的其他发票的;

(三)对依法不能抵扣税款的业务,通过虚构交易主体开具增值税专用发票、用于骗取出口退税、抵扣税款的其他发票的;

(四)非法篡改增值税专用发票或者用于骗取出口退税、抵扣税款的其他发票相关电子信息的;

(五)违反规定以其他手段虚开的。

为虚增业绩、融资、贷款等不以骗抵税款为目的,没有因抵扣造成税款被骗损失的,不以本罪论处,构成其他犯罪的,依法以其他犯罪追究刑事责任。

第十一条 虚开增值税专用发票、用于骗取出口退税、抵扣税款的其他发票,税款数额在十万元以上的,应当依照刑法第二百零五条的规定定罪处罚;虚开税款数额在五十万元以上、五百万元以上的,应当分别认定为刑法第二百零五条第一款规定的“数额较大”、“数额巨大”。

具有下列情形之一的,应当认定为刑法第二百零五条第一款规定的“其他严重情节”:

(一)在提起公诉前,无法追回的税款数额达到三十万元以上的;

(二)五年内因虚开发票受过刑事处罚或者二次以上行政处罚,又虚开增值税专用发票或者虚开用于骗取出口退税、抵扣税款的其他发票,虚开税款数额在三十万元以上的;

(三)其他情节严重的情形。

具有下列情形之一的,应当认定为刑法第二百零五条第一款规定的“其他特别严重情节”:

(一)在提起公诉前,无法追回的税款数额达到三百万元以上的;

(二)五年内因虚开发票受过刑事处罚或者二次以上行政处罚,又虚开增值税专用发票或者虚开用于骗取出口退税、抵扣税款的其他发票,虚开税款数额在三百万元以上的；

（三）其他情节特别严重的情形。

以同一购销业务名义，既虚开进项增值税专用发票、用于骗取出口退税、抵扣税款的其他发票，又虚开销项的，以其中较大的数额计算。

以伪造的增值税专用发票进行虚开，达到本条规定标准的，应当以虚开增值税专用发票罪追究刑事责任。

第十二条　具有下列情形之一的，应当认定为刑法第二百零五条之一第一款规定的“虚开刑法第二百零五条规定以外的其他发票”：

（一）没有实际业务而为他人、为自己、让他人为自己、介绍他人开具发票的；

（二）有实际业务，但为他人、为自己、让他人为自己、介绍他人开具与实际业务的货物品名、服务名称、货物数量、金额等不符的发票的；

（三）非法篡改发票相关电子信息的；

（四）违反规定以其他手段虚开的。

第十三条　具有下列情形之一的，应当认定为刑法第二百零五条之一第一款规定的“情节严重”：

（一）虚开发票票面金额五十万元以上的；

（二）虚开发票一百份以上且票面金额三十万元以上的；

（三）五年内因虚开发票受过刑事处罚或者二次以上行政处罚，又虚开发票，票面金额达到第一、二项规定的标准60%以上的。

具有下列情形之一的，应当认定为刑法第二百零五条之一第一款规定的“情节特别严重”：

（一）虚开发票票面金额二百五十万元以上的；

（二）虚开发票五百份以上且票面金额一百五十万元以上的；

（三）五年内因虚开发票受过刑事处罚或者二次以上行政处罚，又虚开发票，票面金额达到第一、二项规定的标准60%以上的。

以伪造的发票进行虚开，达到本条第一款规定的标准的，应当以虚开发票罪追究刑事责任。

5.《国家税务总局关于加强增值税征收管理若干问题的通知》（国税发〔1995〕192号，部分失效）

一、关于增值税一般纳税人进项税额的抵扣问题

……

（三）购进货物或应税劳务支付货款、劳务费用的对象。纳税人购进货物或应税劳务，支付运输费用，所支付款项的单位，必须与开具抵扣凭证的销货单位、提供劳务的单位一致，才能够申报抵扣进项税额，否则不予抵扣。

……

6.《国家税务总局关于纳税人取得虚开的增值税专用发票处理问题的通知》（国税发〔1997〕134号）

一、受票方利用他人虚开的专用发票，向税务机关申报抵扣税款进行偷税的，应当依照《中华人民共和国税收征收管理法》及有关规定追缴税款，处以偷税数额五倍以下的罚款；进项税金大于销项税金的，还应当调减其留抵的进项税额。利用虚开的专用发票进行骗取出口退税的，应当依法追缴税款，处以骗税数额五倍以下的罚款。

二、在货物交易中，购货方从销售方取得第三方开具的专用发票，或者从销货地以外的地区取得专用发票，向税务机关申报抵扣税款或者申请出口退税的，应当按偷税、骗取出口退税处理，依照《中华人民共和国税收征收管理法》及有关规定追缴税款，处以偷税、骗税数额五倍以下的罚款。

三、纳税人以上述第一条、第二条所列的方式取得专用发票未申报抵扣税款，或者未申请出口退税的，应当依照《中华人民共和国发票管理办法》及有关规定，按所取得专用发票的份数，分别处以一万元以下的罚款；但知道或者应当知道取得的是虚开的专用发票，或者让他人为自己提供虚开的专用发票的，应当从重处罚。

四、利用虚开的专用发票进行偷税、骗税，构成犯罪的，税务机关依法进行追缴税款等行政处理，并移送司法机关追究刑事责任。

7.《国家税务总局关于〈国家税务总局关于纳税人取得虚开的增值税专用发票处理问题的通知〉的补充通知》（国税发〔2000〕182号）

有下列情形之一的，无论购货方（受票方）与销售方是否进行了实际的交易，增值税专用发票所注明的数量、金额与实际交易是否相符，购货方向税务机关申请抵扣进项税款或者出口退税的，对其均应按偷税或者骗取出口退税处理。

一、购货方取得的增值税专用发票所注明的销售方名称、印章与其进行实际交易的销售方不符的，即134号文件第二条规定的“购货方从销售方取得第三方开具的专用发票”的情况。

二、购货方取得的增值税专用发票为销售方所在省（自治区、直辖市和计划单列市）以外地区的，即134号文件第二条规定的“从销货地以外的地区取得专用发票”的情况。

三、其他有证据表明购货方明知取得的增值税专用发票系销售方以非法手段获得的，即134号文件第一条规定的“受票方利用他人虚开的专用发票，向税务机关申报抵扣税款进行偷税”的情况。

8.《国家税务总局关于纳税人善意取得虚开的增值税专用发票处理问题的通知》(国税发〔2000〕187号)

购货方与销售方存在真实的交易，销售方使用的是其所在省（自治区、直辖市和计划单列市）的专用发票，专用发票注明的销售方名称、印章、货物数量、金额及税额等全部内容与实际相符，且没有证据表明购货方知道销售方提供的专用发票是以非法手段获得的，对购货方不以偷税或者骗取出口退税论处。但应按有关规定不予抵扣进项税款或者不予出口退税；购货方已经抵扣的进项税款或者取得的出口退税，应依法追缴。

购货方能够重新从销售方取得防伪税控系统开出的合法、有效专用发票的，或者取得手工开出的合法、有效专用发票且取得了销售方所在地税务机关已经或者正在依法对销售方虚开专用发票行为进行查处证据的，购货方所在地税务机关应依法准予抵扣进项税款或者出口退税。

如有证据表明购货方在进项税款得到抵扣、或者获得出口退税前知道该专用发票是销售方以非法手段获得的，对购货方应按《国家税务总局关于纳税人取得虚开的增值税专用发票处理问题的通知》（国税发〔1997〕134号）和《国家税务总局关于〈国家税务总局关于纳税人取得虚开的增值税专用发票处理问题的通知〉的补充通知》（国税发〔2000〕182号）的规定处理。

三、取得增值税异常凭证处理不当

风险表现

增值税一般纳税人取得列入异常凭证范围的增值税专用发票，违规申报抵扣进项税额或者办理出口退税，未作进项税额转出处理或者未将已退税款退回。

【提示】列入异常凭证范围的增值税专用发票包括以下内容：

1. 符合下列情形之一的增值税专用发票：

（1）纳税人丢失、被盗税控专用设备中未开具或已开具未上传的增值税专用发票。

（2）非正常户纳税人未向税务机关申报或未按规定缴纳税款的增值税专用

发票。

（3）增值税发票管理系统稽核比对发现“比对不符”“缺联”“作废”的增值税专用发票。

（4）经税务总局、省税务局大数据分析发现，纳税人开具的增值税专用发票存在涉嫌虚开、未按规定缴纳消费税等情形。

2. 走逃（失联）企业存续经营期间发生下列情形之一的，所对应属期开具的增值税专用发票：

（1）商贸企业购进、销售货物名称严重背离的；生产企业无实际生产加工能力且无委托加工，或生产能耗与销售情况严重不符，或购进货物并不能直接生产其销售的货物且无委托加工的。

（2）直接走逃失踪不纳税申报，或虽然申报但通过填列增值税纳税申报表相关栏次，规避税务机关审核比对，进行虚假申报的。

3. 增值税一般纳税人申报抵扣异常凭证，同时符合下列情形的，其对应开具的增值税专用发票：

（1）异常凭证进项税额累计占同期全部增值税专用发票进项税额 70%（含）以上的。

（2）异常凭证进项税额累计超过 5 万元的。

风险后果

增值税一般纳税人取得列入异常凭证范围的增值税专用发票：

1. 暂不允许申报抵扣进项税额；已经申报抵扣的，除另有规定外，一律作进项税额转出处理。

2. 暂不允许办理出口退税。适用增值税免抵退税办法的纳税人已经办理出口退税的，应作进项税额转出处理；适用增值税免退税办法的纳税人已经办理出口退税的，由税务机关将已退税款追回。

3. 消费税纳税人以外购或委托加工收回的已税消费品为原料连续生产应税消费品，尚未申报扣除原料已纳消费税税款的，暂不允许抵扣；已经申报抵扣的，冲减当期允许抵扣的消费税税款，当期不足冲减的应当补缴税款。

合规建议

1. 购买方在开展业务时，应审慎核查销售方的纳税信用，尽量选择与纳税信用等级较高的销售方合作。同时，可在合同条款中明确约定，待销售方已就其开具的相关发票申报纳税后，购买方再向销售方支付相应的税款；或者，如果销售方开具的发票被税务机关列入异常凭证范围，则销售方应承担相应违约责任并赔偿购买方的一切损失。

2. 纳税人对税务机关认定的异常凭证存有异议，可以向主管税务机关提出核实申请。经核实符合现行增值税进项税额抵扣或出口退税相关规定的，可继续申报抵扣或者重新申报出口退税；符合消费税抵扣规定且已缴纳消费税税款的，纳税人可继续申报抵扣消费税税款。

3. 若购买方作为纳税信用 A 级的纳税人，取得异常凭证且已经申报抵扣增值税、办理出口退税或抵扣消费税，可以自接到税务机关通知之日起 10 个工作日内，向主管税务机关提出核实申请。经核实符合现行增值税进项税额抵扣、出口退税或消费税抵扣相关规定的，可不作进项税额转出、追回已退税款、冲减当期允许抵扣的消费税税款等处理。

法律依据

1.《国家税务总局关于走逃（失联）企业开具增值税专用发票认定处理有关问题的公告》（国家税务总局公告 2016 年第 76 号）

二、走逃（失联）企业开具增值税专用发票的处理

（一）走逃（失联）企业存续经营期间发生下列情形之一的，所对应属期开具的增值税专用发票列入异常增值税扣税凭证（以下简称“异常凭证”）范围。

1. 商贸企业购进、销售货物名称严重背离的；生产企业无实际生产加工能力且无委托加工，或生产能耗与销售情况严重不符，或购进货物并不能直接生产其销售的货物且无委托加工的。

2. 直接走逃失踪不纳税申报，或虽然申报但通过填列增值税纳税申报表相关栏次，规避税务机关审核比对，进行虚假申报的。

……

2.《国家税务总局关于异常增值税扣税凭证管理等有关事项的公告》（国家税务总局公告 2019 年第 38 号）

一、符合下列情形之一的增值税专用发票，列入异常凭证范围：

（一）纳税人丢失、被盗税控专用设备中未开具或已开具未上传的增值税专用发票；

（二）非正常户纳税人未向税务机关申报或未按规定缴纳税款的增值税专用发票；

（三）增值税发票管理系统稽核比对发现“比对不符”“缺联”“作废”的增值税

专用发票；

（四）经税务总局、省税务局大数据分析发现，纳税人开具的增值税专用发票存在涉嫌虚开、未按规定缴纳消费税等情形的；

（五）属于《国家税务总局关于走逃（失联）企业开具增值税专用发票认定处理有关问题的公告》（国家税务总局公告2016年第76号）第二条第（一）项规定情形的增值税专用发票。

二、增值税一般纳税人申报抵扣异常凭证，同时符合下列情形的，其对应开具的增值税专用发票列入异常凭证范围：

（一）异常凭证进项税额累计占同期全部增值税专用发票进项税额70%（含）以上的；

（二）异常凭证进项税额累计超过5万元的。

纳税人尚未申报抵扣、尚未申报出口退税或已作进项税额转出的异常凭证，其涉及的进项税额不计入异常凭证进项税额的计算。

三、增值税一般纳税人取得的增值税专用发票列入异常凭证范围的，应按照以下规定处理：

（一）尚未申报抵扣增值税进项税额的，暂不允许抵扣。已经申报抵扣增值税进项税额的，除另有规定外，一律作进项税额转出处理。

（二）尚未申报出口退税或者已申报但尚未办理出口退税的，除另有规定外，暂不允许办理出口退税。适用增值税免抵退税办法的纳税人已经办理出口退税的，应根据列入异常凭证范围的增值税专用发票上注明的增值税额作进项税额转出处理；适用增值税免退税办法的纳税人已经办理出口退税的，税务机关应按照现行规定对列入异常凭证范围的增值税专用发票对应的已退税款追回。

纳税人因骗取出口退税停止出口退（免）税期间取得的增值税专用发票列入异常凭证范围的，按照本条第（一）项规定执行。

（三）消费税纳税人以外购或委托加工收回的已税消费品为原料连续生产应税消费品，尚未申报扣除原料已纳消费税税款的，暂不允许抵扣；已经申报抵扣的，冲减当期允许抵扣的消费税税款，当期不足冲减的应当补缴税款。

（四）纳税信用A级纳税人取得异常凭证且已经申报抵扣增值税、办理出口退税或抵扣消费税的，可以自接到税务机关通知之日起10个工作日内，向主管税务机关提出核实申请。经税务机关核实，符合现行增值税进项税额抵扣、出口退税或消费税抵扣相关规定的，可不作进项税额转出、追回已退税款、冲减当期允许抵扣的消费税税款等处理。纳税人逾期未提出核实申请的，应于期满后按照本条第(一)项、第(二)项、第(三)项规定作相关处理。

(五)纳税人对税务机关认定的异常凭证存有异议，可以向主管税务机关提出核实申请。经税务机关核实，符合现行增值税进项税额抵扣或出口退税相关规定的，纳税人可继续申报抵扣或者重新申报出口退税；符合消费税抵扣规定且已缴纳消费税税款的，纳税人可继续申报抵扣消费税税款。

第二篇

主要税种税务风险管理

我国目前有 18 个税种，自 2013 年 11 月 12 日中国共产党第十八届中央委员会第三次全体会议通过《中共中央关于全面深化改革若干重大问题的决定》以来，税收法定的脚步明显加快，截至 2024 年 12 月 25 日《增值税法》（2024 年 12 月 1 日正式实施）审议通过，18 个税种中的 14 个已经完成立法；另外还有几个税种的立法也正在进行中，相信不久的将来所有税种均会完成立法。

我国 18 个税种中，增值税、消费税（包括进口增值税与消费税）、企业所得税、个人所得税、土地增值税等几大税种贡献了 90% 左右的税收收入，因此纳税人需要重点关注这几大税种的风险管理。另外，房产税、城镇土地使用税、印花税等税种也应当引起重视。

第五章　增值税税务风险管理

增值税是我国第一大税种。自2016年全面“营改增”以来，改革不断推进，政策不断更新，由此也给企业带来了各种潜在的税务风险。如何有效防控增值税税务风险是大多数企业亟待解决的难题。

增值税纳税人分为一般纳税人和小规模纳税人。通常情况下，一般纳税人采用一般计税方法（特殊事项也可采用简易计税方法），小规模纳税人只能采用简易计税方法。根据身份确定的计税方法将直接影响税负的高低。因此，纳税人应结合自身实际情况综合考量，确定合适的纳税身份，并注意防控以下风险。

一、满足一般纳税人条件时，未依法登记为一般纳税人

风险表现

纳税人在同时满足以下条件时，未依法登记为一般纳税人：

1. 年应征增值税销售额（以下简称年应税销售额）大于500万元；

2. 不属于自然人，以及可选择按小规模纳税人纳税的不经常发生应税行为的单位和个体工商户。

【提示】(1)年应税销售额，是指纳税人在连续不超过12个月或四个季度的经营期内累计应征增值税销售额，包括纳税申报销售额、稽查查补销售额、纳税评估调整销售额；(2)销售服务、无形资产或者不动产（以下简称应税行为）有扣除项目的纳税人，其应税行为年应税销售额按未扣除之前的销售额计算。纳税人偶然发生的销售无形资产、转让不动产的销售额，不计入应税行为年应税销售额。

风险后果

1. 年应税销售额超过小规模纳税人标准（500万元）的纳税人，除了自然人及可选择按小规模纳税人纳税的不经常发生应税行为的单位和个体工商户，应依法申请办理一般纳税人认定手续。

2. 若未按规定时限办理，且在收到主管税务机关制作的税务事项通知书之日

起5日内仍不办理,应按销售额依照增值税税率计算应纳税额,不得抵扣进项税额,也不得使用增值税专用发票。

合规建议

年应税销售额超过小规模纳税人标准(500万元)的单位和个体工商户,除不经常发生应税行为可选择按小规模纳税人纳税的外,应在年应税销售额超过规定标准的月份(或季度)的所属申报期结束后15日内,向其机构所在地主管税务机关办理一般纳税人登记手续。

【提示】不经常发生应税行为的单位和个体工商户,选择按照小规模纳税人纳税的,应当向主管税务机关提交书面说明。

法律依据

1.《财政部、税务总局关于统一增值税小规模纳税人标准的通知》(财税〔2018〕33号)

一、增值税小规模纳税人标准为年应征增值税销售额500万元及以下。

2.《增值税暂行条例实施细则》

第二十九条 年应税销售额超过小规模纳税人标准的其他个人按小规模纳税人纳税;非企业性单位、不经常发生应税行为的企业可选择按小规模纳税人纳税。

第三十四条 有下列情形之一者,应按销售额依照增值税税率计算应纳税额,不得抵扣进项税额,也不得使用增值税专用发票:

(一)一般纳税人会计核算不健全,或者不能够提供准确税务资料的;

(二)除本细则第二十九条规定外,纳税人销售额超过小规模纳税人标准,未申请办理一般纳税人认定手续的。

3.《营业税改征增值税试点实施办法》(财税〔2016〕36号附件1)

第三条第三款 年应税销售额超过规定标准的其他个人不属于一般纳税人。年应税销售额超过规定标准但不经常发生应税行为的单位和个体工商户可选择按照小规模纳税人纳税。

4.《增值税一般纳税人登记管理办法》(国家税务总局令第43号)

第二条 增值税纳税人(以下简称"纳税人"),年应税销售额超过财政部、国家税务总局规定的小规模纳税人标准(以下简称"规定标准")的,除本办法第四条规定外,应当向主管税务机关办理一般纳税人登记。

本办法所称年应税销售额,是指纳税人在连续不超过12个月或四个季度的经营期内累计应征增值税销售额,包括纳税申报销售额、稽查查补销售额、纳税评估调整销售额。

销售服务、无形资产或者不动产(以下简称“应税行为”)有扣除项目的纳税人,其应税行为年应税销售额按未扣除之前的销售额计算。纳税人偶然发生的销售无形资产、转让不动产的销售额,不计入应税行为年应税销售额。

第三条　年应税销售额未超过规定标准的纳税人,会计核算健全,能够提供准确税务资料的,可以向主管税务机关办理一般纳税人登记。

本办法所称会计核算健全,是指能够按照国家统一的会计制度规定设置账簿,根据合法、有效凭证进行核算。

第四条　下列纳税人不办理一般纳税人登记:

(一)按照政策规定,选择按照小规模纳税人纳税的;

(二)年应税销售额超过规定标准的其他个人。

第五条　纳税人应当向其机构所在地主管税务机关办理一般纳税人登记手续。

第七条　年应税销售额超过规定标准的纳税人符合本办法第四条第一项规定的,应当向主管税务机关提交书面说明(附件2)。

第八条　纳税人在年应税销售额超过规定标准的月份(或季度)的所属申报期结束后15日内按照本办法第六条或者第七条的规定办理相关手续;未按规定时限办理的,主管税务机关应当在规定时限结束后5日内制作《税务事项通知书》,告知纳税人应当在5日内向主管税务机关办理相关手续;逾期仍不办理的,次月起按销售额依照增值税税率计算应纳税额,不得抵扣进项税额,直至纳税人办理相关手续为止。

5.《国家税务总局关于增值税一般纳税人登记管理若干事项的公告》(国家税务总局公告2018年第6号)

为了贯彻实施《增值税一般纳税人登记管理办法》(国家税务总局令第43号,以下简称《办法》),现将有关事项公告如下:

一、《办法》第二条所称“经营期”是指在纳税人存续期内的连续经营期间,含未取得销售收入的月份或季度。

二、《办法》第二条所称“纳税申报销售额”是指纳税人自行申报的全部应征增值税销售额,其中包括免税销售额和税务机关代开发票销售额。“稽查查补销售额”和“纳税评估调整销售额”计入查补税款申报当月(或当季)的销售额,不计入税款所属期销售额。

三、《办法》第四条第二项所称的“其他个人”是指自然人。

……

二、可以登记为小规模纳税人而自愿登记为一般纳税人

风险表现

年应税销售额未超过小规模纳税人标准(500万元),但自愿登记为一般纳税人。

风险后果

年应税销售额未超过500万元的纳税人(非自然人),会计核算健全(能够按照国家统一的会计制度规定设置账簿,根据合法、有效凭证进行核算),能够提供准确税务资料,而自愿登记为一般纳税人,可能会无法享受小规模纳税人相关税收优惠政策,使自身合法税收利益受损。

合规建议

1. 纳税人应根据自身业务情况,尽量准确预测年应税销售额,若年应税销售额不超过500万元,在可行的情况下(如下游客户主要是自然人,无须开具增值税专用发票时),应优先考虑登记为小规模纳税人,以便能及时、充分享受小规模纳税人相关税收优惠政策。

2. 在业务体量较大的情况下,纳税人可以根据自身业务规划,适当多设立几家市场主体,多数为小规模纳税人、少数为一般纳税人,协同开展业务,以便更好兼顾业务发展和优化税收负担。

3. 当然,不管是一般纳税人还是小规模纳税人,都应当尽量确保会计核算健全,能够提供准确税务资料,有效防控税务风险。

法律依据

1.《财政部、税务总局关于统一增值税小规模纳税人标准的通知》(财税〔2018〕33号)

一、增值税小规模纳税人标准为年应征增值税销售额500万元及以下。

2.《增值税暂行条例实施细则》

第二十九条　年应税销售额超过小规模纳税人标准的其他个人按小规模纳税人纳税;非企业性单位、不经常发生应税行为的企业可选择按小规模纳税人纳税。

3.《营业税改征增值税试点实施办法》(财税〔2016〕36 号附件 1)

第三条第三款　年应税销售额超过规定标准的其他个人不属于一般纳税人。年应税销售额超过规定标准但不经常发生应税行为的单位和个体工商户可选择按照小规模纳税人纳税。

4.《增值税一般纳税人登记管理办法》(国家税务总局令第 43 号)

第三条　年应税销售额未超过规定标准的纳税人,会计核算健全,能够提供准确税务资料的,可以向主管税务机关办理一般纳税人登记。

本办法所称会计核算健全,是指能够按照国家统一的会计制度规定设置账簿,根据合法、有效凭证进行核算。

第四条　下列纳税人不办理一般纳税人登记:

(一)按照政策规定,选择按照小规模纳税人纳税的;

(二)年应税销售额超过规定标准的其他个人。

三、发生视同销售行为,未依法申报纳税

风险表现

纳税人存在以下情形时,视同销售(货物、服务、无形资产或者不动产),但未申报缴纳增值税:

1. 将货物交付其他单位或者个人代销,或者销售代销货物。

2. 设有两个以上机构并实行统一核算,将货物从一个机构移送其他机构用于销售(相关机构设在同一县/市的除外)。

【提示】根据《国家税务总局关于企业所属机构间移送货物征收增值税问题的通知》(国税发〔1998〕137 号)的规定,所称用于销售,是指受货机构发生“一、向购货方开具发票;二、向购货方收取货款”情形之一的经营行为。受货机构的货物移送行为有上述两项情形之一的,应当向所在地税务机关缴纳增值税;未发生上述两项情形的,则应由总机构统一缴纳增值税。如果受货机构只就部分货物向购买方开具发票或收取货款,则应当区别不同情况计算并分别向总机构所在地或分支机构所在地缴纳税款。

3. 将自产、委托加工的货物用于:(1)非增值税应税项目;(2)集体福利;(3)个人消费。

4. 将自产、委托加工或者购进的货物:(1)作为投资提供给其他单位或者个体工商户;(2)分配给股东或者投资者;(3)无偿赠送其他单位或者个人。

5. 向其他单位或者个人无偿提供服务,但用于公益事业或者以社会公众为对象的除外。

【提示】纳税人出租不动产,租赁合同中约定免租期的,不属于视同销售服务。

6. 向其他单位或者个人无偿转让无形资产或者不动产,但用于公益事业或者以社会公众为对象的除外。

风险后果

纳税人不进行纳税申报,不缴或者少缴应纳税款的,会被税务机关追缴其不缴或者少缴的税款、滞纳金,并处不缴或者少缴的税款 0.5 ~ 5 倍的罚款。

合规建议

1. 纳税人发生上述视同销售(指在会计上不作为销售核算,而在增值税上需作为销售,确认收入计缴税金的货物、服务、无形资产或者不动产的转移行为)时,应当依法及时申报缴纳增值税。

2. 根据《增值税暂行条例实施细则》第 16 条及《营业税改征增值税试点实施办法》(财税〔2016〕36 号附件 1)第 44 条的规定,纳税人发生视同销售行为时,应按照(或者由主管税务机关按照)下列顺序确定销售额:(1)按纳税人最近时期同类货物、服务、无形资产或者不动产的平均销售价格确定;(2)按其他纳税人最近时期同类货物、服务、无形资产或者不动产的平均销售价格确定;(3)按组成计税价格确定:组成计税价格 = 成本 ×(1 + 成本利润率)。

3. 根据《增值税暂行条例实施细则》第 38 条第 7 项的规定,纳税人发生视同销售货物行为,纳税义务发生时间为货物移送的当天;根据《营业税改征增值税试点实施办法》(财税〔2016〕36 号附件 1)第 45 条第 4 项的规定,纳税人发生视同销售服务、无形资产或者不动产的行为,纳税义务发生时间为服务、无形资产转让完成的当天或者不动产权属变更的当天。

法律依据

1.《税收征收管理法》

第六十四条第二款 纳税人不进行纳税申报,不缴或者少缴应纳税款的,由税务机关追缴其不缴或者少缴的税款、滞纳金,并处不缴或者少缴的税款百分之五十以上五倍以下的罚款。

2.《增值税暂行条例实施细则》

第四条 单位或者个体工商户的下列行为,视同销售货物:

(一)将货物交付其他单位或者个人代销;

（二）销售代销货物；

（三）设有两个以上机构并实行统一核算的纳税人，将货物从一个机构移送其他机构用于销售，但相关机构设在同一县（市）的除外；

（四）将自产或者委托加工的货物用于非增值税应税项目；

（五）将自产、委托加工的货物用于集体福利或者个人消费；

（六）将自产、委托加工或者购进的货物作为投资，提供给其他单位或者个体工商户；

（七）将自产、委托加工或者购进的货物分配给股东或者投资者；

（八）将自产、委托加工或者购进的货物无偿赠送其他单位或者个人。

3.《营业税改征增值税试点实施办法》（财税〔2016〕36号附件1）

第十条　销售服务、无形资产或者不动产，是指有偿提供服务、有偿转让无形资产或者不动产，但属于下列非经营活动的情形除外：

（一）行政单位收取的同时满足以下条件的政府性基金或者行政事业性收费。

1. 由国务院或者财政部批准设立的政府性基金，由国务院或者省级人民政府及其财政、价格主管部门批准设立的行政事业性收费；

2. 收取时开具省级以上（含省级）财政部门监（印）制的财政票据；

3. 所收款项全额上缴财政。

（二）单位或者个体工商户聘用的员工为本单位或者雇主提供取得工资的服务。

（三）单位或者个体工商户为聘用的员工提供服务。

（四）财政部和国家税务总局规定的其他情形。

第十四条　下列情形视同销售服务、无形资产或者不动产：

（一）单位或者个体工商户向其他单位或者个人无偿提供服务，但用于公益事业或者以社会公众为对象的除外。

（二）单位或者个人向其他单位或者个人无偿转让无形资产或者不动产，但用于公益事业或者以社会公众为对象的除外。

（三）财政部和国家税务总局规定的其他情形。

4.《国家税务总局关于土地价款扣除时间等增值税征管问题的公告》（国家税务总局公告2016年第86号）

七、纳税人出租不动产，租赁合同中约定免租期的，不属于《营业税改征增值税试点实施办法》（财税〔2016〕36号文件印发）第十四条规定的视同销售服务。

四、增值税的纳税义务发生时间确认错误

风险表现

纳税人发生增值税应税行为,未按照《增值税暂行条例》第19条、《增值税暂行条例实施细则》第38条、《营业税改征增值税试点实施办法》(财税〔2016〕36号附件1)第45条等的规定确认纳税义务发生时间并依法申报缴纳增值税。

比如,采取预收货款方式生产销售工期超过12个月的大型机械设备、船舶、飞机等货物,未按收到预收款或者书面合同约定的收款日期当天确定纳税义务发生时间;纳税人提供租赁服务采取预收款方式的,未按照收到预收款的当天确定纳税义务发生时间;等等。

风险后果

1. 纳税人未按照规定期限缴纳税款的,会被税务机关责令限期缴纳,并从滞纳税款之日起,按日加收滞纳税款万分之五的滞纳金。

2. 纳税人未按照规定的期限办理纳税申报和报送纳税资料的,会被税务机关责令限期改正,并可能被处2000元以下的罚款(情节严重的,可以处2000~10,000元的罚款)。

合规建议

纳税人发生增值税应税行为时,应按照增值税纳税义务发生时间依法申报缴纳增值税。总体而言,增值税纳税义务发生时间以"收讫销售款项、取得索取销售款项凭据、发票开具"三者时间孰先的原则确定。

具体来讲,增值税纳税义务发生时间包括但不限于以下时点:

1. 先开具增值税发票的,为开具发票的当天。

【提示】纳税人收取款项但未发生销售货物、应税劳务、服务、无形资产或不动产的行为,按照国家税务总局的规定使用"未发生销售行为的不征税项目"编码开具不征税发票的情形除外。

2. 未先开具发票的,增值税纳税义务发生时间如下:

(1)采取直接收款方式销售货物,不论货物是否发出,均为收到销售款或者取得索取销售款凭据的当天。

(2)采取托收承付和委托银行收款方式销售货物,为发出货物并办妥托收手续的当天。

(3)采取赊销和分期收款方式销售货物,为书面合同约定的收款日期的当天,无书面合同或者书面合同没有约定收款日期的,为货物发出的当天。

(4)采取预收货款方式销售货物,为货物发出的当天,但生产销售工期超过12个月的大型机械设备、船舶、飞机等货物,为收到预收款或者书面合同约定的收款日期的当天。

(5)委托其他纳税人代销货物,为收到代销单位的代销清单或者收到全部或部分货款的当天。未收到代销清单及货款的,为发出代销货物满180天的当天。

(6)销售应税劳务,为提供劳务同时收讫销售款或者取得索取销售款凭据的当天。

(7)销售服务、无形资产、不动产并收讫销售款项或者取得索取销售款项凭据的当天。

【提示】①收讫销售款项,是指纳税人销售服务、无形资产、不动产过程中或者完成后收到款项。②取得索取销售款项凭据的当天,是指书面合同确定的付款日期;未签订书面合同或者书面合同未确定付款日期的,为服务、无形资产转让完成的当天或者不动产权属变更的当天。

(8)纳税人提供租赁服务采取预收款方式的,其纳税义务发生时间为收到预收款的当天。

(9)纳税人从事金融商品转让的,为金融商品所有权转移的当天。

(10)银行提供贷款服务按期计收利息的,结息日当日计收的全部利息收入均应计入结息日所属期的销售额,按照现行规定计算并缴纳增值税。

(11)对于纳税人提供建筑服务,被工程发包方从应支付的工程款中扣押的质押金、保证金,未开具发票的,以纳税人实际收到质押金、保证金的当天为纳税义务发生时间。

(12)发生下列视同销售行为的,纳税义务发生时间为货物移送的当天、服务或无形资产转让完成的当天、不动产权属变更的当天:

①设有两个以上机构并实行统一核算的纳税人,将货物从一个机构移送其他机构用于销售,但相关机构设在同一县(市)的除外。

②将自产或者委托加工的货物用于:A. 非增值税应税项目;B. 集体福利;C. 个人消费。

③将自产、委托加工或者购进的货物:A. 作为投资提供给其他单位或者个体工商户;B. 分配给股东或者投资者;C. 无偿赠送给其他单位或者个人。

④单位或者个体工商户向其他单位或者个人无偿提供服务,但用于公益事业或者以社会公众为对象的除外。

⑤单位或者个人向其他单位或者个人无偿转让无形资产或者不动产,但用于公益事业或者以社会公众为对象的除外。

3. 进口货物,为报关进口的当天。

4. 增值税扣缴义务发生时间为纳税人增值税纳税义务发生的当天。

【提示】纳税人除应按照规定的纳税义务发生时间及时申报纳税外,也应注意避免合法税收利益受损。比如,采取赊销和分期收款方式销售货物的,在书面合同约定的收款日期将近时,若购买方明确表示无法按期支付款项,则双方应及时签订书面补充协议或变更协议,将付款时间延期至购买方很可能支付的时间。

法律依据

1.《税收征收管理法》

第三十二条 纳税人未按照规定期限缴纳税款的,扣缴义务人未按照规定期限解缴税款的,税务机关除责令限期缴纳外,从滞纳税款之日起,按日加收滞纳税款万分之五的滞纳金。

第六十二条 纳税人未按照规定的期限办理纳税申报和报送纳税资料的,或者扣缴义务人未按照规定的期限向税务机关报送代扣代缴、代收代缴税款报告表和有关资料的,由税务机关责令限期改正,可以处二千元以下的罚款;情节严重的,可以处二千元以上一万元以下的罚款。

2.《增值税暂行条例》

第十九条 增值税纳税义务发生时间:

(一)发生应税销售行为,为收讫销售款项或者取得索取销售款项凭据的当天;先开具发票的,为开具发票的当天。

(二)进口货物,为报关进口的当天。

增值税扣缴义务发生时间为纳税人增值税纳税义务发生的当天。

第二十三条 增值税的纳税期限分别为1日、3日、5日、10日、15日、1个月或者1个季度。纳税人的具体纳税期限,由主管税务机关根据纳税人应纳税额的大小分别核定;不能按照固定期限纳税的,可以按次纳税。

纳税人以1个月或者1个季度为1个纳税期的,自期满之日起15日内申报纳税;以1日、3日、5日、10日或者15日为1个纳税期的,自期满之日起5日内预缴税款,于次月1日起15日内申报纳税并结清上月应纳税款。

扣缴义务人解缴税款的期限，依照前两款规定执行。

第二十四条　纳税人进口货物，应当自海关填发海关进口增值税专用缴款书之日起15日内缴纳税款。

3.《增值税暂行条例实施细则》

第三十八条　条例第十九条第一款第（一）项规定的收讫销售款项或者取得索取销售款项凭据的当天，按销售结算方式的不同，具体为：

（一）采取直接收款方式销售货物，不论货物是否发出，均为收到销售款或者取得索取销售款凭据的当天；

（二）采取托收承付和委托银行收款方式销售货物，为发出货物并办妥托收手续的当天；

（三）采取赊销和分期收款方式销售货物，为书面合同约定的收款日期的当天，无书面合同的或者书面合同没有约定收款日期的，为货物发出的当天；

（四）采取预收货款方式销售货物，为货物发出的当天，但生产销售生产工期超过12个月的大型机械设备、船舶、飞机等货物，为收到预收款或者书面合同约定的收款日期的当天；

（五）委托其他纳税人代销货物，为收到代销单位的代销清单或者收到全部或者部分货款的当天。未收到代销清单及货款的，为发出代销货物满180天的当天；

（六）销售应税劳务，为提供劳务同时收讫销售款或者取得索取销售款的凭据的当天；

（七）纳税人发生本细则第四条第（三）项至第（八）项所列视同销售货物行为，为货物移送的当天。

第三十九条　条例第二十三条以1个季度为纳税期限的规定仅适用于小规模纳税人。小规模纳税人的具体纳税期限，由主管税务机关根据其应纳税额的大小分别核定。

4.《营业税改征增值税试点实施办法》（财税〔2016〕36号附件1）

第四十五条　增值税纳税义务、扣缴义务发生时间为：

（一）纳税人发生应税行为并收讫销售款项或者取得索取销售款项凭据的当天；先开具发票的，为开具发票的当天。

收讫销售款项，是指纳税人销售服务、无形资产、不动产过程中或者完成后收到款项。

取得索取销售款项凭据的当天，是指书面合同确定的付款日期；未签订书面合同或者书面合同未确定付款日期的，为服务、无形资产转让完成的当天或者不动产权属变更的当天。

（二）纳税人提供租赁服务采取预收款方式的，其纳税义务发生时间为收到预收款的当天。①

（三）纳税人从事金融商品转让的，为金融商品所有权转移的当天。

（四）纳税人发生本办法第十四条规定情形的，其纳税义务发生时间为服务、无形资产转让完成的当天或者不动产权属变更的当天。

（五）增值税扣缴义务发生时间为纳税人增值税纳税义务发生的当天。

5.《国家税务总局关于在境外提供建筑服务等有关问题的公告》（国家税务总局公告2016年第69号）

四、纳税人提供建筑服务，被工程发包方从应支付的工程款中扣押的质押金、保证金，未开具发票的，以纳税人实际收到质押金、保证金的当天为纳税义务发生时间。

6.《国家税务总局关于营改增试点若干征管问题的公告》（国家税务总局公告2016年第53号）

六、银行提供贷款服务按期计收利息的，结息日当日计收的全部利息收入，均应计入结息日所属期的销售额，按照现行规定计算缴纳增值税。

五、收取价外费用未依法申报缴纳增值税

风险表现

纳税人发生增值税应税行为（在中国境内销售货物或者加工、修理修配劳务，销售服务、无形资产、不动产以及进口货物），向购买方收取的价外费用未纳入计税依据依法申报缴纳增值税。

风险后果

纳税人不进行纳税申报，不缴或者少缴应纳税款的，会被税务机关追缴其不缴或者少缴的税款、滞纳金，并处不缴或者少缴的税款0.5～5倍的罚款。

合规建议

纳税人发生增值税应税行为时，向购买方收取的全部价款和价外费用（价外费

---

① 根据《财政部、国家税务总局关于建筑服务等营改增试点政策的通知》第2条之规定，进行修改。

用一般为含税收入,应换算成不含税收入并入销售额),都应作为计税依据,按照所发生的应税行为适用税率或征收率依法申报缴纳增值税。

【提示】价外费用,包括价外向购买方收取的手续费、补贴、基金、集资费、返还利润、奖励费、违约金、滞纳金、延期付款利息、赔偿金、代收款项、代垫款项、包装费、包装物租金、储备费、优质费、运输装卸费以及其他各种性质的价外收费。但下列项目不包括在内:

1. 受托加工应征消费税的消费品所代收代缴的消费税。

2. 同时符合以下条件的代垫运输费用:(1)承运部门的运输费用发票开具给购买方的;(2)纳税人将该项发票转交给购买方的。

3. 同时符合以下条件代为收取的政府性基金或者行政事业性收费:(1)由国务院或者财政部批准设立的政府性基金,由国务院或者省级人民政府及其财政、价格主管部门批准设立的行政事业性收费;(2)收取时开具省级以上财政部门印制的财政票据;(3)所收款项全额上缴财政。

4. 销售货物的同时代办保险等而向购买方收取的保险费,以及向购买方收取的代购买方缴纳的车辆购置税、车辆牌照费。

5. 以委托方名义开具发票代委托方收取的款项。

法律依据

1.《税收征收管理法》

第六十四条第二款 纳税人不进行纳税申报,不缴或者少缴应纳税款的,由税务机关追缴其不缴或者少缴的税款、滞纳金,并处不缴或者少缴的税款百分之五十以上五倍以下的罚款。

2.《增值税暂行条例》

第六条第一款 销售额为纳税人发生应税销售行为收取的全部价款和价外费用,但是不包括收取的销项税额。

3.《增值税暂行条例实施细则》

第十二条 条例第六条第一款所称价外费用,包括价外向购买方收取的手续费、补贴、基金、集资费、返还利润、奖励费、违约金、滞纳金、延期付款利息、赔偿金、代收款项、代垫款项、包装费、包装物租金、储备费、优质费、运输装卸费以及其他各种性质的价外收费。但下列项目不包括在内:

(一)受托加工应征消费税的消费品所代收代缴的消费税;

(二)同时符合以下条件的代垫运输费用:

1. 承运部门的运输费用发票开具给购买方的；

2. 纳税人将该项发票转交给购买方的。

（三）同时符合以下条件代为收取的政府性基金或者行政事业性收费：

1. 由国务院或者财政部批准设立的政府性基金，由国务院或者省级人民政府及其财政、价格主管部门批准设立的行政事业性收费；

2. 收取时开具省级以上财政部门印制的财政票据；

3. 所收款项全额上缴财政。

（四）销售货物的同时代办保险等而向购买方收取的保险费，以及向购买方收取的代购买方缴纳的车辆购置税、车辆牌照费。

4.《营业税改征增值税试点实施办法》（财税〔2016〕36 号附件 1）

第三十七条 销售额，是指纳税人发生应税行为取得的全部价款和价外费用，财政部和国家税务总局另有规定的除外。

价外费用，是指价外收取的各种性质的收费，但不包括以下项目：

（一）代为收取并符合本办法第十条规定的政府性基金或者行政事业性收费。

（二）以委托方名义开具发票代委托方收取的款项。

5.《国家税务总局关于增值税若干征管问题的通知》（国税发〔1996〕155 号，部分失效）

一、对增值税一般纳税人（包括纳税人自己或代其他部门）向购买方收取的价外费用和逾期包装物押金，应视为含税收入，在征税时换算成不含税收入并入销售额计征增值税。

六、销售行为价格明显偏低且无正当理由

风险表现

纳税人发生增值税应税销售行为时，价格明显偏低（如低于市场公允价格的 70%）且不具有合理商业目的（指以谋取税收利益为主要目的，通过人为安排，减少、免除、推迟缴纳增值税税款，或者增加退还增值税税款）。

风险后果

1. 纳税人发生应税销售行为的价格明显偏低并无正当理由的，会被主管税务机关按下列顺序确定销售额：

（1）按纳税人最近时期同类货物、服务、无形资产或者不动产的平均销售价格确定；

(2)按其他纳税人最近时期同类货物、服务、无形资产或者不动产的平均销售价格确定;

(3)按组成计税价格确定:组成计税价格 = 成本 ×(1 + 成本利润率)。

【提示】①属于应征消费税的货物,其组成计税价格中应加计消费税额。②成本是指销售自产货物的实际生产成本,或者销售外购货物的实际采购成本。成本利润率由国家税务总局确定。

2. 纳税人发生应税行为时,若销售价格偏低且无正当理由从而导致少缴纳增值税,会被税务机关追缴其不缴或者少缴的税款、滞纳金,并处不缴或者少缴的税款0.5～5倍的罚款。

合规建议

纳税人发生增值税应税销售行为时,价格应当公允。关联企业之间的业务往来,应当按照独立企业之间的业务往来收取或者支付价款、费用,不应存在交易价格明显偏低或偏高且无正当理由或者不具有合理商业目的的情形。

【提示】公允价格一般是指没有关联关系的企业之间的公平成交价格。通常,交易价格在公平成交价格的70%～130%,不属于明显不合理。参考依据如下:

《民法典》第539条规定:债务人以明显不合理的低价转让财产、以明显不合理的高价受让他人财产或者为他人的债务提供担保,影响债权人的债权实现,债务人的相对人知道或者应当知道该情形的,债权人可以请求人民法院撤销债务人的行为。

《最高人民法院关于印发〈全国法院贯彻实施民法典工作会议纪要〉的通知》(法〔2021〕94号)规定:“9. 对于民法典第五百三十九条规定的明显不合理的低价或者高价,人民法院应当以交易当地一般经营者的判断,并参考交易当时交易地的物价部门指导价或者市场交易价,结合其他相关因素综合考虑予以认定。转让价格达不到交易时交易地的指导价或者市场交易价百分之七十的,一般可以视为明显不合理的低价;对转让价格高于当地指导价或者市场交易价百分之三十的,一般可以视为明显不合理的高价。当事人对于其所主张的交易时交易地的指导价或者市场交易价承担举证责任。”

《白酒消费税最低计税价格核定管理办法(试行)》(国税函〔2009〕380号附件)第2条规定:白酒生产企业销售给销售单位的白酒,生产企业消费税计税价格低于销售单位对外销售价格(不含增值税,下同)70%以下的,税务机关应核定消费税最低计税价格。

法律依据

1.《税收征收管理法》

第三十六条 企业或者外国企业在中国境内设立的从事生产、经营的机构、场所与其关联企业之间的业务往来,应当按照独立企业之间的业务往来收取或者支付价款、费用;不按照独立企业之间的业务往来收取或者支付价款、费用,而减少其应纳税的收入或者所得额的,税务机关有权进行合理调整。

第六十四条第二款 纳税人不进行纳税申报,不缴或者少缴应纳税款的,由税务机关追缴其不缴或者少缴的税款、滞纳金,并处不缴或者少缴的税款百分之五十以上五倍以下的罚款。

2.《税收征收管理法实施细则》

第五十二条 税收征管法第三十六条所称独立企业之间的业务往来,是指没有关联关系的企业之间按照公平成交价格和营业常规所进行的业务往来。

3.《增值税暂行条例》

第七条 纳税人发生应税销售行为的价格明显偏低并无正当理由的,由主管税务机关核定其销售额。

4.《增值税暂行条例实施细则》

第十六条 纳税人有条例第七条所称价格明显偏低并无正当理由或者有本细则第四条所列视同销售货物行为而无销售额者,按下列顺序确定销售额:

(一)按纳税人最近时期同类货物的平均销售价格确定;

(二)按其他纳税人最近时期同类货物的平均销售价格确定;

(三)按组成计税价格确定。组成计税价格的公式为:

组成计税价格 = 成本 × (1 + 成本利润率)

属于应征消费税的货物,其组成计税价格中应加计消费税额。

公式中的成本是指:销售自产货物的为实际生产成本,销售外购货物的为实际采购成本。公式中的成本利润率由国家税务总局确定。

5.《营业税改征增值税试点实施办法》(财税〔2016〕36 号附件 1)

第四十四条 纳税人发生应税行为价格明显偏低或者偏高且不具有合理商业目的的,或者发生本办法第十四条所列行为而无销售额的,主管税务机关有权按照下列顺序确定销售额:

(一)按照纳税人最近时期销售同类服务、无形资产或者不动产的平均价格确定。

（二）按照其他纳税人最近时期销售同类服务、无形资产或者不动产的平均价格确定。

（三）按照组成计税价格确定。组成计税价格的公式为：

组成计税价格 = 成本 ×（1 + 成本利润率）

成本利润率由国家税务总局确定。

不具有合理商业目的，是指以谋取税收利益为主要目的，通过人为安排，减少、免除、推迟缴纳增值税税款，或者增加退还增值税税款。

七、折扣销售，未将价款和折扣额在同一张发票的“金额”栏里分别注明

风险表现

纳税人在发生折扣销售（打折促销）应税行为时，未在同一张发票里分别注明价款和折扣额（将折扣额另开发票）；或者虽然在同一张发票里分别注明价款和折扣额，但未在“金额”栏里分别注明，而是在备注栏里注明。

风险后果

纳税人在发生折扣销售应税行为时，未在同一张发票的“金额”栏里分别注明价款和折扣额的，不能以折扣后的价款为销售额，而需按照折扣前的销售额作为计税依据申报缴纳增值税，导致多缴纳税款，使自身合法税收利益受损。

合规建议

纳税人采取折扣方式销售货物，应将销售额和折扣额在同一张发票上的“金额”栏里分别注明，以便按折扣后的销售额申报缴纳增值税。

法律依据

1.《营业税改征增值税试点实施办法》（财税〔2016〕36 号附件 1）

第四十三条 纳税人发生应税行为，将价款和折扣额在同一张发票上分别注明的，以折扣后的价款为销售额；未在同一张发票上分别注明的，以价款为销售额，不得扣减折扣额。

2.《国家税务总局关于折扣额抵减增值税应税销售额问题通知》（国税函〔2010〕56 号）

《国家税务总局关于印发〈增值税若干具体问题的规定〉的通知》（国税发〔1993〕154 号）第二条第（二）项规定：“纳税人采取折扣方式销售货物，如果销售

额和折扣额在同一张发票上分别注明的,可按折扣后的销售额征收增值税”。纳税人采取折扣方式销售货物,销售额和折扣额在同一张发票上分别注明是指销售额和折扣额在同一张发票上的“金额”栏分别注明的,可按折扣后的销售额征收增值税。未在同一张发票“金额”栏注明折扣额,而仅在发票的“备注”栏注明折扣额的,折扣额不得从销售额中减除。

3.《国家税务总局关于印发〈增值税若干具体问题的规定〉的通知》(国税发〔1993〕154号,部分失效)

二、计税依据

……

(二)纳税人采取折扣方式销售货物,如果销售额和折扣额在同一张发票上分别注明的,可按折扣后的销售额征收增值税;如果将折扣额另开发票,不论其在财务上如何处理,均不得从销售额中减除折扣额。

……

八、发生混合销售适用税率错误

风险表现

纳税人发生混合销售行为时,存在以下风险:

1. 未根据自身主营业务,正确按照销售货物或者销售服务依法纳税,即从事货物的生产、批发或者零售的纳税人(包括以从事货物的生产、批发或者零售为主,并兼营销售服务的单位和个体工商户在内)发生混合销售行为,未按照销售货物缴纳增值税;其他纳税人发生混合销售行为,未按照销售服务缴纳增值税。

2. 将混合销售行为错误按照兼营行为处理。

风险后果

1. 纳税人将混合销售行为错误按照兼营行为处理,或者从事货物的生产、批发或者零售的纳税人发生混合销售行为,未按照销售货物而是按照销售服务申报缴纳增值税,若因为销售服务的适用税率比销售货物适用税率低而导致少缴纳增值税,会被税务机关追缴其不缴或者少缴的税款、滞纳金,并处不缴或者少缴的税款0.5~5倍的罚款。

2. 其他纳税人(非从事货物的生产、批发或者零售的纳税人)发生混合销售行为,未按照销售服务而是按照销售货物申报缴纳增值税,若销售货物的适用税率比销售服务适用税率高,会导致纳税人多缴纳增值税,使自身合法税收利益受损。

合规建议

纳税人发生混合销售行为(针对同一购买方的一项销售行为既涉及货物又涉及服务,如向客户销售货物的同时还就该货物提供装卸搬运、运输送货上门、安装等服务)时,应根据自身主营业务,正确按照销售货物或者销售服务依法纳税,即从事货物的生产、批发或者零售的纳税人发生混合销售行为,应按照销售货物缴纳增值税;其他纳税人发生混合销售行为,应按照销售服务缴纳增值税。

【提示】如果纳税人发生混合销售行为是常态,可以考虑优化业务模式,比如,以销售货物为主的纳税人,可以成立一家提供相关配套服务的子公司,专门为母公司销售给客户的货物提供相关服务(也可以为其他单位和个人提供类似服务),从而各自按适用税率申报缴纳增值税,避免发生混合销售行为未依法申报纳税的风险。

法律依据

1.《税收征收管理法》

第六十四条第二款 纳税人不进行纳税申报,不缴或者少缴应纳税款的,由税务机关追缴其不缴或者少缴的税款、滞纳金,并处不缴或者少缴的税款百分之五十以上五倍以下的罚款。

2.《营业税改征增值税试点实施办法》(财税〔2016〕36 号附件 1)

第四十条 一项销售行为如果既涉及服务又涉及货物,为混合销售。从事货物的生产、批发或者零售的单位和个体工商户的混合销售行为,按照销售货物缴纳增值税;其他单位和个体工商户的混合销售行为,按照销售服务缴纳增值税。

本条所称从事货物的生产、批发或者零售的单位和个体工商户,包括以从事货物的生产、批发或者零售为主,并兼营销售服务的单位和个体工商户在内。

九、存在兼营行为未分别核算销售额

风险表现

纳税人在发生以下兼营行为时,未分别核算销售额:

1. 兼营不同税率或征收率的项目,未分别核算不同项目的销售额。

2. 兼营免税、减税项目,未分别核算免税、减税项目的销售额。

3. 兼营非增值税应税项目,未分别核算货物或者应税劳务的销售额和非增值税应税项目的营业额。

4. 既有适用简易计税又有适用一般计税方法的业务，但未分开核算，计税方法混淆不清。

风险后果

纳税人存在兼营行为时，未分开核算各项目销售额，可能发生需要从高适用税率申报纳税、不得享受减免税优惠、被税务机关核定增值税应税销售额等风险，使自身合法税收利益受损。

合规建议

1. 纳税人兼营不同税率或征收率的项目（销售货物、劳务、服务、无形资产或者不动产），应当分别核算不同应税项目的销售额，以免从高适用税率或征收率。

2. 纳税人兼营免税、减税项目的，应当分别核算免税、减税项目的销售额，以便依法享受免税、减税优惠。

3. 纳税人兼营非增值税应税项目的，应分别核算货物或者应税劳务的销售额和非增值税应税项目的营业额；以免被主管税务机关核定货物或者应税劳务的销售额。

4. 一般纳税人，既有适用简易计税又有适用一般计税方法的业务，应当分开核算，以免计税方法混淆不清导致未能正确申报纳税或者缴纳冤枉税。

【提示】把握兼营行为时应注意：

（1）纳税人的经营范围包含不同业务，包括销售货物、劳务、服务、无形资产或不动产等。

（2）一般情况下，兼营销售货物、劳务和提供服务等不是针对同一购买方的同一销售行为。但根据《国家税务总局关于进一步明确营改增有关征管问题的公告》（国家税务总局公告 2017 年第 11 号）第 1 条和《国家税务总局关于明确中外合作办学等若干增值税征管问题的公告》（国家税务总局公告 2018 年第 42 号）第 6 条的规定，以下 3 种情形，属于一项销售行为既涉及销售货物又涉及销售服务，应作为兼营行为处理（应分别核算货物和服务的销售额，分别适用不同的税率或者征收率）而不作为混合销售：

①纳税人销售活动板房、机器设备、钢结构件等自产货物的同时提供建筑、安装服务，应分别核算货物和建筑服务的销售额，分别适用不同的税率或者征收率。

②一般纳税人销售自产机器设备的同时提供安装服务，应分别核算机器设备和安装服务的销售额，安装服务可以按照甲供工程选择适用简易计税方法

计税。

③一般纳税人销售外购机器设备的同时提供安装服务，如果已经按照兼营的有关规定，分别核算机器设备和安装服务的销售额，安装服务可以按照甲供工程选择适用简易计税方法计税。

法律依据

1.《增值税暂行条例》

第三条 纳税人兼营不同税率的项目，应当分别核算不同税率项目的销售额；未分别核算销售额的，从高适用税率。

第十六条 纳税人兼营免税、减税项目的，应当分别核算免税、减税项目的销售额；未分别核算销售额的，不得免税、减税。

2.《增值税暂行条例实施细则》

第七条 纳税人兼营非增值税应税项目的，应分别核算货物或者应税劳务的销售额和非增值税应税项目的营业额；未分别核算的，由主管税务机关核定货物或者应税劳务的销售额。

3.《营业税改征增值税试点实施办法》(财税〔2016〕36号附件1)

第三十九条 纳税人兼营销售货物、劳务、服务、无形资产或者不动产，适用不同税率或者征收率的，应当分别核算适用不同税率或者征收率的销售额；未分别核算的，从高适用税率。

第四十一条 纳税人兼营免税、减税项目的，应当分别核算免税、减税项目的销售额；未分别核算的，不得免税、减税。

十、处置使用过的固定资产，未按规定计算缴纳增值税

风险表现

1.纳税人处置使用过的固定资产未按规定申报缴纳增值税。

2.不符合按照简易办法依3%征收率减按2%征收增值税政策条件的，错误按照简易计税办法计税。

风险后果

1.纳税人因计算错误等失误，导致未缴或者少缴税款的，税务机关可以在3年内追征税款、滞纳金；有特殊情况(未缴或者少缴税款累计数额大于等于10万元)的，追征期可以延长到5年。

2. 纳税人不进行纳税申报，不缴或者少缴应纳税款的，会被税务机关追缴其不缴或者少缴的税款、滞纳金，并处不缴或者少缴的税款0.5～5倍的罚款。

合规建议

1. 一般纳税人销售自己使用过的固定资产（指纳税人根据财务会计制度已经计提折旧的固定资产），应区分以下不同情形并按照相应规定申报缴纳增值税：

（1）销售自己使用过的2009年1月1日以后购进或者自制的固定资产，按照适用税率征收增值税。

（2）2008年12月31日以前已纳入扩大增值税抵扣范围试点的纳税人，销售自己使用过的在本地区扩大增值税抵扣范围试点以后购进或者自制的固定资产，按照适用税率征收增值税。

（3）2008年12月31日以前已纳入扩大增值税抵扣范围试点的纳税人，销售自己使用过的在本地区扩大增值税抵扣范围试点以前购进或者自制的固定资产，按照简易办法依照3%征收率减按2%征收增值税。

（4）2008年12月31日以前未纳入扩大增值税抵扣范围试点的纳税人，销售自己使用过的2008年12月31日以前购进或者自制的固定资产，按照简易办法依照3%征收率减按2%征收增值税。

（5）销售自己使用过的属于《增值税暂行条例》第10条规定不得抵扣且未抵扣进项税额的固定资产，按照简易办法依照3%征收率减按2%征收增值税。

【提示】《增值税暂行条例》第10条规定："下列项目的进项税额不得从销项税额中抵扣：（一）用于简易计税方法计税项目、免征增值税项目、集体福利或者个人消费的购进货物、劳务、服务、无形资产和不动产；……"

（6）纳税人购进或者自制固定资产时为小规模纳税人，认定为一般纳税人后销售该固定资产，可按简易办法依3%征收率减按2%征收增值税。

（7）一般纳税人发生按简易办法征收增值税应税行为，销售其按照规定不得抵扣且未抵扣进项税额的固定资产，可按简易办法依3%征收率减按2%征收增值税。

2. 小规模纳税人（除其他个人外，其他个人即自然人销售自己使用过的物品，免征增值税）销售自己使用过的固定资产，减按2%征收率征收增值税。

【提示】纳税人适用按照简易办法依3%征收率减按2%征收增值税政策的：

（1）销售额＝含税销售额÷（1＋3%），应纳税额＝销售额×2%。

（2）应开具普通发票，不得开具增值税专用发票。

法律依据

1.《税收征收管理法》

第五十二条第二款　因纳税人、扣缴义务人计算错误等失误,未缴或者少缴税款的,税务机关在三年内可以追征税款、滞纳金;有特殊情况的,追征期可以延长到五年。

第六十四条第二款　纳税人不进行纳税申报,不缴或者少缴应纳税款的,由税务机关追缴其不缴或者少缴的税款、滞纳金,并处不缴或者少缴的税款百分之五十以上五倍以下的罚款。

2.《税收征收管理法实施细则》

第八十二条　税收征管法第五十二条所称特殊情况,是指纳税人或者扣缴义务人因计算错误等失误,未缴或者少缴、未扣或者少扣、未收或者少收税款,累计数额在10万元以上的。

3.《增值税暂行条例》

第十五条第一款　下列项目免征增值税:

……

(七)销售的自己使用过的物品。

4.《增值税暂行条例实施细则》

第三十五条　条例第十五条规定的部分免税项目的范围,限定如下:

……

(三)第一款第(七)项所称自己使用过的物品,是指其他个人自己使用过的物品。

5.《财政部、国家税务总局关于全国实施增值税转型改革若干问题的通知》(财税〔2008〕170号)

四、自2009年1月1日起,纳税人销售自己使用过的固定资产(以下简称已使用过的固定资产),应区分不同情形征收增值税:

(一)销售自己使用过的2009年1月1日以后购进或者自制的固定资产,按照适用税率征收增值税;

(二)2008年12月31日以前未纳入扩大增值税抵扣范围试点的纳税人,销售自己使用过的2008年12月31日以前购进或者自制的固定资产,按照简易办法依照3%征收率减按2%征收增值税;

(三)2008年12月31日以前已纳入扩大增值税抵扣范围试点的纳税人,销售自己使用过的在本地区扩大增值税抵扣范围试点以前购进或者自制的固定资产，按照简易办法依照3%征收率减按2%征收增值税；销售自己使用过的在本地区扩大增值税抵扣范围试点以后购进或者自制的固定资产，按照适用税率征收增值税。①

本通知所称已使用过的固定资产，是指纳税人根据财务会计制度已经计提折旧的固定资产。

6.《财政部、国家税务总局关于部分货物适用增值税低税率和简易办法征收增值税政策的通知》（财税〔2009〕9号）

二、下列按简易办法征收增值税的优惠政策继续执行，不得抵扣进项税额：

（一）纳税人销售自己使用过的物品，按下列政策执行：

1. 一般纳税人销售自己使用过的属于条例第十条规定不得抵扣且未抵扣进项税额的固定资产，按照简易办法依照3%征收率减按2%征收增值税。

一般纳税人销售自己使用过的其他固定资产，按照《财政部　国家税务总局关于全国实施增值税转型改革若干问题的通知》（财税〔2008〕170号）第四条的规定执行。②

……

2. 小规模纳税人（除其他个人外，下同）销售自己使用过的固定资产，减按2%征收率征收增值税。

……

7.《国家税务总局关于增值税简易征收政策有关管理问题的通知》（国税函〔2009〕90号，部分失效）

一、关于纳税人销售自己使用过的固定资产

（一）一般纳税人销售自己使用过的固定资产，凡根据《财政部　国家税务总局关于全国实施增值税转型改革若干问题的通知》（财税〔2008〕170号）和财税〔2009〕9号文件等规定，适用按简易办法依3%征收率减按2%征收增值税政策的，应开具普通发票，不得开具增值税专用发票。③

（二）小规模纳税人销售自己使用过的固定资产，应开具普通发票，不得由税

---

① 第（二）项、第（三）项中的征收率根据《财政部、国家税务总局关于简并增值税征收率政策的通知》的规定进行了调整。

② 征收率根据《财政部、国家税务总局关于简并增值税征收率政策的通知》的规定进行了调整。

③ 征收率根据《国家税务总局关于简并增值税征收率有关问题的公告》（部分失效）的规定进行了调整。

务机关代开增值税专用发票。

……

四、关于销售额和应纳税额

……

（二）小规模纳税人销售自己使用过的固定资产和旧货，按下列公式确定销售额和应纳税额：

销售额＝含税销售额/(1+3%)

应纳税额＝销售额×2%

8.《关于一般纳税人销售自己使用过的固定资产增值税有关问题的公告》（国家税务总局公告2012年第1号）

增值税一般纳税人销售自己使用过的固定资产，属于以下两种情形的，可按简易办法依3%征收率减按2%征收增值税，同时不得开具增值税专用发票：

一、纳税人购进或者自制固定资产时为小规模纳税人，认定为一般纳税人后销售该固定资产。

二、增值税一般纳税人发生按简易办法征收增值税应税行为，销售其按照规定不得抵扣且未抵扣进项税额的固定资产。①

9.《国家税务总局关于简并增值税征收率有关问题的公告》（国家税务总局公告2014年第36号，部分失效）

六、纳税人适用按照简易办法依3%征收率减按2%征收增值税政策的，按下列公式确定销售额和应纳税额：

销售额＝含税销售额/(1+3%)

应纳税额＝销售额×2%

……

十一、处置使用过的物品、旧货，未按规定计算缴纳增值税

风险表现

1.纳税人销售自己使用过的除固定资产以外的物品，以及销售旧货，未依法申报缴纳增值税。

① 征收率根据《国家税务总局关于简并增值税征收率有关问题的公告》（部分失效）的规定进行了调整。

2. 纳税人销售自己使用过的除固定资产以外的物品,以及销售旧货,计算缴纳增值税时未按规定适用税率或征收率。

风险后果

1. 纳税人因计算错误等失误,导致未缴或者少缴税款的,税务机关可以在3年内追征税款、滞纳金;有特殊情况(未缴或者少缴税款累计数额大于等于10万元)的,追征期可以延长到5年。

2. 纳税人不进行纳税申报,不缴或者少缴应纳税款的,会被税务机关追缴其不缴或者少缴的税款、滞纳金,并处不缴或者少缴的税款0.5~5倍的罚款。

合规建议

1. 纳税人销售自己使用过的除固定资产以外的物品,应按下列规定申报缴纳增值税:

(1)一般纳税人,按照适用税率。

(2)小规模纳税人(除其他个人外),按3%的征收率。

2. 一般纳税人、小规模纳税人(除其他个人外)销售旧货,按照简易办法依照3%征收率减按2%征收增值税:

(1)销售额=含税销售额÷(1+3%),应纳税额=销售额×2%;

(2)应开具普通发票,不得开具增值税专用发票。

【提示】①旧货,是指进入二次流通的具有部分使用价值的货物(含旧汽车、旧摩托车和旧游艇),但不包括自己使用过的物品。②其他个人(自然人)销售自己使用过的物品,免征增值税。

法律依据

1.《税收征收管理法》

第五十二条第二款 因纳税人、扣缴义务人计算错误等失误,未缴或者少缴税款的,税务机关在三年内可以追征税款、滞纳金;有特殊情况的,追征期可以延长到五年。

第六十四条第二款 纳税人不进行纳税申报,不缴或者少缴应纳税款的,由税务机关追缴其不缴或者少缴的税款、滞纳金,并处不缴或者少缴的税款百分之五十以上五倍以下的罚款。

2.《税收征收管理法实施细则》

第八十二条 税收征管法第五十二条所称特殊情况,是指纳税人或者扣缴义务人因计算错误等失误,未缴或者少缴、未扣或者少扣、未收或者少收税款,累计数额在10万元以上的。

3.《财政部、国家税务总局关于部分货物适用增值税低税率和简易办法征收增值税政策的通知》(财税〔2009〕9号)

二、下列按简易办法征收增值税的优惠政策继续执行,不得抵扣进项税额:

(一)纳税人销售自己使用过的物品,按下列政策执行:

1. ……

一般纳税人销售自己使用过的除固定资产以外的物品,应当按照适用税率征收增值税。

2. ……

小规模纳税人销售自己使用过的除固定资产以外的物品,应按3%的征收率征收增值税。

(二)纳税人销售旧货,按照简易办法依照3%征收率减按2%征收增值税。

所称旧货,是指进入二次流通的具有部分使用价值的货物(含旧汽车、旧摩托车和旧游艇),但不包括自己使用过的物品。①

……

4.《国家税务总局关于增值税简易征收政策有关管理问题的通知》(国税函〔2009〕90号,部分失效)

二、纳税人销售旧货,应开具普通发票,不得自行开具或者由税务机关代开增值税专用发票。

5.《国家税务总局关于简并增值税征收率有关问题的公告》(国家税务总局公告2014年第36号,部分失效)

六、纳税人适用按照简易办法依3%征收率减按2%征收增值税政策的,按下列公式确定销售额和应纳税额:

销售额 = 含税销售额/(1 + 3%)

应纳税额 = 销售额 × 2%

……

十二、未取得或者取得的增值税扣税凭证不符合规定

风险表现

纳税人未取得或者取得的增值税扣税凭证不符合法律、行政法规或者国务院

① 征收率根据《财政部、国家税务总局关于简并增值税征收率政策的通知》的规定进行了调整。

税务主管部门有关规定,但进行了抵扣且未将进项税额转出。

风险后果

纳税人未取得合规增值税扣税凭证而不得抵扣进项税额时,未将已抵扣的进项税额转出,导致少缴纳增值税的,会被税务机关追缴其不缴或者少缴的税款、滞纳金,并处不缴或者少缴的税款0.5～5倍的罚款。

合规建议

1. 纳税人购进货物、劳务、服务、无形资产、不动产支付或者负担的增值税额,即进项税额,应取得以下合法凭证方能从销项税额中抵扣:

(1)在境内购进货物、劳务、服务、无形资产、不动产:从销售方取得的注明增值税额的增值税专用发票。

【提示】从销售方取得的增值税专用发票,含税控机动车销售统一发票。

(2)进口货物:从海关取得的注明增值税额的海关进口增值税专用缴款书。

(3)购进农产品:①增值税专用发票;②海关进口增值税专用缴款书;③纳税人自行开具的农产品收购发票(注明买价);④农业生产者开具的农产品销售发票(注明买价)。

(4)自境外单位或者个人购进劳务、服务、无形资产或者境内的不动产:从税务机关或者扣缴义务人取得的代扣代缴税款注明增值税额的完税凭证。

【提示】纳税人凭完税凭证抵扣进项税额的,应当具备书面合同、付款证明和境外单位的对账单或者发票。资料不全的,其进项税额不得从销项税额中抵扣。

2. 若纳税人在未取得或者取得的增值税扣税凭证不符合法律、行政法规或者国务院税务主管部门有关规定的情况下,已经进行了进项税额抵扣,则应及时将违规抵扣的进项税额转出。

法律依据

1.《税收征收管理法》

第六十四条　纳税人、扣缴义务人编造虚假计税依据的,由税务机关责令限期改正,并处五万元以下的罚款。

纳税人不进行纳税申报,不缴或者少缴应纳税款的,由税务机关追缴其不缴或者少缴的税款、滞纳金,并处不缴或者少缴的税款百分之五十以上五倍以下的罚款。

2.《增值税暂行条例》

第八条　纳税人购进货物、劳务、服务、无形资产、不动产支付或者负担的增值税额,为进项税额。

下列进项税额准予从销项税额中抵扣：

（一）从销售方取得的增值税专用发票上注明的增值税额。

（二）从海关取得的海关进口增值税专用缴款书上注明的增值税额。

（三）购进农产品，除取得增值税专用发票或者海关进口增值税专用缴款书外，按照农产品收购发票或者销售发票上注明的农产品买价和11%的扣除率计算的进项税额，国务院另有规定的除外。进项税额计算公式：

进项税额 = 买价 × 扣除率

（四）自境外单位或者个人购进劳务、服务、无形资产或者境内的不动产，从税务机关或者扣缴义务人取得的代扣代缴税款的完税凭证上注明的增值税额。

准予抵扣的项目和扣除率的调整，由国务院决定。

第九条　纳税人购进货物、劳务、服务、无形资产、不动产，取得的增值税扣税凭证不符合法律、行政法规或者国务院税务主管部门有关规定的，其进项税额不得从销项税额中抵扣。

3.《增值税暂行条例实施细则》

第十七条　条例第八条第二款第（三）项所称买价，包括纳税人购进农产品在农产品收购发票或者销售发票上注明的价款和按规定缴纳的烟叶税。

第十九条　条例第九条所称增值税扣税凭证，是指增值税专用发票、海关进口增值税专用缴款书、农产品收购发票和农产品销售发票以及运输费用结算单据。

4.《营业税改征增值税试点实施办法》（财税〔2016〕36号附件1）

第二十五条　下列进项税额准予从销项税额中抵扣：

（一）从销售方取得的增值税专用发票（含税控机动车销售统一发票，下同）上注明的增值税额。

（二）从海关取得的海关进口增值税专用缴款书上注明的增值税额。

（三）购进农产品，除取得增值税专用发票或者海关进口增值税专用缴款书外，按照农产品收购发票或者销售发票上注明的农产品买价和13%的扣除率计算的进项税额。计算公式为：

进项税额 = 买价 × 扣除率

买价，是指纳税人购进农产品在农产品收购发票或者销售发票上注明的价款和按照规定缴纳的烟叶税。

购进农产品，按照《农产品增值税进项税额核定扣除试点实施办法》抵扣进项税额的除外。

（四）从境外单位或者个人购进服务、无形资产或者不动产，自税务机关或者扣缴义务人取得的解缴税款的完税凭证上注明的增值税额。

第二十六条 纳税人取得的增值税扣税凭证不符合法律、行政法规或者国家税务总局有关规定的，其进项税额不得从销项税额中抵扣。

增值税扣税凭证，是指增值税专用发票、海关进口增值税专用缴款书、农产品收购发票、农产品销售发票和完税凭证。

纳税人凭完税凭证抵扣进项税额的，应当具备书面合同、付款证明和境外单位的对账单或者发票。资料不全的，其进项税额不得从销项税额中抵扣。

5.《财政部、税务总局关于调整增值税税率的通知》（财税〔2018〕32号）

二、纳税人购进农产品，原适用11%扣除率的，扣除率调整为10%。

三、纳税人购进用于生产销售或委托加工16%税率货物的农产品，按照12%的扣除率计算进项税额。

6.《财政部、税务总局、海关总署关于深化增值税改革有关政策的公告》（财政部、国家税务总局、海关总署公告2019年第39号）

二、纳税人购进农产品，原适用10%扣除率的，扣除率调整为9%。纳税人购进用于生产或者委托加工13%税率货物的农产品，按照10%的扣除率计算进项税额。

7.《国家税务总局关于修订〈增值税专用发票使用规定〉的通知》（国税发〔2006〕156号）

第二十五条 用于抵扣增值税进项税额的专用发票应经税务机关认证相符（国家税务总局另有规定的除外）。认证相符的专用发票应作为购买方的记账凭证，不得退还销售方。

本规定所称认证，是税务机关通过防伪税控系统对专用发票所列数据的识别、确认。

本规定所称认证相符，是指纳税人识别号无误，专用发票所列密文解译后与明文一致。

第二十六条 经认证，有下列情形之一的，不得作为增值税进项税额的抵扣凭证，税务机关退还原件，购买方可要求销售方重新开具专用发票。

（一）无法认证。

本规定所称无法认证，是指专用发票所列密文或者明文不能辨认，无法产生认证结果。

（二）纳税人识别号认证不符。

本规定所称纳税人识别号认证不符，是指专用发票所列购买方纳税人识别号有误。

（三）专用发票代码、号码认证不符。

本规定所称专用发票代码、号码认证不符，是指专用发票所列密文解译后与明文的代码或者号码不一致。

8.《国家税务总局关于纳税人虚开增值税专用发票征补税款问题的公告》（国家税务总局公告 2012 年第 33 号）

……纳税人取得虚开的增值税专用发票，不得作为增值税合法有效的扣税凭证抵扣其进项税额。

9.《国家税务总局关于加强增值税征收管理若干问题的通知》（国税发〔1995〕192 号，部分失效）

一、关于增值税一般纳税人进项税额的抵扣问题

……

（三）购进货物或应税劳务支付货款、劳务费用的对象。纳税人购进货物或应税劳务，支付运输费用，所支付款项的单位，必须与开具抵扣凭证的销货单位、提供劳务的单位一致，才能够申报抵扣进项税额，否则不予抵扣。

……

十三、不得抵扣进项税额项目，未做进项税额转出

风险表现

纳税人购进货物、劳务、服务、无形资产和不动产，发生不得抵扣进项税额的情形时，未将已抵扣的进项税额转出。

风险后果

纳税人发生不得抵扣进项税额的情形时，未将进项税额转出而导致少缴纳增值税的，会被税务机关追缴其不缴或者少缴的税款、滞纳金，并处不缴或者少缴的税款 0.5 ~ 5 倍的罚款。

合规建议

1. 纳税人发生下列项目的进项税额不得从销项税额中抵扣：

（1）用于简易计税方法计税项目、免征增值税项目、集体福利或者个人消费（包括纳税人的交际应酬消费）的购进货物、劳务、服务、无形资产和不动产。

【提示】其中涉及的固定资产、无形资产、不动产，仅指专用于上述项目的固定

资产、无形资产(不包括其他权益性无形资产)、不动产。

(2)非正常损失的购进货物,以及相关的劳务和交通运输服务。

(3)非正常损失的在产品、产成品所耗用的购进货物(不包括固定资产)、劳务和交通运输服务。

(4)非正常损失的不动产,以及该不动产所耗用的购进货物、设计服务和建筑服务。

(5)非正常损失的不动产在建工程(包括新建、改建、扩建、修缮、装饰不动产)所耗用的购进货物、设计服务和建筑服务。

(6)购进的贷款服务、餐饮服务、居民日常服务和娱乐服务。

(7)财政部和国家税务总局规定的其他情形。

【提示】上述第(4)、(5)项所称货物,是指构成不动产实体的材料和设备,包括建筑装饰材料和给排水、采暖、卫生、通风、照明、通讯、煤气、消防、中央空调、电梯、电气、智能化楼宇设备及配套设施。

非正常损失,是指因管理不善造成货物被盗、丢失、霉烂变质,以及因违反法律法规造成货物或者不动产被依法没收、销毁、拆除的情形。

2. 适用一般计税方法的纳税人,兼营简易计税方法计税项目、免征增值税项目而无法划分不得抵扣的进项税额,按照下列公式计算不得抵扣的进项税额:

不得抵扣的进项税额 = 当期无法划分的全部进项税额 × (当期简易计税方法计税项目销售额 + 免征增值税项目销售额) ÷ 当期全部销售额

3. 已抵扣进项税额的购进货物(不含固定资产)、劳务、服务,发生上述不得抵扣进项税额情形(简易计税方法计税项目、免征增值税项目除外)的,应当将该进项税额从当期进项税额中扣减;无法确定该进项税额的,按照当期实际成本计算应扣减的进项税额。

4. 一般纳税人应确保会计核算健全,并能够提供准确的税务资料。否则,其进项税额不得抵扣(已抵扣的应依法转出),也不得使用增值税专用发票。

5. 纳税人(可选择按小规模纳税人纳税的非企业性单位、不经常发生应税行为的企业除外)销售额超过小规模纳税人标准,未申请办理一般纳税人认定手续的,其进项税额不得抵扣(已抵扣的应依法转出),也不得使用增值税专用发票。

法律依据

1.《税收征收管理法》

第六十四条 纳税人、扣缴义务人编造虚假计税依据的,由税务机关责令限期改正,并处五万元以下的罚款。

纳税人不进行纳税申报,不缴或者少缴应纳税款的,由税务机关追缴其不缴或者少缴的税款、滞纳金,并处不缴或者少缴的税款百分之五十以上五倍以下的罚款。

2.《营业税改征增值税试点实施办法》(财税〔2016〕36号附件1)

第二十七条　下列项目的进项税额不得从销项税额中抵扣:

(一)用于简易计税方法计税项目、免征增值税项目、集体福利或者个人消费的购进货物、加工修理修配劳务、服务、无形资产和不动产。其中涉及的固定资产、无形资产、不动产,仅指专用于上述项目的固定资产、无形资产(不包括其他权益性无形资产)、不动产。

纳税人的交际应酬消费属于个人消费。

(二)非正常损失的购进货物,以及相关的加工修理修配劳务和交通运输服务。

(三)非正常损失的在产品、产成品所耗用的购进货物(不包括固定资产)、加工修理修配劳务和交通运输服务。

(四)非正常损失的不动产,以及该不动产所耗用的购进货物、设计服务和建筑服务。

(五)非正常损失的不动产在建工程所耗用的购进货物、设计服务和建筑服务。

纳税人新建、改建、扩建、修缮、装饰不动产,均属于不动产在建工程。

(六)购进的贷款服务、餐饮服务、居民日常服务和娱乐服务。①

(七)财政部和国家税务总局规定的其他情形。

本条第(四)项、第(五)项所称货物,是指构成不动产实体的材料和设备,包括建筑装饰材料和给排水、采暖、卫生、通风、照明、通讯、煤气、消防、中央空调、电梯、电气、智能化楼宇设备及配套设施。

第二十八条　不动产、无形资产的具体范围,按照本办法所附的《销售服务、无形资产或者不动产注释》执行。

固定资产,是指使用期限超过12个月的机器、机械、运输工具以及其他与生产经营有关的设备、工具、器具等有形动产。

非正常损失,是指因管理不善造成货物被盗、丢失、霉烂变质,以及因违反法律法规造成货物或者不动产被依法没收、销毁、拆除的情形。

---

①　根据财政部、国家税务总局、海关总署公告2019年第39号文件进行了修改。

第二十九条 适用一般计税方法的纳税人，兼营简易计税方法计税项目、免征增值税项目而无法划分不得抵扣的进项税额，按照下列公式计算不得抵扣的进项税额：

不得抵扣的进项税额＝当期无法划分的全部进项税额×（当期简易计税方法计税项目销售额＋免征增值税项目销售额）÷当期全部销售额

主管税务机关可以按照上述公式依据年度数据对不得抵扣的进项税额进行清算。

第三十条 已抵扣进项税额的购进货物（不含固定资产）、劳务、服务，发生本办法第二十七条规定情形（简易计税方法计税项目、免征增值税项目除外）的，应当将该进项税额从当期进项税额中扣减；无法确定该进项税额的，按照当期实际成本计算应扣减的进项税额。

第三十三条 有下列情形之一者，应当按照销售额和增值税税率计算应纳税额，不得抵扣进项税额，也不得使用增值税专用发票：

（一）一般纳税人会计核算不健全，或者不能够提供准确税务资料的。

（二）应当办理一般纳税人资格登记而未办理的。

3.《增值税暂行条例实施细则》

第二十九条 年应税销售额超过小规模纳税人标准的其他个人按小规模纳税人纳税；非企业性单位、不经常发生应税行为的企业可选择按小规模纳税人纳税。

十四、固定资产、无形资产、不动产进项税额处理错误

风险表现

1. 误将并非专用于简易计税方法计税项目、免征增值税项目、集体福利或者个人消费（包括纳税人的交际应酬消费）的固定资产、无形资产、不动产进项税额做转出处理，导致多缴纳增值税。

2. 原用于不得抵扣且未抵扣进项税额的固定资产、无形资产、不动产，转用于允许抵扣进项税额的应税项目时，未按规定计算可以抵扣的进项税额，导致多缴纳增值税。

3. 已抵扣进项税额的固定资产、无形资产、不动产发生不得抵扣进项税额情形时，未将不得抵扣的进项税额做转出处理，导致少缴纳增值税。

风险后果

1. 纳税人误将无须转出的进项税额做转出处理，或者未将允许抵扣的进项税

额按规定计算抵扣,导致多缴纳增值税,使自身合法税收利益受损。

2. 纳税人发生不得抵扣进项税额的情形时,未将已抵扣的进项税额转出而导致少缴纳增值税,会被税务机关追缴其不缴或者少缴的税款、滞纳金,并处不缴或者少缴的税款0.5~5倍的罚款。

合规建议

1. 若纳税人购进的固定资产、无形资产(不包括其他权益性无形资产,下同)、不动产,既用于简易计税方法计税项目、免征增值税项目、集体福利或者个人消费,又用于增值税应税项目,则取得的全部进项税额均准予抵扣,无须做进项税额转出处理。

2. 纳税人购进后专用于简易计税方法计税项目、免征增值税项目、集体福利或者个人消费,不得抵扣且未抵扣进项税额的固定资产、无形资产、不动产,发生用途改变,用于允许抵扣进项税额的应税项目时,在取得合法有效的增值税扣税凭证的情况下,可在用途改变的次月按照下列公式计算可以抵扣的进项税额:

可以抵扣的进项税额 = 固定资产、无形资产、不动产净值 ÷ (1 + 适用税率) × 适用税率

3. 已抵扣进项税额的固定资产、无形资产、不动产,发生"改变用途为专用于简易计税方法计税项目、免征增值税项目、集体福利或者个人消费;或者非正常损失"情形时,应按照下列公式计算不得抵扣的进项税额:

不得抵扣的进项税额 = 固定资产、无形资产或者不动产净值 × 适用税率

【提示】固定资产、无形资产或者不动产净值,是指纳税人根据财务会计制度计提折旧或摊销后的余额。

非正常损失,是指因管理不善造成货物被盗、丢失、霉烂、变质,以及因违反法律法规造成货物或者不动产被依法没收、销毁、拆除的情形。

法律依据

1.《税收征收管理法》

第六十四条 纳税人、扣缴义务人编造虚假计税依据的,由税务机关责令限期改正,并处五万元以下的罚款。

纳税人不进行纳税申报,不缴或者少缴应纳税款的,由税务机关追缴其不缴或者少缴的税款、滞纳金,并处不缴或者少缴的税款百分之五十以上五倍以下的罚款。

2.《营业税改征增值税试点实施办法》(财税〔2016〕36号附件1)

第二十七条第一款第一项 下列项目的进项税额不得从销项税额中抵扣:

(一)用于简易计税方法计税项目、免征增值税项目、集体福利或者个人消费的购进货物、加工修理修配劳务、服务、无形资产和不动产。其中涉及的固定资产、无形资产、不动产,仅指专用于上述项目的固定资产、无形资产(不包括其他权益性无形资产)、不动产。

纳税人的交际应酬消费属于个人消费。

第三十一条 已抵扣进项税额的固定资产、无形资产或者不动产,发生本办法第二十七条规定情形的,按照下列公式计算不得抵扣的进项税额:

不得抵扣的进项税额 = 固定资产、无形资产或者不动产净值 × 适用税率

固定资产、无形资产或者不动产净值,是指纳税人根据财务会计制度计提折旧或摊销后的余额。

3.《营业税改征增值税试点有关事项的规定》(财税〔2016〕36号附件2)

一、营改增试点期间,试点纳税人[指按照《营业税改征增值税试点实施办法》(以下称《试点实施办法》)缴纳增值税的纳税人]有关政策

……

(四)进项税额。

……

2. 按照《试点实施办法》第二十七条第(一)项规定不得抵扣且未抵扣进项税额的固定资产、无形资产、不动产,发生用途改变,用于允许抵扣进项税额的应税项目,可在用途改变的次月按照下列公式计算可以抵扣的进项税额:

可以抵扣的进项税额 = 固定资产、无形资产、不动产净值/(1 + 适用税率) × 适用税率

上述可以抵扣的进项税额应取得合法有效的增值税扣税凭证。

……

4.《国家税务总局关于深化增值税改革有关事项的公告》(国家税务总局公告2019年第14号)

六、已抵扣进项税额的不动产,发生非正常损失,或者改变用途,专用于简易计税方法计税项目、免征增值税项目、集体福利或者个人消费的,按照下列公式计算不得抵扣的进项税额,并从当期进项税额中扣减:

不得抵扣的进项税额 = 已抵扣进项税额 × 不动产净值率

不动产净值率 = (不动产净值 ÷ 不动产原值) × 100%

七、按照规定不得抵扣进项税额的不动产,发生用途改变,用于允许抵扣进项

税额项目的,按照下列公式在改变用途的次月计算可抵扣进项税额。

可抵扣进项税额 = 增值税扣税凭证注明或计算的进项税额 × 不动产净值率

十五、发生进货退回或折让,未做进项税额转出

风险表现

纳税人因销售折让、中止或者退回而收回的增值税额,未按规定做进项税额转出,造成多抵扣进项税额。

风险后果

纳税人因销售折让、中止或者退回而收回的增值税额,未从当期的进项税额中扣减而少缴纳增值税的,会被税务机关追缴其不缴或者少缴的税款、滞纳金,并处不缴或者少缴的税款 0.5 ~5 倍的罚款。

合规建议

一般纳税人适用一般计税方法计税的,因销售折让、中止或者退回而(从销售方)收回的增值税额,应当从当期的进项税额中扣减。

【提示】发生上述情形时,销售方冲减收入与销项税额,采购方冲减成本与进项税额。

法律依据

1.《税收征收管理法》

第六十四条　纳税人、扣缴义务人编造虚假计税依据的,由税务机关责令限期改正,并处五万元以下的罚款。

纳税人不进行纳税申报,不缴或者少缴应纳税款的,由税务机关追缴其不缴或者少缴的税款、滞纳金,并处不缴或者少缴的税款百分之五十以上五倍以下的罚款。

2.《营业税改征增值税试点实施办法》(财税〔2016〕36 号附件 1)

第三十二条　纳税人适用一般计税方法计税的,因销售折让、中止或者退回而退还给购买方的增值税额,应当从当期的销项税额中扣减;因销售折让、中止或者退回而收回的增值税额,应当从当期的进项税额中扣减。

第三十六条　纳税人适用简易计税方法计税的,因销售折让、中止或者退回而退还给购买方的销售额,应当从当期销售额中扣减。扣减当期销售额后仍有余额造成多缴的税款,可以从以后的应纳税额中扣减。

第四十二条 纳税人发生应税行为，开具增值税专用发票后，发生开票有误或者销售折让、中止、退回等情形的，应当按照国家税务总局的规定开具红字增值税专用发票；未按照规定开具红字增值税专用发票的，不得按照本办法第三十二条和第三十六条的规定扣减销项税额或者销售额。

3.《国家税务总局关于纳税人折扣折让行为开具红字增值税专用发票问题的通知》(国税函〔2006〕1279号)

纳税人销售货物并向购买方开具增值税专用发票后，由于购货方在一定时期内累计购买货物达到一定数量，或者由于市场价格下降等原因，销货方给予购货方相应的价格优惠或补偿等折扣、折让行为，销货方可按现行《增值税专用发票使用规定》的有关规定开具红字增值税专用发票。

4.《国家税务总局关于红字增值税发票开具有关问题的公告》(国家税务总局公告2016年第47号)

一、增值税一般纳税人开具增值税专用发票(以下简称"专用发票")后，发生销货退回、开票有误、应税服务中止等情形但不符合发票作废条件，或者因销货部分退回及发生销售折让，需要开具红字专用发票的，按以下方法处理：

(一)购买方取得专用发票已用于申报抵扣的，购买方可在增值税发票管理新系统(以下简称"新系统")中填开并上传《开具红字增值税专用发票信息表》(以下简称《信息表》，详见附件)，在填开《信息表》时不填写相对应的蓝字专用发票信息，应暂依《信息表》所列增值税税额从当期进项税额中转出，待取得销售方开具的红字专用发票后，与《信息表》一并作为记账凭证。

购买方取得专用发票未用于申报抵扣、但发票联或抵扣联无法退回的，购买方填开《信息表》时应填写相对应的蓝字专用发票信息。

销售方开具专用发票尚未交付购买方，以及购买方未用于申报抵扣并将发票联及抵扣联退回的，销售方可在新系统中填开并上传《信息表》。销售方填开《信息表》时应填写相对应的蓝字专用发票信息。

……

十六、收到销售返利，未做进项税额转出

风险表现

纳税人(采购方)从销售方收到返利，未做进项税额转出处理，或者不同形式返利涉税处理错误。

风险后果

纳税人从销售方收到返利,未做进项税额转出而导致少缴纳增值税的,会被税务机关追缴其不缴或者少缴的税款、滞纳金,并处不缴或者少缴的税款0.5~5倍的罚款。

合规建议

纳税人作为采购方,从销售方取得与商品销售量、销售额挂钩(如以一定比例、金额、数量计算)的各种返还收入,均应按照平销返利行为的有关规定冲减当期增值税进项税金:

当期应冲减进项税金=当期取得的返还资金÷(1+所购货物适用增值税税率)×所购货物适用增值税税率

【提示】采购方向供货方收取的与商品销售量、销售额无必然联系,且需向供货方提供一定劳务的收入(如进场费、广告促销费、上架费、展示费、管理费等),不属于平销返利,不能冲减当期增值税进项税金,应按服务业缴纳增值税。

【提示】销售方提供实物返利时,应做如下处理:(1)现金返利处理:冲销前期已确认销售收入及销项税额,并开具返利的红字发票。(2)实物的视同销售处理:确认本期销售收入、销项税额,并开具蓝字发票。

法律依据

1.《税收征收管理法》

第六十四条 纳税人、扣缴义务人编造虚假计税依据的,由税务机关责令限期改正,并处五万元以下的罚款。

纳税人不进行纳税申报,不缴或者少缴应纳税款的,由税务机关追缴其不缴或者少缴的税款、滞纳金,并处不缴或者少缴的税款百分之五十以上五倍以下的罚款。

2.《国家税务总局关于平销行为征收增值税问题的通知》(国税发〔1997〕167号)

二、自1997年1月1日起,凡增值税一般纳税人,无论是否有平销行为,因购买货物而从销售方取得的各种形式的返还资金,均应依所购货物的增值税税率计算应冲减的进项税金,并从其取得返还资金当期的进项税金中予以冲减。应冲减的进项税金计算公式如下:

当期应冲减进项税金=当期取得的返还资金×所购货物适用的增值税税率

3.《国家税务总局关于商业企业向货物供应方收取的部分费用征收流转税问题的通知》(国税发〔2004〕136号)

一、商业企业向供货方收取的部分收入,按照以下原则征收增值税或营业税:

(一)对商业企业向供货方收取的与商品销售量、销售额无必然联系,且商业企业向供货方提供一定劳务的收入,例如进场费、广告促销费、上架费、展示费、管理费等,不属于平销返利,不冲减当期增值税进项税金,应按营业税的适用税目税率征收营业税。①

(二)对商业企业向供货方收取的与商品销售量、销售额挂钩(如以一定比例、金额、数量计算)的各种返还收入,均应按照平销返利行为的有关规定冲减当期增值税进项税金,不征收营业税。

二、商业企业向供货方收取的各种收入,一律不得开具增值税专用发票。

三、应冲减进项税金的计算公式调整为:

当期应冲减进项税金 = 当期取得的返还资金/(1 + 所购货物适用增值税税率) × 所购货物适用增值税税率

十七、农产品抵扣进项税额处理错误

风险表现

1. 购进农产品进项税额抵扣凭证不符合规定。

2. 购进农产品抵扣进项税额计算错误。

3. 纳税人购进农产品,既用于生产或委托加工13%税率货物,又用于生产销售其他货物服务,未分别核算。

风险后果

1. 纳税人因购进农产品进项税额抵扣凭证不符合规定,或者购进农产品抵扣进项税额计算错误,而少缴纳增值税,会被税务机关追缴其不缴或者少缴的税款、滞纳金,并处不缴或者少缴的税款0.5~5倍的罚款。

2. 纳税人购进农产品抵扣进项税额计算错误,或者购进农产品既用于生产或委托加工13%税率货物又用于生产销售其他货物服务未分别核算,可能导致多缴纳增值税,造成自身合法税收利益受损。

---

① 2016年5月1日全面营改增后,应按服务业缴纳增值税。

合规建议

1. 纳税人购进农产品(用于生产或者委托加工 13% 税率货物的除外),按下列规定抵扣进项税额:

(1)取得一般纳税人开具的增值税专用发票或海关进口增值税专用缴款书的,以发票或缴款书上注明的增值税额为进项税额。

(2)从按照简易计税方法依照 3% 征收率计算缴纳增值税的小规模纳税人取得增值税专用发票的,以发票上注明的金额和 9% 的扣除率计算进项税额。

(3)取得(开具)农产品销售发票或收购发票的,以农产品销售发票或收购发票上注明的农产品买价和 9% 的扣除率计算进项税额,即进项税额 = 买价 ×9% 。

【提示】①农产品销售发票,指农业生产者销售自产农产品适用免征增值税政策而开具的普通发票(下同);②所称买价,包括纳税人购进农产品在农产品收购发票或者销售发票上注明的价款和按规定缴纳的烟叶税。

2. 纳税人购进用于生产或者委托加工 13% 税率货物的农产品,按照 10% 的扣除率计算进项税额。

【提示】在购进农产品时,先按 9% 扣除;待领用农产品用于生产或者委托加工 13% 税率货物时,再加计 1% 扣除。

3. 纳税人购进农产品既用于生产或者委托加工 13% 税率货物又用于生产销售其他货物服务的,应当分别核算不同用途的农产品进项税额。未分别核算的,统一以增值税专用发票或海关进口增值税专用缴款书上注明的增值税额为进项税额,或以农产品收购发票或销售发票上注明的农产品买价和 9% 的扣除率计算进项税额。

总的来说,农产品进项税额抵扣凭证包括:

(1)一般纳税人开具的增值税专用发票;

(2)一般纳税人开具的海关进口增值税专用缴款书;

(3)按照简易计税方法依照 3% 征收率计算缴纳增值税的小规模纳税人开具的增值税专用发票(普通发票不行);

(4)农业生产者销售自产农产品适用免征增值税政策而开具的普通发票(不能开具专用发票);

【提示】纳税人从批发、零售环节购进适用免征增值税政策的蔬菜、部分鲜活肉蛋而取得的普通发票,不得作为计算抵扣进项税额的凭证。

(5)纳税人向农业生产者购买自产免税农产品时,自行开具的农产品收购发票。

【提示】①纳税人自己开给自己的农产品收购发票,左上角自动打印“收购”字样;②纳税人向从事农业生产的自然人以外的单位和个人购进农产品,应索取发票,不能自行开具农产品收购发票。

法律依据

1.《税收征收管理法》

第六十四条 纳税人、扣缴义务人编造虚假计税依据的,由税务机关责令限期改正,并处五万元以下的罚款。

纳税人不进行纳税申报,不缴或者少缴应纳税款的,由税务机关追缴其不缴或者少缴的税款、滞纳金,并处不缴或者少缴的税款百分之五十以上五倍以下的罚款。

2.《增值税暂行条例》

第八条 纳税人购进货物、劳务、服务、无形资产、不动产支付或者负担的增值税额,为进项税额。

下列进项税额准予从销项税额中抵扣:

……

(三)购进农产品,除取得增值税专用发票或者海关进口增值税专用缴款书外,按照农产品收购发票或者销售发票上注明的农产品买价和11%的扣除率计算的进项税额,国务院另有规定的除外。进项税额计算公式:

进项税额=买价×扣除率

……

3.《增值税暂行条例实施细则》

第十七条 条例第八条第二款第(三)项所称买价,包括纳税人购进农产品在农产品收购发票或者销售发票上注明的价款和按规定缴纳的烟叶税。

4.《财政部、国家税务总局关于简并增值税税率有关政策的通知》(财税〔2017〕37号)

二、纳税人购进农产品,按下列规定抵扣进项税额:

(一)除本条第(二)项规定外,纳税人购进农产品,取得一般纳税人开具的增值税专用发票或海关进口增值税专用缴款书的,以增值税专用发票或海关进口增值税专用缴款书上注明的增值税额为进项税额;从按照简易计税方法依照3%征收率计算缴纳增值税的小规模纳税人取得增值税专用发票的,以增值税专用发票上注明的金额和11%的扣除率计算进项税额;取得(开具)农产品销售发票或收购发票的,以农产品销售发票或收购发票上注明的农产品买价和11%的扣除率计算进项税额。

……

(四)纳税人从批发、零售环节购进适用免征增值税政策的蔬菜、部分鲜活肉蛋而取得的普通发票,不得作为计算抵扣进项税额的凭证。

(五)纳税人购进农产品既用于生产销售或委托受托加工17%税率货物又用于生产销售其他货物服务的,应当分别核算用于生产销售或委托受托加工17%税率货物和其他货物服务的农产品进项税额。未分别核算的,统一以增值税专用发票或海关进口增值税专用缴款书上注明的增值税额为进项税额,或以农产品收购发票或销售发票上注明的农产品买价和11%的扣除率计算进项税额。

(六)《中华人民共和国增值税暂行条例》第八条第二款第(三)项和本通知所称销售发票,是指农业生产者销售自产农产品适用免征增值税政策而开具的普通发票。

5.《财政部、税务总局关于调整增值税税率的通知》(财税〔2018〕32号)

二、纳税人购进农产品,原适用11%扣除率的,扣除率调整为10%。

6.《财政部、税务总局、海关总署关于深化增值税改革有关政策的公告》(财政部、国家税务总局、海关总署公告2019年第39号)

二、纳税人购进农产品,原适用10%扣除率的,扣除率调整为9%。纳税人购进用于生产或者委托加工13%税率货物的农产品,按照10%的扣除率计算进项税额。

十八、运输服务抵扣进项税额不符合规定

风险表现

1.纳税人购进国内旅客运输服务进项税额抵扣风险:(1)抵扣对象非本单位员工或者本单位作为用工单位接受的劳务派遣员工;(2)抵扣凭证不符合规定;(3)抵扣税额计算错误。

2.纳税人购进货物运输服务进项税额抵扣风险:(1)取得的货物运输服务增值税专用发票未按规定填写相关内容;(2)发票填写项目与实际经营情况不符。

风险后果

纳税人因抵扣对象错误、未取得合规凭证、税额计算错误等,导致购进国内旅客运输服务和货物运输服务抵扣进项税额不符合规定,进而导致少缴纳增值税,会

被税务机关追缴其不缴或者少缴的税款、滞纳金,并处不缴或者少缴的税款0.5~5倍的罚款。

合规建议

1.一般纳税人2019年4月1日及以后实际发生的购进国内旅客运输服务,取得合法有效增值税扣税凭证的,其进项税额允许从销项税额中抵扣。具体规定如下:

(1)抵扣范围:限于与本单位签订了劳动合同的员工,以及本单位作为用工单位接受的劳务派遣员工发生的国内旅客运输服务。

(2)纳税人未取得增值税专用发票的,暂按照以下规定确定进项税额:

①取得增值税电子普通发票的,为发票上注明的税额;

【提示】A.增值税电子普通发票上注明的购买方"名称""纳税人识别号"等信息,应当与实际抵扣税款的纳税人一致,否则不予抵扣。B.纸质增值税普通发票不能抵扣进项税额。

②取得注明旅客身份信息的航空运输电子客票行程单的:

航空旅客运输进项税额=(票价+燃油附加费)÷(1+9%)×9%

③取得注明旅客身份信息的铁路车票的:

铁路旅客运输进项税额=票面金额÷(1+9%)×9%

④取得注明旅客身份信息的公路、水路等其他客票的:

公路、水路等其他旅客运输进项税额=票面金额÷(1+3%)×3%

2.一般纳税人购进货物运输服务,取得增值税专用发票(发票备注栏中应填写起运地、到达地、车种车号、运输货物信息等内容,如内容较多可另附清单)的,可以抵扣进项税额。

【提示】铁路运输企业受托代征的印花税款信息,可填写在发票备注栏中。中国铁路总公司及其所属运输企业(含分支机构)提供货物运输服务,可自2015年11月1日起使用增值税专用发票和增值税普通发票,所开具的铁路货票、运费杂费收据可作为发票清单使用。

法律依据

1.《税收征收管理法》

第六十四条 纳税人、扣缴义务人编造虚假计税依据的,由税务机关责令限期改正,并处五万元以下的罚款。

纳税人不进行纳税申报,不缴或者少缴应纳税款的,由税务机关追缴其不缴或者少缴的税款、滞纳金，并处不缴或者少缴的税款百分之五十以上五倍以下的罚款。

2.《财政部、税务总局、海关总署关于深化增值税改革有关政策的公告》（财政部、国家税务总局、海关总署公告2019年第39号）

六、纳税人购进国内旅客运输服务，其进项税额允许从销项税额中抵扣。

（一）纳税人未取得增值税专用发票的，暂按照以下规定确定进项税额：

1.取得增值税电子普通发票的，为发票上注明的税额；

2.取得注明旅客身份信息的航空运输电子客票行程单的，为按照下列公式计算进项税额：

航空旅客运输进项税额 =（票价 + 燃油附加费）÷（1 +9%）×9%

3.取得注明旅客身份信息的铁路车票的，为按照下列公式计算的进项税额：

铁路旅客运输进项税额 = 票面金额 ÷（1 +9%）×9%

4.取得注明旅客身份信息的公路、水路等其他客票的，按照下列公式计算进项税额：

公路、水路等其他旅客运输进项税额 = 票面金额 ÷（1 +3%）×3%

……

3.《国家税务总局关于国内旅客运输服务进项税抵扣等增值税征管问题的公告》（国家税务总局公告2019年第31号）

一、关于国内旅客运输服务进项税抵扣

（一）《财政部　税务总局　海关总署关于深化增值税改革有关政策的公告》（财政部　税务总局　海关总署公告2019年第39号）第六条所称“国内旅客运输服务”，限于与本单位签订了劳动合同的员工，以及本单位作为用工单位接受的劳务派遣员工发生的国内旅客运输服务。

（二）纳税人购进国内旅客运输服务，以取得的增值税电子普通发票上注明的税额为进项税额的，增值税电子普通发票上注明的购买方“名称”“纳税人识别号”等信息，应当与实际抵扣税款的纳税人一致，否则不予抵扣。

（三）纳税人允许抵扣的国内旅客运输服务进项税额，是指纳税人2019年4月1日及以后实际发生，并取得合法有效增值税扣税凭证注明的或依据其计算的增值税税额。以增值税专用发票或增值税电子普通发票为增值税扣税凭证的，为2019年4月1日及以后开具的增值税专用发票或增值税电子普通发票。

4.《国家税务总局关于停止使用货物运输业增值税专用发票有关问题的公告》（国家税务总局公告2015年第99号）

一、增值税一般纳税人提供货物运输服务，使用增值税专用发票和增值税普通发票，开具发票时应将起运地、到达地、车种车号以及运输货物信息等内容填写在发票备注栏中，如内容较多可另附清单。

……

三、铁路运输企业受托代征的印花税款信息，可填写在发票备注栏中。中国铁路总公司及其所属运输企业（含分支机构）提供货物运输服务，可自2015年11月1日起使用增值税专用发票和增值税普通发票，所开具的铁路货票、运费杂费收据可作为发票清单使用。

十九、视同销售和进项税额转出混淆

风险表现

视同销售行为和进项转出行为混淆不清，计提销项税额和进项税额转出处理错误。

风险后果

纳税人未依法视同销售，或者未按照规定进行进项税额转出处理，导致少缴纳增值税的，会被税务机关追缴其不缴或者少缴的税款、滞纳金，并处不缴或者少缴的税款0.5～5倍的罚款。

合规建议

1. 增值税视同销售，是指会计上不按销售做账，不确认收入，但税法要求视同销售处理，并按正常销售征收增值税。对于会计不作为销售而税法却作为销售的经济业务，由于增值税必须按照税法规定的金额缴纳，此时会计上就采用视同销售处理。

2. 增值税进项税额转出，是指购进货物、服务、无形资产、不动产等，因改变用途或发生非正常损失，原来已经抵扣的进项税应转出，计入应缴税费——应缴增值税（进项税额转出）。增值税进项税额转出严格来说只是一种会计做账方法，税法中并没有明确说明什么情况需要进项税额转出，只是规定了进项税不得从销项税额中抵扣的情况，其中的一些项目在会计上就作为进项税额转出处理。

3. 如何判断一项经济事项是属于进项税额转出还是视同销售。

首先,判断货物在企业是否发生增值。根据计税原理,增值税是对商品生产和流通中各环节的新增价值或商品附加值进行征税。从企业的生产流程来看,若外购货物并没有进入生产环节,没有成为企业的产成品或在产品,那么就没有在企业内发生增值,与之相关的经济业务就很可能是增值税进项税额转出。对于已经进入生产环节,成为产成品或在产品的购进货物,由于发生了增值,发生特定经济业务时,就应按照增值后的计税价格视同销售而不是进项税额转出。因此,将自产、委托加工的货物不管是用于集体福利、个人消费,还是作为投资提供给其他单位、分配给股东、无偿捐赠,都视同销售。这里的自产、委托加工货物就是前面所提到的在企业生产过程中发生增值的货物。

其次,对于未发生增值的外购货物,主要看是用于内部还是用于外部,若用于免征增值税项目、集体福利或者个人消费,一般认为属于用于企业内部,按进项税额转出处理;若作为投资,提供给其他单位或者个体工商户,分配给股东或者投资者,无偿赠送其他单位或者个人,一般认为属于用于外部单位和个人,按视同销售处理。

法律依据

1.《增值税暂行条例实施细则》

第四条　单位或者个体工商户的下列行为,视同销售货物:

(一)将货物交付其他单位或者个人代销;

(二)销售代销货物;

(三)设有两个以上机构并实行统一核算的纳税人,将货物从一个机构移送其他机构用于销售,但相关机构设在同一县(市)的除外;

(四)将自产或者委托加工的货物用于非增值税应税项目;

(五)将自产、委托加工的货物用于集体福利或者个人消费;

(六)将自产、委托加工或者购进的货物作为投资,提供给其他单位或者个体工商户;

(七)将自产、委托加工或者购进的货物分配给股东或者投资者;

(八)将自产、委托加工或者购进的货物无偿赠送其他单位或者个人。

2.《营业税改征增值税试点实施办法》(财税〔2016〕36 号附件 1)

第十四条　下列情形视同销售服务、无形资产或者不动产:

(一)单位或者个体工商户向其他单位或者个人无偿提供服务,但用于公益事业或者以社会公众为对象的除外。

（二）单位或者个人向其他单位或者个人无偿转让无形资产或者不动产，但用于公益事业或者以社会公众为对象的除外。

（三）财政部和国家税务总局规定的其他情形。

第二十七条 下列项目的进项税额不得从销项税额中抵扣：

（一）用于简易计税方法计税项目、免征增值税项目、集体福利或者个人消费的购进货物、加工修理修配劳务、服务、无形资产和不动产。其中涉及的固定资产、无形资产、不动产，仅指专用于上述项目的固定资产、无形资产（不包括其他权益性无形资产）、不动产。

纳税人的交际应酬消费属于个人消费。

（二）非正常损失的购进货物，以及相关的加工修理修配劳务和交通运输服务。

（三）非正常损失的在产品、产成品所耗用的购进货物（不包括固定资产）、加工修理修配劳务和交通运输服务。

（四）非正常损失的不动产，以及该不动产所耗用的购进货物、设计服务和建筑服务。

（五）非正常损失的不动产在建工程所耗用的购进货物、设计服务和建筑服务。

纳税人新建、改建、扩建、修缮、装饰不动产，均属于不动产在建工程。

（六）购进的贷款服务、餐饮服务、居民日常服务和娱乐服务。①

（七）财政部和国家税务总局规定的其他情形。

本条第（四）项、第（五）项所称货物，是指构成不动产实体的材料和设备，包括建筑装饰材料和给排水、采暖、卫生、通风、照明、通讯、煤气、消防、中央空调、电梯、电气、智能化楼宇设备及配套设施。

① 根据财政部、国家税务总局、海关总署公告2019年第39号文件进行了修改。

第六章　消费税税务风险管理

一、发生消费税应税行为时，未依法缴纳消费税

风险表现

单位在发生以下消费税应税行为时，未依法申报缴纳消费税［包括：(1)未缴纳消费税；(2)计税环节错误；(3)计税依据错误，如未将向购买方收取的价外费用作为销售额；(4)计税价格明显偏低且无正当理由；(5)税额计算错误；等等］：

1. 生产或者进口卷烟、雪茄烟、烟丝、电子烟，批发卷烟、电子烟。

2. 生产或者进口白酒、黄酒、啤酒、其他酒。

3. 生产或者进口高档化妆品(不含增值税销售价格或进口完税价格大于等于10元/毫升或15元/片的美容、修饰类化妆品和护肤类化妆品)。

4. 零售金银首饰、铂金首饰、钻石及钻石饰品，生产或者进口其他贵重首饰和珠宝玉石(不含金银首饰、铂金首饰、钻石及钻石饰品)。

5. 生产或者进口鞭炮、焰火(不含体育上用的发令纸、鞭炮引线)。

6. 生产或者进口成品油(包括汽油、柴油、航空煤油、石脑油、溶剂油、润滑油、燃料油；不包括符合条件的纯生物柴油，以及成品油生产过程中，作燃料、动力及原料消耗掉的自产成品油)。

【提示】(1)根据《财政部、国家税务总局关于继续提高成品油消费税的通知》(财税〔2015〕11号)的规定，航空煤油继续暂缓征收消费税。(2)根据《国家税务总局关于绝缘油类产品不征收消费税问题的公告》(国家税务总局公告2010年第12号)的规定，变压器油、导热类油等绝缘油类产品不属于应征消费税的“润滑油”，不征收消费税。

7. 生产或者进口摩托车(气缸容量大于等于250毫升)。

8. 生产或者进口小汽车(包括乘用车、中轻型商用客车，以及购进乘用车或中轻型商用客车整车改装生产的汽车；不包括电动汽车、沙滩车、雪地车、卡丁车、高尔夫车)，零售超豪华小汽车(不含增值税零售价格大于等于130万元/辆)。

9. 生产或者进口高尔夫球及球具(包括球包、球杆、球袋等)。

10. 生产或者进口高档手表(不含增值税售价大于等于1万元/只)。

11. 生产或者进口游艇。

【提示】游艇是指长度大于8米小于90米,船体由玻璃钢、钢、铝合金、塑料等多种材料制作,可以在水上移动的水上浮载体。按照动力划分,游艇分为无动力艇、帆艇和机动艇。本税目征收范围包括艇身长度大于8米(含)小于90米(含),内置发动机,可以在水上移动,一般为私人或团体购置,主要用于水上运动和休闲娱乐等非牟利活动的各类机动艇。

12. 生产或者进口木制一次性筷子(不包括其他木筷和竹制筷子)。

13. 生产或者进口实木地板(包括实木复合地板、实木指接地板、素板、饰漆地板)。

14. 生产或者进口电池(包括原电池、蓄电池、燃料电池、太阳能电池和其他电池)。

15. 生产或者进口涂料(包括液体或固体材料)。

【提示】根据《财政部、国家税务总局关于对电池、涂料征收消费税的通知》(财税〔2015〕16号)的规定,对施工状态下挥发性有机物(Volatile Organic Compounds, VOC)含量低于420克/升(含)的涂料免征消费税。

风险后果

纳税人不进行纳税申报,不缴或者少缴应纳税款的,会被税务机关追缴其不缴或者少缴的税款、滞纳金,并处不缴或者少缴的税款0.5~5倍的罚款。

合规建议

在中国境内生产、委托加工和进口应税消费品的单位和个人,以及国务院确定的销售应税消费品的其他单位和个人,为消费税的纳税人,应依法申报缴纳消费税。消费税具体税目、税率见表1:

表1 消费税具体税目、税率

税目	税率		
	生产(进口)环节	批发环节	零售环节
一、烟			
1. 卷烟			
(1)甲类卷烟(每条≥70元)	56%+0.003元/支	11%+0.005元/支	
(2)乙类卷烟(每条<70元)	36%+0.003元/支		

续表

税目	税率		
	生产(进口)环节	批发环节	零售环节
2. 雪茄烟	36%		
3. 烟丝	30%		
4. 电子烟	36%	11%	
二、酒			
1. 白酒	20% + 0.5 元/500 克(或 500 毫升)		
2. 黄酒	240 元/吨		
3. 啤酒			
(1) 甲类啤酒(出厂≥3000 元/吨)	250 元/吨		
(2) 乙类啤酒(出厂 <3000 元/吨)	220 元/吨		
4. 其他酒(调味料酒不征收消费税)	10%		
三、高档化妆品(不含增值税销售价格或进口完税价格≥10 元/毫升或 15 元/片的美容、修饰类化妆品和护肤类化妆品)	15%		
四、贵重首饰及珠宝玉石			
1. 金银首饰、铂金首饰、钻石及钻石饰品			5%
2. 其他贵重首饰和珠宝玉石	10%		
五、鞭炮、焰火(不含体育上用的发令纸、鞭炮引线)	15%		
六、成品油			
1. 汽油	1.52 元/升		
2. 柴油	1.2 元/升		
3. 航空煤油	1.2 元/升		
4. 石脑油	1.52 元/升		
5. 溶剂油	1.52 元/升		
6. 润滑油	1.52 元/升		
7. 燃料油	1.2 元/升		
七、摩托车			
1. 气缸容量 <250 毫升	3%		

续表

税目	税率		
	生产(进口)环节	批发环节	零售环节
2. 气缸容量≥250 毫升	10%		
八、小汽车			
1. 乘用车			
(1)气缸容量≤1.0 升	1%		
(2)1.0 升<气缸容量≤1.5 升	3%		
(3)1.5 升<气缸容量≤2.0 升	5%		
(4)2.0 升<气缸容量≤2.5 升	9%		
(5)2.5 升<气缸容量≤3.0 升	12%		
(6)3.0 升<气缸容量≤4.0 升	25%		
(7)气缸容量>4.0 升	40%		
2. 中轻型商用客车	5%		
3. 超豪华小汽车(不含增值税零售价格≥130 万元/辆)	按子税目 1 和子税目 2 的规定征收		10%
九、高尔夫球及球具(包括球包、球杆、球袋等)	10%		
十、高档手表(不含增值税≥1 万元/只)	20%		
十一、游艇	10%		
十二、木制一次性筷子(不包括其他木筷和竹制筷子)	5%		
十三、实木地板(包括实木复合地板、实木指接地板、素板、饰漆地板)	5%		
十四、电池(包括原电池、蓄电池、燃料电池、太阳能电池和其他电池)	4%		
十五、涂料(包括液体或固体材料)	4%		

消费税实行从价定率、从量定额,或者从价定率和从量定额复合计税(以下简称复合计税)的办法计算应纳税额。

应纳税额计算公式:

1. 实行从价定率办法计算的应纳税额 = 销售额 × 比例税率

2. 实行从量定额办法计算的应纳税额 = 销售数量 × 定额税率

3. 实行复合计税办法计算的应纳税额 = 销售额 × 比例税率 + 销售数量 × 定额税率

【提示】销售额为纳税人销售应税消费品向购买方收取的全部价款和价外费用(不包括应向购货方收取的增值税税款)。若计税价格明显偏低且无正当理由，会被主管税务机关核定计税价格。

法律依据

1.《税收征收管理法》

第六十四条第二款　纳税人不进行纳税申报，不缴或者少缴应纳税款的，由税务机关追缴其不缴或者少缴的税款、滞纳金，并处不缴或者少缴的税款百分之五十以上五倍以下的罚款。

2.《消费税暂行条例》

第一条　在中华人民共和国境内生产、委托加工和进口本条例规定的消费品的单位和个人，以及国务院确定的销售本条例规定的消费品的其他单位和个人，为消费税的纳税人，应当依照本条例缴纳消费税。

第二条　消费税的税目、税率，依照本条例所附的《消费税税目税率表》执行。

消费税税目、税率的调整，由国务院决定。

第五条　消费税实行从价定率、从量定额，或者从价定率和从量定额复合计税(以下简称复合计税)的办法计算应纳税额。应纳税额计算公式：

实行从价定率办法计算的应纳税额 = 销售额 × 比例税率

实行从量定额办法计算的应纳税额 = 销售数量 × 定额税率

实行复合计税办法计算的应纳税额 = 销售额 × 比例税率 + 销售数量 × 定额税率

纳税人销售的应税消费品，以人民币计算销售额。纳税人以人民币以外的货币结算销售额的，应当折合成人民币计算。

第六条　销售额为纳税人销售应税消费品向购买方收取的全部价款和价外费用。

第十条　纳税人应税消费品的计税价格明显偏低并无正当理由的，由主管税务机关核定其计税价格。

3.《消费税暂行条例实施细则》

第十二条　条例第六条所称销售额，不包括应向购货方收取的增值税税款。如果纳税人应税消费品的销售额中未扣除增值税税款或者因不得开具增值税专用发票而发生价款和增值税税款合并收取的，在计算消费税时，应当换算为不含增值税税款的销售额。其换算公式为：

应税消费品的销售额 = 含增值税的销售额 ÷（1 + 增值税税率或者征收率）

第十三条 应税消费品连同包装物销售的，无论包装物是否单独计价以及在会计上如何核算，均应并入应税消费品的销售额中缴纳消费税。如果包装物不作价随同产品销售，而是收取押金，此项押金则不应并入应税消费品的销售额中征税。但对因逾期未收回的包装物不再退还的或者已收取的时间超过12个月的押金，应并入应税消费品的销售额，按照应税消费品的适用税率缴纳消费税。

对既作价随同应税消费品销售，又另外收取押金的包装物的押金，凡纳税人在规定的期限内没有退还的，均应并入应税消费品的销售额，按照应税消费品的适用税率缴纳消费税。

第十四条 条例第六条所称价外费用，是指价外向购买方收取的手续费、补贴、基金、集资费、返还利润、奖励费、违约金、滞纳金、延期付款利息、赔偿金、代收款项、代垫款项、包装费、包装物租金、储备费、优质费、运输装卸费以及其他各种性质的价外收费。但下列项目不包括在内：

（一）同时符合以下条件的代垫运输费用：

1. 承运部门的运输费用发票开具给购买方的；

2. 纳税人将该项发票转交给购买方的。

（二）同时符合以下条件代为收取的政府性基金或者行政事业性收费：

1. 由国务院或者财政部批准设立的政府性基金，由国务院或者省级人民政府及其财政、价格主管部门批准设立的行政事业性收费；

2. 收取时开具省级以上财政部门印制的财政票据；

3. 所收款项全额上缴财政。

二、兼营不同税率的应税消费品未分别核算

风险表现

纳税人存在兼营不同税率的应税消费品，但未分别核算不同税率应税消费品的销售额、销售数量，或者将不同税率的应税消费品组成成套消费品销售的情形。

风险后果

纳税人兼营不同税率的应税消费品，未分别核算销售额、销售数量，或者将不同税率的应税消费品组成成套消费品销售，会导致从高适用税率。

合规建议

纳税人兼营不同税率的应税消费品(生产销售两种税率以上的应税消费品)时,应当分别核算不同税率应税消费品的销售额、销售数量,以便按照各自适用税率纳税。

法律依据

1.《消费税暂行条例》

第三条　纳税人兼营不同税率的应当缴纳消费税的消费品(以下简称应税消费品),应当分别核算不同税率应税消费品的销售额、销售数量;未分别核算销售额、销售数量,或者将不同税率的应税消费品组成成套消费品销售的,从高适用税率。

2.《消费税暂行条例实施细则》

第四条　条例第三条所称纳税人兼营不同税率的应当缴纳消费税的消费品,是指纳税人生产销售两种税率以上的应税消费品。

三、纳税人自产自用应税消费品未依法申报缴纳消费税

风险表现

纳税人自产自用应税消费品且未用于连续生产应税消费品,同时未依法申报缴纳消费税。

风险后果

纳税人不进行纳税申报,不缴或者少缴应纳税款的,会被税务机关追缴其不缴或者少缴的税款、滞纳金,并处不缴或者少缴的税款0.5~5倍的罚款。

合规建议

1. 纳税人自产自用的应税消费品,如果不是用于连续生产应税消费品(将自产自用应税消费品作为直接材料生产最终应税消费品,自产自用应税消费品构成最终应税消费品的实体),而是用于其他方面(如用于生产非应税消费品、在建工程、管理部门、非生产机构、提供劳务、馈赠、赞助、集资、广告、样品、职工福利、奖励等)的,应于移送使用时申报缴纳消费税。

2. 纳税人自产自用的应税消费品,按照纳税人生产的同类消费品的销售价格计算纳税;没有同类消费品销售价格的,按照组成计税价格计算纳税。

(1)实行从价定率办法计算纳税的:组成计税价格=(成本+利润)÷(1－比

例税率)。

(2)实行复合计税办法计算纳税的:组成计税价格 =(成本 + 利润 + 自产自用数量 × 定额税率)÷(1 - 比例税率)。

法律依据

1.《消费税暂行条例》

第四条第一款 ……纳税人自产自用的应税消费品,用于连续生产应税消费品的,不纳税;用于其他方面的,于移送使用时纳税。

第七条 纳税人自产自用的应税消费品,按照纳税人生产的同类消费品的销售价格计算纳税;没有同类消费品销售价格的,按照组成计税价格计算纳税。

实行从价定率办法计算纳税的组成计税价格计算公式:

组成计税价格 =(成本 + 利润)÷(1 - 比例税率)

实行复合计税办法计算纳税的组成计税价格计算公式:

组成计税价格 =(成本 + 利润 + 自产自用数量 × 定额税率)÷(1 - 比例税率)

2.《消费税暂行条例实施细则》

第六条 条例第四条第一款所称用于连续生产应税消费品,是指纳税人将自产自用的应税消费品作为直接材料生产最终应税消费品,自产自用应税消费品构成最终应税消费品的实体。

条例第四条第一款所称用于其他方面,是指纳税人将自产自用应税消费品用于生产非应税消费品、在建工程、管理部门、非生产机构、提供劳务、馈赠、赞助、集资、广告、样品、职工福利、奖励等方面。

四、委托加工应税消费品未依法申报缴纳消费税

风险表现

1. 将应当按照销售自制应税消费品缴纳消费税的行为(比如,由受托方提供原材料生产的应税消费品,或者受托方先将原材料卖给委托方,然后再接受加工的应税消费品,以及由受托方以委托方名义购进原材料生产的应税消费品),错误按照委托加工应税消费品申报纳税。

2. 委托个人加工的应税消费品,委托方收回后未自行申报缴纳消费税。

3. 委托加工应税消费品消费税额计算错误。

4. 委托其他单位加工的应税消费品,委托方收回后用于连续生产应税消费品时,未将受托单位已代收代缴的消费税税款从应纳税额中抵扣。

风险后果

1. 纳税人编造虚假计税依据的,会被税务机关责令限期改正,并处5万元以下的罚款。

2. 纳税人不进行纳税申报,不缴或者少缴应纳税款的,会被税务机关追缴其不缴或者少缴的税款、滞纳金,并处不缴或者少缴的税款0.5~5倍的罚款。

3. 纳税人从受托单位收回委托加工的应税消费品,并用于连续生产应税消费品时,未将受托单位已代收代缴的消费税税款从应纳税额中抵扣,会导致多缴纳消费税。

合规建议

1. 纳税人(委托方)应正确界定“委托加工”应税消费品行为。

(1)委托加工的应税消费品,是指由委托方提供原料和主要材料,受托方只收取加工费和代垫部分辅助材料加工的应税消费品。

(2)对于由受托方提供原材料生产的应税消费品,或者受托方先将原材料卖给委托方,然后再接受加工的应税消费品,以及由受托方以委托方名义购进原材料生产的应税消费品,不论在财务上是否作销售处理,都不得作为委托加工应税消费品,而应当按照销售自制应税消费品缴纳消费税。

2. 委托加工的应税消费品,若受托方为个人,委托方收回应税消费品后,应依法申报缴纳消费税。

3. 委托加工的应税消费品,若受托方为单位(非个人),委托方应提示或督促受托方交货时依法代收代缴税款。委托方收回委托加工的应税消费品后,分情况进行处理:

(1)直接出售(以不高于受托方的计税价格出售)的,不再缴纳消费税。

(2)以高于受托方的计税价格出售的,不属于直接出售,需按照规定申报缴纳消费税,在计税时准予扣除受托方已代收代缴的消费税。

(3)用于连续生产应税消费品的,可以将受托方已代收代缴的消费税税款从连续生产的应税消费品应纳税额中抵扣。

4. 委托加工的应税消费品,按照受托方的同类消费品的销售价格计算纳税;没有同类消费品销售价格的,按照组成计税价格计算纳税。

(1)实行从价定率办法计算纳税的:组成计税价格=(材料成本+加工费)÷(1-比例税率)。

(2)实行复合计税办法计算纳税的:组成计税价格=(材料成本+加工费+委

托加工数量×定额税率)÷(1－比例税率)。

法律依据

1.《税收征收管理法》

第六十四条 纳税人、扣缴义务人编造虚假计税依据的,由税务机关责令限期改正,并处五万元以下的罚款。

纳税人不进行纳税申报,不缴或者少缴应纳税款的,由税务机关追缴其不缴或者少缴的税款、滞纳金,并处不缴或者少缴的税款百分之五十以上五倍以下的罚款。

2.《消费税暂行条例》

第四条第二款 委托加工的应税消费品,除受托方为个人外,由受托方在向委托方交货时代收代缴税款。委托加工的应税消费品,委托方用于连续生产应税消费品的,所纳税款准予按规定抵扣。

第八条 委托加工的应税消费品,按照受托方的同类消费品的销售价格计算纳税;没有同类消费品销售价格的,按照组成计税价格计算纳税。

实行从价定率办法计算纳税的组成计税价格计算公式:

组成计税价格=(材料成本+加工费)÷(1－比例税率)

实行复合计税办法计算纳税的组成计税价格计算公式:

组成计税价格=(材料成本+加工费+委托加工数量×定额税率)÷(1－比例税率)

第十三条第二款 委托加工的应税消费品,除受托方为个人外,由受托方向机构所在地或者居住地的主管税务机关解缴消费税税款。

3.《消费税暂行条例实施细则》

第七条 条例第四条第二款所称委托加工的应税消费品,是指由委托方提供原料和主要材料,受托方只收取加工费和代垫部分辅助材料加工的应税消费品。对于由受托方提供原材料生产的应税消费品,或者受托方先将原材料卖给委托方,然后再接受加工的应税消费品,以及由受托方以委托方名义购进原材料生产的应税消费品,不论在财务上是否作销售处理,都不得作为委托加工应税消费品,而应当按照销售自制应税消费品缴纳消费税。

委托加工的应税消费品直接出售的,不再缴纳消费税。

委托个人加工的应税消费品,由委托方收回后缴纳消费税。

4.《财政部、国家税务总局关于〈中华人民共和国消费税暂行条例实施细则〉有关条款解释的通知》(财法〔2012〕8 号)

委托方将收回的应税消费品,以不高于受托方的计税价格出售的,为直接出售,不再缴纳消费税;委托方以高于受托方的计税价格出售的,不属于直接出售,需按照规定申报缴纳消费税,在计税时准予扣除受托方已代收代缴的消费税。

五、受托为其他单位加工应税消费品未依法代收代缴消费税

风险表现

单位受托为其他单位加工应税消费品时,未依法代收代缴消费税。

风险后果

扣缴义务人应扣未扣、应收而不收税款的,会被税务机关处应扣未扣、应收未收税款 0.5～3 倍的罚款。

合规建议

单位受托为其他单位加工应税消费品时(指由委托方提供原料和主要材料,受托方只收取加工费和代垫部分辅助材料),应当在向委托方交货时,代收代缴税款。

【提示】受托单位应当向机构所在地或者居住地的主管税务机关解缴消费税税款。

法律依据

1.《税收征收管理法》

第六十九条　扣缴义务人应扣未扣、应收而不收税款的,由税务机关向纳税人追缴税款,对扣缴义务人处应扣未扣、应收未收税款百分之五十以上三倍以下的罚款。

2.《消费税暂行条例》

第四条第二款　委托加工的应税消费品,除受托方为个人外,由受托方在向委托方交货时代收代缴税款。……

第十三条第二款　委托加工的应税消费品,除受托方为个人外,由受托方向机构所在地或者居住地的主管税务机关解缴消费税税款。

3.《消费税暂行条例实施细则》

第七条　条例第四条第二款所称委托加工的应税消费品,是指由委托方提供

原料和主要材料,受托方只收取加工费和代垫部分辅助材料加工的应税消费品。……

六、消费税纳税义务发生时间确认错误

风险表现

纳税人/扣缴义务人未依法确定消费税纳税义务发生时间,导致未按规定期限申报纳税。

风险后果

1. 纳税人、扣缴义务人在规定期限内不缴或者少缴应纳或者应解缴的税款,经税务机关责令限期缴纳,逾期仍未缴纳的,除了会被税务机关采取强制执行措施追缴其不缴或者少缴的税款,还可能被处以不缴或者少缴的税款0.5~5倍的罚款。

2. 纳税人/扣缴义务人若未关注纳税义务发生时间,可能存在提前纳税的风险,会导致自身合法税收利益受损。

合规建议

1. 纳税人生产的应税消费品,应于纳税人销售时纳税。按不同的销售结算方式,纳税义务发生时间分别为:

(1)采取赊销和分期收款结算方式的,为书面合同约定的收款日期的当天,书面合同没有约定收款日期或者无书面合同的,为发出应税消费品的当天;

(2)采取预收货款结算方式的,为发出应税消费品的当天;

(3)采取托收承付和委托银行收款方式的,为发出应税消费品并办妥托收手续的当天;

(4)采取其他结算方式的,为收讫销售款或者取得索取销售款凭据的当天。

2. 纳税人自产自用的应税消费品,用于其他方面(并非用于连续生产应税消费品)的,于移送使用的当天纳税。

3. 委托个人加工的应税消费品,委托方收回应税消费品的当天自行申报纳税。

4. 委托其他单位(非个人)加工的应税消费品,由受托方在向委托方交货的当天代收代缴税款。

5. 进口的应税消费品,于报关进口的当天纳税。

法律依据

1.《税收征收管理法》

第六十二条　纳税人未按照规定的期限办理纳税申报和报送纳税资料的，或者扣缴义务人未按照规定的期限向税务机关报送代扣代缴、代收代缴税款报告表和有关资料的，由税务机关责令限期改正，可以处二千元以下的罚款；情节严重的，可以处二千元以上一万元以下的罚款。

第六十八条　纳税人、扣缴义务人在规定期限内不缴或者少缴应纳或者应解缴的税款，经税务机关责令限期缴纳，逾期仍未缴纳的，税务机关除依照本法第四十条的规定采取强制执行措施追缴其不缴或者少缴的税款外，可以处不缴或者少缴的税款百分之五十以上五倍以下的罚款。

2.《消费税暂行条例》

第四条　纳税人生产的应税消费品，于纳税人销售时纳税。纳税人自产自用的应税消费品，用于连续生产应税消费品的，不纳税；用于其他方面的，于移送使用时纳税。

委托加工的应税消费品，除受托方为个人外，由受托方在向委托方交货时代收代缴税款。委托加工的应税消费品，委托方用于连续生产应税消费品的，所纳税款准予按规定抵扣。

进口的应税消费品，于报关进口时纳税。

3.《消费税暂行条例实施细则》

第八条　消费税纳税义务发生时间，根据条例第四条的规定，分列如下：

（一）纳税人销售应税消费品的，按不同的销售结算方式分别为：

1. 采取赊销和分期收款结算方式的，为书面合同约定的收款日期的当天，书面合同没有约定收款日期或者无书面合同的，为发出应税消费品的当天；

2. 采取预收货款结算方式的，为发出应税消费品的当天；

3. 采取托收承付和委托银行收款方式的，为发出应税消费品并办妥托收手续的当天；

4. 采取其他结算方式的，为收讫销售款或者取得索取销售款凭据的当天。

（二）纳税人自产自用应税消费品的，为移送使用的当天。

（三）纳税人委托加工应税消费品的，为纳税人提货的当天。

（四）纳税人进口应税消费品的，为报关进口的当天。

七、应税消费品发生退货时，未申请退还税款

风险表现

纳税人已售出的应税消费品，因质量等原因被购买者退回时，未依法向主管税务机关申请退还已缴纳的消费税税款。

风险后果

在允许退税的情况下，纳税人未依法申请退还已缴纳的税款，会导致自身合法税收利益受损。

合规建议

纳税人销售的应税消费品，如因质量等原因被购买者退回时，应依法向机构所在地或者居住地主管税务机关申请退税，待税务机关审核批准后，即可退还已缴纳的消费税税款。

法律依据

《消费税暂行条例实施细则》

第二十三条 纳税人销售的应税消费品，如因质量等原因由购买者退回时，经机构所在地或者居住地主管税务机关审核批准后，可退还已缴纳的消费税税款。

第七章　企业所得税税务风险管理

企业所得税具有政策性强、核算形式多样、计算过程复杂、政策更新较快、优惠政策涉及面广等特点，特别是税收制度与会计制度之间存在较大差异，因此，税务风险点也较多。如果企业不能有效识别和防控相关风险，无疑将存在极大的税收隐患。

本章主要从收入项和扣除项两个维度，对企业所得税主要涉税风险点进行梳理，并对照法规政策的相关规定给出合规操作建议。

第一节　收入类项目主要税务风险

一、未按规定确认企业所得税应税所得

风险表现

1. 取得非货币形式的收入，未确认或未按照公允价值确定收入额。

2. 未将取得的罚款、滞纳金、无法支付的长期应付款项、收回以前年度已核销的坏账损失、固定资产盘盈收入、教育费附加返还、在“资本公积”中反映的债务重组收益、接受捐赠资产，以及根据税法规定应在当期确认的其他收入（如从境外被投资企业取得的所得，限售股在解禁之后出售取得的收入等）列入收入总额。

3. 申报缴纳企业所得税时，未按照税法的规定将相关项目（如逾期未退包装物押金收入等）调整为所得税收入。

4. 在取得相关收入时冲减费用而不作为收入。

风险后果

1. 纳税人不进行纳税申报，不缴或者少缴应纳税款的，会被税务机关追缴其不缴或者少缴的税款、滞纳金，并处不缴或者少缴税款0.5～5倍的罚款。

2. 如果纳税人取得收入后，通过在账簿上不列、少列收入的手段进行偷税，会被税务机关无限期追缴税款、滞纳金，并处不缴或者少缴税款0.5～5倍的罚款；构

成犯罪的,可能会被依法追究刑事责任。

3. 若纳税人在取得相关收入时冲减费用而不作为收入,会造成企业收入总额减少,导致可以税前扣除的业务招待费、广宣费等减少,从而多缴纳企业所得税,使自身合法税收利益受损。

合规建议

1. 企业应以每一纳税年度的收入总额,减除不征税收入、免税收入、各项扣除以及允许弥补的以前年度亏损后的余额,作为应纳税所得额,申报缴纳企业所得税。

2. 企业需将其以货币或非货币形式从各种来源取得的收入,纳入收入总额,包括销售货物收入;提供劳务收入;转让财产收入;股息、红利等权益性投资收益;利息收入;租金收入;特许权使用费收入;接受捐赠收入;其他收入(包括企业资产溢余收入、逾期未退包装物押金收入、确实无法偿付的应付款项、已作坏账损失处理后又收回的应收款项、债务重组收入、补贴收入、违约金收入、汇兑收益等)。

【提示】企业以非货币形式取得的收入,应当按照公允价值(按照市场价格确定的价值)确定收入额。

法律依据

1.《税收征收管理法》

第六十三条 纳税人伪造、变造、隐匿、擅自销毁帐簿、记帐凭证,或者在帐簿上多列支出或者不列、少列收入,或者经税务机关通知申报而拒不申报或者进行虚假的纳税申报,不缴或者少缴应纳税款的,是偷税。对纳税人偷税的,由税务机关追缴其不缴或者少缴的税款、滞纳金,并处不缴或者少缴的税款百分之五十以上五倍以下的罚款;构成犯罪的,依法追究刑事责任。

……

第六十四条 纳税人、扣缴义务人编造虚假计税依据的,由税务机关责令限期改正,并处五万元以下的罚款。

纳税人不进行纳税申报,不缴或者少缴应纳税款的,由税务机关追缴其不缴或者少缴的税款、滞纳金,并处不缴或者少缴的税款百分之五十以上五倍以下的罚款。

2.《企业所得税法》

第五条 企业每一纳税年度的收入总额,减除不征税收入、免税收入、各项扣除以及允许弥补的以前年度亏损后的余额,为应纳税所得额。

第六条　企业以货币形式和非货币形式从各种来源取得的收入,为收入总额。包括:

(一)销售货物收入;

(二)提供劳务收入;

(三)转让财产收入;

(四)股息、红利等权益性投资收益;

(五)利息收入;

(六)租金收入;

(七)特许权使用费收入;

(八)接受捐赠收入;

(九)其他收入。

3.《企业所得税法实施条例》

第十三条　企业所得税法第六条所称企业以非货币形式取得的收入,应当按照公允价值确定收入额。

前款所称公允价值,是指按照市场价格确定的价值。

第二十二条　企业所得税法第六条第(九)项所称其他收入,是指企业取得的除企业所得税法第六条第(一)项至第(八)项规定的收入外的其他收入,包括企业资产溢余收入、逾期未退包装物押金收入、确实无法偿付的应付款项、已作坏账损失处理后又收回的应收款项、债务重组收入、补贴收入、违约金收入、汇兑收益等。

二、企业所得税应税收入确认时间错误

风险表现

未依法及时确认收入,或者利用往来账户、中间科目如"其他应付款""递延收入""预提费用"等延迟确认收入或置于账外而未确认收入。

风险后果

纳税人不依法及时确认收入,不进行纳税申报,不缴或者少缴应纳税款的,会被税务机关追缴其不缴或者少缴的税款、滞纳金,并处不缴或者少缴税款0.5~5倍的罚款。

合规建议

企业取得收入时,应严格按照《企业所得税法》及其实施条例,以及《国家税务

总局关于确认企业所得税收入若干问题的通知》等的相关规定，及时确认收入并申报纳税。

1. 除《企业所得税法》及其实施条例另有规定外，企业销售收入的确认，必须遵循权责发生制原则和实质重于形式原则。

(1)销售商品采用托收承付方式的，在办妥托收手续时确认收入。

(2)销售商品采取预收款方式的，在发出商品时确认收入。

(3)销售商品需要安装和检验的，在购买方接受商品以及安装和检验完毕时确认收入。如果安装程序比较简单，可在发出商品时确认收入。

(4)销售商品采用支付手续费方式委托代销的，在收到代销清单时确认收入。

(5)以分期收款方式销售货物的，按照合同约定的收款日期确认收入的实现。

2. 企业在各个纳税期末，提供劳务交易的结果能够可靠估计的，应采用完工进度(完工百分比)法确认提供劳务收入。

(1)安装费。应根据安装完工进度确认收入。安装工作是商品销售附带条件的，安装费在确认商品销售实现时确认收入。

(2)宣传媒介的收费。应在相关的广告或商业行为出现于公众面前时确认收入。广告的制作费，应根据制作广告的完工进度确认收入。

(3)软件费。为特定客户开发软件的收费，应根据开发的完工进度确认收入。

(4)服务费。包含在商品售价内可区分的服务费，在提供服务的期间分期确认收入。

(5)艺术表演、招待宴会和其他特殊活动的收费。在相关活动发生时确认收入。收费涉及几项活动的，预收的款项应合理分配给每项活动，分别确认收入。

(6)会员费。申请入会或加入会员，只允许取得会籍，所有其他服务或商品都要另行收费的，在取得该会员费时确认收入。申请入会或加入会员后，会员在会员期内不再付费就可得到各种服务或商品，或者以低于非会员的价格销售商品或提供服务的，该会员费应在整个受益期内分期确认收入。

(7)特许权费。属于提供设备和其他有形资产的特许权费，在交付资产或转移资产所有权时确认收入；属于提供初始及后续服务的特许权费，在提供服务时确认收入。

(8)劳务费。长期为客户提供重复的劳务收取的劳务费，在相关劳务活动发生时确认收入。

(9)企业受托加工制造大型机械设备、船舶、飞机，以及从事建筑、安装、装配工程业务或者提供其他劳务等，持续时间超过12个月的，按照纳税年度内完工进度或者完成的工作量确认收入的实现。

3. 股息、红利等权益性投资收益，除国务院财政、税务主管部门另有规定外，按照被投资方作出利润分配决定的日期确认收入的实现。

4. 利息收入，按照合同约定的债务人应付利息的日期确认收入的实现。

【提示】根据《国家税务总局关于金融企业贷款利息收入确认问题的公告》（国家税务总局公告2010年第23号）的规定：（1）金融企业按规定发放的贷款，属于未逾期贷款（含展期，下同），应根据先收利息后收本金的原则，按贷款合同确认的利率和结算利息的期限计算利息，并于债务人应付利息的日期确认收入的实现；属于逾期贷款，其逾期后发生的应收利息，应于实际收到的日期，或者虽未实际收到，但会计上确认为利息收入的日期，确认收入的实现。（2）金融企业已确认为利息收入的应收利息，逾期90天仍未收回，且会计上已冲减了当期利息收入的，准予抵扣当期应纳税所得额。（3）金融企业已冲减了利息收入的应收未收利息，以后年度收回时，应计入当期应纳税所得额计算纳税。

5. 租金收入，按照合同约定的承租人应付租金的日期确认收入的实现。

6. 特许权使用费收入，按照合同约定的特许权使用人应付特许权使用费的日期确认收入的实现。

7. 接受捐赠收入，按照实际收到捐赠资产的日期确认收入的实现。

8. 采取产品分成方式取得收入的，按照企业分得产品的日期确认收入的实现，其收入额按照产品的公允价值确定。

【提示】企业取得财产（包括各类资产、股权、债权等）转让收入、债务重组收入、接受捐赠收入、无法偿付的应付款收入等，不论是以货币形式、还是非货币形式体现，除另有规定外，均应一次性计入确认收入的年度计算缴纳企业所得税。

法律依据

1.《企业所得税法实施条例》

第九条 企业应纳税所得额的计算，以权责发生制为原则，属于当期的收入和费用，不论款项是否收付，均作为当期的收入和费用；不属于当期的收入和费用，即使款项已经在当期收付，均不作为当期的收入和费用。本条例和国务院财政、税务主管部门另有规定的除外。

第十七条第二款 股息、红利等权益性投资收益，除国务院财政、税务主管部门另有规定外，按照被投资方作出利润分配决定的日期确认收入的实现。

第十八条第二款 利息收入,按照合同约定的债务人应付利息的日期确认收入的实现。

第十九条第二款 租金收入,按照合同约定的承租人应付租金的日期确认收入的实现。

第二十条第二款 特许权使用费收入,按照合同约定的特许权使用人应付特许权使用费的日期确认收入的实现。

第二十一条第二款 接受捐赠收入,按照实际收到捐赠资产的日期确认收入的实现。

第二十三条 企业的下列生产经营业务可以分期确认收入的实现:

(一)以分期收款方式销售货物的,按照合同约定的收款日期确认收入的实现;

(二)企业受托加工制造大型机械设备、船舶、飞机,以及从事建筑、安装、装配工程业务或者提供其他劳务等,持续时间超过12个月的,按照纳税年度内完工进度或者完成的工作量确认收入的实现。

第二十四条 采取产品分成方式取得收入的,按照企业分得产品的日期确认收入的实现,其收入额按照产品的公允价值确定。

2.《国家税务总局关于确认企业所得税收入若干问题的通知》(国税函〔2008〕875号)

一、除企业所得税法及实施条例另有规定外,企业销售收入的确认,必须遵循权责发生制原则和实质重于形式原则。

(一)企业销售商品同时满足下列条件的,应确认收入的实现:

1. 商品销售合同已经签订,企业已将商品所有权相关的主要风险和报酬转移给购货方;

2. 企业对已售出的商品既没有保留通常与所有权相联系的继续管理权,也没有实施有效控制;

3. 收入的金额能够可靠地计量;

4. 已发生或将发生的销售方的成本能够可靠地核算。

(二)符合上款收入确认条件,采取下列商品销售方式的,应按以下规定确认收入实现时间:

1. 销售商品采用托收承付方式的,在办妥托收手续时确认收入。

2. 销售商品采取预收款方式的,在发出商品时确认收入。

3. 销售商品需要安装和检验的,在购买方接受商品以及安装和检验完毕时确认收入。如果安装程序比较简单,可在发出商品时确认收入。

4. 销售商品采用支付手续费方式委托代销的,在收到代销清单时确认收入。

(三)采用售后回购方式销售商品的,销售的商品按售价确认收入,回购的商品作为购进商品处理。有证据表明不符合销售收入确认条件的,如以销售商品方式进行融资,收到的款项应确认为负债,回购价格大于原售价的,差额应在回购期间确认为利息费用。

(四)销售商品以旧换新的,销售商品应当按照销售商品收入确认条件确认收入,回收的商品作为购进商品处理。

(五)企业为促进商品销售而在商品价格上给予的价格扣除属于商业折扣,商品销售涉及商业折扣的,应当按照扣除商业折扣后的金额确定销售商品收入金额。

债权人为鼓励债务人在规定的期限内付款而向债务人提供的债务扣除属于现金折扣,销售商品涉及现金折扣的,应当按扣除现金折扣前的金额确定销售商品收入金额,现金折扣在实际发生时作为财务费用扣除。

企业因售出商品的质量不合格等原因而在售价上给的减让属于销售折让;企业因售出商品质量、品种不符合要求等原因而发生的退货属于销售退回。企业已经确认销售收入的售出商品发生销售折让和销售退回,应当在发生当期冲减当期销售商品收入。

二、企业在各个纳税期末,提供劳务交易的结果能够可靠估计的,应采用完工进度(完工百分比)法确认提供劳务收入。

(一)提供劳务交易的结果能够可靠估计,是指同时满足下列条件:

1. 收入的金额能够可靠地计量;

2. 交易的完工进度能够可靠地确定;

3. 交易中已发生和将发生的成本能够可靠地核算。

(二)企业提供劳务完工进度的确定,可选用下列方法:

1. 已完工作的测量;

2. 已提供劳务占劳务总量的比例;

3. 发生成本占总成本的比例。

(三)企业应按照从接受劳务方已收或应收的合同或协议价款确定劳务收入总额,根据纳税期末提供劳务收入总额乘以完工进度扣除以前纳税年度累计已确认提供劳务收入后的金额,确认为当期劳务收入;同时,按照提供劳务估计总成本乘以完工进度扣除以前纳税期间累计已确认劳务成本后的金额,结转为当期劳务成本。

(四)下列提供劳务满足收入确认条件的,应按规定确认收入:

1. 安装费。应根据安装完工进度确认收入。安装工作是商品销售附带条件的,安装费在确认商品销售实现时确认收入。

2. 宣传媒介的收费。应在相关的广告或商业行为出现于公众面前时确认收入。广告的制作费,应根据制作广告的完工进度确认收入。

3. 软件费。为特定客户开发软件的收费,应根据开发的完工进度确认收入。

4. 服务费。包含在商品售价内可区分的服务费,在提供服务的期间分期确认收入。

5. 艺术表演、招待宴会和其他特殊活动的收费。在相关活动发生时确认收入。收费涉及几项活动的,预收的款项应合理分配给每项活动,分别确认收入。

6. 会员费。申请入会或加入会员,只允许取得会籍,所有其他服务或商品都要另行收费的,在取得该会员费时确认收入。申请入会或加入会员后,会员在会员期内不再付费就可得到各种服务或商品,或者以低于非会员的价格销售商品或提供服务的,该会员费应在整个受益期内分期确认收入。

7. 特许权费。属于提供设备和其他有形资产的特许权费,在交付资产或转移资产所有权时确认收入;属于提供初始及后续服务的特许权费,在提供服务时确认收入。

8. 劳务费。长期为客户提供重复的劳务收取的劳务费,在相关劳务活动发生时确认收入。

三、企业以买一赠一等方式组合销售本企业商品的,不属于捐赠,应将总的销售金额按各项商品的公允价值的比例来分摊确认各项的销售收入。

3.《国家税务总局关于企业取得财产转让等所得企业所得税处理问题的公告》(国家税务总局公告 2010 年第 19 号)

一、企业取得财产(包括各类资产、股权、债权等)转让收入、债务重组收入、接受捐赠收入、无法偿付的应付款收入等,不论是以货币形式、还是非货币形式体现,除另有规定外,均应一次性计入确认收入的年度计算缴纳企业所得税。

【特别提示】收入确认的税会差异处理

收入准则与《企业所得税法》界定的收入范围不同。收入准则只将日常活动所形成的经济利益的流入确认为收入。而《企业所得税法》则是将以货币形式和非货币形式取得的,一切能够提高企业纳税能力的收入,都计入收入总额,列入企业所得税纳税申报表;此外《企业所得税法》还规定了不征税收入、免税收入及视同销售收入等。

企业在申报缴纳企业所得税时,应严格按照《企业所得税法》及其实施条例,以及《国家税务总局关于确认企业所得税收入若干问题的通知》等的相关规定,及时确认收入并申报纳税。针对税会差异的事项,应依法进行纳税调整,避免产生税务风险。

1. 销售商品收入税会差异

(1)会计处理

根据《企业会计准则第 14 号——收入》(2017 修订)(以下简称新收入准则)的规定,不再区分销售商品和提供劳务,均要求企业在履行了合同中的履约义务,即在客户取得相关商品控制权时确认收入。收入的确认和计量大致分为 5 步:①识别与客户订立的合同;②识别合同中的单项履约义务;③确定交易价格;④将交易价格分摊至各合同中的各单项履约义务(合同开始日);⑤在企业履行单项义务的某一时点(或某一时段)确认收入。

控制权转移的应当考虑以下情况:①企业就该商品享有现时收款权利,即客户就该商品负有现时付款义务;②企业已将该商品法定所有权转移给客户;③企业已将该商品实物转移给客户;④企业已将该商品所有权上的主要风险和报酬转移给客户;⑤客户已接受该商品;⑥其他表明客户已取得商品控制权的迹象。

(2)税务处理

根据《国家税务总局关于确认企业所得税收入若干问题的通知》第 1 条的规定,除《企业所得税法》及其实施条例另有规定外,企业销售收入的确认,必须遵循权责发生制原则和实质重于形式原则。企业销售商品同时满足下列条件的,应确认收入的实现:①商品销售合同已经签订,企业已将商品所有权相关的主要风险和报酬转移给购货方;②企业对已售出的商品既没有保留通常与所有权相联系的继续管理权,也没有实施有效控制;③收入的金额能够可靠地计量;④已发生或将发生的销售方的成本能够可靠地核算。

2. 提供劳务收入税会差异

(1)会计处理

根据新收入准则的规定,按照“五步法”模型来确定收入确认时间和金额。合同开始日,应当对合同进行评估,识别合同所包含的各单项履约义务,并确定各单项履约义务是在某一时段内履行,还是在某一时点履行,然后在履行各单项履约义务时分别确认收入。

(2)税务处理

根据《国家税务总局关于确认企业所得税收入若干问题的通知》第2条的规定,企业在各个纳税期末,提供劳务交易的结果能够可靠估计的,应采用完工进度(完工百分比)法确认提供劳务收入,即企业所得税处理与会计处理基本一致。

(3)税会差异

《企业所得税法实施条例》第23条规定:“企业的下列生产经营业务可以分期确认收入的实现:……(二)企业受托加工制造大型机械设备、船舶、飞机,以及从事建筑、安装、装配工程业务或者提供其他劳务等,持续时间超过12个月的,按照纳税年度内完工进度或者完成的工作量确认收入的实现。”企业提供的劳务如果持续时间不超过12个月,即使跨年度也无须确认收入。

会计准则要求对安装费等在资产负债表日按照完工进度确认收入。

提供劳务交易结果不能可靠估计的业务,当劳务成本预计不能得到补偿时,需作为资产损失提供符合条件的备查资料方可扣除。

3. 租金收入税会差异

(1)会计处理

根据《企业会计准则第21号——租赁》(2018修订)的规定,出租人会计处理应当在租赁期内各个期间按照直线法确认收入。

(2)税务处理

根据《国家税务总局关于贯彻落实企业所得税法若干税收问题的通知》(国税函〔2010〕79号)第1条的规定,企业提供固定资产、包装物或者其他有形资产的使用权取得的租金收入,应按交易合同或协议规定的承租人应付租金的日期确认收入的实现。其中,如果交易合同或协议中规定租赁期限跨年度,且租金提前一次性支付的,根据《企业所得税法实施条例》第9条规定的收入与费用配比原则,出租人可对上述已确认的收入,在租赁期内,分期均匀计入相关年度收入。

4. 利息收入税会差异

(1)会计处理

根据《企业会计准则——基本准则》(2014修订)(财政部令第76号)第9条的规定,企业应当以权责发生制为基础进行会计确认、计量和报告。

(2)税务处理

根据《企业所得税法实施条例》第 18 条第 2 款的规定,利息收入,按照合同约定的债务人应付利息的日期确认收入的实现。

(3)税会差异

企业确认收入时间和合同约定的支付日期如果分属于两个不同的年度,或者同一年度的会计收入与合同约定的支付金额不同,会产生税会差异,须按照税法规定进行纳税调整。

5. 使用费收入税会差异

(1)会计处理

根据《企业会计准则——基本准则》(2014 修订)(财政部令第 76 号)的规定,企业的特许权使用费收入同时满足下列条件的应当确认收入:①相关的经济利益能够流入企业;②收入的金额能够可靠计量。

使用费收入应当按照有关合同或协议约定的收费时间和方法计算、确定。不同的使用费收入,收费时间和方法各不相同,包括一次性收取一笔固定金额,在合同或协议规定的有效期内分期等额收取,分期不等额收取(如按资产使用方每期销售额的百分比收取使用费)等。

如果合同或协议规定一次性收取使用费,且不提供后续服务,应当视同销售该项资产一次性确认收入;提供后续服务的,应在合同或协议规定的有效期内分期确认收入。

如果合同或协议规定分期收取使用费,应按合同或协议规定的收款时间和金额或规定的收费方法计算确定的金额分期确认收入。

(2)税务处理

根据《企业所得税法实施条例》第 20 条第 2 款的规定,特许权使用费收入,按照合同约定的特许权使用人应付特许权使用费的日期确认收入的实现。

(3)税会差异

企业确认收入时间和合同约定的支付日期如果分属于两个不同的年度,或者同一年度的会计收入与合同约定的支付金额不同,会产生税会差异,须按照税法规定进行纳税调整。

6. 跨年销售退回税会差异

(1)会计处理

根据《企业会计准则第 14 号——收入》(财会〔2006〕3 号)的规定,企业已经确认销售商品收入的售出商品发生销售退回的,应当在发生时冲减当期销售商品收入。销售退回属于资产负债表日后事项的,适用《企业会计准则第29号——资产负债表日后事项》。

(2)税务处理

根据《国家税务总局关于确认企业所得税收入若干问题的通知》第1条第5款的规定,企业因售出商品的质量不合格等原因而在售价上给的减让属于销售折让;企业因售出商品质量、品种不符合要求等原因而发生的退货属于销售退回。企业已经确认销售收入的售出商品发生销售折让和销售退回,应当在发生当期冲减当期销售商品收入。

7. 财产转让收入税会差异

(1)《国家税务总局关于企业取得财产转让等所得企业所得税处理问题的公告》(国家税务总局公告2010年第19号)第1条规定,企业取得财产(包括各类资产、股权、债权等)转让收入、债务重组收入、接受捐赠收入、无法偿付的应付款收入等,不论是以货币形式、还是非货币形式体现,除另有规定外,均应一次性计入确认收入的年度计算缴纳企业所得税。

(2)《财政部、国家税务总局关于非货币性资产投资企业所得税政策问题的通知》(财税〔2014〕116号)第2条规定,企业以非货币性资产对外投资,应对非货币性资产进行评估并按评估后的公允价值扣除计税基础后的余额,计算确认非货币性资产转让所得。

(3)《国家税务总局关于非货币性资产投资企业所得税有关征管问题的公告》(国家税务总局公告2015年第33号)第1条规定,实行查账征收的居民企业(以下简称企业)以非货币性资产对外投资确认的非货币性资产转让所得,可自确认非货币性资产转让收入年度起不超过连续5个纳税年度的期间内,分期均匀计入相应年度的应纳税所得额,按规定计算缴纳企业所得税。

三、不征税收入政策适用不准确

风险表现

1. 不符合不征税收入条件,但按不征税收入处理。

2. 不征税收入用于支出所形成的费用,在计算应纳税所得额时扣除;用于支出所形成的资产,其计算的折旧、摊销在计算应纳税所得额时扣除。

3. 财政性资金作不征税收入处理后,在5年(60个月)内未发生支出且未缴回财政部门或其他拨付资金的政府部门的部分，未计入取得该资金第 6 年的应税收入总额。

【案例】甲企业为上市公司，是一家以光伏设备制造业务为核心、光伏设备与晶体硅生长和晶片业务互补发展的高新技术企业，该公司从事研发工作多年，多次获得政府科技进步奖励，承担了“国家火炬计划项目”的多项科研立项，2022 年度从政府部门获得如下款项：

(1) 公司为已立科研项目申请了国家“金太阳工程”财政补助（“金太阳工程”为国家支持国内促进光伏发电产业技术进步和规模化发展，培育战略性新兴产业的一项财政补助政策）。获得市财政局拨付的 1000 万元拨款，公司收到该笔款项时计入专项应付款核算，当年未使用。

(2) 收取“某科技园管委会”拨款 100 万元，计入其他应付款核算。

(3) 收取“某市科委”拨付研发管理费 10 万元，计入其他应付款核算。

税务稽查人员采用详查法（包括查询国家相关政策法规，检查企业提供的纸质资料，询问相关政府部门人员及企业相关人员，并对相关实物资产进行监盘等方法），对该企业取得的所有政府部门拨款全部进行了详细检查。

针对第一笔款项，税务稽查人员检查了企业提供的市财政局关于“金太阳工程”专项拨款的资料，该资料中具体明确地指出了资金的专项用途，明确了资金使用的具体项目；同时，该资料也规定了该项资金具体使用的监督和管理要求。稽查人员审查了企业的会计核算，企业针对该项资金设置了专门的明细科目进行会计核算，能够做到清晰地反映项目收入及支出。第一笔款项符合不征税收入条件。

针对第二笔和第三笔款项，税务稽查人员检查了凭证后附的原始单据，仅有注明拨款的具体单位名称及金额的银行进账单，经多方查证，未能找到与该项资金配套的资金管理办法或具体管理要求。第二笔和第三笔款项不符合不征税收入条件，应进行纳税调增处理。

风险后果

纳税人取得不符合不征税收入条件的收入时未依法确认收入，或者将不征税收入用于支出所形成的费用或资产在企业所得税前扣除，造成不缴或者少缴应纳税款的，会被税务机关追缴其不缴或者少缴的税款、滞纳金，并处不缴或者少缴税款 0.5 ~ 5 倍的罚款。

合规建议

1. 一般情况下，企业应将从县级以上各级人民政府财政部门及其他部门取得的财政性资金计入收入总额，依法申报就纳企业所得税。

若要将相关财政性资金作为不征税收入（在计算应纳税所得额时从收入总额中减除），须同时符合以下条件：

（1）企业能够提供规定资金专项用途的资金拨付文件。

【提示】“资金拨付文件”应是资金拨付部门下发的带有文号的文件（合同和协议不属于该范畴），文件中必须规定该资金的专项用途，明确资金使用的具体项目。

（2）财政部门或其他拨付资金的政府部门对该资金有专门的资金管理办法或具体管理要求。

【提示】“具体管理要求”应该理解为资金拨付部门在相关的文件中有对该项资金具体使用的监督和管理要求。

（3）企业对该资金以及以该资金发生的支出单独核算。

【提示】“单独核算”指企业将该资金以及该资金形成的支出单独设置明细账或明细科目进行核算，清晰地反映收入及支出的核算情况。

2. 若企业将取得的财政性资金作为不征税收入，则将该资金用于支出所形成的费用，不得在计算应纳税所得额时扣除；用于支出所形成的资产，其计算的折旧、摊销不得在计算应纳税所得额时扣除。

3. 企业将符合条件的财政性资金作不征税收入处理后，在5年(60个月)内未发生支出且未缴回财政部门或其他拨付资金的政府部门的部分，应计入取得该资金第六年的应税收入总额；计入应税收入总额的财政性资金发生的支出，允许在计算应纳税所得额时扣除。

法律依据

《财政部、国家税务总局关于专项用途财政性资金企业所得税处理问题的通知》（财税〔2011〕70号）

一、企业从县级以上各级人民政府财政部门及其他部门取得的应计入收入总额的财政性资金，凡同时符合以下条件的，可以作为不征税收入，在计算应纳税所得额时从收入总额中减除：

（一）企业能够提供规定资金专项用途的资金拨付文件；

（二）财政部门或其他拨付资金的政府部门对该资金有专门的资金管理办法或具体管理要求；

（三）企业对该资金以及以该资金发生的支出单独进行核算。

二、根据实施条例第二十八条的规定，上述不征税收入用于支出所形成的费用,不得在计算应纳税所得额时扣除;用于支出所形成的资产,其计算的折旧、摊销不得在计算应纳税所得额时扣除。

三、企业将符合本通知第一条规定条件的财政性资金作不征税收入处理后,在5年(60个月)内未发生支出且未缴回财政部门或其他拨付资金的政府部门的部分,应计入取得该资金第六年的应税收入总额;计入应税收入总额的财政性资金发生的支出,允许在计算应纳税所得额时扣除。

四、选择按照不征税收入处理不划算

风险表现

企业在取得符合不征税收入条件的财政性资金时,未根据自身情况仔细测算究竟是作为不征税收入划算还是作为征税收入划算,就直接作为不征税收入处理。

风险后果

作为不征税收入的财政性资金用于支出所形成的费用,不得在计算应纳税所得额时扣除;用于支出所形成的资产,其计算的折旧、摊销不得在计算应纳税所得额时扣除。因此,在某些特定情形下(比如,企业存在以前年度未弥补亏损,以及存在可享受研发费用加计扣除等税收优惠政策时),企业取得可以作为不征税收入的财政性资金时,可能需要缴纳更多的企业所得税,使自身合法税收利益受损。

合规建议

企业在取得符合不征税收入条件的财政性资金时,应根据自身情况仔细测算究竟是作为不征税收入划算还是作为征税收入划算。在某些特定情形下,作为征税收入处理更恰当。

【案例1】甲企业(非小型微利企业,企业所得税率为25%)2017年发生亏损,截至2022年年底尚有1000万元亏损未能弥补。2022年取得政府补贴收入1000万元,当年未支出,于2023年支出100万元。2022年度会计利润为990万元(含政府补贴收入1000万元),2023年度会计利润为200万元(已扣除政府补贴收入对应支出100万元)。假定不考虑其他调整事项。

【解析】

(1)若企业选择按不征税收入处理,则企业2022年调减不征税收入后的应纳税所得额为-10万元(990-1000),2017年的亏损将不能得到弥补,须缴企业所得税0元。2023年,由于该项补贴收入支出时所形成的费用或资产的折旧与摊销不可在税前扣除，所以企业 2023 年应纳税所得额为 300 万元（200 + 100），弥补 2022 年度亏损 10 万元后应纳税所得额为 290 万元，应缴企业所得税 72.5 万元。

（2）若企业选择按征税收入处理，则企业 2022 年度弥补亏损前的应纳税所得额为 990 万元（含放弃不征税收入处理的 1000 万元），弥补 2017 年度亏损后应纳税所得额为 0 元，须缴企业所得税 0 元。2023 年，该项补贴收入支出时所形成的费用或资产的折旧与摊销可以在税前扣除，所以企业 2023 年应纳税所得额为 200 万元，应缴企业所得税 50 万元。

结论：由于存在以前年度未弥补亏损，如果企业将取得的财政性资金作为不征税收入，会多缴纳 22.5 万元税款，选择按征税收入处理更合适。

【案例 2】乙企业（非小型微利企业，企业所得税率为 25%）2023 年从政府部门取得 200 万元研发专项拨款，当年全部用于新产品设计费支出，在“管理费用——研发费用”科目单独核算归集，与之相匹配的研发成本为 160 万元。同年，该企业征税收入为 240 万元，相关成本为 180 万元。假定不考虑其他调整事项。

【解析】

（1）若企业选择按不征税收入处理，则根据《国家税务总局关于企业研究开发费用税前加计扣除政策有关问题的公告》（国家税务总局公告 2015 年第 97 号）第 2 条第 5 款的规定，企业取得作为不征税收入处理的财政性资金用于研发活动所形成的费用或无形资产，不得计算加计扣除或摊销。

应纳税所得额 = 240 − 180 = 60（万元），应交企业所得税 = 60 × 25% = 15（万元）。

（2）若企业选择按征税收入处理，则根据《财政部、税务总局关于进一步完善研发费用税前加计扣除政策的公告》（财政部、税务总局公告 2023 年第 7 号）第 1 条的规定，研发成本 160 万元可以加计扣除 100%，即可税前扣除 320 万元（160 × 200%）。

应纳税所得额 = (240 − 180) + (200 − 320) = −60（万元），应交企业所得税为 0 元。

结论：存在可享受研发费用加计扣除等税收优惠的情况下，如果企业将取得的财政性资金作为不征税收入，会多缴纳 15 万元税款，选择按征税收入处理更合适。

五、企业接收政府划入资产处理不当

风险表现

取得政府无偿划入的国有资产，不符合不征税收入条件，未将相关资产按政府确定的接收价值(或者公允价值)计入当期收入总额计算缴纳企业所得税。

风险后果

纳税人取得不符合不征税收入条件的资产未依法确认收入,造成不缴或者少缴应纳税款的,会被税务机关追缴其不缴或者少缴的税款、滞纳金,并处不缴或者少缴税款0.5~5倍的罚款。

合规建议

除以下情形外,企业应将县级以上人民政府(包括政府有关部门,下同)无偿划入企业的国有资产,按政府确定的接收价值(没有确定接收价值的,按资产的公允价值)计入当期收入总额计算缴纳企业所得税:

1. 县级以上人民政府将国有资产明确以股权投资方式投入企业,企业应作为国家资本金(包括资本公积)处理。

【提示】(1)企业必须获得县级以上人民政府明确以股权投资方式投入企业的相关批文及股东各方签订的投资协议。(2)企业应根据投入的不同资产分别做相应的会计处理,如借银行存款、固定资产、无形资产等科目,贷实收资本、资本公积科目。如果投入资产的价值超过了应该投入的国家资本金,其差额应作为资本溢价(或股本溢价),贷"资本公积—资本溢价或股本溢价"科目。(3)如果投入资产为非货币性资产,则应以政府相关批文或文件上确定的接收价值确定计税基础,并以此作为今后对相关资产进行折旧、摊销、转让、处置等税前扣除的依据。

2. 县级以上人民政府将国有资产无偿划入企业,凡指定专门用途并按《财政部、国家税务总局关于专项用途财政性资金企业所得税处理问题的通知》规定进行管理的,可作为不征税收入处理(若是非货币性资产,应按政府确定的接收价值计算不征税收入)。

法律依据

《国家税务总局关于企业所得税应纳税所得额若干问题的公告》(国家税务总局公告2014年第29号)

一、企业接收政府划入资产的企业所得税处理

(一)县级以上人民政府(包括政府有关部门,下同)将国有资产明确以股权投资方式投入企业,企业应作为国家资本金(包括资本公积)处理。该项资产如为非货币性资产,应按政府确定的接收价值确定计税基础。

(二)县级以上人民政府将国有资产无偿划入企业,凡指定专门用途并按《财政部国家税务总局关于专项用途财政性资金企业所得税处理问题的通知》(财税

〔2011〕70号）规定进行管理的，企业可作为不征税收入进行企业所得税处理。其中，该项资产属于非货币性资产的，应按政府确定的接收价值计算不征税收入。

县级以上人民政府将国有资产无偿划入企业，属于上述（一）、（二）项以外情形的，应按政府确定的接收价值计入当期收入总额计算缴纳企业所得税。政府没有确定接收价值的，按资产的公允价值计算确定应税收入。

二、企业接收股东划入资产的企业所得税处理

（一）企业接收股东划入资产（包括股东赠予资产、上市公司在股权分置改革过程中接收原非流通股股东和新非流通股股东赠予的资产、股东放弃本企业的股权，下同），凡合同、协议约定作为资本金（包括资本公积）且在会计上已做实际处理的，不计入企业的收入总额，企业应按公允价值确定该项资产的计税基础。

（二）企业接收股东划入资产，凡作为收入处理的，应按公允价值计入收入总额，计算缴纳企业所得税，同时按公允价值确定该项资产的计税基础。

六、取得减免税等税收处理不当

风险表现

企业取得不符合不征税收入条件的直接减免的增值税和即征即退、先征后退、先征后返的各种税收，未依法计入企业当年收入总额，而是按不征税收入处理。

风险后果

纳税人取得不符合不征税收入条件的收入未依法确认收入，造成不缴或者少缴应纳税款的，会被税务机关追缴其不缴或者少缴的税款、滞纳金，并处不缴或者少缴税款0.5~5倍的罚款。

合规建议

企业取得的各类财政性资金（指企业取得的来源于政府及其有关部门的财政补助、补贴、贷款贴息，以及其他各类财政专项资金，包括直接减免的增值税和即征即退、先征后退、先征后返的各种税收，但不包括企业按规定取得的出口退税款），除下列情形外，均应计入企业当年收入总额：

1. 属于国家投资和资金使用后要求归还本金的。

【提示】国家投资，是指国家以投资者身份投入企业、并按有关规定相应增加企业实收资本（股本）的直接投资。

2. 属于国务院财政、税务主管部门规定专项用途并经国务院批准准予作为不

征税收入的。

3. 属于纳入预算管理的事业单位、社会团体等组织按照核定的预算和经费报领关系收到的由财政部门或上级单位拨入的财政补助收入,但国务院和国务院财政、税务主管部门另有规定的除外。

法律依据

1.《财政部、国家税务总局关于财政性资金、行政事业性收费、政府性基金有关企业所得税政策问题的通知》(财税〔2008〕151号)

一、财政性资金

(一)企业取得的各类财政性资金,除属于国家投资和资金使用后要求归还本金的以外,均应计入企业当年收入总额。

(二)对企业取得的由国务院财政、税务主管部门规定专项用途并经国务院批准的财政性资金,准予作为不征税收入,在计算应纳税所得额时从收入总额中减除。

(三)纳入预算管理的事业单位、社会团体等组织按照核定的预算和经费报领关系收到的由财政部门或上级单位拨入的财政补助收入,准予作为不征税收入,在计算应纳税所得额时从收入总额中减除,但国务院和国务院财政、税务主管部门另有规定的除外。

本条所称财政性资金,是指企业取得的来源于政府及其有关部门的财政补助、补贴、贷款贴息,以及其他各类财政专项资金,包括直接减免的增值税和即征即退、先征后退、先征后返的各种税收,但不包括企业按规定取得的出口退税款;所称国家投资,是指国家以投资者身份投入企业、并按有关规定相应增加企业实收资本(股本)的直接投资。

2.《财政部、国家税务总局关于进一步鼓励软件产业和集成电路产业发展企业所得税政策的通知》(财税〔2012〕27号)

五、符合条件的软件企业按照《财政部　国家税务总局关于软件产品增值税政策的通知》(财税〔2011〕100号)规定取得的即征即退增值税款,由企业专项用于软件产品研发和扩大再生产并单独进行核算,可以作为不征税收入,在计算应纳税所得额时从收入总额中减除。

七、国债利息收入免税处理不符合规定

风险表现

企业取得的国债利息收入不满足免税条件,未依法计入收入申报纳税。

风险后果

纳税人取得不符合免税条件的国债利息收入未依法确认收入，造成不缴或者少缴应纳税款的，会被税务机关追缴其不缴或者少缴的税款、滞纳金，并处不缴或者少缴税款0.5～5倍的罚款。

合规建议

享受免税待遇的国债利息收入，仅限于持有中国中央政府发行的国债，即国务院财政部门发行的国债取得的利息收入；不包括持有外国政府国债取得的利息收入，也不包括持有企业发行的债券取得的利息收入。企业取得不属于免税范围的债权利息收入，应依法申报纳税。

【提示】国债（国务院财政部门代表中国中央政府发行的国家公债）种类繁多。国债市场分为两个层次：一是国债发行市场，也称一级市场；二是国债流通市场，也称为二级市场。企业购买国债，不管是在一级市场还是在二级市场购买，其利息收入均享受免税优惠。但对于企业在二级市场转让国债获得的收入，应作为转让财产收入计算缴纳企业所得税。

企业到期前转让国债，或者从非发行者投资购买的国债，其持有期间尚未兑付的国债利息收入，免征企业所得税：尚未兑付的国债利息收入＝国债金额×（适用年利率÷365）×持有天数

企业转让或到期兑付国债取得的价款，减去其购买国债成本，并扣除其持有期间尚未兑付的国债利息收入、交易过程中相关税费后的余额，为企业转让国债收益（损失），应按规定纳税。

【提示】不征税收入与免税收入的区别：

1. 不征税收入是指专门为特定用途从政府部门取得的收入，不属于营利性活动带来的经济利益，从税制原理上就不应缴纳企业所得税，是法律上规定不予征收的项目。而免税收入是纳税人应税收入的重要组成部分，国家出于某些特殊考虑而允许其免予纳税。因此，不征税收入不属于税收优惠，而免税收入则属于税收优惠，两者从根源和性质上存在差异。

2. 不征税收入所对应的各项成本费用不得在计算企业应纳税所得额时扣除，应进行纳税调整；而根据《国家税务总局关于贯彻落实企业所得税法若干税收问题的通知》（国税函〔2010〕79号）第6条的规定，企业取得的各项免税收入所对应的各项成本费用，除另有规定者外，可以在计算企业应纳税所得额时扣除。

例如，企业用国债利息收入购买汽车，汽车计提的折旧可以税前扣除；用按不

征税收入处理的财政拨款购买汽车，则计提的折旧不能税前扣除。

法律依据

1.《企业所得税法》

第二十六条　企业的下列收入为免税收入：

（一）国债利息收入；

……

2.《企业所得税法实施条例》

第八十二条　企业所得税法第二十六条第（一）项所称国债利息收入，是指企业持有国务院财政部门发行的国债取得的利息收入。

3.《财政部、国家税务总局关于地方政府债券利息免征所得税问题的通知》（财税〔2013〕5号）

一、对企业和个人取得的2012年及以后年度发行的地方政府债券利息收入，免征企业所得税和个人所得税。

二、地方政府债券是指经国务院批准同意，以省、自治区、直辖市和计划单列市政府为发行和偿还主体的债券。

八、权益性投资收益免税处理错误

风险表现

将不符合免税条件的股息、红利等权益性投资收益按免税处理。

风险后果

纳税人取得不符合免税条件的股息、红利等权益性投资收益未依法确认收入，造成不缴或者少缴应纳税款的，会被税务机关追缴其不缴或者少缴的税款、滞纳金，并处不缴或者少缴税款0.5～5倍的罚款。

合规建议

1.居民企业从居民企业取得的股息、红利等权益性投资收益，须符合以下条件方能免税：

（1）仅限于居民企业直接投资于其他居民企业取得的投资收益。

【提示】直接投资一般是指投资者将货币资金直接投入投资项目，形成实物资产或者购买现有企业的投资。通过直接投资，投资者可以拥有全部或一定数量的被投资企业的资产及经营所有权，直接进行或参与对被投资企业的经营管理。直接投资的主要形式包括:①投资者开办独资企业,并独自经营;②与其他企业合作开办合资企业或合作企业,从而取得各种直接经营企业的权利,并派人员进行管理或参与管理;③投资者投入资本,不参与经营,必要时可派人员任顾问或指导;④投资者在股票市场上买入现有企业一定数量的股票,通过股权获得全部或相当部分的经营权,从而达到收购该企业的目的。

(2)不包括连续持有居民企业公开发行并上市流通的股票不足12个月而取得的权益性投资收益。

2. 非居民企业从居民企业取得的股息、红利等权益性投资收益,须符合以下条件方能免税:

(1)非居民企业在中国境内设立有机构、场所。

(2)非居民企业从居民企业取得的股息、红利等权益性投资收益与其在中国境内设立的机构、场所有实际联系。

【提示】与其在境内设立的机构、场所有实际联系,是指该机构、场所拥有、控制据以取得所得的股权等,也就是说,非居民企业从居民企业取得的股息、红利等权益性投资收益,是通过其在境内设立的机构、场所拥有、控制居民企业的股权而取得的。这类股息、红利收益也是从被投资的居民企业的税后利润中分配的,因此已经缴纳过企业所得税,如果再将其并入前述非居民企业的应税收入中征税,存在同一经济来源所得的重复征税问题。

(3)不包括连续持有居民企业公开发行并上市流通的股票不足12个月而取得的权益性投资收益。

法律依据

1.《企业所得税法》

第二十六条 企业的下列收入为免税收入:

……

(二)符合条件的居民企业之间的股息、红利等权益性投资收益;

(三)在中国境内设立机构、场所的非居民企业从居民企业取得与该机构、场所有实际联系的股息、红利等权益性投资收益;

……

2.《企业所得税法实施条例》

第八十三条 企业所得税法第二十六条第(二)项所称符合条件的居民企业之间的股息、红利等权益性投资收益,是指居民企业直接投资于其他居民企业取得的投资收益。企业所得税法第二十六条第（二）项和第（三）项所称股息、红利等权益性投资收益，不包括连续持有居民企业公开发行并上市流通的股票不足12个月取得的投资收益。

九、非营利组织免税收入处理错误

风险表现

1. 不满足非营利组织条件的企业取得相关收入未依法申报纳税。

2. 非营利组织取得不符合免税收入条件的收入（如非营利组织从事营利性活动取得的收入等），错误按照免税收入处理。

风险后果

纳税人不满足非营利组织条件，或者虽属于非营利组织，但取得的收入不符合免税条件，未依法确认收入，造成不缴或者少缴应纳税款的，会被税务机关追缴其不缴或者少缴的税款、滞纳金，并处不缴或者少缴税款0.5～5倍的罚款。

合规建议

符合条件的非营利组织取得的特定收入免征企业所得税；不满足条件的收入，应依法申报纳税。

1. 非营利组织，须同时符合下列条件：（1）依法履行非营利组织登记手续；（2）从事公益性或者非营利性活动；（3）取得的收入除用于与该组织有关的、合理的支出外，全部用于登记核定或者章程规定的公益性或者非营利性事业；（4）财产及其孳息不用于分配；（5）按照登记核定或者章程规定，该组织注销后的剩余财产用于公益性或者非营利性目的，或者由登记管理机关转赠给与该组织性质、宗旨相同的组织，并向社会公告；（6）投入人对投入该组织的财产不保留或者享有任何财产权利；（7）工作人员工资福利开支控制在规定的比例内，不变相分配该组织的财产。

2. 非营利组织的下列收入为免税收入：（1）接受其他单位或者个人捐赠的收入；（2）符合不征税收入规定的财政拨款以外的其他政府补助收入，但不包括因政府购买服务取得的收入；（3）按照省级以上民政、财政部门规定收取的会费；（4）不征税收入和免税收入孳生的银行存款利息收入；（5）财政部、国家税务总局规定的其他收入。

3. 除国务院财政、税务主管部门另有规定外，可以享受免税优惠的非营利组织的收入,不包括非营利组织从事营利性活动取得的收入。

法律依据

1.《企业所得税法》

第二十六条 企业的下列收入为免税收入:

……

(四)符合条件的非营利组织的收入。

2.《企业所得税法实施条例》

第八十四条 企业所得税法第二十六条第(四)项所称符合条件的非营利组织,是指同时符合下列条件的组织:

(一)依法履行非营利组织登记手续;

(二)从事公益性或者非营利性活动;

(三)取得的收入除用于与该组织有关的、合理的支出外,全部用于登记核定或者章程规定的公益性或者非营利性事业;

(四)财产及其孳息不用于分配;

(五)按照登记核定或者章程规定,该组织注销后的剩余财产用于公益性或者非营利性目的,或者由登记管理机关转赠给与该组织性质、宗旨相同的组织,并向社会公告;

(六)投入人对投入该组织的财产不保留或者享有任何财产权利;

(七)工作人员工资福利开支控制在规定的比例内,不变相分配该组织的财产。

前款规定的非营利组织的认定管理办法由国务院财政、税务主管部门会同国务院有关部门制定。

第八十五条 企业所得税法第二十六条第(四)项所称符合条件的非营利组织的收入,不包括非营利组织从事营利性活动取得的收入,但国务院财政、税务主管部门另有规定的除外。

3.《财政部、国家税务总局关于非营利组织企业所得税免税收入问题的通知》(财税〔2009〕122号)

一、非营利组织的下列收入为免税收入:

(一)接受其他单位或者个人捐赠的收入;

(二)除《中华人民共和国企业所得税法》第七条规定的财政拨款以外的其他政府补助收入,但不包括因政府购买服务取得的收入;

(三)按照省级以上民政、财政部门规定收取的会费;

(四)不征税收入和免税收入孳生的银行存款利息收入;

(五)财政部、国家税务总局规定的其他收入。

十、股权转让企业所得税处理不当

风险表现

1. 少缴或未及时申报缴纳税款风险:(1)股权转让所得确认错误;(2)企业在计算股权转让所得时,扣除了被投资企业未分配利润等股东留存收益中按该项股权所可能分配的金额;(3)未按规定时间确认股权转让所得。

2. 股权转让未作纳税筹划,多缴税款。

风险后果

1. 纳税人不依法及时确认股权转让所得,或者少确认所得金额,导致未及时进行纳税申报,不缴或者少缴应纳税款的,会被税务机关追缴其不缴或者少缴的税款、滞纳金,并处不缴或者少缴税款0.5~5倍的罚款。

2. 企业转让股权时,如果未积极、充分享受相关税收优惠政策,可能会导致多缴纳税款,造成自身合法税收利益受损。

合规建议

1. 企业在转让股权时,应按照下列规定确认所得并依法申报纳税:

(1)转让股权收入确认时间:转让协议生效且完成股权变更手续时。

(2)股权转让所得=转让股权收入-为取得该股权所发生的成本。

【提示】企业在计算股权转让所得时,不得扣除被投资企业未分配利润等股东留存收益中按该项股权所可能分配的金额。

2. 企业转让股权时,应积极创设条件,充分享受税收优惠,合理降低企业所得税负担。比如:

(1)可以在股权转让前,先提议股东会进行红利分配,待分红后再按照新的(较低的)净资产对应价值转让股权,合理降低股权转让所得。

(2)可以在股权转让前,先提议股东会将被投资企业资本公积、盈余公积、未分配利润等股东留存收益转增资本(股本),股东按其项股权所可能分配的金额取得转增资本,然后再转让股权,此时股东股权成本增加、股权转让所得降低。

【提示】《公司法》第214条规定:"……法定公积金转为增加注册资本时,所留存的该项公积金不得少于转增前公司注册资本的百分之二十五。"

(3)可行的情况下,股东可以先撤回其投资,再转让股权。根据《国家税务总局关于企业所得税若干问题的公告》(国家税务总局公告2011年第34号)第5条的规定,投资企业从被投资企业撤回或减少投资,其取得的资产中,相当于初始出资的部分,应确认为投资收回;相当于被投资企业累计未分配利润和累计盈余公积按减少实收资本比例计算的部分,应确认为股息所得;其余部分确认为投资资产转让所得。

法律依据

《国家税务总局关于贯彻落实企业所得税法若干税收问题的通知》(国税函〔2010〕79号)

三、关于股权转让所得确认和计算问题

企业转让股权收入,应于转让协议生效、且完成股权变更手续时,确认收入的实现。转让股权收入扣除为取得该股权所发生的成本后,为股权转让所得。企业在计算股权转让所得时,不得扣除被投资企业未分配利润等股东留存收益中按该项股权所可能分配的金额。

十一、发生视同销售情形时未依法确认收入

风险表现

企业发生视同销售行为时,未通过确定视同销售收入和视同销售成本依法进行企业所得税纳税调整。

风险后果

1. 纳税人发生视同销售行为时,未依法、及时、准确确认视同销售收入和视同销售成本,导致未及时进行纳税申报,不缴或者少缴应纳税款的,会被税务机关追缴其不缴或者少缴的税款、滞纳金,并处不缴或者少缴税款0.5~5倍的罚款。

2. 如果视同销售成本大于视同销售收入,若不进行纳税调整,企业会多缴纳税款。

合规建议

1. 除国务院财政、税务主管部门另有规定外,企业发生下列情形,应当视同销售货物、转让财产或者提供劳务进行企业所得税处理:

(1)非货币性资产交换。

(2)将货物、财产、劳务用于捐赠、偿债、赞助、集资、广告、样品、职工福利或者

利润分配等用途。

(3)将资产移送他人的下列情形(资产所有权属已发生改变):①用于市场推广或销售;②用于交际应酬;③用于职工奖励或福利;④用于股息分配;⑤用于对外捐赠;⑥其他改变资产所有权属的用途。

(4)房地产开发企业将开发产品用于捐赠、赞助、职工福利、奖励、对外投资、分配给股东或投资人、抵偿债务、换取其他企事业单位和个人的非货币性资产等行为。

【提示】房地产开发企业的视同销售,应于开发产品所有权或使用权转移,或于实际取得利益权利时,确认收入(或利润)的实现。确认收入(或利润)的方法和顺序为:①按本企业近期或本年度最近月份同类开发产品市场销售价格确定;②由主管税务机关参照当地同类开发产品市场公允价值确定;③按开发产品的成本利润率(不得低于15%,具体比例由主管税务机关确定)确定。

2. 视同销售的纳税调整是通过确定视同销售收入和视同销售成本进行的。企业的资产发生视同销售情形的,除另有规定外,应按照被移送资产的公允价值确定销售收入;视同销售成本按其生产成本、购货成本或资产净值进行确认即可。在实务中,视同销售收入可能高于视同销售成本,也可能低于视同销售成本,视同销售纳税调整的所得既可能是正数,也可能是负数。

【提示】企业所得税的视同销售是以资产的权属变更作为判断依据。因此,企业发生下列情形的处置资产,除将资产转移至境外以外,由于资产所有权属在形式和实质上均不发生改变,可作为内部处置资产,不视同销售确认收入,相关资产的计税基础延续计算:①将资产用于生产、制造、加工另一产品;②改变资产形状、结构或性能;③改变资产用途(如自建商品房转为自用或经营);④将资产在总机构及其分支机构之间转移;⑤上述两种或两种以上情形的混合;⑥其他不改变资产所有权属的用途。

法律依据

1.《企业所得税法实施条例》

第二十五条 企业发生非货币性资产交换,以及将货物、财产、劳务用于捐赠、偿债、赞助、集资、广告、样品、职工福利或者利润分配等用途的,应当视同销售货物、转让财产或者提供劳务,但国务院财政、税务主管部门另有规定的除外。

2.《国家税务总局关于企业处置资产所得税处理问题的通知》(国税函〔2008〕828号,部分失效)

一、企业发生下列情形的处置资产,除将资产转移至境外以外,由于资产所有权属在形式和实质上均不发生改变,可作为内部处置资产,不视同销售确认收入,相关资产的计税基础延续计算。

(一)将资产用于生产、制造、加工另一产品;

(二)改变资产形状、结构或性能;

(三)改变资产用途(如,自建商品房转为自用或经营);

(四)将资产在总机构及其分支机构之间转移;

(五)上述两种或两种以上情形的混合;

(六)其他不改变资产所有权属的用途。

二、企业将资产移送他人的下列情形,因资产所有权属已发生改变而不属于内部处置资产,应按规定视同销售确定收入。

(一)用于市场推广或销售;

(二)用于交际应酬;

(三)用于职工奖励或福利;

(四)用于股息分配;

(五)用于对外捐赠;

(六)其他改变资产所有权属的用途。

3.《国家税务总局关于企业所得税有关问题的公告》(国家税务总局公告2016年第80号)

二、企业移送资产所得税处理问题

企业发生《国家税务总局关于企业处置资产所得税处理问题的通知》(国税函〔2008〕828号)第二条规定情形的,除另有规定外,应按照被移送资产的公允价值确定销售收入。

4.《房地产开发经营业务企业所得税处理办法》(国税发〔2009〕31号印发)

第七条 企业将开发产品用于捐赠、赞助、职工福利、奖励、对外投资、分配给股东或投资人、抵偿债务、换取其他企事业单位和个人的非货币性资产等行为,应视同销售,于开发产品所有权或使用权转移,或于实际取得利益权利时确认收入(或利润)的实现。确认收入(或利润)的方法和顺序为:

(一)按本企业近期或本年度最近月份同类开发产品市场销售价格确定;

(二)由主管税务机关参照当地同类开发产品市场公允价值确定;

(三)按开发产品的成本利润率确定。开发产品的成本利润率不得低于15%,具体比例由主管税务机关确定。

第二节 扣除类项目主要税务风险

一、将不允许扣除支出在税前扣除

风险表现

企业将以下不得在税前扣除的支出在缴纳企业所得税前进行了扣除或者将资本性支出在发生当期直接扣除：

1. 向投资者支付的股息、红利等权益性投资收益款项。

2. 企业所得税税款。

3. 税收滞纳金。

4. 罚金、罚款和被没收财物的损失。

5. 不符合规定条件的捐赠支出(《企业所得税法》第 9 条规定的公益性捐赠以外的捐赠支出)。

6. 赞助支出(指企业发生的与生产经营活动无关的各种非广告性质支出)。

7. 未经核定的准备金支出(指不符合国务院财政、税务主管部门规定的各项资产减值准备、风险准备等准备金支出)。

8. 与取得收入无关的其他支出,比如：

(1)企业之间支付的管理费、企业内营业机构之间支付的租金和特许权使用费,以及非银行企业内营业机构之间支付的利息；

(2)与企业取得收入不直接相关的离退休人员工资、福利费等；

(3)关联企业成本、投资者或职工生活的个人支出、离退休福利、对外担保费用等与生产经营无关的成本费用；

(4)各类代缴代付款项,如代扣代缴个人所得税、委托加工代垫运费等。

9. 将资本性支出在发生当期直接扣除。

风险后果

1. 如果企业将上述不满足“与取得收入直接相关,符合生产经营活动常规,应当计入当期损益或者有关资产成本的必要和正常”的支出,在缴纳企业所得税前扣除,或者将资本性支出在发生当期直接扣除,会被税务机关责令进行纳税调增处理;若企业不进行纳税调整,导致少缴纳税款,会被税务机关追缴其不缴或者少缴的税款、滞纳金,并处不缴或者少缴税款 0.5 ~ 5 倍的罚款。

2. 如果企业主观故意在没有真实交易的情况下，虚列名目，通过“在账簿上多列支出”的手段实施偷税行为，会被税务机关追缴其不缴或者少缴的税款、滞纳金，并处不缴或者少缴的税款0.5～5倍的罚款；构成犯罪的，可能会被依法追究刑事责任。

合规建议

1. 按照税法规定，企业实际发生的与取得收入有关的、合理的支出，包括成本、费用、税金、损失和其他支出，在具备合法税前扣除凭证的情况下，准予在计算应纳税所得额时扣除，即企业支出税前扣除须遵循以下3项基本原则：

(1)真实性原则。要求企业的相关支出必须是实际发生的，并不仅仅是有发票入账，有发票但不真实的支出一样不允许税前扣除。

(2)相关性原则。准予税前扣除的支出应当是与取得收入“直接相关”的支出，即与企业生产经营无关的支出不允许在税前扣除。

(3)合理性原则。首先，要求相关支出应当符合企业生产经营活动常规；其次，企业发生的合理支出，限于应当计入当期损益或者有关资产成本的必要与正常的支出。因此，贿赂支出等非法支出不能扣除；行政罚款、税收滞纳金、秘密支付的款项等也不允许税前扣除。

2. 不满足上述条件的支出不得在缴纳企业所得税前扣除；若已经扣除，应进行纳税调增处理。

3. 企业发生的支出应当区分收益性支出和资本性支出。收益性支出在发生当期直接扣除；资本性支出应当分期扣除或者计入有关资产成本，不得在发生当期直接扣除。

法律依据

1.《企业所得税法》

第八条　企业实际发生的与取得收入有关的、合理的支出，包括成本、费用、税金、损失和其他支出，准予在计算应纳税所得额时扣除。

第十条　在计算应纳税所得额时，下列支出不得扣除：

(一)向投资者支付的股息、红利等权益性投资收益款项；

(二)企业所得税税款；

(三)税收滞纳金；

(四)罚金、罚款和被没收财物的损失；

(五)本法第九条规定以外的捐赠支出；

(六)赞助支出;

(七)未经核定的准备金支出;

(八)与取得收入无关的其他支出。

2.《企业所得税法实施条例》

第二十七条 企业所得税法第八条所称有关的支出,是指与取得收入直接相关的支出。

企业所得税法第八条所称合理的支出,是指符合生产经营活动常规,应当计入当期损益或者有关资产成本的必要和正常的支出。

第二十八条第一款 企业发生的支出应当区分收益性支出和资本性支出。收益性支出在发生当期直接扣除;资本性支出应当分期扣除或者计入有关资产成本,不得在发生当期直接扣除。

第四十九条 企业之间支付的管理费、企业内营业机构之间支付的租金和特许权使用费,以及非银行企业内营业机构之间支付的利息,不得扣除。

第五十四条 企业所得税法第十条第(六)项所称赞助支出,是指企业发生的与生产经营活动无关的各种非广告性质支出。

第五十五条 企业所得税法第十条第(七)项所称未经核定的准备金支出,是指不符合国务院财政、税务主管部门规定的各项资产减值准备、风险准备等准备金支出。

3.《国家税务总局办公厅关于强化部分总局定点联系企业共性税收风险问题整改工作的通知》(税总办函〔2014〕652号)

一、离退休人员的工资、福利等与取得收入不直接相关的支出的税前扣除问题

……与企业取得收入不直接相关的离退休人员工资、福利费等支出,不得在企业所得税税前扣除。

二、企业所得税税前扣除

风险表现

1.未及时(在当年度企业所得税汇算清缴期结束前)取得税前扣除凭证。

2.取得的税前扣除凭证不符合规定,且无法补开、换开发票及其他外部凭证;也没有可以证实支出真实性的相关资料,如相关业务活动的合同或者协议,采用非现金方式支付的付款凭证等。

3.共同分摊成本税前扣除凭证不符合规定,或者未按照独立交易原则进行成

本分摊。

风险后果

1. 企业发生支出,应在当年度企业所得税汇算清缴前取得税前扣除凭证,作为计算企业所得税应纳税所得额时扣除相关支出的依据。

2. 若企业未能取得相关凭证,或者取得不合规发票(私自印制发票、伪造发票、变造发票、使用作废发票、开票方非法取得发票、虚开发票、发票填写不规范等)、不合规其他外部凭证,不得作为税前扣除凭证。如果企业在未能取得合规凭证的情况下,将相关支出在税前扣除,应进行企业所得税纳税调增处理,否则会导致多缴纳税款,使自身合法税收利益受损。

3. 如果企业主观故意在没有真实交易的情况下,取得虚假税前扣除凭证,在企业所得税前多列支成本、费用,不缴或者少缴企业所得税,则属于通过"在账簿上多列支出"的手段实施偷税行为,会被税务机关追缴其不缴或者少缴的税款、滞纳金,并处不缴或者少缴的税款0.5~5倍的罚款;构成犯罪的,可能会被依法追究刑事责任。

合规建议

根据税法相关规定,企业实际发生的与取得收入直接相关的、合理的(符合生产经营活动常规,必要和正常的)支出,包括成本、费用、税金、损失和其他支出,准予在计算应纳税所得额时扣除。

企业发生支出,应在当年度企业所得税汇算清缴期结束前取得税前扣除凭证,作为计算企业所得税应纳税所得额时扣除相关支出的依据。同时,企业应将与税前扣除凭证相关的资料,包括合同协议、支出依据、付款凭证等留存备查,以证实税前扣除凭证的真实性。

根据不同的支出类型,企业可用于税前扣除的合法凭证如下:

1. 在境内发生的支出项目,属于增值税应税项目的:

(1)若对方为已办理税务登记的增值税纳税人,需取得对方开具的发票(包括税务机关代开的发票)。

(2)若对方为依法无须办理税务登记的单位或者从事小额零星经营业务的个人,须取得税务机关代开的发票或者对方出具的收款凭证(收款凭证应载明收款单位名称、个人姓名及身份证号、支出项目、收款金额等相关信息)。

(3)税务总局对应税项目开具发票另有规定的,以规定的发票或者票据作为税前扣除凭证。

2. 在境内发生的支出项目，不属于增值税应税项目的：

（1）若对方为单位，须取得对方开具的发票（按税务总局规定可以开具发票的）或者发票以外的其他外部凭证（如财政票据、完税凭证、收款凭证、分割单等）。

（2）若对方为个人，可以内部凭证作为税前扣除凭证。

3. 从境外购进货物或者劳务发生的支出，须取得对方开具的发票或者具有发票性质的收款凭证、相关税费缴纳凭证。

4. 若企业取得的发票、其他外部凭证不符合上述规定，且企业在补开、换开过程中，因对方注销、撤销、依法被吊销营业执照，被税务机关认定为非正常户等特殊原因无法补开、换开的，可凭以下资料证实支出真实性后，将相关支出在税前扣除：

（1）必备资料：①无法补开、换开发票、其他外部凭证原因的证明资料（包括工商注销、机构撤销、列入非正常经营户、破产公告等证明资料）；②相关业务活动的合同或者协议；③采用非现金方式支付的付款凭证。

（2）其他资料：①货物运输的证明资料；②货物入库、出库内部凭证；③企业会计核算记录以及其他资料。

5. 企业与其他企业（包括关联企业）、个人在境内共同接受应纳增值税劳务（以下简称应税劳务）发生的支出，采取分摊方式的，应当按照独立交易原则进行分摊，企业以发票和分割单作为税前扣除凭证，共同接受应税劳务的其他企业以企业开具的分割单作为税前扣除凭证。

企业与其他企业、个人在境内共同接受非应税劳务发生的支出，采取分摊方式的，企业以发票外的其他外部凭证和分割单作为税前扣除凭证，共同接受非应税劳务的其他企业以企业开具的分割单作为税前扣除凭证。

【提示】分割单的内容应包括接受凭证单位名称，经济业务内容、数量、单价、金额和费用分摊情况等。企业盖单位公章，自然人须附身份证复印件。

【总局相关问答】可以分摊扣除的应税劳务是否包括应税服务？

问：国家税务总局公告 2018 年第 28 号文件第 18 条有规定，企业与其他企业（包括关联企业）、个人在境内共同接受应税劳务发生的支出，采取分摊方式的，应当按照独立交易原则进行分摊。文件中应税劳务是否包括应税服务？

答：《企业所得税税前扣除凭证管理办法》（以下简称《办法》）第 18 条提及“劳务”概念。这里的“劳务”是一个相对宽泛的概念，原则上包含了所有劳务服务活动。比如《增值税暂行条例》及其实施细则中规定的加工、修理修配劳务，销售服务等；《企业所得税法》及其实施条例规定的建筑安装、修理修配、交通运输、仓储租赁、金融保险、邮电通信、咨询经纪、文化体育、科学研究、技术服务、教育培训、餐饮住宿、中介代理、卫生保健、社区服务、旅游、娱乐、加工以及其他劳务服务活动等。此外,《办法》第18条所称“应纳增值税劳务”中的“劳务”也应按上述原则理解,不能等同于增值税相关规定中的“加工、修理修配劳务”。

6. 企业租用(包括企业作为单一承租方租用)办公、生产用房等资产发生的水、电、燃气、冷气、暖气、通讯线路、有线电视、网络等费用,出租方作为应税项目开具发票的,企业以发票作为税前扣除凭证;出租方采取分摊方式的,企业以出租方开具的其他外部凭证作为税前扣除凭证。

法律依据

1.《企业所得税法》

第八条 企业实际发生的与取得收入有关的、合理的支出,包括成本、费用、税金、损失和其他支出,准予在计算应纳税所得额时扣除。

2.《企业所得税法实施条例》

第二十七条 企业所得税法第八条所称有关的支出,是指与取得收入直接相关的支出。

企业所得税法第八条所称合理的支出,是指符合生产经营活动常规,应当计入当期损益或者有关资产成本的必要和正常的支出。

3.《企业所得税税前扣除凭证管理办法》(国家税务总局公告2018年第28号发布)

第二条 本办法所称税前扣除凭证,是指企业在计算企业所得税应纳税所得额时,证明与取得收入有关的、合理的支出实际发生,并据以税前扣除的各类凭证。

第三条 本办法所称企业是指企业所得税法及其实施条例规定的居民企业和非居民企业。

第四条 税前扣除凭证在管理中遵循真实性、合法性、关联性原则。真实性是指税前扣除凭证反映的经济业务真实,且支出已经实际发生;合法性是指税前扣除凭证的形式、来源符合国家法律、法规等相关规定;关联性是指税前扣除凭证与其反映的支出相关联且有证明力。

第五条 企业发生支出,应取得税前扣除凭证,作为计算企业所得税应纳税所得额时扣除相关支出的依据。

第六条 企业应在当年度企业所得税法规定的汇算清缴期结束前取得税前扣

除凭证。

第七条　企业应将与税前扣除凭证相关的资料，包括合同协议、支出依据、付款凭证等留存备查，以证实税前扣除凭证的真实性。

第八条　税前扣除凭证按照来源分为内部凭证和外部凭证。

内部凭证是指企业自制用于成本、费用、损失和其他支出核算的会计原始凭证。内部凭证的填制和使用应当符合国家会计法律、法规等相关规定。

外部凭证是指企业发生经营活动和其他事项时，从其他单位、个人取得的用于证明其支出发生的凭证，包括但不限于发票（包括纸质发票和电子发票）、财政票据、完税凭证、收款凭证、分割单等。

第九条　企业在境内发生的支出项目属于增值税应税项目（以下简称“应税项目”）的，对方为已办理税务登记的增值税纳税人，其支出以发票（包括按照规定由税务机关代开的发票）作为税前扣除凭证；对方为依法无需办理税务登记的单位或者从事小额零星经营业务的个人，其支出以税务机关代开的发票或者收款凭证及内部凭证作为税前扣除凭证，收款凭证应载明收款单位名称、个人姓名及身份证号、支出项目、收款金额等相关信息。

小额零星经营业务的判断标准是个人从事应税项目经营业务的销售额不超过增值税相关政策规定的起征点。

税务总局对应税项目开具发票另有规定的，以规定的发票或者票据作为税前扣除凭证。

第十条　企业在境内发生的支出项目不属于应税项目的，对方为单位的，以对方开具的发票以外的其他外部凭证作为税前扣除凭证；对方为个人的，以内部凭证作为税前扣除凭证。

企业在境内发生的支出项目虽不属于应税项目，但按税务总局规定可以开具发票的，可以发票作为税前扣除凭证。

第十一条　企业从境外购进货物或者劳务发生的支出，以对方开具的发票或者具有发票性质的收款凭证、相关税费缴纳凭证作为税前扣除凭证。

第十二条　企业取得私自印制、伪造、变造、作废、开票方非法取得、虚开、填写不规范等不符合规定的发票（以下简称“不合规发票”），以及取得不符合国家法律、法规等相关规定的其他外部凭证（以下简称“不合规其他外部凭证”），不得作为税前扣除凭证。

第十三条　企业应当取得而未取得发票、其他外部凭证或者取得不合规发票、不合规其他外部凭证的，若支出真实且已实际发生，应当在当年度汇算清缴期结束前，要求对方补开、换开发票、其他外部凭证。补开、换开后的发票、其他外部凭证符合规定的，可以作为税前扣除凭证。

第十四条 企业在补开、换开发票、其他外部凭证过程中，因对方注销、撤销、依法被吊销营业执照、被税务机关认定为非正常户等特殊原因无法补开、换开发票、其他外部凭证的，可凭以下资料证实支出真实性后，其支出允许税前扣除：

（一）无法补开、换开发票、其他外部凭证原因的证明资料（包括工商注销、机构撤销、列入非正常经营户、破产公告等证明资料）；

（二）相关业务活动的合同或者协议；

（三）采用非现金方式支付的付款凭证；

（四）货物运输的证明资料；

（五）货物入库、出库内部凭证；

（六）企业会计核算记录以及其他资料。

前款第一项至第三项为必备资料。

第十五条 汇算清缴期结束后，税务机关发现企业应当取得而未取得发票、其他外部凭证或者取得不合规发票、不合规其他外部凭证并且告知企业的，企业应当自被告知之日起60日内补开、换开符合规定的发票、其他外部凭证。其中，因对方特殊原因无法补开、换开发票、其他外部凭证的，企业应当按照本办法第十四条的规定，自被告知之日起60日内提供可以证实其支出真实性的相关资料。

第十六条 企业在规定的期限未能补开、换开符合规定的发票、其他外部凭证，并且未能按照本办法第十四条的规定提供相关资料证实其支出真实性的，相应支出不得在发生年度税前扣除。

第十七条 除发生本办法第十五条规定的情形外，企业以前年度应当取得而未取得发票、其他外部凭证，且相应支出在该年度没有税前扣除的，在以后年度取得符合规定的发票、其他外部凭证或者按照本办法第十四条的规定提供可以证实其支出真实性的相关资料，相应支出可以追补至该支出发生年度税前扣除，但追补年限不得超过五年。

第十八条 企业与其他企业（包括关联企业）、个人在境内共同接受应纳增值税劳务（以下简称“应税劳务”）发生的支出，采取分摊方式的，应当按照独立交易原则进行分摊，企业以发票和分割单作为税前扣除凭证，共同接受应税劳务的其他企业以企业开具的分割单作为税前扣除凭证。

企业与其他企业、个人在境内共同接受非应税劳务发生的支出，采取分摊方式的，企业以发票外的其他外部凭证和分割单作为税前扣除凭证，共同接受非应税劳务的其他企业以企业开具的分割单作为税前扣除凭证。

第十九条　企业租用（包括企业作为单一承租方租用）办公、生产用房等资产发生的水、电、燃气、冷气、暖气、通讯线路、有线电视、网络等费用，出租方作为应税项目开具发票的，企业以发票作为税前扣除凭证；出租方采取分摊方式的，企业以出租方开具的其他外部凭证作为税前扣除凭证。

4.《国家税务总局关于企业所得税若干问题的公告》（国家税务总局公告2011年第34号）

六、关于企业提供有效凭证时间问题

企业当年度实际发生的相关成本、费用，由于各种原因未能及时取得该成本、费用的有效凭证，企业在预缴季度所得税时，可暂按账面发生金额进行核算；但在汇算清缴时，应补充提供该成本、费用的有效凭证。

5.《国家税务总局关于企业所得税应纳税所得额若干税务处理问题的公告》（国家税务总局公告2012年第15号）

六、关于以前年度发生应扣未扣支出的税务处理问题

根据《中华人民共和国税收征收管理法》的有关规定，对企业发现以前年度实际发生的、按照税收规定应在企业所得税前扣除而未扣除或者少扣除的支出，企业做出专项申报及说明后，准予追补至该项目发生年度计算扣除，但追补确认期限不得超过5年。

企业由于上述原因多缴的企业所得税税款，可以在追补确认年度企业所得税应纳税款中抵扣，不足抵扣的，可以向以后年度递延抵扣或申请退税。

亏损企业追补确认以前年度未在企业所得税前扣除的支出，或盈利企业经过追补确认后出现亏损的，应首先调整该项支出所属年度的亏损额，然后再按照弥补亏损的原则计算以后年度多缴的企业所得税款，并按前款规定处理。

三、工资薪金税前扣除

风险表现

1. 工资薪金范围界定不清。
2. 年度计提但未实际支付的工资，未进行纳税调整。
3. 国有性质的企业，工资薪金超过政府有关部门给予的限定数额。

4. 虚列、多列工资薪金税前扣除。

5. 以发票报销等方式将工资薪金的一部分转化为其他费用。

风险后果

1. 如果企业工资薪金范围界定不清,将不符合税前扣除条件(未实际发生、国有企业超标准发放工资等)的工资薪金在税前扣除,或者虚列、多列工资薪金税前扣除,导致少缴企业所得税,轻则会被税务机关要求纳税调整;重则会被税务机关按偷税行为无限期追缴税款、滞纳金,并处不缴或者少缴税款0.5~5倍的罚款;构成犯罪的,可能会被依法追究刑事责任。

2. 如果企业以发票报销等形式变相为员工发放工资,导致员工少缴纳个人所得税,员工作为纳税人会被税务机关追缴税款,企业作为扣缴义务人会被税务机关处以应扣未扣税款0.5~3倍的罚款。

合规建议

企业实际发生的、与任职或者受雇有关的、合理的工资薪金支出,准予在缴纳企业所得税前扣除。

1. 工资薪金,是指企业每一纳税年度支付给在本企业任职或者受雇的员工的所有现金形式或者非现金形式的劳动报酬,包括基本工资、奖金、津贴、补贴、年终加薪、加班工资,以及与员工任职或者受雇有关的其他支出。

2. 合理工资薪金,是指企业按照股东大会、董事会、薪酬委员会或相关管理机构制订的工资薪金制度规定实际发放给员工的工资薪金。应符合以下规定:(1)企业制订了较为规范的员工工资薪金制度;(2)企业所制订的工资薪金制度符合行业及地区水平;(3)企业在一定时期所发放的工资薪金是相对固定的,工资薪金的调整是有序进行的;(4)企业对实际发放的工资薪金,已依法履行了代扣代缴个人所得税义务;(5)有关工资薪金的安排,不以减少或逃避税款为目的。

【提示】《企业所得税法实施条例释义》指出,所谓任职或雇佣关系,一般是指所有连续性的服务关系,提供服务的任职者或者雇员的主要收入或者很大一部分收入来自任职的企业,并且这种收入基本上代表了提供服务人员的劳动。所谓连续性服务并不排除临时工的使用,临时工可能是由于季节性经营活动需要雇用的,虽然对某些临时工的使用是一次性的,但从企业经营活动的整体需要看又具有周期性,服务的连续性应足以对提供劳动的人确定计时或者计件工资,应足以与个人劳务支出相区别。

法律依据

1.《企业所得税法实施条例》

第三十四条　企业发生的合理的工资薪金支出，准予扣除。

前款所称工资薪金，是指企业每一纳税年度支付给在本企业任职或者受雇的员工的所有现金形式或者非现金形式的劳动报酬，包括基本工资、奖金、津贴、补贴、年终加薪、加班工资，以及与员工任职或者受雇有关的其他支出。

2.《国家税务总局关于企业工资薪金及职工福利费扣除问题的通知》(国税函〔2009〕3号)

一、关于合理工资薪金问题

《实施条例》第三十四条所称的"合理工资薪金"，是指企业按照股东大会、董事会、薪酬委员会或相关管理机构制订的工资薪金制度规定实际发放给员工的工资薪金。税务机关在对工资薪金进行合理性确认时，可按以下原则掌握：

(一)企业制订了较为规范的员工工资薪金制度；

(二)企业所制订的工资薪金制度符合行业及地区水平；

(三)企业在一定时期所发放的工资薪金是相对固定的，工资薪金的调整是有序进行的；

(四)企业对实际发放的工资薪金，已依法履行了代扣代缴个人所得税义务；

(五)有关工资薪金的安排，不以减少或逃避税款为目的。

二、关于工资薪金总额问题

《实施条例》第四十、四十一、四十二条所称的"工资薪金总额"，是指企业按照本通知第一条规定实际发放的工资薪金总和，不包括企业的职工福利费、职工教育经费、工会经费以及养老保险费、医疗保险费、失业保险费、工伤保险费、生育保险费等社会保险费和住房公积金。属于国有性质的企业，其工资薪金，不得超过政府有关部门给予的限定数额；超过部分，不得计入企业工资薪金总额，也不得在计算企业应纳税所得额时扣除。

【特别提示】

1.季节工、临时工费用

《国家税务总局关于企业所得税应纳税所得额若干税务处理问题的公告》(国家税务总局公告2012年第15号)第1条规定：企业因雇用季节工、临时工、实习生、返聘离退休人员所实际发生的费用，应区分为工资薪金支出和职工福利费支出，并按《企业所得税法》规定在企业所得税前扣除。其中属于工资薪金支出的，准予计入企业工资薪金总额的基数,作为计算其他各项相关费用扣除的依据。

根据上述规定,企业雇用季节工、临时工:

(1)如果属于连续性的服务关系用工,则实际发生的费用,应区分为工资薪金支出和职工福利费支出,并按规定在企业所得税前扣除。

(2)如果属于临时发生的按次劳务,不具有连续性服务的特征,建议让其到税务机关代开增值税发票,同时应按照劳务报酬所得项目扣缴个人所得税。

2. 劳务派遣用工费用

(1)税务处理。《国家税务总局关于企业工资薪金和职工福利费等支出税前扣除问题的公告》(国家税务总局公告 2015 年第 34 号)第 3 条规定:企业接受外部劳务派遣用工所实际发生的费用,应分两种情况按规定在税前扣除:按照协议(合同)约定直接支付给劳务派遣公司的费用,应作为劳务费支出;直接支付给员工个人的费用,应作为工资薪金支出和职工福利费支出。其中属于工资薪金支出的费用,准予计入企业工资薪金总额的基数,作为计算其他各项相关费用扣除的依据。

(2)风险防控。①取得虚开的劳务派遣发票税前列支。②劳务派遣工的用工范围和用工比例不符合相关规定。

《劳务派遣暂行规定》(人力资源和社会保障部令第 22 号)第 3 条规定:用工单位只能在临时性、辅助性或者替代性的工作岗位上使用被派遣劳动者。前款规定的临时性工作岗位是指存续时间不超过 6 个月的岗位;辅助性工作岗位是指为主营业务岗位提供服务的非主营业务岗位;替代性工作岗位是指用工单位的劳动者因脱产学习、休假等原因无法工作的一定期间内,可以由其他劳动者替代工作的岗位。用工单位决定使用被派遣劳动者的辅助性岗位,应当经职工代表大会或者全体职工讨论,提出方案和意见,与工会或者职工代表平等协商确定,并在用工单位内公示。第 4 条前 2 款规定:用工单位应当严格控制劳务派遣用工数量,使用的被派遣劳动者数量不得超过其用工总量的 10%。前款所称用工总量是指用工单位订立劳动合同人数与使用的被派遣劳动者人数之和。

3. 劳动者离职补偿金

(1)支付情形。用人单位依据《劳动合同法》第 36 条、第 38 条、第 40 条、第 41 条、第 44 条等的规定与劳动者解除或终止劳动关系时,可能需要依法向劳动者支付一次性经济补偿或赔偿金。具体金额按照《劳动合同法》第 46 条、第 47 条、第 87 条等的规定执行。

《企业会计准则第 9 号——职工薪酬》(2014 修订)第 2 条第 3 款有规定:

“……辞退福利，是指企业在职工劳动合同到期之前解除与职工的劳动关系，或者为鼓励职工自愿接受裁减而给予职工的补偿。”从经济属性上看，辞退福利虽然属于职工薪酬，但实际属于辞退过程中用工单位支付的“违约金”。

(2)税务处理。按照新会计准则的相关规定，职工离职补偿费属于职工辞退福利，既不属于工资薪金也不属于职工福利费，而应属于与取得应纳税收入有关的必要和正常的支出，是一种特殊的法定性、补偿性、福利性支出，应当准予企业所得税前据实扣除。

但由于辞退福利分为职工有选择权和没有选择权两种情况，因此在企业所得税前扣除时也有所不同：

①如果职工没有继续在职的选择权，那么辞退福利被视同因与职工解除劳动关系给予的补偿。企业支付给解除劳动合同职工的一次性补偿支出在实际发生时，可以在企业所得税税前扣除。

离职补偿费是因解除了雇佣关系支付的，不再属于工资薪金，因此不得作为工会经费、职工福利费、职工教育经费的计提基数。

《企业所得税法实施条例》第 34 条规定：企业发生的合理的工资薪金支出，准予扣除。前款所称工资薪金，是指企业每一纳税年度支付给在本企业任职或者受雇的员工的所有现金形式或者非现金形式的劳动报酬，包括基本工资、奖金、津贴、补贴、年终加薪、加班工资，以及与员工任职或者受雇有关的其他支出。

②如果职工有继续在职的选择权，那么辞退福利属于或有事项，通过预计负债计入费用。

根据《企业所得税法》第 8 条的规定：“企业实际发生的与取得收入有关的、合理的支出，包括成本、费用、税金、损失和其他支出，准予在计算应纳税所得额时扣除。”由企业确认的预计负债而计入费用的金额不允许税前扣除。

《国家税务总局关于华为集团内部人员调动离职补偿税前扣除问题的批复》(税总函〔2015〕299 号)规定：企业根据公司财务制度为职工提取离职补偿费，在进行年度企业所得税汇算清缴时，对当年度“预提费用”科目发生额进行纳税调整，待职工从企业离职并实际领取离职补偿费后，企业可按规定进行税前扣除。

(3)风险防控。①将离职补偿金并入工资薪金作为工会经费、职工福利费、职工教育经费的计提基数。②将为职工提取未实际支付的离职补偿费在税前扣除。

四、各类保险税前扣除

风险表现

1. 超过国务院有关主管部门或者省级人民政府规定的范围和标准为职工缴纳“五险一金”(养老保险、医疗保险、失业保险、工伤保险、生育保险和住房公积金),并将超出部分一并在缴纳企业所得税前扣除,且未调增应纳税所得额。

2. 为投资者或者职工支付的补充养老保险费、补充医疗保险费,分别或者均超过职工工资总额的5%,并将超出部分一并在企业所得税前扣除,且未调增应纳税所得额。

3. 将为投资者或者职工支付的商业保险费在企业所得税扣除(可以扣除的特殊情形除外)。

风险后果

如果企业将为投资者或者职工超范围或超标准购买的社会保险费、公积金、商业保险费等在税前扣除,会被税务机关责令进行纳税调增处理;若企业不进行纳税调整,导致少缴纳税款,会被税务机关追缴其不缴或者少缴的税款、滞纳金,并处不缴或者少缴税款0.5~5倍的罚款。

合规建议

企业在为投资者或者职工缴纳各类保险费时,应依照国家或地方相关规定的范围和标准缴纳。超出范围和标准缴纳的部分,不得在企业所得税前扣除;若已扣除,应依法进行纳税调增处理。

1. 企业依照国务院有关主管部门或者省级人民政府规定的范围和标准为职工缴纳的“五险一金”,准予扣除;超过部分,不予扣除。

2. 企业根据国家有关政策规定,为在本企业任职或者受雇的全体员工支付的补充养老保险费、补充医疗保险费,分别在不超过职工工资总额5%标准内的部分,在计算应纳税所得额时准予扣除;超过部分,不予扣除。

3. 除以下可以扣除情形外,企业为投资者或者职工支付的商业保险费,不得扣除:

(1)企业职工因公出差乘坐交通工具发生的人身意外保险费支出。

(2)企业参加雇主责任险、公众责任险等责任保险,按照规定缴纳的保险费。

(3)依照国家有关规定为特殊工种职工支付的人身安全保险费。

(4)国务院财政、税务主管部门规定可以扣除的其他商业保险费。

4. 企业参加财产保险,按照规定缴纳的保险费,准予扣除。

法律依据

1.《企业所得税法实施条例》

第三十五条　企业依照国务院有关主管部门或者省级人民政府规定的范围和标准为职工缴纳的基本养老保险费、基本医疗保险费、失业保险费、工伤保险费、生育保险费等基本社会保险费和住房公积金,准予扣除。

企业为投资者或者职工支付的补充养老保险费、补充医疗保险费,在国务院财政、税务主管部门规定的范围和标准内,准予扣除。

第三十六条　除企业依照国家有关规定为特殊工种职工支付的人身安全保险费和国务院财政、税务主管部门规定可以扣除的其他商业保险费外,企业为投资者或者职工支付的商业保险费,不得扣除。

第四十六条　企业参加财产保险,按照规定缴纳的保险费,准予扣除。

2.《国家税务总局办公厅关于强化部分总局定点联系企业共性税收风险问题整改工作的通知》(税总办函〔2014〕652 号)

二、……企业超范围和标准为职工缴纳的基本养老保险、医疗保险、失业保险、工伤保险、生育保险、基本社会保险和住房公积金等,不得在所得税税前扣除。

3.《财政部、国家税务总局关于补充养老保险费、补充医疗保险费有关企业所得税政策问题的通知》(财税〔2009〕27 号)

自 2008 年 1 月 1 日起,企业根据国家有关政策规定,为在本企业任职或者受雇的全体员工支付的补充养老保险费、补充医疗保险费,分别在不超过职工工资总额 5% 标准内的部分,在计算应纳税所得额时准予扣除;超过的部分,不予扣除。

4.《国家税务总局关于企业所得税有关问题的公告》(国家税务总局公告 2016 年第 80 号)

一、关于企业差旅费中人身意外保险费支出税前扣除问题

企业职工因公出差乘坐交通工具发生的人身意外保险费支出,准予企业在计算应纳税所得额时扣除。

5.《国家税务总局关于责任保险费企业所得税税前扣除有关问题的公告》(国家税务总局公告 2018 年第 52 号)

企业参加雇主责任险、公众责任险等责任保险,按照规定缴纳的保险费,准予在企业所得税税前扣除。

五、工会经费税前扣除

风险表现

1. 超过扣除限额的工会经费未做纳税调增处理。

2. 只计提未拨缴的工会经费在税前扣除。

3. 未取得合法工会经费税前扣除凭据。

风险后果

企业在税前扣除工会经费时，如果存在超标（超过工资薪金总额2%）部分在税前扣除、只计提未拨缴的工会经费在税前扣除、未取得合法工会经费税前扣除凭据等情形，而导致少缴企业所得税，会被税务机关要求纳税调增，甚至按偷税行为进行处理。

合规建议

企业拨缴的工会经费，须同时满足下列条件，方能在缴纳企业所得税前扣除：

1. 已实际拨缴。

2. 不超过工资薪金总额2%的部分，准予扣除。超过部分不能在当年及以后年度企业所得税税前扣除，将形成永久性差异。

3. 工会经费扣除基数为企业发生的合理的工资薪金总额，即企业按照股东大会、董事会、薪酬委员会或相关管理机构制定的工资薪金制度规定，实际发放给员工的工资薪金，并已依法代扣代缴员工个人所得税。

4. 需要取得工会经费合法税前扣除凭据，包括：

（1）工会组织开具的工会经费收入专用收据。

（2）合法、有效的税务机关代收工会经费凭据。

法律依据

1.《企业所得税法实施条例》

第四十一条 企业拨缴的工会经费，不超过工资薪金总额2%的部分，准予扣除。

2.《国家税务总局关于工会经费企业所得税税前扣除凭据问题的公告》（国家税务总局公告2010年第24号）

一、自2010年7月1日起，企业拨缴的职工工会经费，不超过工资薪金总额2%的部分，凭工会组织开具的《工会经费收入专用收据》在企业所得税税前扣除。

3.《国家税务总局关于税务机关代收工会经费企业所得税税前扣除凭据问题的公告》(国家税务总局公告2011年第30号)

自2010年1月1日起,在委托税务机关代收工会经费的地区,企业拨缴的工会经费,也可凭合法、有效的工会经费代收凭据依法在税前扣除。

六、职工福利费税前扣除

风险表现

1.超限额支出的职工福利费未进行纳税调增处理。

2.发生的职工福利费,未单独设置账册进行准确核算。

3.只计提但未实际发生的职工福利费在税前扣除。

4.误将应作为工资薪金的项目当作职工福利费,导致只能限额扣除而不能据实扣除。

风险后果

1.企业在税前扣除职工福利费时,如果存在超标(超过工资薪金总额14%)部分在税前扣除、只计提未实际发生的福利费在税前扣除等情形,而导致少缴企业所得税,会被税务机关要求纳税调增,甚至按偷税行为进行处理。

2.如果企业误将应作为工资薪金的项目当作职工福利费支出,导致只能限额扣除而不能据实扣除,则会多缴纳企业所得税,使自身合法税收利益受损。

合规建议

企业实际发生的职工福利费支出,不超过工资薪金总额14%的部分,准予扣除。但需注意,企业发生的职工福利费,应该单独设置账册,进行准确核算。

【提示】企业应准确界定职工福利费的范围:

1.根据《财政部关于企业加强职工福利费财务管理的通知》(财企〔2009〕242号)第1条的规定,企业职工福利费是指企业为职工提供的除职工工资、奖金、津贴、纳入工资总额管理的补贴、职工教育经费、社会保险费和补充养老保险费(年金)、补充医疗保险费及住房公积金以外的福利待遇支出,包括发放给职工或为职工支付的各项现金补贴和非货币性集体福利。

2.具体内容应按照《国家税务总局关于企业工资薪金及职工福利费扣除问题的通知》(国税函〔2009〕3号)第3条的规定。

3.根据《国家税务总局关于企业工资薪金和职工福利费等支出税前扣除问题

的公告》第1条的规定,列入企业员工工资薪金制度、固定与工资薪金一起发放的福利性补贴,符合《国家税务总局关于企业工资薪金及职工福利费扣除问题的通知》第1条规定的,可作为企业发生的工资薪金支出,按规定在税前扣除。

不能同时符合上述条件的福利性补贴,应作为《国家税务总局关于企业工资薪金及职工福利费扣除问题的通知》第3条规定的职工福利费,按规定计算限额税前扣除。

【提示】企业发放给职工非货币性福利时,应当按照视同销售处理。

《企业所得税法实施条例》第25条规定,企业将货物、财产、劳务用于职工福利等用途,应当视同销售。

《国家税务总局关于企业处置资产所得税处理问题的通知》(部分失效)第2条规定,企业将资产移送他人的下列情形,因资产所有权属已发生改变而不属于内部处置资产,应按规定视同销售确定收入:……(三)用于职工奖励或福利……

《国家税务总局关于企业所得税有关问题的公告》第2条规定,企业发生《国家税务总局关于企业处置资产所得税处理问题的通知》(部分失效)第2条规定情形的,除另有规定外,应按照被移送资产的公允价值确定销售收入。

法律依据

1.《企业所得税法实施条例》

第四十条 企业发生的职工福利费支出,不超过工资薪金总额14%的部分,准予扣除。

2.《财政部关于企业加强职工福利费财务管理的通知》(财企〔2009〕242号)

一、企业职工福利费是指企业为职工提供的除职工工资、奖金、津贴、纳入工资总额管理的补贴、职工教育经费、社会保险费和补充养老保险费(年金)、补充医疗保险费及住房公积金以外的福利待遇支出,包括发放给职工或为职工支付的以下各项现金补贴和非货币性集体福利:

……

3.《国家税务总局关于企业工资薪金及职工福利费扣除问题的通知》(国税函〔2009〕3号)

三、关于职工福利费扣除问题

《实施条例》第四十条规定的企业职工福利费,包括以下内容:

(一)尚未实行分离办社会职能的企业,其内设福利部门所发生的设备、设施和人员费用,包括职工食堂、职工浴室、理发室、医务所、托儿所、疗养院等集体福利部门的设备、设施及维修保养费用和福利部门工作人员的工资薪金、社会保险费、住房公积金、劳务费等。

(二)为职工卫生保健、生活、住房、交通等所发放的各项补贴和非货币性福利，包括企业向职工发放的因公外地就医费用、未实行医疗统筹企业职工医疗费用、职工供养直系亲属医疗补贴、供暖费补贴、职工防暑降温费、职工困难补贴、救济费、职工食堂经费补贴、职工交通补贴等。

(三)按照其他规定发生的其他职工福利费，包括丧葬补助费、抚恤费、安家费、探亲假路费等。

四、关于职工福利费核算问题

企业发生的职工福利费，应该单独设置账册，进行准确核算。没有单独设置账册准确核算的，税务机关应责令企业在规定的期限内进行改正。逾期仍未改正的，税务机关可对企业发生的职工福利费进行合理的核定。

4.《国家税务总局关于企业工资薪金和职工福利费等支出税前扣除问题的公告》(国家税务总局公告 2015 年第 34 号)

一、企业福利性补贴支出税前扣除问题

列入企业员工工资薪金制度、固定与工资薪金一起发放的福利性补贴，符合《国家税务总局关于企业工资薪金及职工福利费扣除问题的通知》(国税函〔2009〕3 号)第一条规定的，可作为企业发生的工资薪金支出，按规定在税前扣除。

不能同时符合上述条件的福利性补贴，应作为国税函〔2009〕3 号文件第三条规定的职工福利费，按规定计算限额税前扣除。

七、职工教育经费税前扣除

风险表现

1. 超限额支出的职工教育经费未进行纳税调增处理。

2. 计提的职工教育经费，未实际使用支出的部分，未进行纳税调增处理。

3. 软件生产企业未准确划分职工教育经费中的职工培训费支出，不能享受全额在企业所得税前扣除政策。

风险后果

1. 企业在税前扣除职工教育经费时，如果存在超标部分在税前扣除、未实际使用支出的部分在税前扣除等情形，而导致少缴企业所得税，会被税务机关要求纳税调增，甚至按偷税行为进行处理。

2. 准予据实扣除的职工培训费等支出，若不能准确划分、单独核算，就不能享受全额税前扣除，只能按标准限额扣除，会导致多缴纳税款。

合规建议

企业发生的职工教育经费支出，不超过规定标准的部分，准予在计算企业所得税应纳税所得额时扣除；超过部分，准予在以后纳税年度结转扣除。具体扣除标准主要分为两种情况：

1. 按不超过工资薪金总额8%限额扣除——适用于大部分一般企业。

2. 按实际发生额100%扣除——适用于部分特定行业企业或者特定费用。比如：

（1）集成电路设计企业发生的职工培训费用，应单独进行核算并按实际发生额在计算应纳税所得额时扣除。

（2）软件生产企业发生的职工教育经费中的职工培训费用，可以全额在企业所得税前扣除。

【提示】①软件生产企业应准确划分职工教育经费中的职工培训费支出，对于不能准确划分的，以及准确划分后职工教育经费中扣除职工培训费用的余额，一律按照《财政部、国家税务总局关于企业职工教育经费税前扣除政策的通知》（财税〔2018〕51号）不超过工资薪金总额8%的比例限额扣除。②根据《财政部、国家税务总局关于扶持动漫产业发展有关税收政策问题的通知》（财税〔2009〕65号）第2条的规定，经认定的动漫企业自主开发、生产动漫产品，可申请享受国家现行鼓励软件产业发展的所得税优惠政策。

（3）核力发电企业为培养核电厂操纵员发生的培养费用，可作为企业的发电成本在税前扣除。

【提示】企业应将核电厂操纵员培养费与员工的职工教育经费严格区分，单独核算，员工实际发生的职工教育经费支出不得计入核电厂操纵员培养费直接扣除。

（4）航空企业实际发生的飞行员养成费、飞行训练费、乘务训练费、空中保卫员训练费等空勤训练费用，可以作为航空企业运输成本在税前扣除。

【提示】①会计上计提的职工教育经费，未实际使用支出的部分，不得税前扣除。②《关于企业职工教育经费提取与使用管理的意见》（财建〔2006〕317号）第3条规定“……（九）企业职工参加社会上的学历教育以及个人为取得学位而参加的在职教育，所需费用应由个人承担，不能挤占企业的职工教育培训经费……”

法律依据

1.《财政部、税务总局关于企业职工教育经费税前扣除政策的通知》(财税〔2018〕51号)

一、企业发生的职工教育经费支出,不超过工资薪金总额8%的部分,准予在计算企业所得税应纳税所得额时扣除;超过部分,准予在以后纳税年度结转扣除。

2.《财政部、国家税务总局关于进一步鼓励软件产业和集成电路产业发展企业所得税政策的通知》(财税〔2012〕27号)

六、集成电路设计企业和符合条件软件企业的职工培训费用,应单独进行核算并按实际发生额在计算应纳税所得额时扣除。

3.《财政部、国家税务总局关于扶持动漫产业发展有关税收政策问题的通知》(财税〔2009〕65号)

二、关于企业所得税

经认定的动漫企业自主开发、生产动漫产品,可申请享受国家现行鼓励软件产业发展的所得税优惠政策。

4.《国家税务总局关于企业所得税执行中若干税务处理问题的通知》(国税函〔2009〕202号)

四、软件生产企业职工教育经费的税前扣除问题

软件生产企业发生的职工教育经费中的职工培训费用,根据《财政部　国家税务总局关于企业所得税若干优惠政策的通知》(财税〔2008〕1号)规定,可以全额在企业所得税前扣除。软件生产企业应准确划分职工教育经费中的职工培训费支出,对于不能准确划分的,以及准确划分后职工教育经费中扣除职工培训费用的余额,一律按照《实施条例》第四十二条规定的比例扣除。

5.《国家税务总局关于企业所得税应纳税所得额若干问题的公告》(国家税务总局公告2014年第29号)

四、核电厂操纵员培养费的企业所得税处理

核力发电企业为培养核电厂操纵员发生的培养费用,可作为企业的发电成本在税前扣除。企业应将核电厂操纵员培养费与员工的职工教育经费严格区分,单独核算,员工实际发生的职工教育经费支出不得计入核电厂操纵员培养费直接扣除。

6.《国家税务总局关于企业所得税若干问题的公告》(国家税务总局公告2011年第34号)

三、关于航空企业空勤训练费扣除问题

航空企业实际发生的飞行员养成费、飞行训练费、乘务训练费、空中保卫员训

练费等空勤训练费用,根据《实施条例》第二十七条规定,可以作为航空企业运输成本在税前扣除。

7.《关于企业职工教育经费提取与使用管理的意见》(财建〔2006〕317号)

三、切实保证企业职工教育培训经费足额提取及合理使用

……

(五)企业职工教育培训经费列支范围包括:

1. 上岗和转岗培训;

2. 各类岗位适应性培训;

3. 岗位培训、职业技术等级培训、高技能人才培训;

4. 专业技术人员继续教育;

5. 特种作业人员培训;

6. 企业组织的职工外送培训的经费支出;

7. 职工参加的职业技能鉴定、职业资格认证等经费支出;

8. 购置教学设备与设施;

9. 职工岗位自学成才奖励费用;

10. 职工教育培训管理费用;

11. 有关职工教育的其他开支。

……

八、业务招待费税前扣除

风险表现

1. 业务招待费与其他费用混淆不清,将招待费等有扣除限额的费用计入会议费、差旅费等无扣除限额的费用,加大税前扣除额。

2. 筹办期间业务招待费计算错误。

3. 将给客户的回扣、贿赂等非法支出作为业务招待费在税前扣除。

4. 计算基数错误(少计),导致业务招待费扣除限额降低。

风险后果

1. 企业在税前扣除业务招待费时,如果存在超标部分在税前扣除、非法支出在税前扣除等情形,而导致少缴企业所得税,会被税务机关要求纳税调增,甚至按偷税行为进行处理。

2. 由于少计业务招待费计算基数,业务招待费扣除限额会降低,从而多缴纳企

业所得税。

合规建议

1. 企业发生与生产经营活动有关的业务招待费支出时，应按照以下规定在税前扣除（多扣除的，应进行纳税调增处理）：

（1）按照发生额的60%扣除，但最高不得超过当年销售（营业）收入的5‰。

（2）企业筹建期间发生的与筹办活动有关的业务招待费支出，可按实际发生额的60%计入企业筹办费在税前扣除，而不受销售（营业）收入的限制。

【提示】根据《国家税务总局关于企业所得税若干税务事项衔接问题的通知》（国税函〔2009〕98号）第9条的规定，开（筹）办费企业可以在开始经营之日的当年一次性扣除，也可以按照长期待摊费用的处理规定处理，但一经选定，不得改变。

2. 企业在计算业务招待费、广告费和业务宣传费等费用扣除限额时，其销售（营业）收入额应包括主营业务收入（包括从事股权投资业务的企业从被投资企业所分配的股息、红利以及股权转让收入；房地产企业通过正式签订"房地产销售合同"或"房地产预售合同"所取得的收入）、其他业务收入、视同销售收入、免税收入等。

如果企业仅按照会计报表上的销售收入额作为计算基数，有可能造成基数比实际偏低、多交企业所得税。

3. 业务招待费，主要是指支付的与企业生产经营相关的对外接待应酬的各种费用，包括宴请客户及接待业务相关人员发生的餐费、住宿费、交通费、旅游景点参观费、赠送礼品等开支。业务招待费支出必须是正常和必要的，其消费主体主要是外部人员，而不是本单位职工，目的是维护良好的外部公共关系。

餐费的用途有很多，不一定都用于业务招待。因此，把全部餐费都按照业务招待费支出处理并不符合税法规定；且如果将不属于业务招待费的餐费计入业务招待费，会导致企业多缴税。对于实际发生的餐费，应根据不同用途正确进行财税处理：①员工聚餐、午餐费、加班餐费等，应计入职工福利费；②员工出差途中发生的餐费，应计入差旅费；③企业召开工作会议安排工作餐支出，应计入会议费；④员工培训时合规的餐费，应计入职工教育经费。

企业必须有充分的证据证明相关费用的用途和性质。比如，职工食堂就餐费用，账务处理时应在"摘要"栏内注明是职工的午餐费，同时将就餐的职工姓名及天数和标准详细列明，以避免在税务稽查时，被认定为业务招待性质的支出。

参照《中央和国家机关会议费管理办法》（财行〔2016〕214号，部分失效）的相关规定，会议代表在会议期间发生的住宿费、伙食费，以及用于会议代表接送站和会议统一组织的代表考察、调研等发生的交通支出均属于会议费，作为“管理费用—会议费”或“销售费用—会议费”核算，不属于业务招待费范围，在提供能够证明其真实性的合法凭证（需列明会议召开时间、地点、出席人员、内容、目的、费用标准及支付凭证等）后可以全额在税前扣除。

法律依据

1.《企业所得税法实施条例》

第四十三条 企业发生的与生产经营活动有关的业务招待费支出，按照发生额的60%扣除，但最高不得超过当年销售（营业）收入的5‰。

2.《国家税务总局关于企业所得税应纳税所得额若干税务处理问题的公告》（国家税务总局公告2012年第15号）

五、关于筹办期业务招待费等费用税前扣除问题

企业在筹建期间，发生的与筹办活动有关的业务招待费支出，可按实际发生额的60%计入企业筹办费，并按有关规定在税前扣除；发生的广告费和业务宣传费，可按实际发生额计入企业筹办费，并按有关规定在税前扣除。

3.《国家税务总局关于企业所得税若干税务事项衔接问题的通知》（国税函〔2009〕98号）

九、关于开（筹）办费的处理

新税法中开（筹）办费未明确列作长期待摊费用，企业可以在开始经营之日的当年一次性扣除，也可以按照新税法有关长期待摊费用的处理规定处理，但一经选定，不得改变。

……

4.《国家税务总局关于企业所得税执行中若干税务处理问题的通知》（国税函〔2009〕202号）

一、关于销售（营业）收入基数的确定问题

企业在计算业务招待费、广告费和业务宣传费等费用扣除限额时，其销售（营业）收入额应包括《实施条例》第二十五条规定的视同销售（营业）收入额。

5.《国家税务总局关于贯彻落实企业所得税法若干税收问题的通知》（国税函〔2010〕79号）

八、从事股权投资业务的企业业务招待费计算问题

对从事股权投资业务的企业（包括集团公司总部、创业投资企业等），其从被

投资企业所分配的股息、红利以及股权转让收入，可以按规定的比例计算业务招待费扣除限额。

6.《房地产开发经营业务企业所得税处理办法》(国税发〔2009〕31号)

第六条 企业通过正式签订《房地产销售合同》或《房地产预售合同》所取得的收入，应确认为销售收入的实现……

7.《中央和国家机关会议费管理办法》(财行〔2016〕214号，部分失效)

第十四条 会议费开支范围包括会议住宿费、伙食费、会议场地租金、交通费、文件印刷费、医药费等。

前款所称交通费是指用于会议代表接送站，以及会议统一组织的代表考察、调研等发生的交通支出。

会议代表参加会议发生的城市间交通费，按照差旅费管理办法的规定回单位报销。

九、广告费和业务宣传费税前扣除

风险表现

1. 将与企业生产经营无关的赞助支出当作广告费和业务宣传费，在税前扣除。

2. 筹办期间业务广告费和业务宣传费计算错误。

3. 计算基数错误(少计)，导致广告费和业务宣传费扣除限额降低。

4. 税前扣除广告费和业务宣传费无合法有效扣除凭证。

风险后果

1. 企业在税前扣除广告费和业务宣传费时，如果存在将赞助支出当作广告费和业务宣传费在税前扣除、超标部分在税前扣除、未取得合法税前扣除凭证等情形，而导致少缴企业所得税，会被税务机关要求纳税调增，甚至按偷税行为进行处理。

2. 由于少计广告费和业务宣传费计算基数，业务招待费扣除限额降低，从而多缴纳企业所得税。

合规建议

1. 企业发生与生产经营活动有关的广告费和业务宣传费支出时，应按照以下规定在税前扣除(多扣除的，应进行纳税调增处理)：

【提示】广告费与业务宣传费的区别：(1)广告费是指企业通过一定媒介和形

式直接或者间接地介绍自己所推销的商品或所提供的服务，激发消费者购买欲望，以达到促销目的，而支付给广告经营者、发布者的费用。广告有多种形式，包括媒体广告，还包括户外广告、店堂广告、印刷品广告以及临时性广告等。(2)业务宣传费是指企业开展业务宣传活动所支付的费用，主要是指未通过广告发布者传播的广告性支出，比如企业发放的印有企业标志的礼品、纪念品(企业向客户赠送礼品时，确认视同销售收入，同时作为业务宣传费在企业所得税前扣除)，公众通过微信扫码关注后企业向其发放现金红包等。

(1)企业发生的符合条件的广告费和业务宣传费支出，除国务院财政、税务主管部门另有规定外，不超过当年销售(营业)收入15%的部分，准予扣除；超过部分，准予在以后纳税年度结转扣除。

(2)以下行业企业发生的广告费和业务宣传费支出，不超过当年销售(营业)收入30%的部分，准予扣除；超过部分，准予在以后纳税年度结转扣除：①化妆品制造或销售；②医药制造；③饮料制造(不含酒类制造)。

(3)企业在筹建期间，发生的与筹办活动有关的广告费和业务宣传费，可按实际发生额计入企业筹办费在税前扣除。

(4)烟草企业的烟草广告费和业务宣传费支出，一律不得在计算应纳税所得额时扣除。

【提示】酒类企业的烟草广告费和业务宣传费支出，以及烟草企业的其他(非烟草)广告费和业务宣传费支出，不超过当年销售(营业)收入15%的部分，准予扣除；超过部分，准予在以后纳税年度结转扣除。

2. 对签订广告费和业务宣传费分摊协议的关联企业，其中一方发生的不超过当年销售(营业)收入税前扣除限额比例内的广告费和业务宣传费支出可以在本企业扣除，也可以将其中的部分或全部按照分摊协议归集至另一方扣除。另一方在计算本企业广告费和业务宣传费支出企业所得税税前扣除限额时，可将按照上述办法归集至本企业的广告费和业务宣传费不计算在内。

【提示】接受归集扣除广告费和业务宣传费的关联企业，其接受扣除的费用不占用本企业的扣除限额，本企业可扣除的广告费和业务宣传费，除按规定比例计算的限额外，还可以将关联企业未扣除而归集来的广告费和业务宣传费在本企业扣除。

法律依据

1.《企业所得税法实施条例》

第四十四条　企业发生的符合条件的广告费和业务宣传费支出，除国务院财政、税务主管部门另有规定外，不超过当年销售（营业）收入15%的部分，准予扣除；超过部分，准予在以后纳税年度结转扣除。

2.《国家税务总局关于企业所得税应纳税所得额若干税务处理问题的公告》（国家税务总局公告2012年第15号）

五、关于筹办期业务招待费等费用税前扣除问题

企业在筹建期间，发生的与筹办活动有关的业务招待费支出，可按实际发生额的60%计入企业筹办费，并按有关规定在税前扣除；发生的广告费和业务宣传费，可按实际发生额计入企业筹办费，并按有关规定在税前扣除。

3.《财政部、税务总局关于广告费和业务宣传费支出税前扣除有关事项的公告》（财政部、税务总局公告2020年第43号）

一、对化妆品制造或销售、医药制造和饮料制造（不含酒类制造）企业发生的广告费和业务宣传费支出，不超过当年销售（营业）收入30%的部分，准予扣除；超过部分，准予在以后纳税年度结转扣除。

二、对签订广告费和业务宣传费分摊协议（以下简称分摊协议）的关联企业，其中一方发生的不超过当年销售（营业）收入税前扣除限额比例内的广告费和业务宣传费支出可以在本企业扣除，也可以将其中的部分或全部按照分摊协议归集至另一方扣除。另一方在计算本企业广告费和业务宣传费支出企业所得税税前扣除限额时，可将按照上述办法归集至本企业的广告费和业务宣传费不计算在内。

三、烟草企业的烟草广告费和业务宣传费支出，一律不得在计算应纳税所得额时扣除。

四、本通知自2021年1月1日起至2025年12月31日止执行。……

【特别提示】

1. 我们是一家民办非营利组织，请问本年企业所得税申报时，填报的计算广告费和业务宣传费扣除限额的销售（营业）收入是否包含政府补助收入？

【解析】在《企业所得税年度纳税申报表（A类，2017年版）》中，A103000“事业单位、民间非营利组织收入、支出明细表”填报说明规定如下：“本表适用于实行事业单位会计准则的事业单位以及执行民间非营利组织会计制度的社会团体、民办非企业单位、非营利性组织等查账征收居民纳税人填报。”其中第10行至第17行由执行民间非营利组织会计制度的纳税人填报。第10行“民间非营利组织收入”：填报纳税人开展业务活动取得的收入，应当包括接受捐赠收入、会费收入、提供劳

务收入、政府补助收入、投资收益、商品销售收入等主要业务活动收入和其他收入等。因此,你单位的政府补助收入属于营业收入的一部分,参与广告费和业务宣传费扣除限额的计算。

2. 我们公司是代理商,把产品批发给客户,给客户做的有关宣传我单位产品资料,诸如喷绘、写真、吊旗等之类,这些广告品都是悬挂在客户店内,单位给客户做的这些广告品能否算作我公司的广告费,能否税前扣除?

【解析】业务宣传费是指企业开展业务宣传活动所支付的费用,主要是指未通过广告发布者传播的广告性支出,包括企业发放的印有企业标志的礼品、纪念品等。根据业务宣传费的定义,你公司可以把上述费用计入业务宣传费,按照相关规定进行税前扣除。

3. 企业为宣传本企业的产品或服务,通过第三方平台进行宣传,第三方平台公司收取的开票内容为信息推广服务费的支出,是作为信息服务费扣除,还是作为广告费和业务宣传费税前扣除?

【解析】一般情况下,企业为宣传本企业的产品、服务或形象发生的支出属于广告费和业务宣传费支出。企业通过第三方平台宣传本企业的产品或服务,虽然发票载明的内容为信息服务费,但由于实际是企业为了宣传本企业的产品或服务而发生的支出,因此应作为广告费和业务宣传费支出,在规定的比例内税前扣除。

4. 公司赞助第三方活动,要求对方在活动中展示我公司的标识和形象信息,公司会计核算计入赞助费科目,此类支出是作为赞助支出不得税前扣除,还是作为广告费和业务宣传费支出予以税前扣除?

【解析】按照《企业所得税法》及其实施条例的规定,企业发生的与生产经营活动无关的各种非广告性质赞助支出不得从税前扣除。对于宣传企业的产品或形象具有广告性质的赞助支出,属于与企业取得收入直接相关的支出,可以作为广告费和业务宣传费支出从税前扣除。

十、手续费、佣金支出税前扣除

风险表现

1. 虚列手续费、佣金。

2. 超限额扣除手续费、佣金。

3. 现金支付非个人手续费、佣金税前扣除。

风险后果

企业在税前扣除手续费及佣金支出时，如果存在虚列手续费及佣金、超限额扣除手续费及佣金，以及以现金形式向非个人支付手续费及佣金等情形，而导致少缴企业所得税，会被税务机关要求纳税调增，甚至按偷税行为进行处理。

合规建议

1. 企业发生与生产经营活动有关的手续费及佣金支出时，应按照以下规定在税前扣除（多扣除的，应进行纳税调增处理）：

（1）一般企业：按与具有合法经营资格的中介服务机构或个人（不含交易双方及其雇员、代理人和代表人等）所签订服务协议或合同确认的收入金额的5%计算限额。

【提示】①合同或协议中并无收入约定的，应按合同或协议实际执行中实现的收入确定佣金扣除限额；②按照销售数量支付定额佣金的，应换算为实际销售收入后，计算佣金扣除限额；③按照权责发生制原则，收到客户预存款项，凡不作为当期收入的，在计算佣金扣除限额时，不作为计算基数，待收入实现时再计入计算基数。

（2）保险企业：不超过当年全部保费收入扣除退保金等后余额的18%（含本数）的部分，在计算应纳税所得额时准予扣除；超过部分，允许结转以后年度扣除。

（3）企业委托境外机构销售开发产品，支付境外机构的销售费用（含佣金或手续费）：不超过委托销售收入10%的部分，准予据实扣除。

（4）电信企业在发展客户、拓展业务等过程中因委托销售电话入网卡、电话充值卡，实际向经纪人、代办商支付的手续费及佣金：不超过企业当年收入总额5%的部分，准予在企业所得税前据实扣除。

2. 注意事项：

（1）企业应与具有合法经营资格的中介服务企业或个人签订代办协议或合同。

（2）应按国家有关规定支付手续费及佣金，最好以转账方式支付。

【提示】除委托个人代理外，企业以现金等非转账方式支付的手续费及佣金不得在税前扣除。

（3）企业为发行权益性证券支付给有关证券承销机构的手续费及佣金不得在税前扣除。

（4）企业不得将手续费及佣金支出计入回扣、业务提成、返利、进场费等费用。

（5）企业已计入固定资产、无形资产等相关资产的手续费及佣金支出，应当通过折旧、摊销等方式分期扣除，不得在发生当期直接扣除。

【举例】甲公司通过竞拍方式获取土地一宗,用于自建厂房,土地价款为1亿元。竞拍成功后,甲公司按照与拍卖公司签订的拍卖合同,向拍卖公司支付土地拍卖佣金200万元并取得了合法票据。

【解析】甲公司应将这200万元佣金计入土地使用权原值,分期摊销扣除;而不能将其计入当期费用在发生当期税前扣除。

(6)企业支付的手续费及佣金不得直接冲减服务协议或合同金额,并如实入账。

【举例】乙房地产开发企业与某营销代理公司签订了商品房委托代理销售合同,约定销售总金额为2亿元,乙房地产公司向某营销代理公司支付2%销售佣金即400万元。请问:某营销代理公司可以将销售佣金400万元从应该支付的商品房销售款2亿元中扣除,仅向乙房地产公司支付1.96亿元款项吗?

【解析】不可以。正确的处理方式是:某营销代理公司将商品房销售款2亿元按照合同约定支付给乙房地产公司,乙房地产公司支付销售佣金400万元给某营销代理公司,取得某营销代理公司开具的合规票据,则乙房地产公司支付的佣金完全可以在税前扣除。

(7)企业在支付手续费及佣金时,应当如实向当地主管税务机关提供当年手续费及佣金计算分配表和其他相关资料,并依法取得能证明其业务真实性、合法性的相关票据,如:①证明单位具有中介机构资质的相关文件,如营业执照、相关资质证书等;②证明个人具有从事中介业务的相关文件,如身份证、从业资格证书、税款缴纳证明资料等;③双方签订的合同或协议;④款项支付凭证,如转账支票存根、现金支票存根、银行汇款回单,收款方开具的发票、收据、收条等。

3. 关于从事代理服务企业营业成本税前扣除问题:从事代理服务、主营业务收入为手续费、佣金的企业(如证券、期货、保险代理等企业),其为取得该类收入而实际发生的营业成本(包括手续费及佣金支出),准予在企业所得税前据实扣除。

【特别提示】销售佣金和销售回扣的区别

1. 销售佣金是指经营者在市场中给予为其提供服务的具有合法经营者资格的中间人的劳务报酬,中间人必须是有权从事中介服务的单位或个人,但不包括交易双方及其雇员、代理人和代表人等。

2. 销售回扣是指经营者销售商品时以现金、实物或者其他方式退给对方单位或者个人的一定比例的商品价款。销售回扣可分为暗扣和明扣。暗扣是指在账外暗中给予对方单位的或个人的一定比例的商品价款，属于贿赂支出，不得税前列支；明扣是指经营者销售或购买商品，以明示方式给对方折扣。如果销售额和折扣额在同一张发票上注明，可按折扣后的销售额计算缴纳所得税；如果将折扣额另开发票，则不得从销售额中减除折扣额。

法律依据

1.《财政部、国家税务总局关于企业手续费及佣金支出税前扣除政策的通知》(财税〔2009〕29号)

一、企业发生与生产经营有关的手续费及佣金支出，不超过以下规定计算限额以内的部分，准予扣除；超过部分，不得扣除。

……

2. 其他企业：按与具有合法经营资格中介服务机构或个人(不含交易双方及其雇员、代理人和代表人等)所签订服务协议或合同确认的收入金额的5%计算限额。

二、企业应与具有合法经营资格中介服务企业或个人签订代办协议或合同，并按国家有关规定支付手续费及佣金。除委托个人代理外，企业以现金等非转账方式支付的手续费及佣金不得在税前扣除。企业为发行权益性证券支付给有关证券承销机构的手续费及佣金不得在税前扣除。

三、企业不得将手续费及佣金支出计入回扣、业务提成、返利、进场费等费用。

四、企业已计入固定资产、无形资产等相关资产的手续费及佣金支出，应当通过折旧、摊销等方式分期扣除，不得在发生当期直接扣除。

五、企业支付的手续费及佣金不得直接冲减服务协议或合同金额，并如实入账。

2.《财政部、税务总局关于保险企业手续费及佣金支出税前扣除政策的公告》(财政部、税务总局公告2019年第72号)

一、保险企业发生与其经营活动有关的手续费及佣金支出，不超过当年全部保费收入扣除退保金等后余额的18%(含本数)的部分，在计算应纳税所得额时准予扣除；超过部分，允许结转以后年度扣除。

3.《房地产开发经营业务企业所得税处理办法》(国税发〔2009〕31号印发)

第二十条　企业委托境外机构销售开发产品的，其支付境外机构的销售费用(含佣金或手续费)不超过委托销售收入10%的部分，准予据实扣除。

4.《国家税务总局关于企业所得税应纳税所得额若干税务处理问题的公告》(国家税务总局公告2012年第15号)

三、关于从事代理服务企业营业成本税前扣除问题

从事代理服务、主营业务收入为手续费、佣金的企业(如证券、期货、保险代理等企业),其为取得该类收入而实际发生的营业成本(包括手续费及佣金支出),准予在企业所得税前据实扣除。

四、关于电信企业手续费及佣金支出税前扣除问题

电信企业在发展客户、拓展业务等过程中(如委托销售电话入网卡、电话充值卡等),需向经纪人、代办商支付手续费及佣金的,其实际发生的相关手续费及佣金支出,不超过企业当年收入总额5%的部分,准予在企业所得税前据实扣除。

5.《国家税务总局关于电信企业手续费及佣金支出税前扣除问题的公告》(国家税务总局公告2013年第59号)

国家税务总局公告2012年第15号第四条所称电信企业手续费及佣金支出,仅限于电信企业在发展客户、拓展业务等过程中因委托销售电话入网卡、电话充值卡所发生的手续费及佣金支出。

十一、借款利息支出税前扣除

风险表现

1. 将高于金融机构同期同类贷款利率以上的利息支出计入财务费用,未进行纳税调整。

2. 从其关联方接受债权性投资与权益性投资的比例超过规定标准,未对相应利息支出进行纳税调整。

3. 在投资者投资未到位时,仍将全部借款利息支出在税前扣除。

4. 将应予资本化的利息支出全额计入财务费用并在税前一次性扣除。

5. 将取得的借款无偿提供给其他单位或个人使用并为其负担利息。

6. 支付借款利息或金融票据贴现手续费时,未取得合法有效税前扣除凭证。

7. 向自然人支付利息时,未依法代扣代缴个人所得税。

风险后果

企业在税前扣除借款利息支出时,如果存在上述风险情形,而导致少缴企业所得税,会被税务机关要求纳税调增,甚至按偷税行为进行处理。

其中,向自然人支付利息时未依法代扣代缴个人所得税,取得利息的自然人作

为纳税人会被税务机关追缴税款；支付利息的企业作为扣缴义务人会被税务机关处以应扣未扣税款0.5～3倍的罚款。

合规建议

1. 企业在生产经营活动中发生的合理的不需要资本化的借款费用，应按照以下规定在税前扣除（多扣除的，应进行纳税调增处理）：

（1）非金融企业向金融企业借款的利息支出、金融企业的各项存款利息支出和同业拆借利息支出、企业经批准发行债券的利息支出，准予据实扣除。

（2）非金融企业向非金融企业借款的利息支出，不超过按照金融企业同期同类贷款利率计算的数额的部分，准予扣除。

（3）企业接受关联方债权性投资与其权益性投资不超过以下规定比例时，其实际支付给关联方的利息支出（包括企业向股东或其他与企业有关联关系的自然人借款的利息支出）准予扣除，超过的部分不得在发生当期和以后年度扣除：

①金融企业，为5∶1；

②其他企业，为2∶1。

【提示】A. 虽然不满足上述关联债资比，但企业如果能够按照《企业所得税法》及其实施条例的有关规定提供相关资料，并证明相关交易活动符合独立交易原则，或者该企业的实际税负不高于境内关联方的，其实际支付给境内关联方的利息支出，在计算应纳税所得额时准予扣除。B. 企业同时从事金融业务和非金融业务，其实际支付给关联方的利息支出，应按照合理方法分开计算；没有按照合理方法分开计算的，一律按其他企业的比例计算准予税前扣除的利息支出。C. 企业自关联方取得的不符合规定的利息收入应按照有关规定缴纳企业所得税。

（4）企业向除股东或其他与企业有关联关系的自然人以外的内部职工或其他人员借款的利息支出，借款情况同时符合以下条件的，其利息支出在不超过按照金融企业同期同类贷款利率计算的数额的部分，准予扣除：①企业与个人之间的借贷是真实、合法、有效的，并且不具有非法集资目的或其他违反法律、法规的行为；②企业与个人之间签订了借款合同。

（5）凡企业投资者在规定期限内未缴足其应缴资本额的，该企业对外借款所发生的利息，相当于投资者实缴资本额与在规定期限内应缴资本额的差额应计付的利息，不属于企业合理的支出，应由企业投资者负担，不得在计算企业应纳税所得额时扣除。

具体计算公式：企业每一计算期不得扣除的借款利息＝该期间借款利息额×

该期间未缴足注册资本额÷该期间借款额

企业一个年度内不得扣除的借款利息总额为该年度内每一计算期不得扣除的借款利息额之和。

2. 注意事项

(1)企业为购置、建造固定资产、无形资产和经过12个月以上的建造才能达到预定可销售状态的存货发生借款的,在有关资产购置、建造期间发生的合理的借款费用,应当作为资本性支出计入有关资产的成本,按规定折旧或摊销扣除。

(2)企业向自然人支付借款利息时,应依法代扣代缴个人所得税。

(3)企业发生利息支出时,应取得合法税前扣除凭证方能在企业所得税前扣除。

根据《营业税改征增值税试点实施办法》(财税〔2016〕36号附件1)所附《销售服务、无形资产、不动产注释》的规定,贷款是指将资金贷与他人使用的行为。因此,不论是金融机构、其他单位还是个人,只要发生将资金"有偿"贷与他人使用的行为,均应视为发生贷款行为,按"金融服务"征收增值税。

【提示】单位或者个体工商户向其他单位或者个人无偿提供借款(用于公益事业或者以社会公众为对象的除外),应按照视同销售(视同提供贷款服务)征收增值税。

根据《企业所得税税前扣除凭证管理办法》(国家税务总局公告2018年第28号)第9条的规定,企业在境内发生的支出项目属于增值税应税项目的,对方为已办理税务登记的增值税纳税人,其支出以发票(包括按照规定由税务机关代开的发票)作为税前扣除凭证;对方为依法无须办理税务登记的单位或者从事小额零星经营业务的个人,其支出以税务机关代开的发票或者收款凭证及内部凭证作为税前扣除凭证,收款凭证应载明收款单位名称、个人姓名及身份证号、支出项目、收款金额等相关信息。小额零星经营业务的判断标准是个人从事应税项目经营业务的销售额不超过增值税相关政策规定的起征点。

【提示】①根据《税务登记管理办法》第2条的规定,国家机关、个人和无固定生产、经营场所的流动性农村小商贩,可以不用办理税务登记。②根据《营业税改征增值税试点实施办法》(财税〔2016〕36号附件1)第49条的规定,小额零星经营业务的判断标准是个人(不包括登记为一般纳税人的个体工商户)从事应税项目经营业务的销售额不超过增值税相关政策规定的起征点,即按期纳税的,为月销售额5000~20,000元(含本数);按次纳税的,为每次(日)销售额300~500元(含本数)。

另需注意，企业将取得的承兑汇票贴现并支付贴现费用时，应重点关注贴现凭证名头是否为本公司、是否为合法有效凭据。

法律依据

1.《企业所得税法实施条例》

第三十七条　企业在生产经营活动中发生的合理的不需要资本化的借款费用，准予扣除。

企业为购置、建造固定资产、无形资产和经过12个月以上的建造才能达到预定可销售状态的存货发生借款的，在有关资产购置、建造期间发生的合理的借款费用，应当作为资本性支出计入有关资产的成本，并依照本条例的规定扣除。

第三十八条　企业在生产经营活动中发生的下列利息支出，准予扣除：

（一）非金融企业向金融企业借款的利息支出、金融企业的各项存款利息支出和同业拆借利息支出、企业经批准发行债券的利息支出；

（二）非金融企业向非金融企业借款的利息支出，不超过按照金融企业同期同类贷款利率计算的数额的部分。

2.《企业所得税法》

第四十六条　企业从其关联方接受的债权性投资与权益性投资的比例超过规定标准而发生的利息支出，不得在计算应纳税所得额时扣除。

3.《财政部、国家税务总局关于企业关联方利息支出税前扣除标准有关税收政策问题的通知》（财税〔2008〕121号）

一、在计算应纳税所得额时，企业实际支付给关联方的利息支出，不超过以下规定比例和税法及其实施条例有关规定计算的部分，准予扣除，超过的部分不得在发生当期和以后年度扣除。

企业实际支付给关联方的利息支出，除符合本通知第二条规定外，其接受关联方债权性投资与其权益性投资比例为：

（一）金融企业，为5∶1；

（二）其他企业，为2∶1。

二、企业如果能够按照税法及其实施条例的有关规定提供相关资料，并证明相关交易活动符合独立交易原则的；或者该企业的实际税负不高于境内关联方的，其实际支付给境内关联方的利息支出，在计算应纳税所得额时准予扣除。

三、企业同时从事金融业务和非金融业务，其实际支付给关联方的利息支出，应按照合理方法分开计算；没有按照合理方法分开计算的，一律按本通知第一条有关其他企业的比例计算准予税前扣除的利息支出。

四、企业自关联方取得的不符合规定的利息收入应按照有关规定缴纳企业所得税。

4.《特别纳税调整实施办法(试行)》(国税发〔2009〕2号,部分失效)

第八十五条 所得税法第四十六条所称不得在计算应纳税所得额时扣除的利息支出应按以下公式计算:

不得扣除利息支出=年度实际支付的全部关联方利息×(1-标准比例/关联债资比例)

其中:

标准比例是指《财政部 国家税务总局关于企业关联方利息支出税前扣除标准有关税收政策问题的通知》(财税〔2008〕121号)规定的比例。

关联债资比例是指根据所得税法第四十六条及所得税法实施条例第一百一十九条的规定,企业从其全部关联方接受的债权性投资(以下简称关联债权投资)占企业接受的权益性投资(以下简称权益投资)的比例,关联债权投资包括关联方以各种形式提供担保的债权性投资。

第八十六条 关联债资比例的具体计算方法如下:

关联债资比例=年度各月平均关联债权投资之和/年度各月平均权益投资之和

其中:

各月平均关联债权投资=(关联债权投资月初账面余额+月末账面余额)/2

各月平均权益投资=(权益投资月初账面余额+月末账面余额)/2

权益投资为企业资产负债表所列示的所有者权益金额。如果所有者权益小于实收资本(股本)与资本公积之和,则权益投资为实收资本(股本)与资本公积之和;如果实收资本(股本)与资本公积之和小于实收资本(股本)金额,则权益投资为实收资本(股本)金额。

5.《国家税务总局关于企业向自然人借款的利息支出企业所得税税前扣除问题的通知》(国税函〔2009〕777号)

一、企业向股东或其他与企业有关联关系的自然人借款的利息支出,应根据《中华人民共和国企业所得税法》(以下简称税法)第四十六条及《财政部、国家税务总局关于企业关联方利息支出税前扣除标准有关税收政策问题的通知》(财税〔2008〕121号)规定的条件,计算企业所得税扣除额。

二、企业向除第一条规定以外的内部职工或其他人员借款的利息支出，其借款情况同时符合以下条件的，其利息支出在不超过按照金融企业同期同类贷款利率计算的数额的部分，根据税法第八条和税法实施条例第二十七条规定，准予扣除。

（一）企业与个人之间的借贷是真实、合法、有效的，并且不具有非法集资目的或其他违反法律、法规的行为；

（二）企业与个人之间签订了借款合同。

6.《国家税务总局关于企业投资者投资未到位而发生的利息支出企业所得税前扣除问题的批复》（国税函〔2009〕312号）

关于企业由于投资者投资未到位而发生的利息支出扣除问题，根据《中华人民共和国企业所得税法实施条例》第二十七条规定，凡企业投资者在规定期限内未缴足其应缴资本额的，该企业对外借款所发生的利息，相当于投资者实缴资本额与在规定期限内应缴资本额的差额应计付的利息，其不属于企业合理的支出，应由企业投资者负担，不得在计算企业应纳税所得额时扣除。

具体计算不得扣除的利息，应以企业一个年度内每一账面实收资本与借款余额保持不变的期间作为一个计算期，每一计算期内不得扣除的借款利息按该期间借款利息发生额乘以该期间企业未缴足的注册资本占借款总额的比例计算，公式为：

企业每一计算期不得扣除的借款利息=该期间借款利息额×该期间未缴足注册资本额÷该期间借款额

企业一个年度内不得扣除的借款利息总额为该年度内每一计算期不得扣除的借款利息额之和。

7.《税收征收管理法》

第三十六条　企业或者外国企业在中国境内设立的从事生产、经营的机构、场所与其关联企业之间的业务往来，应当按照独立企业之间的业务往来收取或者支付价款、费用；不按照独立企业之间的业务往来收取或者支付价款、费用，而减少其应纳税的收入或者所得额的，税务机关有权进行合理调整。

8.《税收征收管理法实施细则》

第五十四条　纳税人与其关联企业之间的业务往来有下列情形之一的，税务机关可以调整其应纳税额：

……

（二）融通资金所支付或者收取的利息超过或者低于没有关联关系的企业之

间所能同意的数额,或者利率超过或者低于同类业务的正常利率;

……

第五十五条 纳税人有本细则第五十四条所列情形之一的,税务机关可以按照下列方法调整计税收入额或者所得额:

(一)按照独立企业之间进行的相同或者类似业务活动的价格;

(二)按照再销售给无关联关系的第三者的价格所应取得的收入和利润水平;

(三)按照成本加合理的费用和利润;

(四)按照其他合理的方法。

第五十六条 纳税人与其关联企业未按照独立企业之间的业务往来支付价款、费用的,税务机关自该业务往来发生的纳税年度起3年内进行调整;有特殊情况的,可以自该业务往来发生的纳税年度起10年内进行调整。

十二、公益性捐赠支出税前扣除

风险表现

1. 企业将不符合规定的捐赠支出在税前扣除。

2. 企业在当年扣除的公益性捐赠支出(包括当年发生及以前年度结转的公益性捐赠支出),超过年度利润总额的12%。

风险后果

企业将不符合规定的捐赠支出在税前扣除,或者在当年扣除的公益性捐赠支出,超过年度利润总额的12%,会被税务机关责令进行纳税调增处理;若企业不进行纳税调整,导致少缴纳税款,会被税务机关追缴其不缴或者少缴的税款、滞纳金,并处不缴或者少缴税款0.5~5倍的罚款。

合规建议

企业发生公益性捐赠支出在税前扣除时,应符合以下规定:

1. 所发生的公益性捐赠,是指企业通过公益性社会组织或者县级以上人民政府及其部门,用于符合法律规定的慈善活动、公益事业的捐赠。

2. 除国务院财政、税务主管部门另有规定外,企业在当年扣除的公益性捐赠支出(包括当年发生以及以前年度结转的公益性捐赠支出),不超过年度利润总额的12%;超过部分,结转以后3年内在计算应纳税所得额时扣除。

【提示】年度利润总额,是指企业依照国家统一会计制度的规定计算的年度会计利润。

3. 企业在对公益性捐赠支出计算扣除时，先扣除以前年度结转的捐赠支出，再扣除当年发生的捐赠支出。

法律依据

1.《企业所得税法》

第九条　企业发生的公益性捐赠支出，在年度利润总额12%以内的部分，准予在计算应纳税所得额时扣除；超过年度利润总额12%的部分，准予结转以后三年内在计算应纳税所得额时扣除。

2.《财政部、税务总局关于公益性捐赠支出企业所得税税前结转扣除有关政策的通知》(财税〔2018〕15号)

三、企业发生的公益性捐赠支出未在当年税前扣除的部分，准予向以后年度结转扣除，但结转年限自捐赠发生年度的次年起计算最长不得超过三年。

四、企业在对公益性捐赠支出计算扣除时，应先扣除以前年度结转的捐赠支出，再扣除当年发生的捐赠支出。

3.《企业所得税法实施条例》

第五十一条　企业所得税法第九条所称公益性捐赠，是指企业通过公益性社会组织或者县级以上人民政府及其部门，用于符合法律规定的慈善活动、公益事业的捐赠。

第五十二条　本条例第五十一条所称公益性社会组织，是指同时符合下列条件的慈善组织以及其他社会组织：

(一)依法登记，具有法人资格；

(二)以发展公益事业为宗旨，且不以营利为目的；

(三)全部资产及其增值为该法人所有；

(四)收益和营运结余主要用于符合该法人设立目的的事业；

(五)终止后的剩余财产不归属任何个人或者营利组织；

(六)不经营与其设立目的无关的业务；

(七)有健全的财务会计制度；

(八)捐赠者不以任何形式参与该法人财产的分配；

(九)国务院财政、税务主管部门会同国务院民政部门等登记管理部门规定的其他条件。

第五十三条　企业当年发生以及以前年度结转的公益性捐赠支出，不超过年度利润总额12%的部分,准予扣除。

年度利润总额,是指企业依照国家统一会计制度的规定计算的年度会计利润。

十三、固定资产折旧税前扣除

风险表现

1. 资产评估增值调整计税基础,计提折旧税前扣除。

2. 企业固定资产投入使用后未取得发票,计提折旧税前扣除处理错误。

3. 固定资产计提折旧或者一次性扣除时间起点错误。

风险后果

1. 企业将不符合计提折旧条件的资产(不能计提折旧的资产计提折旧、未取得合法凭证的资产计提折旧),计提折旧税前扣除,而导致少缴企业所得税,会被税务机关要求纳税调增,甚至按偷税行为进行处理。

2. 企业未准确把握固定资产计提折旧起始时间,导致拟通过在年底构建固定资产计提折旧(或者一次性扣除)减少当年度应纳税所得额,以便享受小型微利企业所得税优惠政策的目标未能实现,反而浪费了企业的现金流。

合规建议

1. 在计算应纳税所得额时,企业按照直线法计算的固定资产折旧,准予扣除。但应注意以下问题:

(1)下列固定资产不得计算折旧扣除:①房屋、建筑物以外未投入使用的固定资产;②以经营租赁方式租入的固定资产;③以融资租赁方式租出的固定资产;④已足额提取折旧仍继续使用的固定资产;⑤与经营活动无关的固定资产;⑥单独估价作为固定资产入账的土地;⑦其他不得计算折旧扣除的固定资产。

(2)企业应当自固定资产投入使用月份的次月起计算折旧;停止使用的固定资产,应当自停止使用月份的次月起停止计算折旧。

(3)企业应当根据固定资产的性质和使用情况,合理确定固定资产的预计净残值。固定资产的预计净残值一经确定,不得变更。

(4)除国务院财政、税务主管部门另有规定外,固定资产计算折旧的最低年限如下(一经确定,不得改变):①房屋、建筑物,为20年;②飞机、火车、轮船、机器、机械和其他生产设备,为10年;③与生产经营活动有关的器具、工具、家具等,为5年;④飞机、火车、轮船以外的运输工具,为4年;⑤电子设备,为3年。

2. 以下固定资产，确需加速折旧的，企业可以缩短折旧年限或者采取加速折旧的方法：(1) 由于技术进步，产品更新换代较快的固定资产；(2) 常年处于强震动、高腐蚀状态的固定资产。

【提示】企业缩短折旧年限的，对其购置的新固定资产，最低折旧年限不得低于法定折旧年限的 60%；对其购置的已使用过的固定资产，最低折旧年限不得低于法定最低折旧年限减去已使用年限后剩余年限的 60%。企业采取加速折旧方法的，可以采用双倍余额递减法或者年数总和法，一经确定，不得改变。

3. 对以下 6 个行业的企业 2014 年 1 月 1 日后新购进的固定资产（包括自行建造），可以按不低于法定折旧年限的 60% 缩短折旧年限，或选择采取双倍余额递减法或年数总和法进行加速折旧：(1) 生物药品制造业；(2) 专用设备制造业；(3) 铁路、船舶、航空航天和其他运输设备制造业；(4) 计算机、通信和其他电子设备制造业；(5) 仪器仪表制造业；(6) 信息传输、软件和信息技术服务业。

4. 对轻工、纺织、机械、汽车等 4 个领域重点行业企业 2015 年 1 月 1 日后新购进的固定资产（包括自行建造），可由企业选择缩短折旧年限或采取加速折旧的方法。

5. 企业在 2024 年 1 月 1 日至 2027 年 12 月 31 日新购进的设备、器具，单位价值小于等于 500 万元的，可以一次性计入当期成本费用在计算应纳税所得额时扣除，不再分年度计算折旧。需注意以下问题：

【提示】单位价值超过 500 万元的，仍按直线法计提折旧；若属于“6 个行业”或“4 个领域重点行业”企业，可选择缩短折旧年限或采取加速折旧的方法。

(1) 所称设备、器具，是指除房屋、建筑物以外的固定资产。

(2) 所称购进，包括：

①以货币形式购进（包括购进使用过的固定资产）：A. 以购买价款和支付的相关税费以及直接归属于使该资产达到预定用途发生的其他支出确定固定资产的单位价值；B. 以分期付款或赊销方式购进的固定资产，按固定资产到货时间确认固定资产购进时点，除采取分期付款或赊销方式购进外，按发票开具时间确认固定资产购进时点。

②自行建造：A. 以竣工结算前发生的支出确定固定资产的单位价值；B. 按竣工结算时间确认固定资产购进时点。

(3) 固定资产在投入使用月份的次月所属年度一次性税前扣除。

【举例】某企业于 2023 年 12 月购进了一套单位价值为 300 万元的设备并于当

月投入使用,则该套设备可在2024年一次性税前扣除。

(4)企业选择享受一次性税前扣除政策的,其资产的税务处理可与会计处理不一致。

(5)企业根据自身生产经营核算需要,可自行选择享受一次性税前扣除政策。未选择享受一次性税前扣除政策的,以后年度不得再变更。

(6)企业按照《国家税务总局关于发布修订后的〈企业所得税优惠政策事项办理办法〉的公告》(国家税务总局公告2018年第23号)的规定办理享受政策的相关手续,主要留存备查资料如下:

①有关固定资产购进时点的资料(如以货币形式购进固定资产的发票,以分期付款或赊销方式购进固定资产的到货时间说明,自行建造固定资产的竣工决算情况说明等);

②固定资产记账凭证;

③核算有关资产税务处理与会计处理差异的台账。

【提示】符合加速折旧条件的企业可自主选择是否实行加速折旧政策。

加速折旧可能会出现税前扣除的固定资产折旧费用与财务核算的固定资产折旧费用不同的情况,产生复杂的纳税调整,特别是一些固定资产核算期限长,会增加会计核算负担和遵从风险;另外,采取加速折旧时,纳税人生产经营成果的反映可能会受到一定影响,一些上市公司、企业集团等出于公司年度业绩披露或经营效益考核需要,选择适用加速折旧优惠政策的积极性也不高。此外,对于亏损企业和享受定期减免税额的企业,选择实行加速折旧优惠政策的意义不大。

总之,享受税收优惠是纳税人的一项权利,纳税人可以根据自身生产经营需要,自主选择是否享受优惠。

法律依据

1.《企业所得税法》

第十一条 在计算应纳税所得额时,企业按照规定计算的固定资产折旧,准予扣除。

下列固定资产不得计算折旧扣除:

(一)房屋、建筑物以外未投入使用的固定资产;

(二)以经营租赁方式租入的固定资产;

(三)以融资租赁方式租出的固定资产;

(四)已足额提取折旧仍继续使用的固定资产;

(五)与经营活动无关的固定资产;

(六)单独估价作为固定资产入账的土地;

(七)其他不得计算折旧扣除的固定资产。

第三十二条　企业的固定资产由于技术进步等原因,确需加速折旧的,可以缩短折旧年限或者采取加速折旧的方法。

2.《企业所得税法实施条例》

第五十七条　企业所得税法第十一条所称固定资产,是指企业为生产产品、提供劳务、出租或者经营管理而持有的、使用时间超过12个月的非货币性资产,包括房屋、建筑物、机器、机械、运输工具以及其他与生产经营活动有关的设备、器具、工具等。

第五十九条　固定资产按照直线法计算的折旧,准予扣除。

企业应当自固定资产投入使用月份的次月起计算折旧;停止使用的固定资产,应当自停止使用月份的次月起停止计算折旧。

企业应当根据固定资产的性质和使用情况,合理确定固定资产的预计净残值。固定资产的预计净残值一经确定,不得变更。

第六十条　除国务院财政、税务主管部门另有规定外,固定资产计算折旧的最低年限如下:

(一)房屋、建筑物,为20年;

(二)飞机、火车、轮船、机器、机械和其他生产设备,为10年;

(三)与生产经营活动有关的器具、工具、家具等,为5年;

(四)飞机、火车、轮船以外的运输工具,为4年;

(五)电子设备,为3年。

第九十八条　企业所得税法第三十二条所称可以采取缩短折旧年限或者采取加速折旧的方法的固定资产,包括:

(一)由于技术进步,产品更新换代较快的固定资产;

(二)常年处于强震动、高腐蚀状态的固定资产。

采取缩短折旧年限方法的,最低折旧年限不得低于本条例第六十条规定折旧年限的60%;采取加速折旧方法的,可以采取双倍余额递减法或者年数总和法。

3.《国家税务总局关于固定资产加速折旧税收政策有关问题的公告》(国家税务总局公告2014年第64号)

一、对生物药品制造业,专用设备制造业,铁路、船舶、航空航天和其他运输设备制造业，计算机、通信和其他电子设备制造业，仪器仪表制造业，信息传输、软件和信息技术服务业等行业企业（以下简称六大行业），2014 年 1 月 1 日后购进的固定资产（包括自行建造），允许按不低于企业所得税法规定折旧年限的 60% 缩短折旧年限，或选择采取双倍余额递减法或年数总和法进行加速折旧。

六大行业按照国家统计局《国民经济行业分类与代码（GB/4754 - 2011）》确定。今后国家有关部门更新国民经济行业分类与代码，从其规定。

六大行业企业是指以上述行业业务为主营业务，其固定资产投入使用当年主营业务收入占企业收入总额 50%（不含）以上的企业。所称收入总额，是指企业所得税法第六条规定的收入总额。

4.《国家税务总局关于进一步完善固定资产加速折旧企业所得税政策有关问题的公告》（国家税务总局公告 2015 年第 68 号）

一、对轻工、纺织、机械、汽车等四个领域重点行业（以下简称四个领域重点行业）企业 2015 年 1 月 1 日后新购进的固定资产（包括自行建造，下同），允许缩短折旧年限或采取加速折旧方法。

四个领域重点行业按照财税〔2015〕106 号附件“轻工、纺织、机械、汽车四个领域重点行业范围”确定。今后国家有关部门更新国民经济行业分类与代码，从其规定。

四个领域重点行业企业是指以上述行业业务为主营业务，其固定资产投入使用当年的主营业务收入占企业收入总额 50%（不含）以上的企业。所称收入总额，是指企业所得税法第六条规定的收入总额。

5.《财政部、税务总局关于设备、器具扣除有关企业所得税政策的公告》（财政部、税务总局公告 2023 年第 37 号）

一、企业在 2024 年 1 月 1 日至 2027 年 12 月 31 日期间新购进的设备、器具，单位价值不超过 500 万元的，允许一次性计入当期成本费用在计算应纳税所得额时扣除，不再分年度计算折旧；单位价值超过 500 万元的，仍按企业所得税法实施条例、《财政部　国家税务总局关于完善固定资产加速折旧企业所得税政策的通知》（财税〔2014〕75 号）、《财政部　国家税务总局关于进一步完善固定资产加速折旧企业所得税政策的通知》（财税〔2015〕106 号）等相关规定执行。

二、本公告所称设备、器具，是指除房屋、建筑物以外的固定资产。

6.《国家税务总局关于设备　器具扣除有关企业所得税政策执行问题的公告》（国家税务总局公告 2018 年第 46 号）

一、企业在 2018 年 1 月 1 日至 2020 年 12 月 31 日期间新购进的设备、器具，单位价值不超过500万元的,允许一次性计入当期成本费用在计算应纳税所得额时扣除,不再分年度计算折旧(以下简称一次性税前扣除政策)。

(一)所称设备、器具,是指除房屋、建筑物以外的固定资产(以下简称固定资产);所称购进,包括以货币形式购进或自行建造,其中以货币形式购进的固定资产包括购进的使用过的固定资产;以货币形式购进的固定资产,以购买价款和支付的相关税费以及直接归属于使该资产达到预定用途发生的其他支出确定单位价值,自行建造的固定资产,以竣工结算前发生的支出确定单位价值。

(二)固定资产购进时点按以下原则确认:以货币形式购进的固定资产,除采取分期付款或赊销方式购进外,按发票开具时间确认;以分期付款或赊销方式购进的固定资产,按固定资产到货时间确认;自行建造的固定资产,按竣工结算时间确认。

二、固定资产在投入使用月份的次月所属年度一次性税前扣除。

三、企业选择享受一次性税前扣除政策的,其资产的税务处理可与会计处理不一致。

四、企业根据自身生产经营核算需要,可自行选择享受一次性税前扣除政策。未选择享受一次性税前扣除政策的,以后年度不得再变更。

五、企业按照《国家税务总局关于发布修订后的〈企业所得税优惠政策事项办理办法〉的公告》(国家税务总局公告2018年第23号)的规定办理享受政策的相关手续,主要留存备查资料如下:

(一)有关固定资产购进时点的资料(如以货币形式购进固定资产的发票,以分期付款或赊销方式购进固定资产的到货时间说明,自行建造固定资产的竣工决算情况说明等);

(二)固定资产记账凭证;

(三)核算有关资产税务处理与会计处理差异的台账。

十四、无形资产摊销税前扣除

风险表现

1. 将下列无形资产计算摊销费用扣除:(1)自行开发的支出已在计算应纳税所得额时扣除的无形资产;(2)自创商誉;(3)与经营活动无关的无形资产;(4)其他不得计算摊销费用扣除的无形资产。

2. 擅自缩短无形资产的摊销年限。

风险后果

如果企业将不允许计算摊销费用的无形资产计算摊销费用且在税前扣除，或者擅自缩短无形资产的摊销年限，会被税务机关责令进行纳税调增处理；若企业不进行纳税调整，导致不缴或者少缴纳税款，会被税务机关追缴其不缴或者少缴的税款、滞纳金，并处不缴或者少缴税款0.5～5倍的罚款。

合规建议

1. 企业在计算应纳税所得额时，按照规定计算的无形资产摊销费用，准予扣除。但下列无形资产不得计算摊销费用扣除：

(1)自行开发的支出已在计算应纳税所得额时扣除的无形资产；

(2)自创商誉；

【提示】外购商誉的支出，在企业整体转让或者清算时，准予扣除。

(3)与经营活动无关的无形资产；

(4)其他不得计算摊销费用扣除的无形资产。

【提示】无形资产，是指企业为生产产品、提供劳务、出租或者经营管理而持有的、没有实物形态的非货币性长期资产，包括专利权、商标权、著作权、土地使用权、非专利技术、商誉等。

2. 无形资产按照直线法计算的摊销费用，准予扣除。

(1)一般情况，无形资产的摊销年限不得低于10年。

(2)作为投资或者受让的无形资产，有关法律规定或者合同约定了使用年限的，可以按照规定或者约定的使用年限分期摊销。

法律依据

1.《企业所得税法》

第十二条 在计算应纳税所得额时，企业按照规定计算的无形资产摊销费用，准予扣除。

下列无形资产不得计算摊销费用扣除：

(一)自行开发的支出已在计算应纳税所得额时扣除的无形资产；

(二)自创商誉；

(三)与经营活动无关的无形资产；

(四)其他不得计算摊销费用扣除的无形资产。

2.《企业所得税法实施条例》

第六十五条 企业所得税法第十二条所称无形资产，是指企业为生产产品、提供劳务、出租或者经营管理而持有的、没有实物形态的非货币性长期资产,包括专利权、商标权、著作权、土地使用权、非专利技术、商誉等。

第六十七条 无形资产按照直线法计算的摊销费用,准予扣除。

无形资产的摊销年限不得低于10年。

作为投资或者受让的无形资产,有关法律规定或者合同约定了使用年限的,可以按照规定或者约定的使用年限分期摊销。

外购商誉的支出,在企业整体转让或者清算时,准予扣除。

十五、资产损失税前扣除

风险表现

1. 将并未实际发生的资产损失在税前申报扣除。

2. 将与取得应税收入无关的资产损失在税前申报扣除。

3. 未按规定的程序和要求向主管税务机关申报。

4. 不能提供能够证明资产损失确属已实际发生的合法证据。

5. 已经作为损失处理的资产,在以后纳税年度又全部收回或者部分收回时,未计入收回当期的应纳税所得额。

6. 企业境内、境外营业机构发生的资产损失未分开核算;对境外营业机构由于发生资产损失而产生的亏损,在计算境内应纳税所得额时扣除。

风险后果

1. 企业在税前申报扣除资产损失时,如果存在上述风险情形,会被税务机关责令进行纳税调增处理;若企业不进行纳税调整,导致不缴或者少缴纳税款,会被税务机关追缴其不缴或者少缴的税款、滞纳金,并处不缴或者少缴税款0.5~5倍的罚款。

2. 企业实际发生的资产损失满足税前扣除条件时,如果企业未依法、及时申报扣除,会导致企业多缴纳企业所得税,使自身合法税收利益受损。

合规建议

企业在所得税前申报扣除相关资产损失时,应按照以下规定进行:

1. 可以税前扣除的资产损失,是指企业在生产经营活动中实际发生的、与取得应税收入有关的资产损失,包括现金损失,存款损失,坏账损失,贷款损失,股权投资损失,固定资产和存货的盘亏、毁损、报废、被盗损失,自然灾害等不可抗力因素造成的损失以及其他损失。

2. 企业发生的损失,减除责任人赔偿和保险赔款后的余额,方可申报扣除。

3. 企业已经扣除的资产损失,在以后纳税年度全部或者部分收回时,其收回部分应当作为收入计入收回当期的应纳税所得额。

4. 企业境内、境外营业机构发生的资产损失应分开核算,对境外营业机构由于发生资产损失而产生的亏损,不得在计算境内应纳税所得额时扣除。

5. 企业申报资产损失税前扣除时,应当提供能够证明资产损失确属已实际发生的合法证据,包括具有法律效力的外部证据、具有法定资质的中介机构的经济鉴证证明、具有法定资质的专业机构的技术鉴定证明等。

6. 企业发生的资产损失,应按规定的程序和要求向主管税务机关申报后方能在税前扣除。未经申报的损失,不得在税前扣除。

法律依据

1.《企业所得税法》

第八条 企业实际发生的与取得收入有关的、合理的支出,包括成本、费用、税金、损失和其他支出,准予在计算应纳税所得额时扣除。

2.《企业所得税法实施条例》

第三十二条 企业所得税法第八条所称损失,是指企业在生产经营活动中发生的固定资产和存货的盘亏、毁损、报废损失,转让财产损失,呆账损失,坏账损失,自然灾害等不可抗力因素造成的损失以及其他损失。

企业发生的损失,减除责任人赔偿和保险赔款后的余额,依照国务院财政、税务主管部门的规定扣除。

企业已经作为损失处理的资产,在以后纳税年度又全部收回或者部分收回时,应当计入当期收入。

3.《财政部、国家税务总局关于企业资产损失税前扣除政策的通知》(财税〔2009〕57号)

一、本通知所称资产损失,是指企业在生产经营活动中实际发生的、与取得应税收入有关的资产损失,包括现金损失,存款损失,坏账损失,贷款损失,股权投资损失,固定资产和存货的盘亏、毁损、报废、被盗损失,自然灾害等不可抗力因素造成的损失以及其他损失。

十一、企业在计算应纳税所得额时已经扣除的资产损失,在以后纳税年度全部或者部分收回时,其收回部分应当作为收入计入收回当期的应纳税所得额。

十二、企业境内、境外营业机构发生的资产损失应分开核算，对境外营业机构由于发生资产损失而产生的亏损，不得在计算境内应纳税所得额时扣除。

十三、企业对其扣除的各项资产损失，应当提供能够证明资产损失确属已实际发生的合法证据，包括具有法律效力的外部证据、具有法定资质的中介机构的经济鉴证证明、具有法定资质的专业机构的技术鉴定证明等。

4.《企业资产损失所得税税前扣除管理办法》(国家税务总局公告 2011 年第 25 号，部分失效)

第一条　根据《中华人民共和国企业所得税法》(以下简称企业所得税法)及其实施条例、《中华人民共和国税收征收管理法》(以下简称征管法)及其实施细则、《财政部　国家税务总局关于企业资产损失税前扣除政策的通知》(财税〔2009〕57 号)(以下简称《通知》)的规定，制定本办法。

第二条　本办法所称资产是指企业拥有或者控制的、用于经营管理活动相关的资产，包括现金、银行存款、应收及预付款项(包括应收票据、各类垫款、企业之间往来款项)等货币性资产，存货、固定资产、无形资产、在建工程、生产性生物资产等非货币性资产，以及债权性投资和股权(权益)性投资。

第三条　准予在企业所得税税前扣除的资产损失，是指企业在实际处置、转让上述资产过程中发生的合理损失(以下简称实际资产损失)，以及企业虽未实际处置、转让上述资产，但符合《通知》和本办法规定条件计算确认的损失(以下简称法定资产损失)。

第四条　企业实际资产损失，应当在其实际发生且会计上已作损失处理的年度申报扣除；法定资产损失，应当在企业向主管税务机关提供证据资料证明该项资产已符合法定资产损失确认条件，且会计上已作损失处理的年度申报扣除。①

【提示】根据《国家税务总局关于企业所得税资产损失资料留存备查有关事项的公告》(国家税务总局公告 2018 年第 15 号)的规定，企业向税务机关申报扣除资产损失，仅需填报企业所得税年度纳税申报表《资产损失税前扣除及纳税调整明细表》，不再报送资产损失相关资料。相关资料由企业留存备查。企业应当完整保存资产损失相关资料，保证资料的真实性、合法性。

第五条　企业发生的资产损失，应按规定的程序和要求向主管税务机关申报后方能在税前扣除。未经申报的损失，不得在税前扣除。

---

①　根据《国家税务总局关于企业所得税资产损失资料留存备查有关事项的公告》第 3 条的规定，该条文已失效。

十六、弥补亏损税务

风险表现

1. 不能用于弥补亏损的收入用于弥补亏损。

2. 不具备延长弥补亏损年限的延长了弥补亏损年限。

3. 特殊情形下，可弥补亏损额的计算出现错误。

4. 境内盈利抵减了境外亏损。

5. 减免收入及所得弥补了应税项目亏损，应税所得弥补了减免项目亏损。

风险后果

1. 企业不按照规定弥补亏损，而导致少缴企业所得税的，会被税务机关责令进行纳税调增处理，甚至按偷税行为进行处理。

2. 如果企业没有充分利用亏损弥补政策，可能导致该弥补的亏损不能得到有效弥补，使自身合法税收利益受损。

合规建议

1. 一般企业：纳税年度发生的亏损，准予向以后年度结转，用以后年度的所得弥补，但结转年限最长不得超过5年。

【提示】所称亏损，是指企业依照《企业所得税法》及其实施条例的规定将每一纳税年度的收入总额减除不征税收入、免税收入和各项扣除后小于零的数额。企业在汇总计算缴纳企业所得税时，其境外营业机构的亏损不得抵减境内营业机构的盈利。

2. 高新技术企业、科技型中小企业：自2018年1月1日起，当年具备高新技术企业或科技型中小企业资格（以下统称资格）的企业，其具备资格年度之前5个年度发生的尚未弥补完的亏损，准予结转以后年度弥补，最长结转年限由5年延长至10年。

【提示】

（1）其具备资格年度之前5个年度发生的尚未弥补完的亏损，是指当年具备资格的企业，其前5个年度无论是否具备资格，所发生的尚未弥补完的亏损。2018年具备资格的企业，无论其2013年至2017年是否具备资格，其2013年至2017年发生的尚未弥补完的亏损，均准予结转以后年度弥补，最长结转年限为10年。2018年以后年度具备资格的企业，依此类推，进行亏损结转弥补税务处理。

(2)高新技术企业按照其取得的高新技术企业证书注明的有效期所属年度,确定其具备资格的年度。例如,某高新技术企业,证书注明发证时间为 2019 年 9 月 17 日,有效期为 3 年,则 2019 年、2020 年、2021 年、2022 年为其具备资格的年度。

(3)科技型中小企业按照其取得的科技型中小企业入库登记编号注明的年度,确定其具备资格的年度。例如,某科技型中小企业,2020 年 5 月取得入库登记编号,编号注明的年度为 2020 年,则 2020 年为其具备资格的年度。

3. 受疫情影响较大的困难行业企业:2020 年度发生的亏损(其他年度的亏损不适用),最长结转年限由 5 年延长至 8 年。

【提示】困难行业企业,包括交通运输、餐饮、住宿、旅游(指旅行社及相关服务、游览景区管理 2 类)4 大类,具体判断标准按照现行《国民经济行业分类》执行。困难行业企业 2020 年度主营业务收入须占收入总额(剔除不征税收入和投资收益)的 50% 以上。

4. 企业发生符合特殊性税务处理规定的合并或分立重组事项的,其尚未弥补完的亏损,按照以下规定进行税务处理:

(1)合并企业承继被合并企业尚未弥补完的亏损的结转年限,按照被合并企业的亏损结转年限确定。

【提示】企业合并,企业股东在该企业合并发生时取得的股权支付金额不低于其交易支付总额的 85%,以及同一控制下且不需要支付对价的企业合并,可以选择按以下规定处理:可由合并企业弥补的被合并企业亏损的限额(指按《企业所得税法》规定的剩余结转年限内,每年可由合并企业弥补的被合并企业亏损的限额)=被合并企业净资产公允价值 × 截至合并业务发生当年年末国家发行的最长期限的国债利率。

(2)分立企业承继被分立企业尚未弥补完的亏损的结转年限,按照被分立企业的亏损结转年限确定。

【提示】被分立企业的所有股东按其原持股比例取得分立企业的股权,分立企业和被分立企业均不改变原来的实质经营活动,且被分立企业股东在该企业分立发生时取得的股权的支付金额不低于其交易支付总额的 85%,可以按以下规定处理:被分立企业未超过法定弥补期限的亏损额可按分立资产占全部资产的比例进行分配,由分立企业继续弥补。

(3)合并企业或分立企业具备资格的,其承继被合并企业或被分立企业尚未弥补完的亏损的结转年限,按照具备资格的企业规定处理(其具备资格年度之前 5 个年度发生的尚未弥补完的亏损,准予结转以后年度弥补,最长结转年限由5年延长至10年)。

【**提示**】符合延长亏损结转弥补年限条件的企业,在企业所得税预缴和汇算清缴时,自行计算亏损结转弥补年限,并填写相关纳税申报表。

法律依据

1.《企业所得税法》

第五条 企业每一纳税年度的收入总额,减除不征税收入、免税收入、各项扣除以及允许弥补的以前年度亏损后的余额,为应纳税所得额。

第十七条 企业在汇总计算缴纳企业所得税时,其境外营业机构的亏损不得抵减境内营业机构的盈利。

第十八条 企业纳税年度发生的亏损,准予向以后年度结转,用以后年度的所得弥补,但结转年限最长不得超过五年。

2.《企业所得税法实施条例》

第十条 企业所得税法第五条所称亏损,是指企业依照企业所得税法和本条例的规定将每一纳税年度的收入总额减除不征税收入、免税收入和各项扣除后小于零的数额。

3.《财政部、税务总局关于延长高新技术企业和科技型中小企业亏损结转年限的通知》(财税〔2018〕76号)

一、自2018年1月1日起,当年具备高新技术企业或科技型中小企业资格(以下统称资格)的企业,其具备资格年度之前5个年度发生的尚未弥补完的亏损,准予结转以后年度弥补,最长结转年限由5年延长至10年。

4.《国家税务总局关于延长高新技术企业和科技型中小企业亏损结转弥补年限有关企业所得税处理问题的公告》(国家税务总局公告2018年第45号)

一、《通知》第一条所称当年具备高新技术企业或科技型中小企业资格(以下统称"资格")的企业,其具备资格年度之前5个年度发生的尚未弥补完的亏损,是指当年具备资格的企业,其前5个年度无论是否具备资格,所发生的尚未弥补完的亏损。

2018年具备资格的企业,无论2013年至2017年是否具备资格,其2013年至2017年发生的尚未弥补完的亏损,均准予结转以后年度弥补,最长结转年限为10年。2018年以后年度具备资格的企业,依此类推,进行亏损结转弥补税务处理。

二、高新技术企业按照其取得的高新技术企业证书注明的有效期所属年度,确定其具备资格的年度。

科技型中小企业按照其取得的科技型中小企业入库登记编号注明的年度，确定其具备资格的年度。

三、企业发生符合特殊性税务处理规定的合并或分立重组事项的，其尚未弥补完的亏损，按照《财政部　国家税务总局关于企业重组业务企业所得税处理若干问题的通知》(财税〔2009〕59号)和本公告有关规定进行税务处理：

(一)合并企业承继被合并企业尚未弥补完的亏损的结转年限，按照被合并企业的亏损结转年限确定；

(二)分立企业承继被分立企业尚未弥补完的亏损的结转年限，按照被分立企业的亏损结转年限确定；

(三)合并企业或分立企业具备资格的，其承继被合并企业或被分立企业尚未弥补完的亏损的结转年限，按照《通知》第一条和本公告第一条规定处理。

四、符合《通知》和本公告规定延长亏损结转弥补年限条件的企业，在企业所得税预缴和汇算清缴时，自行计算亏损结转弥补年限，并填写相关纳税申报表。

5.《财政部、税务总局关于支持新型冠状病毒感染的肺炎疫情防控有关税收政策的公告》(财政部税务总局公告2020年第8号)

四、受疫情影响较大的困难行业企业2020年度发生的亏损，最长结转年限由5年延长至8年。

困难行业企业，包括交通运输、餐饮、住宿、旅游(指旅行社及相关服务、游览景区管理两类)四大类，具体判断标准按照现行《国民经济行业分类》执行。困难行业企业2020年度主营业务收入须占收入总额(剔除不征税收入和投资收益)的50%以上。

6.《财政部、国家税务总局关于企业重组业务企业所得税处理若干问题的通知》(财税〔2009〕59号，已被修改)

四、企业重组，除符合本通知规定适用特殊性税务处理规定的外，按以下规定进行税务处理：

……

(四)企业合并，当事各方应按下列规定处理：……3.被合并企业的亏损不得在合并企业结转弥补。

(五)企业分立，当事各方应按下列规定处理：……5.企业分立相关企业的亏损不得相互结转弥补。

六、企业重组符合本通知第五条规定条件的,交易各方对其交易中的股权支付部分,可以按以下规定进行特殊性税务处理:

……

(四)企业合并,企业股东在该企业合并发生时取得的股权支付金额不低于其交易支付总额的85%,以及同一控制下且不需要支付对价的企业合并,可以选择按以下规定处理:……3.可由合并企业弥补的被合并企业亏损的限额=被合并企业净资产公允价值×截至合并业务发生当年年末国家发行的最长期限的国债利率。……

(五)企业分立,被分立企业所有股东按原持股比例取得分立企业的股权,分立企业和被分立企业均不改变原来的实质经营活动,且被分立企业股东在该企业分立发生时取得的股权支付金额不低于其交易支付总额的85%,可以选择按以下规定处理:……3.被分立企业未超过法定弥补期限的亏损额可按分立资产占全部资产的比例进行分配,由分立企业继续弥补。……

……

7.《企业重组业务企业所得税管理办法》(国家税务总局公告2010年第4号,部分失效)

第二十六条 《通知》第六条第(四)项所规定的可由合并企业弥补的被合并企业亏损的限额,是指按《税法》规定的剩余结转年限内,每年可由合并企业弥补的被合并企业亏损的限额。

8.《企业政策性搬迁所得税管理办法》(国家税务总局公告2012年第40号,部分失效)

第二十一条 企业以前年度发生尚未弥补的亏损的,凡企业由于搬迁停止生产经营无所得的,从搬迁年度次年起,至搬迁完成年度前一年度止,可作为停止生产经营活动年度,从法定亏损结转弥补年限中减除;企业边搬迁、边生产的,其亏损结转年度应连续计算。

9.《财政部国家税务总局关于企业境外所得税收抵免有关问题的通知》(财税〔2009〕125号,部分失效)

三、企业应就其按照实施条例第七条规定确定的中国境外所得(境外税前所得),按以下规定计算实施条例第七十八条规定的境外应纳税所得额:

……

(五)在汇总计算境外应纳税所得额时,企业在境外同一国家(地区)设立不具有独立纳税地位的分支机构,按照企业所得税法及实施条例的有关规定计算的亏损,不得抵减其境内或他国(地区)的应纳税所得额,但可以用同一国家(地区)其他项目或以后年度的所得按规定弥补。

10.《国家税务总局关于贯彻落实企业所得税法若干税收问题的通知》(国税函〔2010〕79 号)

七、企业筹办期间不计算为亏损年度问题

企业自开始生产经营的年度,为开始计算企业损益的年度。企业从事生产经营之前进行筹办活动期间发生筹办费用支出,不得计算为当期的亏损……

11.《财政部、国家税务总局关于企业清算业务企业所得税处理若干问题的通知》(财税〔2009〕60 号)

三、企业清算的所得税处理包括以下内容:

……

(四)依法弥补亏损,确定清算所得;

……

12.《中华人民共和国企业所得税月(季)度预缴纳税申报表(2015 年版)等报表》(国家税务总局公告 2015 年第 31 号,已失效)

填报说明第五条第(一)款第七项规定,第 8 行"弥补以前年度亏损":填报按照税收规定可在企业所得税前弥补的以前年度尚未弥补的亏损额。

13.《国家税务总局关于查增应纳税所得额弥补以前年度亏损处理问题的公告》(国家税务总局公告 2010 年第 20 号)

一、根据《中华人民共和国企业所得税法》(以下简称企业所得税法)第五条的规定,税务机关对企业以前年度纳税情况进行检查时调增的应纳税所得额,凡企业以前年度发生亏损、且该亏损属于企业所得税法规定允许弥补的,应允许调增的应纳税所得额弥补该亏损。弥补该亏损后仍有余额的,按照企业所得税法规定计算缴纳企业所得税。对检查调增的应纳税所得额应根据其情节,依照《中华人民共和国税收征收管理法》有关规定进行处理或处罚。

【特别提示】

1. 被投资企业发生的经营亏损,是否可以由投资企业确认为投资损失?

【解析】《国家税务总局关于企业所得税若干问题的公告》(国家税务总局公告2011 年第34 号)第5 条第2 款规定:被投资企业发生的经营亏损,由被投资企业按规定结转弥补;投资企业不得调整减低其投资成本,也不得将其确认为投资损失。

2. 实行定率征收企业所得税的纳税人,其以前年度应弥补而未弥补的亏损是否能在核定征收年度弥补?

【解析】《企业所得税核定征收办法(试行)》(国税发〔2008〕30 号)第 6 条规定:采用应税所得率方式核定征收企业所得税的,应纳所得税额计算公式如下:

应纳所得税额 = 应纳税所得额 × 适用税率

应纳税所得额 = 应税收入额 × 应税所得率,或:应纳税所得额 = 成本(费用)支出额 ÷ (1 − 应税所得率) × 应税所得率

《国家税务总局关于企业所得税核定征收若干问题的通知》(国税函〔2009〕377 号,已被修改)第 2 条第 1 款规定:应税收入额 = 收入总额 − 不征税收入 − 免税收入。

由此可见,实行企业所得税核定征收的纳税人,其以前年度应弥补而未弥补的亏损不能在核定征收年度弥补。但在以后转换为查账征收年度时,在政策规定的期限内仍可继续弥补亏损。

3. 甲公司为房地产企业,企业所得税按季据实预缴,2023 年 1 月至 6 月利润总额为 0 元,但本期销售未完工开发产品取得收入近 600 万元。则该公司第二季度申报预缴所得税时,对产品完工前销售收入计算出的预计毛利额能否弥补以前年度亏损?

【解析】《企业所得税月(季)度预缴纳税申报表(A 类)》(A200000)填报说明:10 实际利润额 = 3 利润总额 + 4 特定业务计算的应纳税所得额 − 5 不征税收入 − 6 资产加速折旧、摊销(扣除)调减额 − 7 免税收入、减计收入 − 8 所得减免 − 9 弥补以前年度亏损。

第 4 条第 4 项规定第 4 行"特定业务计算的应纳税所得额":从事房地产开发等特定业务的纳税人,填报按照税收规定计算的特定业务的应纳税所得额。房地产开发企业销售未完工开发产品取得的预售收入,按照税收规定的预计计税毛利率计算的预计毛利额,扣除实际缴纳且在会计核算中未计入当期损益的土地增值税等税金及附加后的金额,在此行填报。

根据上述规定,该企业预缴企业所得税时,按规定计算出的预计毛利额可以弥补以前年度亏损。

4. 如何理解应用"先到期亏损先弥补、同时到期亏损先发生的先弥补"处理原则呢?

【解析】(1)先到期亏损先弥补。假设受疫情影响较大的某困难行业企业 2020

年、2021 年分别发生亏损 10 万元，截至 2025 年都还未弥补。2026 年，该企业盈利 10 万元，先弥补 2020 年的亏损还是先弥补 2021 年的亏损呢？由于 2021 年的亏损先到期，所以应先弥补 2021 年的亏损。2020 年的 10 万元亏损继续结转至以后年度。

（2）同时到期亏损先发生的先弥补。假设该企业 2023 年亏损 10 万元，截至 2027 年还未弥补，2020 年剩余的亏损截至 2027 年也还未弥补。该企业 2028 年盈利 10 万元，那么，先弥补 2020 年的亏损，还是先弥补 2023 年的亏损呢？由于 2020 年亏损弥补年限是 8 年，即 2028 年到期；2023 年亏损弥补年限是 5 年，也是 2028 年到期。亏损先发生的先弥补，所以应先弥补 2020 年的 10 万元，同时 2023 年的 10 万元不能再结转弥补了。

第八章　个人所得税税务风险管理

个人所得税是我国主要税种之一，是与单位、老板及员工关系最为密切的税种。同时，社会保险入税后，社会保险费、住房公积金等也与个人所得税息息相关。

本章将对个人所得税相关风险点进行详细阐述，希望能帮助单位及个人增加对个人所得税政策的了解及执行口径的认知，以有效防控因税收政策误读、筹划手段不当等带来的税务风险。

一、未依法办理全员全额扣缴申报

风险表现

单位在向个人（自然人）支付以下所得时，未依法进行全员全额扣缴申报：

1. 向职工支付工资、薪金（指个人因任职或者受雇取得的工资、薪金、奖金、年终加薪、劳动分红、津贴、补贴以及与任职或者受雇有关的其他所得）。

2. 向劳务提供者支付劳务报酬（例如，向非任职于本公司的独立董事支付报酬等）。

3. 向以图书、报刊等形式出版、发表作品的个人支付稿酬。

4. 向提供特许使用权（专利权、商标权、著作权、非专利技术、其他特许权以及著作权的使用权）的个人支付特许权使用费（不包括稿酬）。

5. 向债权人支付利息，向投资者（股东）支付股息、红利。

6. 向财产（不动产、机器设备、车船等）出租方支付租金。

7. 向财产（有价证券、股权、合伙企业中的财产份额、不动产、机器设备、车船等）转让方支付财产转让所得。

8. 向个人支付偶然所得（指个人得奖、中奖、中彩以及其他偶然性质的所得，如向本单位以外的其他人员随机发放礼品及网络红包）。

风险后果

1. 根据相关税收法律政策的规定，个人所得税以所得人为纳税人，以支付所得的单位或者个人为扣缴义务人。

2. 若扣缴义务人未依法代扣代缴税款，纳税人将会被税务机关追缴税款，扣缴义务人将会被税务机关处应扣未扣、应收未收税款0.5～3倍的罚款。

合规建议

1. 单位在向个人支付（包括现金支付、汇拨支付、转账支付和以有价证券、实物以及其他形式支付）应税所得时，作为扣缴义务人，应当依法履行代扣代缴税款义务（依法预扣或者代扣税款，按时缴库，并专项记载备查）。

2. 单位在向个人支付工资、薪金所得，劳务报酬所得，稿酬所得，特许权使用费所得，利息、股息、红利所得，财产租赁所得，财产转让所得，偶然所得等8类所得时，应当依法办理全员全额扣缴申报，即应当在代扣税款的次月15日内，向主管税务机关报送其支付所得的所有个人的有关信息、支付所得数额、扣除事项和数额、扣缴税款的具体数额和总额以及其他相关涉税信息资料。

3. 单位在每月或者每次预扣、代扣税款后，应当在次月15日内缴入国库，并向税务机关报送个人所得税扣缴申报表。

法律依据

1.《税收征收管理法》

第六十九条 扣缴义务人应扣未扣、应收而不收税款的，由税务机关向纳税人追缴税款，对扣缴义务人处应扣未扣、应收未收税款百分之五十以上三倍以下的罚款。

2.《个人所得税法》

第二条 下列各项个人所得，应当缴纳个人所得税：

（一）工资、薪金所得；

（二）劳务报酬所得；

（三）稿酬所得；

（四）特许权使用费所得；

（五）经营所得；

（六）利息、股息、红利所得；

（七）财产租赁所得；

（八）财产转让所得；

（九）偶然所得。

……

第九条 个人所得税以所得人为纳税人,以支付所得的单位或者个人为扣缴义务人。

……

3.《个人所得税法实施条例》

第二十四条 扣缴义务人向个人支付应税款项时,应当依照个人所得税法规定预扣或者代扣税款,按时缴库,并专项记载备查。

前款所称支付,包括现金支付、汇拨支付、转账支付和以有价证券、实物以及其他形式的支付。

4.《个人所得税扣缴申报管理办法(试行)》(国家税务总局公告2018年第61号)

第二条 扣缴义务人,是指向个人支付所得的单位或者个人。扣缴义务人应当依法办理全员全额扣缴申报。

全员全额扣缴申报,是指扣缴义务人应当在代扣税款的次月十五日内,向主管税务机关报送其支付所得的所有个人的有关信息、支付所得数额、扣除事项和数额、扣缴税款的具体数额和总额以及其他相关涉税信息资料。

第三条 扣缴义务人每月或者每次预扣、代扣的税款,应当在次月十五日内缴入国库,并向税务机关报送《个人所得税扣缴申报表》。

第四条 实行个人所得税全员全额扣缴申报的应税所得包括:

(一)工资、薪金所得;

(二)劳务报酬所得;

(三)稿酬所得;

(四)特许权使用费所得;

(五)利息、股息、红利所得;

(六)财产租赁所得;

(七)财产转让所得;

(八)偶然所得。

第五条 扣缴义务人首次向纳税人支付所得时,应当按照纳税人提供的纳税人识别号等基础信息,填写《个人所得税基础信息表(A表)》,并于次月扣缴申报时向税务机关报送。

扣缴义务人对纳税人向其报告的相关基础信息变化情况,应当于次月扣缴申报时向税务机关报送。

第十九条　扣缴义务人有未按照规定向税务机关报送资料和信息、未按照纳税人提供信息虚报虚扣专项附加扣除、应扣未扣税款、不缴或少缴已扣税款、借用或冒用他人身份等行为的，依照《中华人民共和国税收征收管理法》等相关法律、行政法规处理。

二、支付“工资、薪金所得”，未代扣代缴个人所得税

风险表现

单位以各种形式（包括现金、实物、有价证券和其他形式的经济利益）支付给职工的以下所得，未按照“工资、薪金所得”项目代扣代缴个人所得税：

1. 以组织境内外免费培训班、研讨会、工作考察等形式，对职工进行现金或非现金奖励。

2. 对在公司（包括关联公司）任职、受雇，同时兼任董事、监事的职工支付的董事费、监事费。

3. 以误餐补助名义发给职工的补贴、津贴。

4. 发放给职工个人的住房补贴（包括暖气费、物业费等）、伙食补贴、交通补贴、通讯补贴、医疗补助费等（外籍个人以非现金形式或实报实销形式取得的住房补贴、伙食补贴除外）。

5. 从超出国家规定的比例或基数计提的福利费、工会经费中支付给职工的各种补贴、补助。

6. 从福利费和工会经费中支付给职工的人人有份的补贴、补助（如过节费、高温费、购物卡、节日礼品等）。

7. 为职工（非个人投资者或其家庭成员）支付的与企业生产经营无关的消费性支出及购买汽车、住房等财产（所有权不属于企业）的支出。

8. 企业职工（非个人投资者或其家庭成员）向企业借款用于购买房屋及其他财产（所有权不属于企业），且借款年度终了后未归还借款。

9. 通过老板或其他人员的私人账户（银行、微信、支付宝等）向职工支付的劳动报酬。

10. 以发票报销形式向职工支付的各种费用（符合条件的独生子女补贴、托儿补助费、差旅费津贴、误餐补助等不属于职工个人工资、薪金所得项目的收入除外）。

风险后果

1. 根据相关税收法律政策的规定，个人所得税以所得人为纳税人，以支付所得的单位或者个人为扣缴义务人。若扣缴义务人未依法代扣代缴税款，纳税人将会被税务机关追缴税款，扣缴义务人将会被税务机关处应扣未扣、应收未收税款0.5～3倍的罚款。

2. 若单位通过老板或其他人员的私人账户向劳动者支付劳动报酬，还可能面临劳动者不承认收到相关报酬，从而以单位未及时足额支付劳动报酬为由要求单位补足劳动报酬，或者提出离职要求单位支付经济补偿金等风险。

合规建议

工资、薪金所得，是指个人因任职或者受雇取得的工资、薪金、奖金、年终加薪、劳动分红、津贴、补贴以及与任职或者受雇有关的其他所得。

1. 单位在以各种方式，尤其是以实物、有价证券和其他形式的经济利益（如为职工支付/报销与企业生产经营无关的支出；职工向企业借款用于购买房屋及其他财产且所有权不属于单位，并且借款年度终了后未归还借款；等等）等非现金方式，向职工支付工资、薪金所得时，应当依法代扣代缴个人所得税。

2. 扣缴义务人向居民个人支付工资、薪金所得时，应当按照累计预扣法计算预扣税款，并按月办理扣缴申报。具体计算公式如下：

（1）本期应预扣预缴税额＝（累计预扣预缴应纳税所得额×预扣率－速算扣除数）－累计减免税额－累计已预扣预缴税额

【提示】本期应预扣预缴税额为负值时，暂不退税。纳税年度终了后余额仍为负值时，由纳税人通过办理综合所得年度汇算清缴，税款多退少补。

（2）累计预扣预缴应纳税所得额＝累计收入－累计免税收入－累计减除费用－累计专项扣除－累计专项附加扣除－累计依法确定的其他扣除

其中：累计减除费用，按照5000元/月乘以纳税人当年截至本月在本单位的任职受雇月份数计算。

【提示】对一个纳税年度内首次取得工资、薪金所得（指自纳税年度首月起至新入职时，未取得工资、薪金所得）的居民个人，可按照5000元/月乘以纳税人当年截至本月月份数计算累计减除费用。

【提示】居民个人工资、薪金所得预扣预缴适用个人所得税预扣率如下：

级数	累计预扣预缴应纳税所得额	预扣率/%	速算扣除数
1	不超过 36, 000 元	3	0
2	超过 36, 000 元至 144, 000 元的部分	10	2520
3	超过 144, 000 元至 300, 000 元的部分	20	16, 920
4	超过 300, 000 元至 420, 000 元的部分	25	31, 920
5	超过 420, 000 元至 660, 000 元的部分	30	52, 920
6	超过 660, 000 元至 960, 000 元的部分	35	85, 920
7	超过 960, 000 元的部分	45	181, 920

3. 扣缴义务人向非居民个人支付工资、薪金所得时，应当依法按月代扣代缴税款：

每月应代扣代缴税额 =（每月收入 − 5000）× 适用税率 − 速算扣除数

【提示】非居民个人工资薪金、劳务报酬、稿酬、特许权使用费所得适用个人所得税税率如下：

级数	应纳税所得额	税率/%	速算扣除数
1	不超过 3000 元	3	0
2	超过 3000 元至 12, 000 元的部分	10	210
3	超过 12, 000 元至 25, 000 元的部分	20	1410
4	超过 25, 000 元至 35, 000 元的部分	25	2660
5	超过 35, 000 元至 55, 000 元的部分	30	4410
6	超过 55, 000 元至 80, 000 元的部分	35	7160
7	超过 80, 000 元的部分	45	15, 160

法律依据

1.《个人所得税法》

第二条　下列各项个人所得，应当缴纳个人所得税：

（一）工资、薪金所得；

……

第九条　个人所得税以所得人为纳税人，以支付所得的单位或者个人为扣缴义务人。……

2.《个人所得税法实施条例》

第六条 个人所得税法规定的各项个人所得的范围：

（一）工资、薪金所得，是指个人因任职或者受雇取得的工资、薪金、奖金、年终加薪、劳动分红、津贴、补贴以及与任职或者受雇有关的其他所得。

……

第八条 个人所得的形式，包括现金、实物、有价证券和其他形式的经济利益；……

3.《财政部、国家税务总局关于误餐补助范围确定问题的通知》（财税字〔1995〕82号）

国税发〔1994〕089号文件规定不征税的误餐补助，是指按财政部门规定，个人因公在城区、郊区工作，不能在工作单位或返回就餐，确实需要在外就餐的，根据实际误餐顿数，按规定的标准领取的误餐费。一些单位以误餐补助名义发给职工的补贴、津贴，应当并入当月工资、薪金所得计征个人所得税。

4.《财政部、国家税务总局关于个人所得税若干政策问题的通知》（财税字〔1994〕020号）

二、下列所得，暂免征收个人所得税：

（一）外籍个人以非现金形式或实报实销形式取得的住房补贴、伙食补贴、搬迁费、洗衣费。

……

5.《财政部、国家税务总局关于住房公积金、医疗保险金、养老保险金征收个人所得税问题的通知》（财税字〔1997〕144号，部分失效）

三、企业以现金形式发给个人的住房补贴、医疗补助费，应全额计入领取人的当期工资、薪金收入计征个人所得税。但对外籍个人以实报实销形式取得的住房补贴，仍按照《财政部、国家税务总局关于个人所得税若干政策问题的通知》（财税字〔1994〕020号）的规定，暂免征收个人所得税。

6.《国家税务总局关于生活补助费范围确定问题的通知》（国税发〔1998〕155号）

二、下列收入不属于免税的福利费范围，应当并入纳税人的工资、薪金收入计征个人所得税：

（一）从超出国家规定的比例或基数计提的福利费、工会经费中支付给个人的各种补贴、补助；

（二）从福利费和工会经费中支付给本单位职工的人人有份的补贴、补助；

（三）单位为个人购买汽车、住房、电子计算机等不属于临时性生活困难补助性质的支出。

7.《财政部、国家税务总局关于企业为个人购买房屋或其他财产征收个人所得税问题的批复》（财税〔2008〕83号）

一、根据《中华人民共和国个人所得税法》和《财政部　国家税务总局关于规范个人投资者个人所得税征收管理的通知》（财税〔2003〕158号）的有关规定，符合以下情形的房屋或其他财产，不论所有权人是否将财产无偿或有偿交付企业使用，其实质均为企业对个人进行了实物性质的分配，应依法计征个人所得税。

（一）企业出资购买房屋及其他财产，将所有权登记为投资者个人、投资者家庭成员或企业其他人员的；

（二）企业投资者个人、投资者家庭成员或企业其他人员向企业借款用于购买房屋及其他财产，将所有权登记为投资者、投资者家庭成员或企业其他人员，且借款年度终了后未归还借款的。

二、对个人独资企业、合伙企业的个人投资者或其家庭成员取得的上述所得，视为企业对个人投资者的利润分配，按照"个体工商户的生产、经营所得"项目计征个人所得税；对除个人独资企业、合伙企业以外其他企业的个人投资者或其家庭成员取得的上述所得，视为企业对个人投资者的红利分配，按照"利息、股息、红利所得"项目计征个人所得税；对企业其他人员取得的上述所得，按照"工资、薪金所得"项目计征个人所得税。

8.《个人所得税扣缴申报管理办法（试行）》（国家税务总局公告2018年第61号）

第六条　扣缴义务人向居民个人支付工资、薪金所得时，应当按照累计预扣法计算预扣税款，并按月办理扣缴申报。

累计预扣法，是指扣缴义务人在一个纳税年度内预扣预缴税款时，以纳税人在本单位截至当前月份工资、薪金所得累计收入减除累计免税收入、累计减除费用、累计专项扣除、累计专项附加扣除和累计依法确定的其他扣除后的余额为累计预扣预缴应纳税所得额，适用个人所得税预扣率表一（见附件），计算累计应预扣预缴税额，再减除累计减免税额和累计已预扣预缴税额，其余额为本期应预扣预缴税额。余额为负值时，暂不退税。纳税年度终了后余额仍为负值时，由纳税人通过办理综合所得年度汇算清缴，税款多退少补。

具体计算公式如下：

本期应预扣预缴税额=(累计预扣预缴应纳税所得额×预扣率-速算扣除数)-累计减免税额-累计已预扣预缴税额

累计预扣预缴应纳税所得额=累计收入-累计免税收入-累计减除费用-累计专项扣除-累计专项附加扣除-累计依法确定的其他扣除

其中：累计减除费用，按照5000元/月乘以纳税人当年截至本月在本单位的任职受雇月份数计算。

第七条 居民个人向扣缴义务人提供有关信息并依法要求办理专项附加扣除的，扣缴义务人应当按照规定在工资、薪金所得按月预扣预缴税款时予以扣除，不得拒绝。

第九条 扣缴义务人向非居民个人支付工资、薪金所得，劳务报酬所得，稿酬所得和特许权使用费所得时，应当按照以下方法按月或者按次代扣代缴税款：

非居民个人的工资、薪金所得，以每月收入额减除费用五千元后的余额为应纳税所得额；劳务报酬所得、稿酬所得、特许权使用费所得，以每次收入额为应纳税所得额，适用个人所得税税率表三(见附件)计算应纳税额。劳务报酬所得、稿酬所得、特许权使用费所得以收入减除百分之二十的费用后的余额为收入额；其中，稿酬所得的收入额减按百分之七十计算。

非居民个人在一个纳税年度内税款扣缴方法保持不变，达到居民个人条件时，应当告知扣缴义务人基础信息变化情况，年度终了后按照居民个人有关规定办理汇算清缴。

9.《国家税务总局关于完善调整部分纳税人个人所得税预扣预缴方法的公告》(国家税务总局公告2020年第13号)

一、对一个纳税年度内首次取得工资、薪金所得的居民个人，扣缴义务人在预扣预缴个人所得税时，可按照5000元/月乘以纳税人当年截至本月月份数计算累计减除费用。

二、正在接受全日制学历教育的学生因实习取得劳务报酬所得的，扣缴义务人预扣预缴个人所得税时，可按照《国家税务总局关于发布〈个人所得税扣缴申报管理办法(试行)〉的公告》(2018年第61号)规定的累计预扣法计算并预扣预缴税款。

三、符合本公告规定并可按上述条款预扣预缴个人所得税的纳税人，应当及时向扣缴义务人申明并如实提供相关佐证资料或承诺书，并对相关资料及承诺书的真实性、准确性、完整性负责。相关资料或承诺书，纳税人及扣缴义务人需留存备查。

四、本公告所称首次取得工资、薪金所得的居民个人，是指自纳税年度首月起至新入职时，未取得工资、薪金所得或者未按照累计预扣法预扣预缴过连续性劳务报酬所得个人所得税的居民个人。

本公告自2020年7月1日起施行。

警示案例

2023年11月30日，深圳市某信息系统股份有限公司(证券代码:8××1，证券简称:某信息)发布《关于公司收到税务处理决定书及税务行政处罚决定书的公告》(公告编号:2023－032)，披露:

因违反了《个人所得税法》第8条、第9条的规定，公司于2023年11月28日收到国家税务总局深圳市税务局第一稽查局作出的《税务处理决定书》(深税一稽处〔2023〕1196号)和《税务行政处罚决定书》(深税一稽罚〔2023〕319号)。

具体违法事实及处罚情况如下:

1. 税务机关认定的违法违规事实:

(1)该公司2017年度为员工郭某某发放年终奖金265,000.00元，应代扣代缴个人所得税65,245.00元，其在代扣上述税款后未进行缴纳，违反了《个人所得税法》第8条、第9条的规定。

(2)该公司2018年度通过报销形式发放工资合计978,000.00元，少代扣代缴个人所得税265,780.02元;2019年度通过报销形式发放工资合计936,000.00元，少代扣代缴个人所得税227,192.80元;2020年度通过报销形式发放工资合计1,273,000.00元，少代扣代缴个人所得税297,434.81元;2021年度通过报销形式发放工资合计1,332,000.00元，少代扣代缴个人所得税315,614.96元;2022年度通过报销形式发放工资合计1,247,859.43元，少代扣代缴个人所得税274,516.48元，违反了《个人所得税法》第8条的规定。经送达责令限期代扣代缴税款通知书后，该公司在期限内未能继续履行扣缴义务。

上述违法事实，主要有以下证据证明:企业入账费用清单、报销清单、银行回单、企业情况说明等材料。

2. 处罚/处理依据及结果:

(1)根据《税收征收管理法》第32条和第63条第2款的规定，决定追缴该公司2017年1月已扣未缴的个人所得税65,245.00元，对少缴税款65,245.00元从滞纳税款之日起至实际缴纳之日止按日加收万分之五的滞纳金。

(2)根据《税收征收管理法》第69条的规定,决定对该公司2018年度至2022年度应扣未扣个人所得税税额1,380,539.07元,处1倍的罚款1,380,539.07元。

该公司在《关于公司收到税务处理决定书及税务行政处罚决定书的公告》里说明:①公司接受国家税务总局深圳市税务局第一稽查局的税务处理及税务行政处罚决定,不申请行政复议。②截至本公告披露日,公司已完成税款和滞纳金的补缴工作。③本次税务处理/处罚不会对公司的经营活动产生重大不利影响。④本次税务处理/处罚对公司财务报表产生影响,公司将依据《企业会计准则——基本准则》(2006修订,已被修改)的相关规定进行账务处理。⑤公司不存在因本次税务处理/处罚而被终止挂牌的风险。⑥公司高度重视本次《税务处理决定书》和《税务行政处罚决定书》,积极地整改存在的问题,并完成税款及滞纳金的补缴工作。今后公司将强化财税知识的学习,杜绝类似事件再次发生。

三、未通过精确测算,就支付全年一次性奖金

风险表现

1. 单位仅按月向职工支付工资薪金所得,未考虑将全部工资薪金优化为在平时发放和通过全年一次性奖金发放相结合。

2. 单位未精确测算,导致发放的全年一次性奖金金额不合适(出现单位支付的奖金多,而职工到手的奖金少的情况)。

3. 单位未通过精确测算,协助职工合理选择全年一次性奖金合并计税(并入当年综合所得计算纳税)还是单独计税(不并入当年综合所得,按照月度税率表确定适用税率和速算扣除数,单独计算纳税)。

4. 针对同一职工,全年一次性奖金单独计税办法在一个纳税年度内不止适用一次。

5. 将非全年一次性奖金所得按全年一次性奖金规则计算并扣缴了个人所得税。

风险后果

1. 工资薪金所得属于综合所得的内容之一,适用3%~45%的7级超额累进税率。针对工资薪金收入较高的职工,若单位只按月向其支付工资,则职工每个月需预扣预缴(或年终汇算清缴)时的税收负担较重(最高可能适用45%档的税率)。职工感觉税负过重,可能会产生不良的避税动机,或者向单位提出涨薪、离职等主

张,不利于劳动关系的和谐稳定。

2. 因为综合所得适用3% ~45%的7级超额累进税率,存在税率"临界点",若单位未精确测算,有可能导致单位发放的全年一次性奖金金额多,而职工到手的奖金少的情况,对双方均造成损失。

3. 在平时按月支付工资和全年一次性奖金均存在时,若单位未通过精确测算,协助职工合理选择全年一次性奖金合并计税还是单独计税,有可能导致职工因未能充分享受到全年一次性奖金税收优惠政策而对单位产生不满。

4. 全年一次性奖金单独计税办法是针对劳动者的一项税收优惠政策,在一个纳税年度内,对每一个纳税人,该计税办法只允许采用一次。若单位针对同一劳动者多次适用该政策,则会造成职工少缴纳税款,单位和职工双方均会产生税务风险(职工会被追缴税款;单位会被处以少扣缴税款金额0.5 ~3倍的罚款)。

5. 除全年一次性奖金外,单位以其他各种名目向职工支付的奖金(如半年奖、季度奖、加班奖、先进奖、考勤奖等),应当一律与职工当月工资、薪金收入合并,依法扣缴个人所得税,不得享受单独计税优惠政策。若违规享受,造成职工少缴纳税款,单位和职工双方均会产生税务风险(职工会被追缴税款;单位会被处以少扣缴税款金额0.5 ~3倍的罚款)。

【提示】可以适用单独计税优惠政策的"全年一次性奖金",是指行政机关、企事业单位等扣缴义务人根据其全年经济效益和对雇员全年工作业绩的综合考核情况,向雇员发放的一次性奖金(包括年终加薪、实行年薪制和绩效工资办法的单位根据考核情况兑现的年薪和绩效工资)。

合规建议

1. 单位应根据实际情况,制定适合自身的薪酬政策和激励考核机制,可以考虑将薪酬结构按基本工资、考勤工资、加班工资、绩效工资、绩效奖金、年度奖金等项目进行设置。

相较于只是按月固定向职工支付劳动报酬,针对工资薪金较高的职工(包括在单位任职/受雇的老板),合理的薪酬结构和激励考核机制,既有利于激发职工工作的积极性和危机意识,又可以协助职工更好地平衡个税负担(如合理利用全年一次性奖金单独计税优惠政策)。

2. 单位在设计薪酬体系时,应提前大概设置好相关部门和职工的薪酬结构,如每位职工平时按月发放多少工资,年终一次性奖金在什么区间等。单位需要实际发放全年一次性奖金时,应根据预先制定好的薪酬政策和激励考核指标,仔细测算各部门、各职工的应发奖金数额。需要注意的是，每位职工的具体奖金金额应尽量避开“无效区间”，以避免“单位多发而职工少得”的尴尬局面和风险。

选择单独计税时，全年一次性奖金的“无效区间”测算如下：

单位：元

年终奖	月均值	适用税率	速算扣除数	应纳税额	多发奖金	增加税额	税后数额
36, 000	3000	3%	0	1080			34, 920
38, 567	3214	10%	210	3647	2567	2567	34, 920
144, 000	12, 000	10%	210	14, 190			129, 810
160, 500	13, 375	20%	1410	30, 690	16, 500	16, 500	129, 810
300, 000	25, 000	20%	1410	58, 590			241, 410
318, 333	26, 528	25%	2660	76, 923	18, 333	18, 333	241, 410
420, 000	35, 000	25%	2660	102, 340			317, 660
447, 500	37, 292	30%	4410	129, 840	27, 500	27, 500	317, 660
660, 000	55, 000	30%	4410	193, 590			466, 410
706, 538	58, 878	35%	7160	240, 128	46, 538	46, 538	466, 410
960, 000	80, 000	35%	7160	328, 840			631, 160
1, 120, 000	93, 333	45%	15, 160	488, 840	160, 000	160, 000	631, 160

根据上述测算结果，单位发放奖金金额为 36, 000 元及 38, 567 元时，职工拿到手的税后金额均为 34, 920 元，因此[36, 001 ~ 38, 567]是无效区间；同理，[144, 001 ~ 160, 500]、[300, 001 ~ 318, 333]、[420, 001 ~ 447, 500]、[660, 001 ~ 706, 538]、[960, 001 ~ 1, 120, 000]等也是无效区间。极端情况，单位发放 112 万元奖金与 96 万元奖金，职工到手金额均为 631, 160 元，单位多支出的 16 万元全部用于缴纳个人所得税。

3. 在根据单位薪酬政策及考核指标合理确定每位职工全年一次性奖金具体金额后，单位应从不同计税方式应纳税额孰低角度，协助职工恰当地选择全年一次性奖金计税方式。具体可在个人所得税年度汇算清缴时，提示职工通过个税 App 将全年一次性奖金分别选择按单独计税或并入综合所得计税测算最终应纳税额，然后根据总的个税金额孰低来选择计税方法。

通常，选择单独计税还是选择合并计税的参考依据如下：

(1) 如果“综合所得年应纳税所得额 < 0”，则选择合并计税，这样全年一次性

奖金并入后能够扣除综合所得未扣完的扣除数，并且速算扣除数也大于按月换算的。建议低收入者选择合并计税。

【提示】居民个人的综合所得年应纳税所得额 = 每一纳税年度的收入额 − 费用6万元 − 专项扣除 − 专项附加扣除 − 依法确定的其他扣除 − 符合条件的公益捐赠。

(2) 如果“综合所得年应纳税所得额 + 全年一次性奖金 ≤ 36,000 元”，两种选择都一样（无论是单独计税还是合并计税，税率级次都是在第一档，即税率3%、速算扣除数0）。

(3) 如果“综合所得年应纳税所得额 + 全年一次性奖金 > 36,000 元”，选择全年一次性奖金单独计税更优（即使算上年终奖也不会使税率跳档，但并入综合所得时的税负会更重，因为其他综合所得计算应纳税额时可以用一次年度速算扣除数，年终奖单独计算时可以再用一次月度速算扣除数，而并入综合所得计算时，只能用一次年度速算扣除数）。

【举例】在某省会城市工作的小李，2023 年月工资 25,000 元，个人每月缴纳三险一金 5600 元，每月享受专项附加扣除合计 5000 元（其中包括子女教育 2000 元、赡养老人 1500 元、住房租金 1500 元）；2023 年 12 月取得全年一次性奖金 144,000 元。请问：小李全年一次性奖金应如何计税更划算？

【解析】

①若全年一次性奖金选择单独计税，则：

A. 全年一次性奖金 144,000 元，除以 12 得出每月 12,000 元，查找综合所得月度税率表，适用税率为 10%，速算扣除数为 210。因此，应缴纳奖金个税 = 144,000 × 10% − 210 = 14,190 元。

B. 小李 2023 年综合所得应纳税所得额 = (25,000 − 5000 − 5600 − 5000) × 12 = 112,800 元，查找综合所得年度税率表，适用税率为 10%，速算扣除数为 2520，需缴纳个税 = 112,800 × 10% − 2520 = 8760 元。

C. 小李 2023 年度合计应纳个税 = 14,910 + 8760 = 23,670 元。

②若全年一次性奖金选择合并计税，则：

小李 2023 年综合所得应纳税所得额 = (25,000 − 5000 − 5600 − 5000) × 12 + 144,000 = 256,800 元，查找综合所得年度税率表，适用税率为 20%，速算扣除数为 16,920，需缴纳个人所得税 = 256,800 × 20% − 16,920 = 34,440 元。

综上，小李可选择全年一次性奖金单独计税，能节省个税 10,770 元。

4. 在一个纳税年度内，对每一个纳税人，全年一次性奖金单独计税办法只能适用一次。因此,单位应根据自身实际情况,合理设计薪酬结构和激励考核机制,争取在避开“无效区间”的情况下,使每位职工(尤其是工资薪金较高者)都能最大限度享受该项税收优惠政策。单位针对同一劳动者应避免多次适用该政策,以防范因少代扣代缴职工个人所得税而被处以少扣缴税款金额0.5~3倍罚款的风险。

5.除全年一次性奖金(指行政机关、企事业单位等扣缴义务人根据其全年经济效益和对雇员全年工作业绩的综合考核情况,向雇员发放的一次性奖金,包括年终加薪、实行年薪制和绩效工资办法的单位根据考核情况兑现的年薪和绩效工资)以外,单位以其他各种名目向职工支付的奖金(如半年奖、季度奖、加班奖、先进奖、考勤奖等),应当一律与职工当月工资、薪金收入合并,依法代扣代缴个人所得税,不得享受单独计税优惠政策。

法律依据

1.《国家税务总局关于调整个人取得全年一次性奖金等计算征收个人所得税方法问题的通知》(国税发〔2005〕9号)

一、全年一次性奖金是指行政机关、企事业单位等扣缴义务人根据其全年经济效益和对雇员全年工作业绩的综合考核情况,向雇员发放的一次性奖金。

上述一次性奖金也包括年终加薪、实行年薪制和绩效工资办法的单位根据考核情况兑现的年薪和绩效工资。

三、在一个纳税年度内,对每一个纳税人,该计税办法只允许采用一次。

四、实行年薪制和绩效工资的单位,个人取得年终兑现的年薪和绩效工资按本通知第二条①、第三条执行。

五、雇员取得除全年一次性奖金以外的其他各种名目奖金,如半年奖、季度奖、加班奖、先进奖、考勤奖等,一律与当月工资、薪金收入合并,按税法规定缴纳个人所得税。

2.《财政部、税务总局关于延续实施全年一次性奖金个人所得税政策的公告》(财政部　税务总局公告2023年第30号)

一、居民个人取得全年一次性奖金,符合《国家税务总局关于调整个人取得全年一次性奖金等计算征收个人所得税方法问题的通知》(国税发〔2005〕9号)规定的,不并入当年综合所得,以全年一次性奖金收入除以12个月得到的数额,按照本

① 根据《财政部、国家税务总局个人所得税法修改后有关优惠政策衔接问题的通知》的规定,该条已失效。

公告所附按月换算后的综合所得税率表，确定适用税率和速算扣除数，单独计算纳税。计算公式为：

应纳税额＝全年一次性奖金收入×适用税率－速算扣除数

二、居民个人取得全年一次性奖金，也可以选择并入当年综合所得计算纳税。

三、本公告执行至2027年12月31日。

附件：按月换算后的综合所得税率表

级数	全月应纳税所得额	税率(%)	速算扣除数
1	不超过3000元的	3	0
2	超过3000元至12000元的部分	10	210
3	超过12000元至25000元的部分	20	1410
4	超过25000元至35000元的部分	25	2660
5	超过35000元至55000元的部分	30	4410
6	超过55000元至80000元的部分	35	7160
7	超过80000元的部分	45	15160

四、未依法缴付社会保险费及住房公积金

风险表现

1. 单位未依法（未缴纳、未及时缴纳、缴费险种不全、缴费基数不足等）为职工缴纳及代扣代缴社会保险费、住房公积金。

2. 单位和个人超过规定的比例和标准缴付基本养老保险费、基本医疗保险费和失业保险费，单位未将超过的部分并入职工当期的工资、薪金收入，代扣代缴个人所得税，造成职工少缴纳税款，单位和职工双方均会产生税务风险（职工会被追缴税款；单位会被处以少扣缴税款金额0.5～3倍的罚款）。

3. 单位和个人超过规定的比例和标准缴付住房公积金，未将超过的部分并入个人当期的工资、薪金收入，代扣代缴个人所得税。造成职工少缴纳税款，导致单位和职工双方均会产生税务风险（职工会被追缴税款；单位会被处以少扣缴税款金额0.5～3倍的罚款）。

风险后果

1. 用人单位未依法按时足额为职工缴纳社会保险费及住房公积金，将面临以

下多重法律风险：

(1)劳动争议风险。若职工以“单位未依法为劳动者缴纳社会保险费”为由提出离职,用人单位存在支付经济补偿金的法律风险。

(2)行政处罚风险。根据相关法律规定:①用人单位未按时足额缴纳社会保险费的,由社会保险费征收机构责令限期缴纳或者补足,并自欠缴之日起,按日加收万分之五的滞纳金;逾期仍不缴纳的,由有关行政部门处欠缴数额1~3倍的罚款。②用人单位应当参加工伤保险而未参加的,由社会保险行政部门责令限期参加,补缴应当缴纳的工伤保险费,并自欠缴之日起,按日加收万分之五的滞纳金;逾期仍不缴纳的,处欠缴数额1~3倍的罚款。③单位逾期不缴或者少缴住房公积金的,由住房公积金管理中心责令限期缴存;逾期仍不缴存的,可以申请人民法院强制执行。

(3)承担社会保险费待遇损失补足责任。根据相关法律规定,在用人单位未依法足额为职工缴纳社会保险费的情况下,若职工退休时未能享受到本应享受的养老保险待遇,用人单位将面临补足相关保险待遇损失的风险。

(4)承担工伤赔偿责任。未依法参加工伤保险的用人单位,职工发生工伤的,由该用人单位按照工伤保险条例规定的工伤保险待遇项目和标准支付费用。

(5)税务预警风险。在“社保入税”,以及金税四期“以数治税”等大背景下,如果用人单位申报的工资基数、职工个税计税基数、社会保险费及住房公积金缴费基数不一致,会引发税务预警、税务稽查,最终可能造成单位及相关责任人员遭受行政处罚乃至承担刑事责任的风险。

2. 根据相关税收法律政策的规定,单位和个人超过国家或省(自治区、直辖市)人民政府规定的比例和标准缴付的基本养老、基本医疗、失业等社会保险费,应将超过部分(包括单位及个人超额缴付费用)并入个人当期的工资、薪金收入,计征个人所得税。若单位未依法将超过部分并入职工本人当期的工资、薪金收入代扣代缴个人所得税,造成少扣缴税款的,将会被税务机关处以少扣缴税款0.5~3倍的罚款。同时,单位超额缴付部分不得在企业所得税前扣除,应依法调增应纳税所得额。

3. 根据相关法律政策的规定,单位和个人分别在不超过职工本人上一年度月平均工资(不得超过职工工作地所在设区城市上一年度职工月平均工资的3倍,具体标准按照各地有关规定执行)12%的幅度内实际缴存的住房公积金,允许在个人应纳税所得额中扣除。单位和个人超过上述规定比例和标准缴付的住房公积金,应将超过部分并入个人当期的工资、薪金收入,计征个人所得税。若单位未依法将超过部分并入职工本人当期的工资、薪金收入代扣代缴个人所得税,造成少扣缴税款的,将会被税务机关处以少扣缴税款0.5～3倍的罚款。同时,单位超额缴付部分不得在企业所得税前扣除,应依法调增应纳税所得额。

合规建议

根据相关法律政策的规定,依法缴纳社会保险费和住房公积金是用人单位和劳动者共同的法定义务,不因任何情形而免除,且用人单位负有为职工代扣代缴的义务。因此,用人单位应当依法按时足额为职工缴纳社会保险费和住房公积金,具体内容如下:

1. 用人单位应当自用工之日起30日内为其职工向社会保险经办机构申请办理社会保险登记,并按照国家或单位所在地(省/自治区/直辖市/计划单列市等)人民政府规定的缴费基数(通常,缴费基数原则上以上一年度本人月平均工资为基础,在当地职工平均工资的60%～300%的范围内进行核定)、比例和办法,按时、足额地为职工缴纳社会保险费,职工应当缴纳的社会保险费由用人单位代扣代缴。

若单位和个人超过规定的比例和标准缴付社会保险费,单位应将超过部分(包括单位及个人超额缴付费用)并入职工本人当期的工资、薪金收入,依法代扣代缴个人所得税。

2. 新设立的单位应当自设立之日起30日内向住房公积金管理中心办理住房公积金缴存登记,并自登记之日起20日内,为本单位职工办理住房公积金账户设立手续。单位录用职工的,应当自录用之日起30日内向住房公积金管理中心办理缴存登记,并办理职工住房公积金账户的设立或者转移手续。职工个人缴存的住房公积金,由所在单位每月从其工资中代扣代缴。

(1)职工住房公积金的月缴存额为职工本人上一年度月平均工资乘以职工住房公积金缴存比例。单位为职工缴存的住房公积金的月缴存额为职工本人上一年度月平均工资乘以单位住房公积金缴存比例。新参加工作的职工从参加工作的第二个月开始缴存住房公积金,月缴存额为职工本人当月工资乘以职工住房公积金缴存比例。单位新调入的职工从调入单位发放工资之日起缴存住房公积金,月缴存额为职工本人当月工资乘以职工住房公积金缴存比例。

(2)单位和职工个人缴存住房公积金的月平均工资不得超过职工工作地所在设区城市上一年度职工月平均工资的3倍,具体标准按照各地有关规定执行。

(3)职工和单位住房公积金的缴存比例均不得低于职工上一年度月平均工资

的5%，最好也不要超过职工上一年度月平均工资的12%。

(4)若实际缴付公积金时的缴存基数超过职工工作地所在设区城市上一年度职工月平均工资的3倍，或者缴存比例超过职工上一年度月平均工资的12%，单位应将超过部分(包括单位及个人缴费)并入职工本人当期的工资、薪金收入，依法代扣代缴个人所得税。

法律依据

1.《劳动法》

第七十二条 社会保险基金按照保险类型确定资金来源，逐步实行社会统筹。用人单位和劳动者必须依法参加社会保险，缴纳社会保险费。

2.《劳动合同法》

第三十八条 用人单位有下列情形之一的，劳动者可以解除劳动合同：

……

(三)未依法为劳动者缴纳社会保险费的；

……

第四十六条 有下列情形之一的，用人单位应当向劳动者支付经济补偿：

(一)劳动者依照本法第三十八条规定解除劳动合同的；

……

3.《最高人民法院关于审理劳动争议案件适用法律问题的解释(一)》(法释〔2020〕26号)

第一条 劳动者与用人单位之间发生的下列纠纷，属于劳动争议，当事人不服劳动争议仲裁机构作出的裁决，依法提起诉讼的，人民法院应予受理：

……

(五)劳动者以用人单位未为其办理社会保险手续，且社会保险经办机构不能补办导致其无法享受社会保险待遇为由，要求用人单位赔偿损失发生的纠纷；

……

4.《社会保险法》

第五十八条 用人单位应当自用工之日起三十日内为其职工向社会保险经办机构申请办理社会保险登记。未办理社会保险登记的，由社会保险经办机构核定其应当缴纳的社会保险费。

……

第六十条 用人单位应当自行申报、按时足额缴纳社会保险费，非因不可抗力等法定事由不得缓缴、减免。职工应当缴纳的社会保险费由用人单位代扣代缴，用人单位应当按月将缴纳社会保险费的明细情况告知本人。

……

第八十六条 用人单位未按时足额缴纳社会保险费的，由社会保险费征收机构责令限期缴纳或者补足，并自欠缴之日起，按日加收万分之五的滞纳金；逾期仍不缴纳的，由有关行政部门处欠缴数额一倍以上三倍以下的罚款。

5.《社会保险费征缴暂行条例》

第十三条 缴费单位未按规定缴纳和代扣代缴社会保险费的，由劳动保障行政部门或者税务机关责令限期缴纳；逾期仍不缴纳的，除补缴欠缴数额外，从欠缴之日起，按日加收2‰的滞纳金。滞纳金并入社会保险基金。

6.《工伤保险条例》

第六十二条 用人单位依照本条例规定应当参加工伤保险而未参加的，由社会保险行政部门责令限期参加，补缴应当缴纳的工伤保险费，并自欠缴之日起，按日加收万分之五的滞纳金；逾期仍不缴纳的，处欠缴数额1倍以上3倍以下的罚款。

依照本条例规定应当参加工伤保险而未参加工伤保险的用人单位职工发生工伤的，由该用人单位按照本条例规定的工伤保险待遇项目和标准支付费用。

用人单位参加工伤保险并补缴应当缴纳的工伤保险费、滞纳金后，由工伤保险基金和用人单位依照本条例的规定支付新发生的费用。

7.《劳动和社会保障部社会保险事业管理中心关于规范社会保险缴费基数有关问题的通知》(劳社险中心函〔2006〕60号)

五、关于统一缴费基数问题

(一)参保单位缴纳基本养老保险费的基数可以为职工工资总额，也可以为本单位职工个人缴费工资基数之和，但在全省区市范围内应统一为一种核定办法。单位职工本人缴纳基本养老保险费的基数原则上以上一年度本人月平均工资为基础，在当地职工平均工资的60%~300%的范围内进行核定。……

(二)参保单位缴纳基本医疗保险、失业保险、工伤保险、生育保险费的基数为职工工资总额，基本医疗保险、失业保险职工个人缴费基数为本人工资，为便于征缴可以以上一年度个人月平均工资为缴费基数。……

8.《住房公积金管理条例》

第十四条 新设立的单位应当自设立之日起30日内向住房公积金管理中心

办理住房公积金缴存登记,并自登记之日起20日内,为本单位职工办理住房公积金账户设立手续。……

第十五条 单位录用职工的,应当自录用之日起30日内向住房公积金管理中心办理缴存登记,并办理职工住房公积金账户的设立或者转移手续。……

第十六条 职工住房公积金的月缴存额为职工本人上一年度月平均工资乘以职工住房公积金缴存比例。

单位为职工缴存的住房公积金的月缴存额为职工本人上一年度月平均工资乘以单位住房公积金缴存比例。

第十七条 新参加工作的职工从参加工作的第二个月开始缴存住房公积金,月缴存额为职工本人当月工资乘以职工住房公积金缴存比例。

单位新调入的职工从调入单位发放工资之日起缴存住房公积金,月缴存额为职工本人当月工资乘以职工住房公积金缴存比例。

第十八条 职工和单位住房公积金的缴存比例均不得低于职工上一年度月平均工资的5%;有条件的城市,可以适当提高缴存比例。具体缴存比例由住房公积金管理委员会拟订,经本级人民政府审核后,报省、自治区、直辖市人民政府批准。

第十九条 职工个人缴存的住房公积金,由所在单位每月从其工资中代扣代缴。

……

第三十八条 违反本条例的规定,单位逾期不缴或者少缴住房公积金的,由住房公积金管理中心责令限期缴存;逾期仍不缴存的,可以申请人民法院强制执行。

9.《财政部、国家税务总局关于基本养老保险费、基本医疗保险费、失业保险费、住房公积金有关个人所得税政策的通知》(财税〔2006〕10号)

一、企事业单位按照国家或省(自治区、直辖市)人民政府规定的缴费比例或办法实际缴付的基本养老保险费、基本医疗保险费和失业保险费,免征个人所得税;个人按照国家或省(自治区、直辖市)人民政府规定的缴费比例或办法实际缴付的基本养老保险费、基本医疗保险费和失业保险费,允许在个人应纳税所得额中扣除。

企事业单位和个人超过规定的比例和标准缴付的基本养老保险费、基本医疗保险费和失业保险费,应将超过部分并入个人当期的工资、薪金收入,计征个人所得税。

二、根据《住房公积金管理条例》、《建设部 财政部 中国人民银行关于住房公积金管理若干具体问题的指导意见》(建金管〔2005〕5号)等规定精神,单位和个人分别在不超过职工本人上一年度月平均工资12%的幅度内,其实际缴存的住房公积金,允许在个人应纳税所得额中扣除。单位和职工个人缴存住房公积金的月平均工资不得超过职工工作地所在设区城市上一年度职工月平均工资的3倍,具体标准按照各地有关规定执行。

单位和个人超过上述规定比例和标准缴付的住房公积金,应将超过部分并入个人当期的工资、薪金收入,计征个人所得税。

五、未依法缴付企业年金

风险表现

1. 企业和职工在未依法参加基本养老保险并履行缴费义务的情况下即建立企业年金,不符合法律规定。相关缴费金额可能需要全部并入职工的工资、薪金所得代扣代缴个人所得税,且不得在企业所得税前扣除。

2. 单位为职工缴付(代扣代缴)企业年金时,未依法代扣代缴个人所得税,具体包括:

(1)单位缴费超标(超过本企业职工工资总额的8%)部分,在计入个人账户时,未并入职工当期的工资、薪金所得。

(2)将以下不符合规定的个人缴费部分从个人当期的应纳税所得额中扣除:①个人缴费部分超过本人缴费工资计税基数的4%;②本人缴费工资计税基数(本人上一年度月平均工资)超过职工工作地所在设区城市上一年度职工月平均工资的300%以上;③个人缴费比例及基数均超标。

风险后果

若扣缴义务人未依法代扣代缴税款(未将单位及个人超过规定标准缴付的年金并入职工当期的工资、薪金所得,代扣代缴个人所得税),纳税人将会被税务机关追缴税款,扣缴义务人将会被税务机关处应扣未扣、应收未收税款0.5~3倍的罚款。

合规建议

企业年金,是指企业及其职工在依法参加基本养老保险的基础上,自主建立的补充养老保险制度。国家鼓励企业建立企业年金。企业和职工建立企业年金,应按以下规定操作:

1. 企业和职工应当依法参加基本养老保险并履行缴费义务,在此基础上方能建立企业年金。

2. 缴费比例及基数不得超过规定标准:

(1)企业缴费每年不超过本企业职工工资总额的8%。企业和职工个人缴费合计不超过本企业职工工资总额的12%。

(2)职工个人缴费部分不超过本人缴费工资计税基数的4%,个人缴费由企业从职工个人工资中代扣代缴。

(3)企业年金个人缴费工资计税基数为本人上一年度月平均工资。月平均工资按国家统计局规定列入工资总额统计的项目计算。月平均工资超过职工工作地所在设区城市上一年度职工月平均工资300%以上的部分,不计入个人缴费工资计税基数。

3. 进行合规税务处理:

(1)按照规定标准缴付的年金,单位缴费部分在计入个人账户时暂不缴纳个人所得税;个人缴费部分暂从个人当期的应纳税所得额中扣除。

(2)若实际缴付的年金超过规定的标准,单位应将超过部分(包括单位缴费和个人缴费)并入职工个人当期的工资、薪金所得,依法代扣代缴个人所得税。

(3)单位应于建立年金计划的次月15日内,向其所在地主管税务机关报送年金方案、人力资源和社会保障部门出具的方案备案函、计划确认函以及主管税务机关要求报送的其他相关资料。年金方案、受托人、托管人发生变化的,应于发生变化的次月15日内重新向其主管税务机关报送上述资料。

法律依据

1.《企业年金办法》

第二条 本办法所称企业年金,是指企业及其职工在依法参加基本养老保险的基础上,自主建立的补充养老保险制度。国家鼓励企业建立企业年金。建立企业年金,应当按照本办法执行。

第六条 企业和职工建立企业年金,应当依法参加基本养老保险并履行缴费义务,企业具有相应的经济负担能力。

第十四条 企业年金基金由下列各项组成:

(一)企业缴费;

(二)职工个人缴费;

(三)企业年金基金投资运营收益。

第十五条　企业缴费每年不超过本企业职工工资总额的8%。企业和职工个人缴费合计不超过本企业职工工资总额的12%。具体所需费用,由企业和职工一方协商确定。

职工个人缴费由企业从职工个人工资中代扣代缴。

2.《财政部、人力资源社会保障部、国家税务总局关于企业年金、职业年金个人所得税有关问题的通知》(财税〔2013〕103号)

一、企业年金和职业年金缴费的个人所得税处理

1. 企业和事业单位(以下统称单位)根据国家有关政策规定的办法和标准,为在本单位任职或者受雇的全体职工缴付的企业年金或职业年金(以下统称年金)单位缴费部分,在计入个人账户时,个人暂不缴纳个人所得税。

2. 个人根据国家有关政策规定缴付的年金个人缴费部分,在不超过本人缴费工资计税基数的4%标准内的部分,暂从个人当期的应纳税所得额中扣除。

3. 超过本通知第一条第1项和第2项规定的标准缴付的年金单位缴费和个人缴费部分,应并入个人当期的工资、薪金所得,依法计征个人所得税。税款由建立年金的单位代扣代缴,并向主管税务机关申报解缴。

4. 企业年金个人缴费工资计税基数为本人上一年度月平均工资。月平均工资按国家统计局规定列入工资总额统计的项目计算。月平均工资超过职工工作地所在设区城市上一年度职工月平均工资300%以上的部分,不计入个人缴费工资计税基数。

职业年金个人缴费工资计税基数为职工岗位工资和薪级工资之和。职工岗位工资和薪级工资之和超过职工工作地所在设区城市上一年度职工月平均工资300%以上的部分,不计入个人缴费工资计税基数。

二、年金基金投资运营收益的个人所得税处理

年金基金投资运营收益分配计入个人账户时,个人暂不缴纳个人所得税。

三、领取年金的个人所得税处理

……

4. 个人领取年金时,其应纳税款由受托人代表委托人委托托管人代扣代缴。年金账户管理人应及时向托管人提供个人年金缴费及对应的个人所得税纳税明细。托管人根据受托人指令及账户管理人提供的资料,按照规定计算扣缴个人当期领取年金待遇的应纳税款,并向托管人所在地主管税务机关申报解缴。

5. 建立年金计划的单位、年金托管人,应按照个人所得税法和税收征收管理法

的有关规定，实行全员全额扣缴明细申报。受托人有责任协调相关管理人依法向税务机关办理扣缴申报、提供相关资料。

四、建立年金计划的单位应于建立年金计划的次月15日内，向其所在地主管税务机关报送年金方案、人力资源社会保障部门出具的方案备案函、计划确认函以及主管税务机关要求报送的其他相关资料。年金方案、受托人、托管人发生变化的，应于发生变化的次月15日内重新向其主管税务机关报送上述资料。

3.《财政部、税务总局关于个人所得税法修改后有关优惠政策衔接问题的通知》（财税〔2018〕164号）

四、关于个人领取企业年金、职业年金的政策

个人达到国家规定的退休年龄，领取的企业年金、职业年金，符合《财政部　人力资源社会保障部　国家税务总局关于企业年金　职业年金个人所得税有关问题的通知》（财税〔2013〕103号）规定的，不并入综合所得，全额单独计算应纳税款。其中按月领取的，适用月度税率表计算纳税；按季领取的，平均分摊计入各月，按每月领取额适用月度税率表计算纳税；按年领取的，适用综合所得税率表计算纳税。

个人因出境定居而一次性领取的年金个人账户资金，或个人死亡后，其指定的受益人或法定继承人一次性领取的年金个人账户余额，适用综合所得税率表计算纳税。对个人除上述特殊原因外一次性领取年金个人账户资金或余额的，适用月度税率表计算纳税。

六、未依法支付解除劳动关系一次性补偿金并代扣代缴个人所得税

风险表现

1. 单位在与劳动者解除或终止劳动关系时，未依法支付一次性补偿金（包括经济补偿/赔偿金、生活补助费和其他补助费等）。

2. 单位在与劳动者解除劳动关系时支付给劳动者的一次性补偿金超过当地上年度职工平均工资的3倍，且超过3倍数额的部分未依法代扣代缴个人所得税，包括：

（1）未代扣代缴个人所得税。

（2）代扣代缴个人所得税时未单独适用综合所得税率表，而是并入当年综合所得计算纳税。

3. 单位在与劳动者终止劳动关系时向劳动者支付的一次性补偿金，未依法代扣代缴个人所得税。

风险后果

1. 单位在与劳动者解除或终止劳动关系时，若应当支付一次性补偿金（包括经济补偿/赔偿金、生活补助费和其他补助费等）而未依法支付，劳动者可向劳动行政部门投诉要求其责令限期支付，逾期不支付的，单位可能会被责令按应付金额50%～100%的标准向劳动者加付赔偿金。当然，劳动者也有权在劳动仲裁程序中向劳动仲裁委员会申请先予执行，或者在单位未按照劳动仲裁支付经济补偿金时向法院申请强制执行。

2. 单位支付给劳动者的一次性补偿金超过当地上年度职工平均工资的3倍时，一方面会导致单位承担额外的支出（法律规定支付经济补偿的月工资标准最高不超过用人单位所在直辖市、设区的市级人民政府公布的本地区上年度职工月平均工资的3倍）；另一方面若超过3倍数额的部分，未依法代扣代缴个人所得税，将会产生税务风险，具体包括：

（1）未代扣代缴个人所得税，造成劳动者少缴纳税款，单位和劳动者双方均会产生税务风险（劳动者会被追缴税款；单位会被处以少扣缴税款金额0.5～3倍的罚款）。

（2）代扣代缴个人所得税时未单独适用综合所得税率表，而是并入当年综合所得计算纳税，导致劳动者多缴纳个税，可能引发劳动者与单位之间的纠纷。

3. 单位在与劳动者终止劳动关系时向劳动者支付的一次性补偿金，应当全额并入劳动者取得补偿当月工资薪金所得，依法代扣代缴个人所得税。否则，将会造成劳动者少缴纳税款，单位和劳动者双方均会产生税务风险（劳动者会被追缴税款；单位会被处以少扣缴税款金额0.5～3倍的罚款）。

合规建议

1. 存在下列情况的，用人单位应当向劳动者支付经济补偿：（1）劳动者依照《劳动合同法》第38条的规定解除劳动合同的；（2）用人单位向劳动者提出解除劳动合同，经双方协商一致解除劳动合同的；（3）用人单位依照《劳动合同法》第40条的规定解除劳动合同的；（4）用人单位依照《劳动合同法》第41条第1款的规定解除劳动合同的；（5）除用人单位维持或者提高劳动合同约定条件续订劳动合同，劳动者不同意续订的情形外，依照《劳动合同法》第44条第1项的规定终止固定期限劳动合同的；（6）依照《劳动合同法》第44条第4项、第5项的规定终止劳动合同的；（7）法律、行政法规规定的其他情形（例如：A. 用人单位自用工之日起超过1个月不满1年未与劳动者订立书面劳动合同，用人单位要求补订，劳动者不愿意，用人单位书面通知劳动者终止劳动关系；B. 以完成一定工作任务为期限的劳动合同因任务完成而终止；C.《劳动合同法》施行后，因用人单位经营期限届满不再继续经营导致劳动合同不能继续履行，劳动者请求用人单位支付经济补偿的；等等）。

经济补偿按劳动者在本单位工作的年限，每满 1 年支付 1 个月工资的标准向劳动者支付。6 个月以上不满 1 年的，按 1 年计算；不满 6 个月的，向劳动者支付半个月工资的经济补偿。

劳动者月工资高于用人单位所在直辖市、设区的市级人民政府公布的本地区上年度职工月平均工资 3 倍的，向其支付经济补偿的标准按职工月平均工资 3 倍的数额支付，支付经济补偿的年限最高不超过 12 年。

【提示】月工资，是指劳动者在劳动合同解除或者终止前 12 个月的平均工资，按照劳动者应得工资计算，包括计时工资或者计件工资以及奖金、津贴和补贴等货币性收入。劳动者在劳动合同解除或者终止前 12 个月的平均工资低于当地最低工资标准的，按照当地最低工资标准计算。劳动者工作不满 12 个月的，按照实际工作的月数计算平均工资。

用人单位违反《劳动合同法》规定解除或者终止劳动合同，劳动者要求继续履行劳动合同的，用人单位应当继续履行；劳动者不要求继续履行劳动合同或者劳动合同已经不能继续履行的，用人单位应当依照经济补偿标准的 2 倍向劳动者支付赔偿金。

用人单位依法解除或者终止与工伤职工的劳动关系的，除应依法支付经济补偿外，还应支付一次性伤残就业补助金；同时由工伤保险基金向工伤职工支付一次性工伤医疗补助金。

2. 用人单位与劳动者解除劳动关系时，支付的一次性补偿（包括用人单位发放的经济补偿金、生活补助费和其他补助费）超过当地上年职工平均工资 3 倍数额的部分，应单独适用综合所得税率表（不并入当年综合所得）计算并由用人单位代扣代缴劳动者个人所得税。

（1）个人领取一次性补偿收入时按照国家和地方政府规定的比例实际缴纳的“三险一金”，可以予以扣除。（2）用人单位依法终止工伤职工的劳动合同时，依法支付的工伤保险待遇（包括一次性伤残补助金、伤残津贴、一次性工伤医疗补助金、一次性伤残就业补助金、工伤医疗待遇、住院伙食补助费、外地就医交通食宿费用、工伤康复费用、辅助器具费用、生活护理费等，以及职工因工死亡，其近亲属按照规定应取得的丧葬补助金、供养亲属抚恤金和一次性工亡补助金等），免征个人所得税。(3)企业依照国家有关法律规定宣告破产,企业职工从该破产企业取得的一次性安置费收入,免征个人所得税。

【提示】某些地方“计算经济补偿的封顶基数”与“社保缴费基数上限”不一致。例如,北京将北京市统计部门发布的“北京市法人单位从业人员平均工资”作为全市职工平均工资来计算经济补偿的封顶基数;而将“北京市全口径城镇单位就业人员平均工资的3倍”作为社保缴费基数上限。以2022年为例,北京市“全市法人单位从业人员年平均工资”为178,476元(14,873元/月),而“全口径城镇单位就业人员年平均工资”为135,567元(11,297元/月),后者比前者低24%左右。

【举例】2023年9月,北京甲公司与职工李某提前解除劳动关系,李某在该单位工作年限为10年零7个月,解除劳动合同前12个月的平均应得工资为6万元/月,该单位向李某支付了一次性经济补偿共66万元(协商一致后按11个月×6万元/月计算)。请问:该单位应如何为李某扣缴个人所得税(假设单位未从李某一次性补偿收入中另行代扣代缴“三险一金”)。

【解析】北京2022年度“全市法人单位从业人员年平均工资”为178,476元,因此,李某获得的一次性补偿在535,428元(178,476×3)以内的部分是免税的,超过部分124,572元(660,000－535,428)不并入当年综合所得,而是单独适用综合所得税率表计算纳税,单位应代扣代缴李某个人所得税9937.2元(124,572×10%－2520)。

3.根据《财政部、国家税务总局关于个人所得税法修改后有关优惠政策衔接问题的通知》(财税〔2018〕164号)的规定,仅针对“个人与用人单位解除劳动关系取得一次性补偿收入”有特殊优惠政策,即“一次性补偿收入(包括用人单位发放的经济补偿金、生活补助费和其他补助费),在当地上年职工平均工资3倍数额以内的部分,免征个人所得税;超过3倍数额的部分,不并入当年综合所得,单独适用综合所得税率表,计算纳税”。

因此,若劳动合同到期后,因单位原因不续签而终止合同的,单位依法向劳动者支付的一次性补偿收入(经济补偿/赔偿金),不能适用上述税收优惠政策,单位应当将一次性补偿收入全额并入劳动者取得补偿当月的工资、薪金所得,依法代扣代缴个人所得税。

【举例】2023年9月,北京乙公司与职工张某5年期的劳动合同到期后,因单位不续签而终止。张某在该单位的工作年限为5年,终止劳动合同前12个月的平均应得工资为4万元/月,该单位向张某支付了一次性经济补偿共20万元(5个月×4万元/月计算)。请问:该单位应如何为张某扣缴个人所得税(假设张某当月还另外取得综合所得应纳税所得额3万元)。

【解析】张某获得的"终止劳动合同"一次性补偿20万元,应并入当月工资、薪金所得,合并计算纳税,单位应代扣代缴张某个人所得税29,080元(230,000×20%-16,920)。

法律依据

1.《劳动合同法》

第四十六条 有下列情形之一的,用人单位应当向劳动者支付经济补偿:

(一)劳动者依照本法第三十八条规定解除劳动合同的;

(二)用人单位依照本法第三十六条规定向劳动者提出解除劳动合同并与劳动者协商一致解除劳动合同的;

(三)用人单位依照本法第四十条规定解除劳动合同的;

(四)用人单位依照本法第四十一条第一款规定解除劳动合同的;

(五)除用人单位维持或者提高劳动合同约定条件续订劳动合同,劳动者不同意续订的情形外,依照本法第四十四条第一项规定终止固定期限劳动合同的;

(六)依照本法第四十四条第四项、第五项规定终止劳动合同的;

(七)法律、行政法规规定的其他情形。

第四十七条 经济补偿按劳动者在本单位工作的年限,每满一年支付一个月工资的标准向劳动者支付。六个月以上不满一年的,按一年计算;不满六个月的,向劳动者支付半个月工资的经济补偿。

劳动者月工资高于用人单位所在直辖市、设区的市级人民政府公布的本地区上年度职工月平均工资三倍的,向其支付经济补偿的标准按职工月平均工资三倍的数额支付,向其支付经济补偿的年限最高不超过十二年。

本条所称月工资是指劳动者在劳动合同解除或者终止前十二个月的平均工资。

第四十八条 用人单位违反本法规定解除或者终止劳动合同,劳动者要求继续履行劳动合同的,用人单位应当继续履行;劳动者不要求继续履行劳动合同或者劳动合同已经不能继续履行的,用人单位应当依照本法第八十七条规定支付赔偿金。

第八十五条 用人单位有下列情形之一的,由劳动行政部门责令限期支付劳动报酬、加班费或者经济补偿;劳动报酬低于当地最低工资标准的,应当支付其差额部分；逾期不支付的，责令用人单位按应付金额百分之五十以上百分之一百以下的标准向劳动者加付赔偿金：

……

（四）解除或者终止劳动合同，未依照本法规定向劳动者支付经济补偿的。

第八十七条　用人单位违反本法规定解除或者终止劳动合同的，应当依照本法第四十七条规定的经济补偿标准的二倍向劳动者支付赔偿金。

2.《劳动合同法实施条例》

第六条　用人单位自用工之日起超过一个月不满一年未与劳动者订立书面劳动合同的，应当依照劳动合同法第八十二条的规定向劳动者每月支付两倍的工资，并与劳动者补订书面劳动合同；劳动者不与用人单位订立书面劳动合同的，用人单位应当书面通知劳动者终止劳动关系，并依照劳动合同法第四十七条的规定支付经济补偿。

……

第二十二条　以完成一定工作任务为期限的劳动合同因任务完成而终止的，用人单位应当依照劳动合同法第四十七条的规定向劳动者支付经济补偿。

第二十三条　用人单位依法终止工伤职工的劳动合同的，除依照劳动合同法第四十七条的规定支付经济补偿外，还应当依照国家有关工伤保险的规定支付一次性工伤医疗补助金和伤残就业补助金。

第二十七条　劳动合同法第四十七条规定的经济补偿的月工资按照劳动者应得工资计算，包括计时工资或者计件工资以及奖金、津贴和补贴等货币性收入。劳动者在劳动合同解除或者终止前12个月的平均工资低于当地最低工资标准的，按照当地最低工资标准计算。劳动者工作不满12个月的，按照实际工作的月数计算平均工资。

3.《最高人民法院关于审理劳动争议案件适用法律问题的解释（一）》（法释〔2020〕26号）

第四十八条　劳动合同法施行后，因用人单位经营期限届满不再继续经营导致劳动合同不能继续履行，劳动者请求用人单位支付经济补偿的，人民法院应予支持。

4.《劳动争议调解仲裁法》

第四十四条　仲裁庭对追索劳动报酬、工伤医疗费、经济补偿或者赔偿金的案件，根据当事人的申请，可以裁决先予执行，移送人民法院执行。

仲裁庭裁决先予执行的，应当符合下列条件：

（一）当事人之间权利义务关系明确；

（二）不先予执行将严重影响申请人的生活。

劳动者申请先予执行的，可以不提供担保。

第五十一条 当事人对发生法律效力的调解书、裁决书，应当依照规定的期限履行。一方当事人逾期不履行的，另一方当事人可以依照民事诉讼法的有关规定向人民法院申请执行。受理申请的人民法院应当依法执行。

5.《财政部、税务总局关于个人所得税法修改后有关优惠政策衔接问题的通知》（财税〔2018〕164号）

五、关于解除劳动关系、提前退休、内部退养的一次性补偿收入的政策

（一）个人与用人单位解除劳动关系取得一次性补偿收入（包括用人单位发放的经济补偿金、生活补助费和其他补助费），在当地上年职工平均工资3倍数额以内的部分，免征个人所得税；超过3倍数额的部分，不并入当年综合所得，单独适用综合所得税率表，计算纳税。

6.《财政部、国家税务总局关于个人与用人单位解除劳动关系取得的一次性补偿收入征免个人所得税问题的通知》（财税〔2001〕157号，部分失效）

二、个人领取一次性补偿收入时按照国家和地方政府规定的比例实际缴纳的住房公积金、医疗保险费、基本养老保险费、失业保险费，可以在计征其一次性补偿收入的个人所得税时予以扣除。

三、企业依照国家有关法律规定宣告破产，企业职工从该破产企业取得的一次性安置费收入，免征个人所得税。

7.《财政部、国家税务总局关于工伤职工取得的工伤保险待遇有关个人所得税政策的通知》（财税〔2012〕40号）

一、对工伤职工及其近亲属按照《工伤保险条例》（国务院令第586号）规定取得的工伤保险待遇，免征个人所得税。

二、本通知第一条所称的工伤保险待遇，包括工伤职工按照《工伤保险条例》（国务院令第586号）规定取得的一次性伤残补助金、伤残津贴、一次性工伤医疗补助金、一次性伤残就业补助金、工伤医疗待遇、住院伙食补助费、外地就医交通食宿费用、工伤康复费用、辅助器具费用、生活护理费等，以及职工因工死亡，其近亲属按照《工伤保险条例》（国务院令第586号）规定取得的丧葬补助金、供养亲属抚恤金和一次性工亡补助金等。

七、未依法代扣代缴内部退养、提前退休人员个人所得税

风险表现

1. 原单位未依法代扣代缴内部退养人员个人所得税：(1)在其办理内部退养手续后至法定离退休年龄之间支付的工资、薪金，未按“工资、薪金所得”项目代扣代缴个人所得税；(2)在其办理内部退养手续后支付的一次性收入，未按规定代扣代缴个人所得税。

2. 新单位招用从原单位办理内部退养手续的劳动者，在支付其劳动报酬时，未按照“工资、薪金所得”项目代扣代缴个人所得税。

3. 单位安排不符合提前退休条件的职工提前退休。

4. 单位在向办理提前退休手续的职工支付一次性补贴收入时，未依法代扣代缴个人所得税。

风险后果

1. 根据相关税收法律政策的规定，个人所得税以所得人为纳税人，以支付所得的单位或者个人为扣缴义务人。

2. 若扣缴义务人未依法代扣代缴税款，纳税人将会被税务机关追缴税款，扣缴义务人将会被税务机关处应扣未扣、应收未收税款0.5～3倍的罚款。

合规建议

1. 在职工办理内部退养手续(通常是指企业职工未达到法定退休年龄，因机构改革、企业改制需要，提前离开现有工作岗位，待职工达到法定退休年龄后，再为其办理正式退休手续)后至法定离退休年龄之间，若原单位向其支付工资、薪金，应按“工资、薪金所得”项目代扣代缴个人所得税。

2. 若原单位向办理内部退养手续的职工支付一次性收入，应依法代扣代缴个人所得税。具体操作步骤为：(1)将一次性收入按办理内部退养手续后至法定离退休年龄之间的所属月份进行平均，并与领取一次性收入当月的“工资、薪金”所得合并后减除当月费用扣除标准，以余额为基数确定适用税率；(2)再将当月工资、薪金加上取得的一次性收入，减去费用扣除标准，按适用税率计征个人所得税。

【举例】陈某系某公司职工，2023年10月因公司改制办理内部退养手续，从单位一次性领取收入24万元。陈某离法定退休还有5年，当月工资9000元。请问：该单位应如何为陈某代扣代缴个人所得税？(假设除5000元/月费用减除标准外，

不考虑其他扣除等情况)

【解析】

(1)月平均补偿收入 = 240,000 ÷ (5 × 12) = 4000(元);

(2)按 8000 元(4000 + 9000 - 5000)确定适用税率为 3%;

(3)公司应通过自然人电子税务局(扣缴端),在"正常工资薪金所得"项目中为陈某扣缴个人所得税 120 元[(9000 - 5000) × 3%],在"内退一次性补偿金"项目中申报缴纳个人所得税 7200 元[(240,000 + 9000 - 5000) × 3% - 120]。

3. 新单位招用从原单位办理内部退养手续的劳动者,在支付其劳动报酬时,应按照"工资、薪金"所得项目代扣代缴个人所得税。

【提示】劳动者应将其从新单位取得的"工资、薪金"所得,与其从原任职单位取得的同一月份的"工资、薪金"所得合并,并依法自行向主管税务机关申报缴纳个人所得税。

4. 关于退休年龄的规定,需按照《全国人民代表大会常务委员会关于实施渐进式延迟法定退休年龄的决定》的有关规定执行。

5. 单位在向办理提前退休手续的职工支付一次性补贴收入时,应将一次性补贴收入按照办理提前退休手续至法定离退休年龄之间实际年度数平均分摊,确定适用税率和速算扣除数,单独适用综合所得税率表,按照"工资、薪金所得"项目计算纳税并代扣代缴。计算公式:

应纳税额 = {[(一次性补贴收入 ÷ 办理提前退休手续至法定退休年龄的实际年度数) - 费用扣除标准] × 适用税率 - 速算扣除数} × 办理提前退休手续至法定退休年龄的实际年度数

【举例】张某是某公司职工。2024 年年初因工致残,由医院证明,并经劳动能力鉴定委员会确认,完全丧失劳动能力,于 2024 年 5 月办理了提前退休手续,取得单位按规定支付的一次性补贴 30 万元。张某离法定退休还有 3 年(36 个月),当月工资 8000 元。请问:该单位应如何为张某代扣代缴个人所得税?(假设除 5000 元/月费用减除标准外,不考虑其他扣除等情况。)

【解析】

(1)年平均补偿收入 = 300,000 ÷ 3 = 100,000(元),确定适用税率为 10%、速算扣除数为 2520 元;公司应单独适用综合所得税率表,计算纳税并代扣代缴:应纳税额 = {[(300,000 ÷ 3) - 5000 × 12] × 10% - 2520} × 3 = 4440(元)。

(2)公司应通过自然人电子税务局(扣缴端),在"正常工资薪金所得"项目中为张某扣缴个人所得税(8000 - 5000) ×3% =90(元)。

法律依据

1.《全国人民代表大会常务委员会关于实施渐进式延迟法定退休年龄的决定》

一、同步启动延迟男、女职工的法定退休年龄,用十五年时间,逐步将男职工的法定退休年龄从原六十周岁延迟至六十三周岁,将女职工的法定退休年龄从原五十周岁、五十五周岁分别延迟至五十五周岁、五十八周岁。

二、实施渐进式延迟法定退休年龄坚持小步调整、弹性实施、分类推进、统筹兼顾的原则。

三、各级人民政府应当积极应对人口老龄化,鼓励和支持劳动者就业创业,切实保障劳动者权益,协调推进养老托育等相关工作。

四、批准《国务院关于渐进式延迟法定退休年龄的办法》。国务院根据实际需要,可以对落实本办法进行补充和细化。

五、本决定自2025年1月1日起施行。第五届全国人民代表大会常务委员会第二次会议批准的《国务院关于安置老弱病残干部的暂行办法》和《国务院关于工人退休、退职的暂行办法》中有关退休年龄的规定不再施行。

2.《中共中央组织部、人力资源社会保障部关于机关事业单位县处级女干部和具有高级职称的女性专业技术人员退休年龄问题的通知》(组通字〔2015〕14号)

一、党政机关、人民团体中的正、副县处级及相应职务层次的女干部,事业单位中担任党务、行政管理工作的相当于正、副处级的女干部和具有高级职称的女性专业技术人员,年满六十周岁退休。

二、上述女干部和具有高级职称的女性专业技术人员如本人申请,可以在年满五十五周岁时自愿退休。

3.《国家税务总局关于个人所得税有关政策问题的通知》(国税发〔1999〕58号,部分失效)

一、关于企业减员增效和行政、事业单位、社会团体在机构改革过程中实行内部退养办法人员取得收入征税问题

实行内部退养的个人在其办理内部退养手续后至法定离退休年龄之间从原任职单位取得的工资、薪金,不属于离退休工资,应按“工资、薪金所得”项目计征个人所得税。

个人在办理内部退养手续后从原任职单位取得的一次性收入,应按办理内部退养手续后至法定离退休年龄之间的所属月份进行平均,并与领取当月的“工资、薪金”

所得合并后减除当月费用扣除标准,以余额为基数确定适用税率,再将当月工资、薪金加上取得的一次性收入,减去费用扣除标准,按适用税率计征个人所得税。

个人在办理内部退养手续后至法定离退休年龄之间重新就业取得的"工资、薪金"所得,应与其从原任职单位取得的同一月份的"工资、薪金"所得合并,并依法自行向主管税务机关申报缴纳个人所得税。

4.《关于个人提前退休取得补贴收入个人所得税问题的公告》(国家税务总局公告 2011 年第 6 号,部分失效)

一、机关、企事业单位对未达到法定退休年龄、正式办理提前退休手续的个人,按照统一标准向提前退休工作人员支付一次性补贴,不属于免税的离退休工资收入,应按照"工资、薪金所得"项目征收个人所得税。

5.《财政部、国家税务总局关于个人所得税法修改后有关优惠政策衔接问题的通知》(财税〔2018〕164 号)

五、关于解除劳动关系、提前退休、内部退养的一次性补偿收入的政策

……

(二)个人办理提前退休手续而取得的一次性补贴收入,应按照办理提前退休手续至法定离退休年龄之间实际年度数平均分摊,确定适用税率和速算扣除数,单独适用综合所得税率表,计算纳税。计算公式:

应纳税额 = {[(一次性补贴收入 ÷ 办理提前退休手续至法定退休年龄的实际年度数) − 费用扣除标准] × 适用税率 − 速算扣除数} × 办理提前退休手续至法定退休年龄的实际年度数

(三)个人办理内部退养手续而取得的一次性补贴收入,按照《国家税务总局关于个人所得税有关政策问题的通知》(国税发〔1999〕58 号)规定计算纳税。

八、错误支付离退休人员报酬并代扣代缴个人所得税

风险表现

1. 单位向不能同时满足下列条件的退休返聘人员支付报酬时,未按照"劳务报酬所得",而是错误按照"工资、薪金所得"项目代扣代缴个人所得税:(1)受雇人员与用人单位签订大于等于 1 年期限的劳务合同(退休返聘协议),存在长期或连续的雇佣与被雇佣关系;(2)受雇人员因事假、病假、休假等原因不能正常出勤时,仍享受固定或基本工资收入;(3)受雇人员与单位其他正式职工享受同等福利、社会保险培训及其他待遇;(4)受雇人员的职务晋升、职称评定等工作由用人单位负责

组织。

2. 单位向离退休人员支付各类补贴、奖金、实物(除离退休人员按规定领取离退休工资或养老金外)时,未按“工资、薪金所得”应税项目代扣代缴个人所得税。

3. 单位在向与本单位存在劳动人事关系的达到离休退休年龄,但确因工作需要,适当延长离休退休年龄的高级专家(指享受国家发放的政府特殊津贴的专家、学者,以及中国科学院、中国工程院院士)以各种名目支付津补贴等(按国家有关规定,与其他职工一样,向高级专家统一发放的工资、薪金、奖金、津贴、补贴等可视同离休、退休工资的免税收入除外)时,未按照“工资、薪金所得”项目代扣代缴个人所得税。

4. 单位在向与本单位不存在劳动人事关系的高级专家支付培训费、讲课费、顾问费、稿酬等各种所得时,未按照“劳务报酬所得”项目代扣代缴个人所得税。

风险后果

1. 根据相关税收法律政策的规定,个人所得税以所得人为纳税人,以支付所得的单位或者个人为扣缴义务人。

2. 若扣缴义务人未依法代扣代缴税款,纳税人将会被税务机关追缴税款,扣缴义务人将会被税务机关处应扣未扣、应收未收税款0.5~3倍的罚款。

合规建议

1. 向退休返聘人员支付报酬时,应按照以下规定依法代扣代缴个人所得税:

(1)若退休返聘人员同时符合下列条件,则单位支付给退休返聘人员的劳动报酬,在减除按《个人所得税法》规定的费用扣除标准后,按“工资、薪金所得”应税项目代扣代缴个人所得税:

①受雇人员与用人单位签订大于等于1年期限劳务合同(退休返聘协议),存在长期或连续的雇佣与被雇佣关系;

②受雇人员因事假、病假、休假等原因不能正常出勤时,仍享受固定或基本工资收入;

③受雇人员与单位其他正式职工享受同等福利、社会保险培训及其他待遇;

④受雇人员的职务晋升、职称评定等工作由用人单位负责组织。

(2)若退休返聘人员不能同时符合上述条件,则单位向其支付的报酬,应按照“劳务报酬所得”项目代扣代缴个人所得税。

2. 若单位离退休人员除按规定领取离退休工资或养老金外,还从原任职单位取得各类补贴、奖金、实物,单位应在向其支付各类补贴、奖金、实物时,在减除费用扣除标准后,按"工资、薪金所得"应税项目代扣代缴个人所得税。

3.单位在向达到离休、退休年龄,但确因工作需要,适当延长离休退休年龄的高级专家(指享受国家发放的政府特殊津贴的专家、学者,以及中国科学院、中国工程院院士),在延长离休退休期间支付所得时,应依法代扣代缴个人所得税:

(1)与高级专家存在劳动人事关系的单位:①按国家有关规定,与其他职工一样,向高级专家统一发放的工资、薪金、奖金、津贴、补贴等收入,视同离休、退休工资,免征个人所得税;②除上述免税收入外,以各种名目向高级专家支付的津补贴收入等,应按照"工资、薪金所得"项目代扣代缴个人所得税。

(2)与高级专家不存在劳动人事关系的单位:在向高级专家支付培训费、讲课费、顾问费、稿酬等各种所得时,应按照"劳务报酬所得"项目代扣代缴个人所得税。

【提示】高级专家从两处以上取得应税工资、薪金所得以及具有税法规定应当自行纳税申报的其他情形的,应在税法规定的期限内自行向主管税务机关办理纳税申报。

法律依据

1.《国家税务总局关于个人兼职和退休人员再任职取得收入如何计算征收个人所得税问题的批复》(国税函〔2005〕382号)

……个人兼职取得的收入应按照"劳务报酬所得"应税项目缴纳个人所得税;退休人员再任职取得的收入,在减除按个人所得税法规定的费用扣除标准后,按"工资、薪金所得"应税项目缴纳个人所得税。

2.《国家税务总局关于离退休人员再任职界定问题的批复》(国税函〔2006〕526号)

《国家税务总局关于个人兼职和退休人员再任职取得收入如何计算征收个人所得税问题的批复》(国税函〔2005〕382号)所称的"退休人员再任职",应同时符合下列条件:

一、受雇人员与用人单位签订一年以上(含一年)劳动合同(协议),存在长期或连续的雇用与被雇用关系;

二、受雇人员因事假、病假、休假等原因不能正常出勤时,仍享受固定或基本工资收入;

三、受雇人员与单位其他正式职工享受同等福利、社保、培训及其他待遇;

四、受雇人员的职务晋升、职称评定等工作由用人单位负责组织。

3.《国家税务总局关于个人所得税有关问题的公告》(国家税务总局公告 2011 年第 27 号)

二、关于离退休人员再任职的界定条件问题

《国家税务总局关于离退休人员再任职界定问题的批复》(国税函〔2006〕526 号)第三条中,单位是否为离退休人员缴纳社会保险费,不再作为离退休人员再任职的界定条件。

4.《国家税务总局关于离退休人员取得单位发放离退休工资以外奖金补贴征收个人所得税的批复》(国税函〔2008〕723 号)

离退休人员除按规定领取离退休工资或养老金外,另从原任职单位取得的各类补贴、奖金、实物,不属于《中华人民共和国个人所得税法》第四条规定可以免税的退休工资、离休工资、离休生活补助费。根据《中华人民共和国个人所得税法》及其实施条例的有关规定,离退休人员从原任职单位取得的各类补贴、奖金、实物,应在减除费用扣除标准后,按“工资、薪金所得”应税项目缴纳个人所得税。

5.《财政部、国家税务总局关于个人所得税若干政策问题的通知》(财税字〔1994〕020 号)

二、下列所得,暂免征收个人所得税:……(七)对按国发(1983)141 号《国务院关于高级专家离休退休若干问题的暂行规定》和国办发(1991)40 号《国务院办公厅关于杰出高级专家暂缓离退休审批问题的通知》精神,达到离休、退休年龄,但确因工作需要,适当延长离休退休年龄的高级专家(指享受国家发放的政府特殊津贴的专家、学者),其在延长离休退休期间的工资、薪金所得,视同退休工资、离休工资免征个人所得税。

6.《财政部、国家税务总局关于高级专家延长离休退休期间取得工资薪金所得有关个人所得税问题的通知》(财税〔2008〕7 号)

一、《财政部　国家税务总局关于个人所得税若干政策问题的通知》(财税字〔1994〕20 号)第二条第(七)项中所称延长离休退休年龄的高级专家是指:

(一)享受国家发放的政府特殊津贴的专家、学者;

(二)中国科学院、中国工程院院士。

二、高级专家延长离休退休期间取得的工资薪金所得,其免征个人所得税政策口径按下列标准执行:

(一)对高级专家从其劳动人事关系所在单位取得的,单位按国家有关规定向职工统一发放的工资、薪金、奖金、津贴、补贴等收入,视同离休、退休工资,免征个人所得税；

（二）除上述第（一）项所述收入以外各种名目的津补贴收入等，以及高级专家从其劳动人事关系所在单位之外的其他地方取得的培训费、讲课费、顾问费、稿酬等各种收入，依法计征个人所得税。

三、高级专家从两处以上取得应税工资、薪金所得以及具有税法规定应当自行纳税申报的其他情形的，应在税法规定的期限内自行向主管税务机关办理纳税申报。

九、向职工赠与或低价销售房产后错误代扣代缴个人所得税

风险表现

1. 单位作为房屋产权所有人将房屋产权无偿赠与职工时，未按照“偶然所得”项目代扣代缴个人所得税。

2. 单位按低于购置或建造成本的价格出售住房给职工，未就职工因此而少支出的差价部分，按照“工资、薪金所得”项目依法代扣代缴个人所得税：(1)未代扣代缴个人所得税；(2)代扣代缴个人所得税金额计算错误。

风险后果

1. 根据相关税收法律政策的规定，个人所得税以所得人为纳税人，以支付所得的单位或者个人为扣缴义务人。

2. 若扣缴义务人未依法代扣代缴税款，纳税人将会被税务机关追缴税款，扣缴义务人将会被税务机关处应扣未扣、应收未收税款0.5～3倍的罚款。

3. 若单位未按照规定方法代扣代缴个人所得税，造成职工多缴纳税款或者未足额享受到优惠，可能会导致职工与单位之间产生纠纷。

合规建议

1. 单位作为房屋产权所有人，若存在将房屋产权无偿赠与职工时，应按照“偶然所得”项目代扣代缴职工个人所得税。

2. 除“根据住房制度改革政策的有关规定，在住房制度改革期间，按照所在地县级以上人民政府规定的房改成本价格向职工出售公有住房”外，单位按低于购置或建造成本价格出售住房给职工，应就职工因此而少支出的差价部分，按照“工资、薪金所得”项目依法代扣代缴个人所得税。计算税款时，差价收入不并入当年综合所得，以差价收入除以12个月得到的数额，按照月度税率表确定适用税率和速算

扣除数,单独计算纳税。计算公式为:

应纳税额=职工实际支付的购房价款低于该房屋的购置或建造成本价格的差额×适用税率-速算扣除数

法律依据

1.《财政部、税务总局关于个人取得有关收入适用个人所得税应税所得项目的公告》(财政部、税务总局公告2019年第74号)

二、房屋产权所有人将房屋产权无偿赠与他人的,受赠人因无偿受赠房屋取得的受赠收入,按照"偶然所得"项目计算缴纳个人所得税。……

2.《财政部、国家税务总局关于单位低价向职工售房有关个人所得税问题的通知》(财税〔2007〕13号,部分失效)

一、根据住房制度改革政策的有关规定,国家机关、企事业单位及其他组织(以下简称单位)在住房制度改革期间,按照所在地县级以上人民政府规定的房改成本价格向职工出售公有住房,职工因支付的房改成本价格低于房屋建造成本价格或市场价格而取得的差价收益,免征个人所得税。

二、除本通知第一条规定情形外,根据《中华人民共和国个人所得税法》及其实施条例的有关规定,单位按低于购置或建造成本价格出售住房给职工,职工因此而少支出的差价部分,属于个人所得税应税所得,应按照"工资、薪金所得"项目缴纳个人所得税。

前款所称差价部分,是指职工实际支付的购房价款低于该房屋的购置或建造成本价格的差额。

3.《财政部、国家税务总局关于个人所得税法修改后有关优惠政策衔接问题的通知》(财税〔2018〕164号)

六、关于单位低价向职工售房的政策

单位按低于购置或建造成本价格出售住房给职工,职工因此而少支出的差价部分,符合《财政部　国家税务总局关于单位低价向职工售房有关个人所得税问题的通知》(财税〔2007〕13号)第二条规定的,不并入当年综合所得,以差价收入除以12个月得到的数额,按照月度税率表确定适用税率和速算扣除数,单独计算纳税。计算公式为:

应纳税额=职工实际支付的购房价款低于该房屋的购置或建造成本价格的差额×适用税率-速算扣除数

十、支付“劳务报酬所得”，但未代扣代缴个人所得税

风险表现

1. 单位雇佣/接受个人(自然人)从事“设计、装潢、安装、制图、化验、测试、医疗、法律、会计、咨询、讲学、翻译、审稿、书画、雕刻、影视、录音、录像、演出、表演、广告、展览、技术服务、介绍服务、经纪服务、代办服务”等劳务服务，并以各种形式(包括现金、实物、有价证券和其他形式的经济利益等)向个人支付所得时，未代扣代缴或者未按照“劳务报酬所得”项目代扣代缴个人所得税。

2. 单位以组织境内外免费培训班、研讨会、工作考察等形式，对雇用的非本单位职工进行奖励(包括实物、有价证券等)时，未代扣代缴或者未按照“劳务报酬所得”项目代扣代缴个人所得税。

3. 单位向担任董事或监事职务的非本单位职工支付董事费、监事费时，未代扣代缴或者未按照“劳务报酬所得”项目代扣代缴个人所得税。

4. 单位向不能同时满足下列条件的退休返聘人员支付报酬时，未按照“劳务报酬所得”项目，而是错误按照“工资、薪金所得”项目代扣代缴个人所得税：(1)受雇人员与用人单位签订大于等于1年期限的劳动合同(协议)，存在长期或连续的雇佣与被雇佣关系；(2)受雇人员因事假、病假、休假等原因不能正常出勤时，仍享受固定或基本工资收入；(3)受雇人员与单位其他正式职工享受同等福利、培训及其他待遇；(4)受雇人员的职务晋升、职称评定等工作由用人单位负责组织。

5. 代扣代缴“劳务报酬所得”项目个人所得税时，金额计算错误。

风险后果

1. 根据相关税收法规政策的规定，个人所得税以所得人为纳税人，以支付所得的单位或者个人为扣缴义务人。

2. 若扣缴义务人未依法代扣代缴税款，纳税人将会被税务机关追缴税款，扣缴义务人将会被税务机关处应扣未扣、应收未收税款0.5～3倍的罚款。

3. 若单位未按照规定项目或方法代扣代缴个人所得税，造成职工多缴纳税款，可能会导致职工与单位之间产生纠纷。

合规建议

1. 单位存在下列情形时，应按照“劳务报酬所得”项目依法代扣代缴相关人员个人所得税：

(1)雇佣/接受个人(自然人)从事“设计、装潢、安装、制图、化验、测试、医疗、法律、会计、咨询、讲学、翻译、审稿、书画、雕刻、影视、录音、录像、演出、表演、广告、展览、技术服务、介绍服务、经纪服务、代办服务”等劳务服务,并以各种形式(包括现金、实物、有价证券和其他形式的经济利益等)向个人支付所得时。

(2)以组织境内外免费培训班、研讨会、工作考察等形式,对雇用的非本单位职工进行奖励(包括实物、有价证券等)时。

(3)向担任董事或监事职务的非本单位职工支付董事费、监事费时。

(4)向不能同时满足下列条件的退休返聘人员支付报酬时:①受雇人员与用人单位签订大于等于1年期限的劳动合同(协议),存在长期或连续的雇佣与被雇佣关系;②受雇人员因事假、病假、休假等原因不能正常出勤时,仍享受固定或基本工资收入;③受雇人员与单位其他正式职工享受同等福利、培训及其他待遇;④受雇人员的职务晋升、职称评定等工作由用人单位负责组织。

2. 单位作为扣缴义务人,在向居民个人支付“劳务报酬所得”时,应当按照以下方法按次(属于一次性收入的,以取得该项收入为一次;属于同一项目连续性收入的,以一个月内取得的收入为一次)或者按月预扣预缴税款(适用《个人所得税扣缴申报管理办法(试行)》附件“个人所得税预扣率表二”):

(1)每次收入小于等于4000元时:应纳税所得额 = 每次收入 - 800;

(2)每次收入大于4000元时:应纳税所得额 = 每次收入 ×(1 - 20%)。

【提示】居民个人办理年度综合所得汇算清缴时,应当依法计算劳务报酬所得、稿酬所得、特许权使用费所得的收入额,并入年度综合所得计算应纳税款,税款多退少补。

法律依据

1.《个人所得税法》

第二条　下列各项个人所得,应当缴纳个人所得税:

……

(二)劳务报酬所得;

……

第九条　个人所得税以所得人为纳税人,以支付所得的单位或者个人为扣缴义务人。

……

2.《个人所得税法实施条例》

第六条 个人所得税法规定的各项个人所得的范围:

……

(二)劳务报酬所得,是指个人从事劳务取得的所得,包括从事设计、装潢、安装、制图、化验、测试、医疗、法律、会计、咨询、讲学、翻译、审稿、书画、雕刻、影视、录音、录像、演出、表演、广告、展览、技术服务、介绍服务、经纪服务、代办服务以及其他劳务取得的所得。

……

第八条 个人所得的形式,包括现金、实物、有价证券和其他形式的经济利益;……

3.《个人所得税扣缴申报管理办法(试行)》(国家税务总局公告2018年第61号)

第八条 扣缴义务人向居民个人支付劳务报酬所得、稿酬所得、特许权使用费所得时,应当按照以下方法按次或者按月预扣预缴税款:

劳务报酬所得、稿酬所得、特许权使用费所得以收入减除费用后的余额为收入额;其中,稿酬所得的收入额减按百分之七十计算。

减除费用:预扣预缴税款时,劳务报酬所得、稿酬所得、特许权使用费所得每次收入不超过四千元的,减除费用按八百元计算;每次收入四千元以上的,减除费用按收入的百分之二十计算。

应纳税所得额:劳务报酬所得、稿酬所得、特许权使用费所得,以每次收入额为预扣预缴应纳税所得额,计算应预扣预缴税额。劳务报酬所得适用个人所得税预扣率表二(见附件),稿酬所得、特许权使用费所得适用百分之二十的比例预扣率。

居民个人办理年度综合所得汇算清缴时,应当依法计算劳务报酬所得、稿酬所得、特许权使用费所得的收入额,并入年度综合所得计算应纳税款,税款多退少补。

第十一条 劳务报酬所得、稿酬所得、特许权使用费所得,属于一次性收入的,以取得该项收入为一次;属于同一项目连续性收入的,以一个月内取得的收入为一次。

……

附件：个人所得税预扣率表二（居民个人劳务报酬所得预扣预缴适用）

级数	预扣预缴应纳税所得额	预扣率（%）	速算扣除数
1	不超过 20000 元	20	0
2	超过 20000 元至 50000 元的部分	30	2000
3	超过 50000 元的部分	40	7000

十一、支付“利息、股息、红利所得”时，错误代扣代缴个人所得税

风险表现

1. 企业向个人借款并支付利息时，未按规定代扣代缴个人所得税。

2. 企业（个人独资企业、合伙企业除外）发生下列行为时，未视为对其个人投资者的红利分配，应依照“利息、股息、红利所得”项目代扣代缴个人所得税：

（1）以企业资金为个人投资者本人（及其家庭成员）支付与企业生产经营无关的消费性支出。

（2）以企业资金为个人投资者本人（及其家庭成员）购买汽车、住房等财产，并将所有权登记在投资者本人或其家庭成员名下（即便所有权人将财产无偿或有偿交付企业使用）。

（3）个人投资者（及其家庭成员）向企业借款，在取得借款的纳税年度终了后既不归还，又未用于企业生产经营的（如将借款用于购买房屋及其他财产，并将所有权登记在投资者本人或其家庭成员名下，即便所有权人将财产无偿或有偿交付企业使用）。

3. 企业职工因拥有股权而参与企业税后利润分配取得的所得，除免税外，企业错误按照“工资、薪金所得”代扣代缴个人所得税。

4. 对以未分配利润、盈余公积和除股票溢价发行外的其他资本公积转增注册资本和股本的，企业未按“利息、股息、红利所得”代扣代缴自然人股东的个人所得税。

风险后果

1. 根据相关税收法律政策的规定，个人所得税以所得人为纳税人，以支付所得的单位或者个人为扣缴义务人。

2. 若扣缴义务人未依法代扣代缴税款，纳税人将会被税务机关追缴税款，扣缴义务人将会被税务机关处应扣未扣、应收未收税款 0.5～3 倍的罚款。

3.若扣缴义务人未按照规定项目或方法代扣代缴个人所得税，造成纳税人多缴纳税款，可能会导致双方之间产生纠纷。

合规建议

1.单位在向个人（包括自然人股东、单位职工，以及与单位无关的自然人等）借款时，应按照以下步骤操作：

（1）在确保单位与个人之间的借贷关系真实、合法、有效，并且不具有非法集资目的或其他违反法律、法规行为的前提下，妥善签署借款协议等书面协议，明确约定借款种类、币种、用途、数额、利率（需注意公允性）、期限、还款方式，以及违约责任等条款。

（2）取得借款后应依法进行账务处理。

（3）按照约定期限还本付息，并进行账务处理。向自然人支付利息时应按照“利息、股息、红利所得”项目代扣代缴个人所得税。

扣缴义务人支付利息、股息、红利所得，应当依法按次（以支付利息、股息、红利时个人取得的收入为一次）或者按月代扣代缴税款。

【提示】企业所得税处理：①利息支出，超过按照金融企业同期同类贷款利率计算的数额部分，不得在缴纳企业所得税前扣除；②企业从其关联方（包括自然人股东、其他与企业有关联关系的自然人等）接受的债权性投资与权益性投资的比例超过2∶1，因此发生的利息支出，不得在计算应纳税所得额时扣除；③凡企业投资者在规定期限内未缴足其应缴资本额的，该企业对外借款所发生的利息，相当于投资者实缴资本额与在规定期限内应缴资本额的差额应计付的利息，不属于企业合理的支出，应由企业投资者负担，不得在计算企业应纳税所得额时扣除；④资本性的利息支出应当分期扣除或者计入有关资产成本，不得在发生当期直接扣除。

2.企业（个人独资企业、合伙企业除外）发生下列行为时，应视为对其个人投资者的红利分配，依照“利息、股息、红利所得”项目代扣代缴其个人所得税：

（1）以企业资金为个人投资者本人（及其家庭成员）支付与企业生产经营无关的消费性支出。

（2）以企业资金为个人投资者本人（及其家庭成员）购买汽车、住房等财产，并将所有权登记在投资者本人或其家庭成员名下（即便所有权人将财产无偿或有偿交付企业使用）。

（3）个人投资者（及其家庭成员）向企业借款，在取得借款的纳税年度终了后既不归还，又未用于企业生产经营的（如将借款用于购买房屋及其他财产，并将所有权登记在投资者本人或其家庭成员名下，即便所有权人将财产无偿或有偿交付企业使用）。

3. 企业对拥有企业股权的职工分配企业税后利润时，应按照“利息、股息、红利所得”的适用规定计算并缴纳个人所得税。计算税款时，除依照有关规定可以免税或减税的股息、红利所得外，应全额按规定税率计算纳税。

4. 企业在以未分配利润、盈余公积和除股票溢价发行外的其他资本公积转增注册资本和股本时，应按照“利息、股息、红利所得”项目代扣代缴其自然人股东的个人所得税。

【提示】中小高新技术企业以未分配利润、盈余公积、资本公积向个人股东转增股本时，个人股东一次缴纳个人所得税确有困难的，可根据实际情况自行制定分期缴税计划，在不超过5个公历年度内（含）分期缴纳，并将有关资料报主管税务机关备案。

法律依据

1.《个人所得税法》

第二条　下列各项个人所得，应当缴纳个人所得税：

……

（六）利息、股息、红利所得；

……

第三条　个人所得税的税率：

……

（三）利息、股息、红利所得，财产租赁所得，财产转让所得和偶然所得，适用比例税率，税率为百分之二十。

第九条　个人所得税以所得人为纳税人，以支付所得的单位或者个人为扣缴义务人。

……

2.《个人所得税法实施条例》

第六条　个人所得税法规定的各项个人所得的范围：

……

（六）利息、股息、红利所得，是指个人拥有债权、股权等而取得的利息、股息、红利所得。

……

3.《个人所得税扣缴申报管理办法(试行)》(国家税务总局公告2018年第61号)

第十条 扣缴义务人支付利息、股息、红利所得,财产租赁所得,财产转让所得或者偶然所得时,应当依法按次或者按月代扣代缴税款。

第十一条 ……

利息、股息、红利所得,以支付利息、股息、红利时取得的收入为一次。

……

4.《财政部、国家税务总局关于规范个人投资者个人所得税征收管理的通知》(财税〔2003〕158号)

一、……

除个人独资企业、合伙企业以外的其他企业的个人投资者,以企业资金为本人、家庭成员及其相关人员支付与企业生产经营无关的消费性支出及购买汽车、住房等财产性支出,视为企业对个人投资者的红利分配,依照"利息、股息、红利所得"项目计征个人所得税。

企业的上述支出不允许在所得税前扣除。

二、……

纳税年度内个人投资者从其投资企业(个人独资企业、合伙企业除外)借款,在该纳税年度终了后既不归还,又未用于企业生产经营的,其未归还的借款可视为企业对个人投资者的红利分配,依照"利息、股息、红利所得"项目计征个人所得税。

5.《财政部、国家税务总局关于企业为个人购买房屋或其他财产征收个人所得税问题的批复》(财税〔2008〕83号)

一、根据《中华人民共和国个人所得税法》和《财政部 国家税务总局关于规范个人投资者个人所得税征收管理的通知》(财税〔2003〕158号)的有关规定,符合以下情形的房屋或其他财产,不论所有权人是否将财产无偿或有偿交付企业使用,其实质均为企业对个人进行了实物性质的分配,应依法计征个人所得税。

(一)企业出资购买房屋及其他财产,将所有权登记为投资者个人、投资者家庭成员或企业其他人员的;

(二)企业投资者个人、投资者家庭成员或企业其他人员向企业借款用于购买房屋及其他财产,将所有权登记为投资者、投资者家庭成员或企业其他人员,且借款年度终了后未归还借款的。

二、对个人独资企业、合伙企业的个人投资者或其家庭成员取得的上述所得,视为企业对个人投资者的利润分配，按照“个体工商户的生产、经营所得”项目计征个人所得税；对除个人独资企业、合伙企业以外其他企业的个人投资者或其家庭成员取得的上述所得，视为企业对个人投资者的红利分配，按照“利息、股息、红利所得”项目计征个人所得税；对企业其他人员取得的上述所得，按照“工资、薪金所得”项目计征个人所得税。

6.《财政部、国家税务总局关于个人股票期权所得征收个人所得税问题的通知》(财税〔2005〕35 号，部分失效)

二、关于股票期权所得性质的确认及其具体征税规定

……

(四)员工因拥有股权而参与企业税后利润分配取得的所得，应按照“利息、股息、红利所得”适用的规定计算缴纳个人所得税。

四、关于应纳税款的计算

……

(三)参与税后利润分配取得所得的税款计算。员工因拥有股权参与税后利润分配而取得的股息、红利所得，除依照有关规定可以免税或减税的外，应全额按规定税率计算纳税。

7.《国家税务总局关于进一步加强高收入者个人所得税征收管理的通知》(国税发〔2010〕54 号)

二、切实加强高收入者主要所得项目的征收管理

……

(二)加强利息、股息、红利所得征收管理

1. 加强股息、红利所得征收管理。重点加强股份有限公司分配股息、红利时的扣缴税款管理，对在境外上市公司分配股息红利，要严格执行现行有关征免个人所得税的规定。加强企业转增注册资本和股本管理，对以未分配利润、盈余公积和除股票溢价发行外的其他资本公积转增注册资本和股本的，要按照“利息、股息、红利所得”项目，依据现行政策规定计征个人所得税。

……

8.《财政部、国家税务总局关于将国家自主创新示范区有关税收试点政策推广到全国范围实施的通知》(财税〔2015〕116 号)

三、关于企业转增股本个人所得税政策

1. 自 2016 年 1 月 1 日起，全国范围内的中小高新技术企业以未分配利润、盈余

公积、资本公积向个人股东转增股本时,个人股东一次缴纳个人所得税确有困难的,可根据实际情况自行制定分期缴税计划,在不超过5个公历年度内(含)分期缴纳,并将有关资料报主管税务机关备案。

2.个人股东获得转增的股本,应按照“利息、股息、红利所得”项目,适用20%税率征收个人所得税。

警示案例

福建某传媒有限公司因“替股东支付购房款,以及股东向公司借款用于非生产经营超过1年未归还,公司未按规定代扣代缴个税”的事实,被处以未代扣代缴个人所得税款1.5倍的罚款,近800万元。

原福州市地方税务局稽查局根据上级交办的外汇管理局线索和税务稽查任务的工作安排,于2011年12月14日向原告福建某传媒有限公司送达榕地税稽检通一〔2011〕201号税务检查通知书,对原告税款属期为2010年1月1日至2011年10月30日涉税情况进行检查。2015年10月20日又将原定稽查所属期间变更为2004年1月1日至2011年12月31日。原福州市地方税务局稽查局分别于2011年12月14日、2011年12月15日、2012年4月11日同原告的会计、原法定代表人制作了询问笔录,对原告涉嫌通过开具收款收据形式收取广告费收入未入账未纳税申报、开具假发票、为股东支付购房款和借款在纳税年度内未归还等情况进行调查。并对原告涉嫌通过开具收款收据形式收取广告费的相关七家企业发出税务检查通知书,进行调查。

2012年2月10日,原福州市地方税务局稽查局对福州某置业有限公司发出税务检查通知书,调查原告以企业资金为股东卞某、程某购买房产情况。此外,通过调取原告账簿资料,发现原告还存在股东卞某、程某借款在该纳税年度终了未归还又未用于企业生产经营的情况,以及存在向福建某高速信息技术有限公司开具金额达5415.50元假发票的情况。

2015年11月12日,原福州市地方税务局稽查局基于上述调查结果,对原告分别作出榕地税稽处告〔2015〕13号税务处理事先告知书及榕地税稽罚告〔2015〕37号税务行政处罚事项告知书,对原告的违法事项、拟处理决定及税务处罚的事实依据、法律依据、拟作出的处罚决定进行告知,同时告知原告依法享有的陈述、申辩的权利。

2015年11月17日,上述两份告知书送达原告。

2015年12月3日,原福州市地方税务局稽查局进行税务行政处罚听证,听取了原告的陈述、申辩。

2016 年 5 月 16 日，原福州市地方税务局稽查局作出榕地税稽处〔2016〕11 号税务处理决定书、榕地税稽罚〔2016〕5 号税务行政处罚决定书，认定原告存在 2004 年度至 2011 年度通过开具收款收据收取广告费收入未入账的事实，并对原告处以偷税款 195,395.58 元一倍的罚款 195,395.58 元；存在 2010 年度替股东支付购房款和股东向公司借款用于非生产经营超过 1 年未归还未按规定代扣代缴个税的事实，并对原告处以未代扣代缴个人所得税款 5,319,179.40 元 1.5 倍的罚款 7,978,769.10 元；存在开具假发票票面金额达 5415.5 万元及在办公场所存放 2657 份假发票的事实，并处以 30 万元罚款。

2016 年 5 月 19 日，上述两份决定书送达原告。

2016 年 7 月 12 日，原福建省地方税务局受理原告行政复议申请(原告不服榕地税稽罚〔2016〕5 号税务行政处罚决定书)，复议机关认为榕地税稽罚〔2016〕5 号税务行政处罚决定书系经原福州市地方税务局重大案件审理程序作出，故根据税务行政复议规则第 29 条第 2 款的规定，将审理委员会所在税务机关原福州市地方税务局列为行政复议被申请人，向原福州市地方税务局发出闽地税复提答字〔2016〕3 号行政复议答复通知书。原福州市地方税务局于 2016 年 7 月 25 日向复议机关提交税务行政复议答复书及相关证据。

2016 年 9 月 9 日，原福建省地方税务局经审理，作出闽地税复决字〔2016〕4 号税务行政复议决定书，维持了榕地税稽罚〔2016〕5 号税务行政处罚决定书。

2016 年 9 月 13 日，税务行政复议决定书送达原告。原告不服，提起本案诉讼。

发回重审一审：福州市鼓楼区人民法院，于 2020 年 4 月 13 日作出(2018)闽 0102 行初 179 号行政判决书。

原审法院认为，根据《行政诉讼法》第 26 条第 6 款“行政机关被撤销或者职权变更的，继续行使其职权的行政机关是被告”的规定以及福州市中级人民法院发生法律效力的(2018)闽 01 行终 107 号行政裁定书的认定，国家税务总局福州市税务局稽查局及国家税务总局福建省税务局系本案适格被告。

国家税务总局福州市税务局稽查局提交的证据可以形成完整的证据锁链，证实原告存在通过开具收款收据收取广告费收入，在账簿上不列、少列收入共计 3,652,254.00 元的事实；存在替股东支付购房款 20,392,897.00 元和借款 6,203,000.00 元未按规定代扣代缴“利息、股息、红利所得”税目个人所得税的事实；存在开具假发票票面金额达 5415.50 元，且在办公场所存放 2657 份假发票的事实。原福州市地方税务局稽查局依照《税收征收管理法》第63条第1款、第69条,《发票管理办法》(国务院令第587号,已被修改)第39条的规定,认定原告在账簿上不列、少列收入,不缴或者少缴应纳税款的行为系偷税;公司出资购买的房产登记于股东名下、股东向公司借款在纳税年度终了既不归还又未用于企业生产经营的应视为企业对个人投资者的红利分配,应按"利息、股息、红利所得"项目计征扣缴个人所得税;在明知情形下开具并在办公场所存放假发票系应追究相应责任的违法行为,作出的行政处罚,符合法律规定,处罚幅度亦在裁量范围内。

原福州市地方税务局稽查局在作出处罚决定前,依照《行政处罚法》(2009修正)第42条、第43条的规定,依法告知原告拟作出行政处罚决定的事实、理由及享有的相关权利,听取了原告的陈述、申辩,程序合法。

原告关于2004年度至2011年度期间开具收款收据收取广告费系因原告的财务人员对税务知识的理解存在误差,不存在偷税故意的主张,不能构成其免责的理由。

原告关于被诉行政处罚对2004年1月至2006年12月14日开具收款收据收取广告费的行为进行处罚已超过法定的处罚追溯期限,不能再处罚的主张,因原告开具收款收据收取广告费的行为具有连续性,原福州市地方税务局稽查局根据《行政处罚法》(2009修正)第29条的规定,认为追溯期应当从最后一个行为终了之日起算,并无不当,原告该主张原审法院不予采纳。

原告关于案涉房屋所有权没有登记在股东名下,仍登记在开发商处,不能将原告出资购房行为视为对股东红利进行实物分配,第二项处罚决定的第一部分法律适用错误的主张,因原告存在向开发商付款的事实,且购房买卖合同及备案登记均显示了原告股东名字,故在购房买卖合同未被撤销的前提下,原告该主张原审法院不予采纳。

原告还主张其连续3年亏损,没有可分配利润,且股东借款均用于生产经营,故第二项处罚决定的第二部分事实认定不清,因原告提交的证据不足以证实股东的借款用于生产经营,且原告存在通过开具收款收据形式收取广告费收入未列入账簿的行为,故原告提交的审计报告、企业所得税汇算清缴报告不是基于原告实际经营情况作出的,不能证明原告2008年度至2010年度存在连续3年亏损的事实。

原告关于被告没有提供证据证明原告对存放假发票存在主观故意,也未提供合法的鉴定结论,并超越福建省税务行政处罚裁量权基准裁量的主张,原审法院认为原告公司原法定代表人及会计的笔录结合假发票上原告向税务部门申请刻制的专用章,可以证明原告对于存放假发票的行为是明知的,本案税务机关对发票真伪的鉴定符合《发票管理办法实施细则》(2011)第33条的规定,对原告存放伪造发票的罚款亦在《发票管理办法》(国务院令第587号,已被修改)第39条规定的幅度范围内,也符合《福建省税务行政处罚裁量权基准适用规则》(福建省国家税务局、福建省地方税务局公告2015年第4号,已失效)第8条规定的情形,故原告该主张原审法院不予支持。

行政复议机关原福建省地方税务局受理原告的行政复议申请后,按规定向行政复议被申请人发出了提交答复通知书,经审理在法定期限内作出行政复议决定书,认定事实清楚,复议程序合法。

综上所述,原告的诉请缺乏事实与法律依据,原审法院不予支持。依据《行政诉讼法》第69条的规定,判决驳回原告福建某传媒有限公司的诉讼请求。

发回重审二审:福建省福州市中级人民法院,于2020年7月29日作出(2020)闽01行终351号行政判决书。

二审法院认为,原审法院对国家税务总局福州市税务局稽查局及国家税务总局福建省税务局系本案适格被告的认定,本院予以认可。

关于上诉人是否存在偷税的违法事实问题。《发票管理办法》(国务院令第587号,已被修改)第19条规定:"销售商品、提供服务以及从事其他经营活动的单位和个人,对外发生经营业务收取款项,收款方应当向付款方开具发票;特殊情况下,由付款方向收款方开具发票。"按此规定,上诉人取得的广告费收入应按《发票管理办法》(国务院令第587号,已被修改)开具发票。被上诉人国家税务总局福州市税务局稽查局提供的账外收款收据核实情况明细表,开具收据未入账明细表,外调企业提供的情况说明、合同、收款收据和上诉人会计何某的询问笔录,可以形成证据链证实上诉人通过开具收款收据收取广告费共计3,652,254.00元未入账,且未按规定开具发票,而是开具收款收据,属于在账簿上不列、少列收入,不缴或者少缴应纳税款的偷税行为。上诉人在行政处罚程序、复议程序及原一审、二审及发回重审的起诉状中对通过开具收款收据收取广告费共计3,652,254.00元未入账的事实均予以确认,而其在本案发回重审后对其原确认的事实予以否认,但未就此提供相应的证据以证明其实际未收到相关费用款项,上诉人关于被上诉人未对收款收据所列账目是否真实存在未入账收入、未进行全面核实、事实认定不清的主张,无相关事实依据证明,其主张不能成立。原福州市地方税务局稽查局针对上诉人上述提供应税劳务取得的现金、代金券和实物合并按照《营业税暂行条例》(已失效)附件《营业税税目税率表》中的服务业5%税率计征营业税,追补营业税税款人民币182,612.70元(3,652,254.00×5%),根据《城市维护建设税暂行条例》(已失效)第3条"城市维护建设税,以纳税人实际缴纳的消费税、增值税、营业税税额为计税依据,分别与消费税、增值税、营业税同时缴纳"以及第4条第1款"纳税人所在地在市区的,税率为7%"的规定,追补城市维护建设税人民币12,782.89元(182,612.70×7%)。上诉人在2004年度至2011年度通过开具收款收据形式收取上述广告费收入,未进行纳税申报,属于在账簿上不列、少列收入,不缴或者少缴应纳税款的行为,根据《税收征收管理法》第63条第1款"纳税人伪造、变造、隐匿、擅自销毁帐簿、记帐凭证,或者在帐簿上多列支出或者不列、少列收入,或者经税务机关通知申报而拒不申报或者进行虚假的纳税申报,不缴或者少缴应纳税款的,是偷税。对纳税人偷税的,由税务机关追缴其不缴或者少缴的税款、滞纳金,并处不缴或者少缴的税款百分之五十以上五倍以下的罚款;构成犯罪的,依法追究刑事责任"的规定,认定为偷税,作出处以少缴税款一倍罚款即195,395.58元,量罚适当。

《行政处罚法》(2009修正)第29条规定:"违法行为在二年内未被发现的,不再给予行政处罚。法律另有规定的除外。前款规定的期限,从违法行为发生之日起计算;违法行为有连续或者继续状态的,从行为终了之日起计算。"本案中,针对上诉人2004年至2011年偷税的违法行为,原福州市地方税务局稽查局于2016年5月16日作出了被诉税务行政处罚决定书。因上述偷税违法行为存在持续状态,因此原福州市地方税务局稽查局作出被诉行政处罚,符合上述法律规定。上诉人关于被诉行政处罚超过追溯时效的主张,不能成立。

关于上诉人是否存在应扣未扣个人所得税的违法事实问题。上诉人主张购房行为系企业,系上诉人先期购买房屋并支付购房款20,392,897.00元,后因企业资金不足,决定放弃购置房产,由股东卞某购置,上诉人与卞某签订协议,确认所有权属于卞某所有,卞某以程某、黄某代付方式归还购房款。对此,被上诉人国家税务总局福州市税务局稽查局提供的证据可以证实上诉人记账凭证显示2010年7月31日其向福州某置业有限公司共支付了购房款人民币20,390,580.00元,同时附有相应支付购房款的转账进账单、支付凭证等。2010年7月28日,上诉人股东卞某与福州某置业有限公司签订8份商品房买卖合同,向该公司购买位于福州市台江区房产,房屋权属登记产权人为卞某,上诉人2010年7月31日所付购房款即用于为股东卞某支付以上8套房产,同时上诉人原法定代表人程某亦确认上诉人以企业资金为其支付购房款2317.00元,综上,上诉人以企业资金为股东卞某、程某支付购房款的事实能够成立。《财政部 国家税务总局关于规范个人投资者个人所得税征收管理的通知》(财税〔2003〕158 号)第 1 条第 2 款规定:“除个人独资企业、合伙企业以外的其他企业的个人投资者,以企业资金为本人、家庭成员及其相关人员支付与企业生产经营无关的消费性支出及购买汽车、住房等财产性支出,视为企业对个人投资者的红利分配,依照‘利息、股息、红利所得’项目计征个人所得税。”《财政部、国家税务总局关于企业为个人购买房屋或其他财产征收个人所得税问题的批复》第 1 条规定:“根据《中华人民共和国个人所得税法》和《财政部 国家税务总局关于规范个人投资者个人所得税征收管理的通知》(财税〔2003〕158 号)的有关规定,符合以下情形的房屋或其他财产,不论所有权人是否将财产无偿或有偿交付企业使用,其实质均为企业对个人进行了实物性质的分配,应依法计征个人所得税。(一)企业出资购买房屋及其他财产,将所有权登记为投资者个人、投资者家庭成员或企业其他人员的;……”第 2 条规定:“……对除个人独资企业、合伙企业以外其他企业的个人投资者或其家庭成员取得的上述所得,视为企业对个人投资者的红利分配,按照‘利息、股息、红利所得’项目计征个人所得税……”上诉人主张,按《财政部、国家税务总局关于企业为个人购买房屋或其他财产征收个人所得税问题的批复》第 1 条的规定,房屋所有权须登记在股东卞某个人名下才可视为红利分配,而涉案房屋系预告登记,预告登记现已失效,故涉案房屋不属于所有权登记在股东名下的情形,不应计征个人所得税。本院认为,《财政部 国家税务总局关于规范个人投资者个人所得税征收管理的通知》(财税〔2003〕158 号)现行有效,《财政部 国家税务总局关于规范个人投资者个人所得税征收管理的通知》(财税〔2003〕158 号)、《财政部、国家税务总局关于企业为个人购买房屋或其他财产征收个人所得税问题的批复》的规定,旨在限制企业为投资者个人出资购房。上诉人关于涉案房屋要完成所有权登记后,征税的起点才能开始的主张,明显有违上述通知、批复的精神,也不符合征缴税收的时效性。涉案商品房的买卖合同及预告登记均已办理在卞某名下,至原福州市地方税务局稽查局 2016 年 5 月作出本案被诉行政处罚时仍未改变,上诉人为股东支付购房款事实清楚。综上,对于上诉人以企业资金为股东支付购房款共人民币 20,392,897.00 元的事实,依法应视为企业对个人投资者的红利分配,应依照“利息、股息、红利所得”项目计征个人所得税。经原福州市地方税务局稽查局重大案件审理委员会会议审议,根据《个人所得税法》(2011 修正)第 3 条“个人所得税的税率:……五、特许权使用费所得,利息、股息、红利所得,财产租赁所得,财产转让所得,偶然所得和其他所得,适用比例税率,税率为百分之二十”的规定,认定上诉人应扣未扣“利息、股息、红利所得”个人所得税款4,078,579.40元(20,392,897×20%),应补扣缴人民币4,078,579.40元,事实清楚,依据充分。

上诉人对于股东卞某向其借款额为人民币75,000.00元的款项未用于企业经营且未在该纳税年度内归还的事实无异议,本院予以确认。上诉人主张,股东程某借款的人民币6,128,000.00元,系用于企业的经营,并提供了与程某签订的协议、董事会决议以及“蓝钻会”商标注册证等证明借款是用于企业经营。而在原福州市地方税务局稽查局对企业法定代表人程某所作的询问笔录中,程某对借款在纳税年度内未归还的事实亦予以确认,但未主张该借款系用于企业经营,同时,上诉人在诉讼中亦未提供相应的证据佐证该借款系用于企业经营。原福州市地方税务局稽查局在检查过程及听证时,上诉人虽提交了借款说明及部分还款证明,但银行支付系统专用凭证等还款证明体现的时间均在借款年度终了之后,亦在税务部门立案检查之后,上诉人关于程某借款系用于企业生产经营的主张,不能成立。原福州市地方税务局稽查局认定上诉人两股东卞某、程某共借款人民币6,203,000.00元未用于企业生产经营,且在纳税年度内未归还,依据《财政部 国家税务总局关于规范个人投资者个人所得税征收管理的通知》(财税〔2003〕158号)第2条“纳税年度内个人投资者从其投资企业(个人独资企业、合伙企业除外)借款,在该纳税年度终了后既不归还,又未用于企业生产经营的,其未归还的借款可视为企业对个人投资者的红利分配,依照‘利息、股息、红利所得’项目计征个人所得税”的规定,经原福州市地方税务局稽查局重大案件审理委员会会议审议,对于两股东向上诉人借款人民币6,203,000.00元,视为企业对个人投资者的红利分配,依照“利息、股息、红利所得”项目计征个人所得税,事实清楚。上诉人主张其无利润可分配以及被上诉人适用《财政部 国家税务总局关于规范个人投资者个人所得税征收管理的通知》(财税〔2003〕158号)违反上位法《公司法》(2018修正)关于利润分配的强制性规定,并在二审中向本院申请对其2007年度至2010年度各年利润及各年年末未分配利润进行鉴定。对此,本院认为,上诉人在原一审、二审、发回重审后原审审理的近2年期间,均未向法院提出鉴定的申请,故其应承担举证不能的后果,对其鉴定申请,本院不予准许。且上诉人是否有利润可分配,并不影响原福州市地方税务局稽查局在作出本案被诉行政处罚时将股东向其借款在纳税年度内未归还的行为,视为企业对个人投资者的红利分配的认定,上诉人的上述主张,缺乏法律依据,不予支持。根据《个人所得税法》(2011修正)第3条第5款按税率20%计征个人所得税的规定,上诉人应扣未扣“利息、股息、红利所得”个人所得税款人民币1,240,600.00元,应补扣缴人民币1,240,600.00元。

综上,上诉人应补扣缴上述两项个人所得税款共计人民币5,319,179.40元。原福州市地方税务局稽查局在作出本案被诉行政处罚决定前,已于2015年11月12日向上诉人作出税务处理事项告知书,已告知了上诉人应补缴的税款以及在税务行政处罚决定之前主动补缴的,则处以未代扣代缴个人所得税款5,319,179.40元0.5倍的罚款,但上诉人在原福州市地方税务局稽查局2016年5月16日作出被诉处罚决定前未能主动补缴税款。据此,原福州市地方税务局稽查局根据《税收征收管理法》第69条的规定,对上诉人应扣未扣个人所得税款的行为,处以应扣未扣税款1.5倍罚款计人民币7,978,769.10元,事实清楚,适用法律正确,量罚适当。上诉人关于对于其首次违法行为,原福州市地方税务局稽查局对其处以应扣未扣、应收未收税款1.5倍罚款有误的主张,不能成立。

关于上诉人是否存在知道或者应当知道是伪造发票而存放的违法事实的问题。上诉人存在开具假发票人民币5415.50元的行为(已另案处理)。上诉人公司原法定代表人程某、会计何某在原福州市地方税务局稽查局对其所作的询问笔录中对假发票在其经营场所被查获的事实,予以确认,上诉人所使用的正规发票均系向税务机关购买,其对于所购买的发票的数量、面值等情况应是明知的。而税务人员于2011年12月14日在上诉人经营场所发现上诉人财务室内存放发票4097份,填开金额高达人民币2,189,349,287.77元,所开具的发票上盖有上诉人的公章,经鉴定2657份发票系假发票。上诉人辩称对存放假发票不知情,明显不符合客观事实也有悖常理,该主张不能成立。对于上诉人存放假发票的行为,原福州市地方税务局稽查局经过集体讨论决定,根据《发票管理办法》(国务院令第587号,已被修改)第39条:“有下列情形之一的,由税务机关处1万元以上5万元以下的罚款;情节严重的,处5万元以上50万元以下的罚款;有违法所得的予以没收:……(二)知道或者应当知道是私自印制、伪造、变造、非法取得或者废止的发票而受让、开具、存放、携带、邮寄、运输的”及《福建省税务行政处罚裁量权基准适用规则》(福建省国家税务局、福建省地方税务局公告2015年第4号,已失效)第8条第1款:“对有下列情形之一的行政处罚,应当经过有权作出行政处罚决定的税务机关集体讨论决定:……(三)实施行政处罚在法律、法规、规章及国家税务总局规范性文件规定的幅度范围内,但高于或低于《基准》规定的……”的规定,对上诉人处以30万元罚款,事实清楚,量罚适当,适用依据正确。上诉人关于原福州市地方税务局稽查局对上诉人处以罚款30万元超越法定裁量权的主张,不能成立。

原福州市地方税务局稽查局经过受理、立案、调查,在作出本案被诉处罚决定前,于2015年11月12日依法作出税务行政处罚事项告知书,告知了上诉人拟作出的处罚,以及依法享有的陈述、申辩及申请听证的权利。根据上诉人的申请举行了听证,作出被诉行政处罚并送达上诉人,行政程序合法。

行政复议机关原福建省地方税务局受理上诉人的复议申请后,向被申请人发出了行政复议答复通知书,经审查,于法定期限内作出被诉复议决定并送达各方当事人,事实清楚,行政程序合法。

综上,原审判决认定事实清楚,适用法律正确,应予维持。上诉人的上诉理由不能成立,其上诉请求,不予支持。据此,依照《行政诉讼法》第89条第1款第1项的规定,判决如下:

驳回上诉,维持原判。

二审案件受理费50元由上诉人福建某传媒有限公司负担。

本判决为终审判决。

十二、支付“财产租赁所得”时,错误扣缴个人所得税

风险表现

1. 单位承租个人财产时,应扣缴而未扣缴个人所得税。

2. 单位承租个人财产时,未按规定扣缴个人所得税(如应纳税所得额计算错误等)。

风险后果

1. 根据相关税收法律政策的规定,个人所得税以所得人为纳税人,以支付所得的单位或者个人为扣缴义务人。

2. 若扣缴义务人未依法代扣代缴税款,纳税人将会被税务机关追缴税款,扣缴义务人将会被税务机关处应扣未扣、应收未收税款0.5~3倍的罚款。

3. 若扣缴义务人未按照规定项目或方法代扣代缴个人所得税,造成纳税人多缴纳税款,可能会导致双方产生纠纷。

合规建议

企业在承租个人(包括老板或单位职工)财产并支付租金时(需按照独立交易原则,公允支付租金),应当按照“财产租赁所得”项目,按次或者按月依法代扣代

缴出租方个人所得税。具体税额计算如下：

1. 每次(月)收入额小于4000元：应纳税额=[每次(月)收入额-财产租赁过程中缴纳的税费-向出租方支付的租金(针对个人转租房屋)-实际开支的修缮费用(800元为限)-800]×20%(或个人出租房屋为10%)。

2. 每次(月)收入额大于等于4000元：应纳税额=[每次(月)收入额-财产租赁过程中缴纳的税费-向出租方支付的租金(针对个人转租房屋)-实际开支的修缮费用(800元为限)]×(1-20%)×20%(或个人出租房屋为10%)。

【提示】"每次"如何确定：(1)一个月收取一个季度或者一年的租金，算一次收入(实务中税务机关放宽口径按照每月收入为一次)；(2)每个月收取租金，每月算一次收入；(3)不同租赁标的物(如出租两套房)，分别算次数。

法律依据

1.《个人所得税法》

第二条　下列各项个人所得，应当缴纳个人所得税：

……

(七)财产租赁所得；

……

第三条　个人所得税的税率：

……

(三)利息、股息、红利所得，财产租赁所得，财产转让所得和偶然所得，适用比例税率，税率为百分之二十。

第六条　应纳税所得额的计算：

……

(四)财产租赁所得，每次收入不超过四千元的，减除费用八百元；四千元以上的，减除百分之二十的费用，其余额为应纳税所得额。

……

2.《个人所得税法实施条例》

第六条　个人所得税法规定的各项个人所得的范围：

……

(七)财产租赁所得，是指个人出租不动产、机器设备、车船以及其他财产取得的所得。

……

3.《个人所得税扣缴申报管理办法(试行)》(国家税务总局公告2018年第61号)

第十条 扣缴义务人支付利息、股息、红利所得,财产租赁所得,财产转让所得或者偶然所得时,应当依法按次或者按月代扣代缴税款。

第十一条 ……

财产租赁所得,以一个月内取得的收入为一次。

……

4.《财政部、国家税务总局关于调整住房租赁市场税收政策的通知》(财税〔2000〕125号)

三、对个人出租房屋取得的所得暂减按10%的税率征收个人所得税。

5.《国家税务总局关于个人转租房屋取得收入征收个人所得税问题的通知》(国税函〔2009〕639号)

一、个人将承租房屋转租取得的租金收入,属于个人所得税应税所得,应按"财产租赁所得"项目计算缴纳个人所得税。

二、取得转租收入的个人向房屋出租方支付的租金,凭房屋租赁合同和合法支付凭据允许在计算个人所得税时,从该项转租收入中扣除。

三、《国家税务总局关于个人所得税若干业务问题的批复》(国税函〔2002〕146号)有关财产租赁所得个人所得税前扣除税费的扣除次序调整为:

(一)财产租赁过程中缴纳的税费;

(二)向出租方支付的租金;

(三)由纳税人负担的租赁财产实际开支的修缮费用;

(四)税法规定的费用扣除标准。

6.《征收个人所得税若干问题的规定》(国税发〔1994〕089号,部分失效)

六、关于财产租赁所得的征税问题

(一)纳税义务人在出租财产过程中缴纳的税金和国家能源交通重点建设基金、国家预算调节基金、教育费附加,可持完税(缴款)凭证,从其财产租赁收入中扣除。

(二)纳税义务人出租财产取得财产租赁收入,在计算征税时,除可依法减除规定费用和有关税、费外,还准予扣除能够提供有效、准确凭证,证明由纳税义务人负担的该出租财产实际开支的修缮费用。允许扣除的修缮费用,以每次800元为限,一次扣除不完的,准予在下一次继续扣除,直至扣完为止。

(三)确认财产租赁所得的纳税义务人,应以产权凭证为依据。无产权凭证的,由主管税务机关根据实际情况确定纳税义务人。

(四)产权所有人死亡,在未办理产权继承手续期间,该财产出租而有租金收入的,以领取租金的个人为纳税义务人。

十三、支付“偶然所得”时,错误扣缴个人所得税

风险表现

1. 向个人赠送礼品(包括现金或非现金网络红包),应扣缴而未扣缴个人所得税。

2. 向个人赠送礼品(包括现金或非现金网络红包),未按规定扣缴个人所得税(如适用税目错误,应税所得计算错误等)。

3. 向个人赠送礼品(包括现金或非现金网络红包),不应扣缴而扣缴了个人所得税。

风险后果

1. 根据相关税收法律政策的规定,个人所得税以所得人为纳税人,以支付所得的单位或者个人为扣缴义务人。

2. 若扣缴义务人未依法代扣代缴税款,纳税人将会被税务机关追缴税款,扣缴义务人将会被税务机关处应扣未扣、应收未收税款0.5~3倍的罚款。

3. 若扣缴义务人未按照规定项目或方法代扣代缴个人所得税,造成纳税人多缴纳税款,可能会导致双方产生纠纷。

合规建议

1. 以下情形,单位应对个人获赠的礼品(包括现金)或获奖所得,按照“偶然所得”项目,依法代扣代缴个人所得税:

(1)在业务宣传、广告等活动中,随机向本单位以外的个人赠送礼品(包括网络红包)。

(2)在年会、座谈会、庆典以及其他活动中向本单位以外的个人赠送礼品(包括网络红包)。

(3)对累积消费达到一定额度的顾客,给予额外抽奖机会,个人的获奖所得。

2. 代扣代缴个人所得税的计税依据如下:

(1)企业赠送的礼品是自产产品(服务)的,按该产品(服务)的市场销售价格

确定个人的应税所得。

(2)企业赠送的礼品是外购商品(服务)的,按该商品(服务)的实际购置价格确定个人的应税所得。

(3)企业赠送的网络红包,或者累积消费达到一定额度的顾客通过额外抽奖机会获得的奖金,按实际金额确定个人的应税所得。

3. 为了既起到宣传效果,又免于代扣代缴个人所得税风险,企业在销售商品(产品)和提供服务过程中,开展业务宣传、广告,以及年会、座谈会、庆典及其他活动时,可以进行如下操作:

(1)向个人赠送具有价格折扣或折让性质的消费券、代金券、抵用券、优惠券等,包括对个人派发用于购买本企业商品(产品)或服务才能使用的消费券、代金券、抵用券、优惠券等非现金网络红包。

(2)通过价格折扣、折让方式(包括对购买本企业商品或服务达到一定额度的个人返还现金网络红包)向个人销售商品(产品)和提供服务。

(3)在向个人销售商品(产品)和提供服务的同时给予赠品,即"有买有赠",如通信企业对个人购买手机赠话费、入网费,或者购话费赠手机等。

(4)对累积消费达到一定额度的个人按消费积分反馈礼品。

4. 注意履行增值税及企业所得税视同销售纳税义务:

(1)单位或者个体工商户将自产、委托加工或者购进的货物无偿赠送其他单位或者个人,应按照"视同销售货物"申报缴纳增值税(纳税义务发生时间为货物移送的当天)。

(2)除国务院财政、税务主管部门另有规定外,企业将货物、财产用于捐赠,应按照"视同销售货物、转让财产"申报缴纳企业所得税。

法律依据

1.《个人所得税法》

第二条 下列各项个人所得,应当缴纳个人所得税:

……

(九)偶然所得。

……

2.《个人所得税法实施条例》

第六条 个人所得税法规定的各项个人所得的范围:

……

（九）偶然所得，是指个人得奖、中奖、中彩以及其他偶然性质的所得。

……

3.《个人所得税扣缴申报管理办法（试行）》（国家税务总局公告 2018 年第 61 号）

第十条　扣缴义务人支付利息、股息、红利所得，财产租赁所得，财产转让所得或者偶然所得时，应当依法按次或者按月代扣代缴税款。

第十一条　……

偶然所得，以每次取得该项收入为一次。

4.《财政部、国家税务总局关于企业促销展业赠送礼品有关个人所得税问题的通知》（财税〔2011〕50 号，部分失效）

一、企业在销售商品（产品）和提供服务过程中向个人赠送礼品，属于下列情形之一的，不征收个人所得税：

1. 企业通过价格折扣、折让方式向个人销售商品（产品）和提供服务；

2. 企业在向个人销售商品（产品）和提供服务的同时给予赠品，如通信企业对个人购买手机赠话费、入网费，或者购话费赠手机等；

3. 企业对累积消费达到一定额度的个人按消费积分反馈礼品。

二、企业向个人赠送礼品，属于下列情形之一的，取得该项所得的个人应依法缴纳个人所得税，税款由赠送礼品的企业代扣代缴：

……

3. 企业对累积消费达到一定额度的顾客，给予额外抽奖机会，个人的获奖所得，按照“偶然所得”项目，全额适用 20% 的税率缴纳个人所得税。

三、企业赠送的礼品是自产产品（服务）的，按该产品（服务）的市场销售价格确定个人的应税所得；是外购商品（服务）的，按该商品（服务）的实际购置价格确定个人的应税所得。

5.《财政部、税务总局关于个人取得有关收入适用个人所得税应税所得项目的公告》（财政部、税务总局公告 2019 年第 74 号）

一、个人为单位或他人提供担保获得收入，按照“偶然所得”项目计算缴纳个人所得税。

三、企业在业务宣传、广告等活动中，随机向本单位以外的个人赠送礼品（包括网络红包，下同），以及企业在年会、座谈会、庆典以及其他活动中向本单位以外的个人赠送礼品，个人取得的礼品收入，按照“偶然所得”项目计算缴纳个人所得税，但企业赠送的具有价格折扣或折让性质的消费券、代金券、抵用券、优惠券等礼品除外。

前款所称礼品收入的应纳税所得额按照《财政部　国家税务总局关于企业促销展业赠送礼品有关个人所得税问题的通知》(财税〔2011〕50号)第三条规定计算。

6.《国家税务总局关于加强网络红包个人所得税征收管理的通知》(税总函〔2015〕409号)

一、对个人取得企业派发的现金网络红包,应按照偶然所得项目计算缴纳个人所得税,税款由派发红包的企业代扣代缴。

二、对个人取得企业派发的且用于购买该企业商品(产品)或服务才能使用的非现金网络红包,包括各种消费券、代金券、抵用券、优惠券等,以及个人因购买该企业商品或服务达到一定额度而取得企业返还的现金网络红包,属于企业销售商品(产品)或提供服务的价格折扣、折让,不征收个人所得税。

三、个人之间派发的现金网络红包,不属于个人所得税法规定的应税所得,不征收个人所得税。

7.《增值税暂行条例实施细则》

第四条　单位或者个体工商户的下列行为,视同销售货物:

……

(八)将自产、委托加工或者购进的货物无偿赠送其他单位或者个人。

第三十八条　条例第十九条第一款第(一)项规定的收讫销售款项或者取得索取销售款项凭据的当天,按销售结算方式的不同,具体为:

……

(七)纳税人发生本细则第四条第(三)项至第(八)项所列视同销售货物行为,为货物移送的当天。

8.《企业所得税法实施条例》

第二十五条　企业发生非货币性资产交换,以及将货物、财产、劳务用于捐赠、偿债、赞助、集资、广告、样品、职工福利或者利润分配等用途的,应当视同销售货物、转让财产或者提供劳务,但国务院财政、税务主管部门另有规定的除外。

第九章　其他税种税务风险管理

小税种,也可能会有大风险,企业在防范大税种相关风险的同时,也不能忽视小税种的相关风险。本章将对印花税、土地增值税、房产税、城镇土地使用税等相关税种的主要风险点进行详细阐述。

第一节　印花税税务风险管理

一、发生印花税应税范围行为时,未按规定缴纳印花税

风险表现

1. 单位在我国境内书立(或者在我国境外书立在境内使用)以下应税凭证时,未依法申报缴纳印花税:

(1)书面合同:《印花税法》附件《印花税税目税率表》列明的 11 类合同。

(2)产权转移书据:①土地使用权出让书据;②土地使用权、房屋等建筑物和构筑物所有权转让书据(不包括土地承包经营权和土地经营权转移);③股权转让书据(不包括应缴纳证券交易印花税的);④商标专用权、著作权、专利权、专有技术使用权转让书据。

(3)营业账簿。

2. 企业之间书立的确定买卖关系、明确买卖双方权利义务的订单、要货单等单据,且未另外书立买卖合同的,未按规定缴纳印花税。

3. 纳税人以电子形式签订的各类应税凭证,未按规定缴纳印花税。

风险后果

纳税人不进行纳税申报,不缴或者少缴应纳税款的,会被税务机关追缴其不缴或者少缴的税款、滞纳金,并处不缴或者少缴的税款 0.5 ~5 倍的罚款。

合规建议

1. 单位在我国境内书立(或者在我国境外书立在境内使用)以下应税凭证时,

应依法申报缴纳印花税：

（1）书面合同（共11类）：①借款合同（指借款人与银行业金融机构、经国务院银行业监督管理机构批准设立的其他金融机构书立的借款合同）；②融资租赁合同；③动产买卖合同（不包括与个人书立的动产买卖合同）；④承揽合同；⑤建设工程合同；⑥运输合同（指货运合同和多式联运合同，不包括管道运输合同）；⑦技术合同（不包括专利权、专有技术使用权转让书据）；⑧租赁合同；⑨保管合同；⑩仓储合同；⑪财产保险合同（不包括再保险合同）。

（2）产权转移书据：①土地使用权出让书据；②土地使用权、房屋等建筑物和构筑物所有权转让书据（不包括土地承包经营权和土地经营权转移）；③股权转让书据（不包括应缴纳证券交易印花税的）；④商标专用权、著作权、专利权、专有技术使用权转让书据。

【提示】转让包括买卖（出售）、继承、赠与、互换、分割。

（3）营业账簿。已缴纳印花税的营业账簿，以后年度记载的实收资本（股本）、资本公积合计金额比已缴纳印花税的实收资本（股本）、资本公积合计金额增加的，按照增加部分计算应纳税额。

【提示】根据2018年1月12日国家税务总局答疑口径，合伙企业的合伙人出资额计入“实收基金”“合伙人资本”科目，不计入“实收资本”和“资本公积”，因此不征收资金账簿印花税。

2. 企业之间书立的确定买卖关系、明确买卖双方权利义务的订单、要货单等单据，且未另外书立买卖合同的，应当按规定缴纳印花税。

3. 纳税人以电子形式签订的各类应税凭证按规定缴纳印花税。

法律依据

1.《税收征收管理法》

第六十四条 ……

纳税人不进行纳税申报，不缴或者少缴应纳税款的，由税务机关追缴其不缴或者少缴的税款、滞纳金，并处不缴或者少缴的税款百分之五十以上五倍以下的罚款。

2.《印花税法》

第一条 在中华人民共和国境内书立应税凭证、进行证券交易的单位和个人，为印花税的纳税人，应当依照本法规定缴纳印花税。

在中华人民共和国境外书立在境内使用的应税凭证的单位和个人，应当依照本法规定缴纳印花税。

第二条　本法所称应税凭证，是指本法所附《印花税税目税率表》列明的合同、产权转移书据和营业账簿。

第三条　本法所称证券交易，是指转让在依法设立的证券交易所、国务院批准的其他全国性证券交易场所交易的股票和以股票为基础的存托凭证。

证券交易印花税对证券交易的出让方征收，不对受让方征收。

第四条　印花税的税目、税率，依照本法所附《印花税税目税率表》执行。

第十一条　已缴纳印花税的营业账簿，以后年度记载的实收资本（股本）、资本公积合计金额比已缴纳印花税的实收资本（股本）、资本公积合计金额增加的，按照增加部分计算应纳税额。

附：印花税税目税率表

<table>
<tr><th colspan="2">税　目</th><th>税　率</th><th>备　注</th></tr>
<tr><td rowspan="11">合同（指书面合同）</td><td>借款合同</td><td>借款金额的万分之零点五</td><td>指银行业金融机构、经国务院银行业监督管理机构批准设立的其他金融机构与借款人（不包括同业拆借）的借款合同</td></tr>
<tr><td>融资租赁合同</td><td>租金的万分之零点五</td><td></td></tr>
<tr><td>买卖合同</td><td>价款的万分之三</td><td>指动产买卖合同（不包括个人书立的动产买卖合同）</td></tr>
<tr><td>承揽合同</td><td>报酬的万分之三</td><td></td></tr>
<tr><td>建设工程合同</td><td>价款的万分之三</td><td></td></tr>
<tr><td>运输合同</td><td>运输费用的万分之三</td><td>指货运合同和多式联运合同（不包括管道运输合同）</td></tr>
<tr><td>技术合同</td><td>价款、报酬或者使用费的万分之三</td><td>不包括专利权、专有技术使用权转让书据</td></tr>
<tr><td>租赁合同</td><td>租金的千分之一</td><td></td></tr>
<tr><td>保管合同</td><td>保管费的千分之一</td><td></td></tr>
<tr><td>仓储合同</td><td>仓储费的千分之一</td><td></td></tr>
<tr><td>财产保险合同</td><td>保险费的千分之一</td><td>不包括再保险合同</td></tr>
</table>

续表

<table>
<tr><th colspan="2">税　目</th><th>税　率</th><th>备　注</th></tr>
<tr><td rowspan="4">产权转移书据</td><td>土地使用权出让书据</td><td>价款的万分之五</td><td rowspan="4">转让包括买卖(出售)、继承、赠与、互换、分割</td></tr>
<tr><td>土地使用权、房屋等建筑物和构筑物所有权转让书据(不包括土地承包经营权和土地经营权转移)</td><td>价款的万分之五</td></tr>
<tr><td>股权转让书据(不包括应缴纳证券交易印花税的)</td><td>价款的万分之五</td></tr>
<tr><td>商标专用权、著作权、专利权、专有技术使用权转让书据</td><td>价款的万分之三</td></tr>
<tr><td colspan="2">营业账簿</td><td>实收资本(股本)、资本公积合计金额的万分之二点五</td><td></td></tr>
<tr><td colspan="2">证券交易</td><td>成交金额的千分之一</td><td></td></tr>
</table>

3.《财政部、税务总局关于印花税若干事项政策执行口径的公告》(财政部、税务总局公告 2022 年第 22 号)

二、关于应税凭证的具体情形:

……

(二)企业之间书立的确定买卖关系、明确买卖双方权利义务的订单、要货单等单据,且未另外书立买卖合同的,应当按规定缴纳印花税。

……

4.《财政部、国家税务总局关于印花税若干政策的通知》(财税〔2006〕162 号)

一、对纳税人以电子形式签订的各类应税凭证按规定征收印花税。

二、未清晰列明印花税计税依据

风险表现

单位在书立应税凭证(合同/产权转移书据)时,存在以下风险情形:

1. 仅列明相关交易或事项的总金额;或者虽列明不含税金额及增值税适用税率或征收率,但未将相关交易或事项涉及的增值税税额单独列明。

2. 同一应税凭证载有两个以上税目事项时,未分别列明金额。

3. 同一应税凭证由两方以上当事人书立的,未列明各自涉及的金额。

风险后果

1. 在书立应税合同或应税产权转移书据时，未列明相关交易或事项的增值税税额，会导致以下后果：

(1) 纳税人须按照交易或事项的总金额（包括未列明的增值税）作为计税依据申报缴纳印花税，导致多缴纳印花税。

(2) 若纳税人自行按照剔除增值税后的不含税金额作为计税依据，则属于人为少缴纳增值税，可能会被税务机关认定为偷税或漏税，从而被税务机关追缴未缴或者少缴的税款、滞纳金，并处未缴或者少缴的税款 0.5 ~ 5 倍的罚款。

2. 同一应税凭证载有两个以上税目事项，未分别列明金额的，需要从高适用税率申报缴纳印花税，导致纳税人多缴纳税。

3. 同一应税凭证由两方以上当事人书立的，若未列明各自涉及的金额，则应以纳税人平均分摊的应税凭证所列金额（不包括列明的增值税税款）确定计税依据，可能导致有的当事人多缴纳印花税，而有的当事人少缴纳印花税。

合规建议

1. 当事人在书立应税合同或应税产权转移书据时，应列明含税总金额、不含税金额、增值税税额，以免未来就增值税负担问题产生纠纷，同时各方均仅需以不含税金额（不包括列明的增值税）为计税依据申报缴纳印花税。

2. 同一应税凭证载有两个以上税目事项的，应分别列明金额，以免从高适用税率申报缴纳印花税。

3. 同一应税凭证由两方以上当事人书立的，应列明各自涉及的金额，各方当事人按照各自涉及的金额分别计算缴纳印花税。若确实未列明纳税人各自涉及的金额，则应以纳税人平均分摊的应税凭证所列金额（不包括列明的增值税税款）确定各纳税人的计税依据。

法律依据

1.《税收征收管理法》

第六十四条　……

纳税人不进行纳税申报，不缴或者少缴应纳税款的，由税务机关追缴其不缴或者少缴的税款、滞纳金，并处不缴或者少缴的税款百分之五十以上五倍以下的罚款。

2.《印花税法》

第五条　印花税的计税依据如下：

(一)应税合同的计税依据,为合同所列的金额,不包括列明的增值税税款;

(二)应税产权转移书据的计税依据,为产权转移书据所列的金额,不包括列明的增值税税款;

……

第八条 印花税的应纳税额按照计税依据乘以适用税率计算。

第九条 同一应税凭证载有两个以上税目事项并分别列明金额的,按照各自适用的税目税率分别计算应纳税额;未分别列明金额的,从高适用税率。

第十条 同一应税凭证由两方以上当事人书立的,按照各自涉及的金额分别计算应纳税额。

3.《财政部、税务总局关于印花税若干事项政策执行口径的公告》(财政部、税务总局公告2022年第22号)

三、关于计税依据、补税和退税的具体情形

(一)同一应税合同、应税产权转移书据中涉及两方以上纳税人,且未列明纳税人各自涉及金额的,以纳税人平均分摊的应税凭证所列金额(不包括列明的增值税税款)确定计税依据。

……

第二节 土地增值税税务风险管理

一、转让房地产,未依法缴纳土地增值税

风险表现

单位以出售或者其他方式有偿转让以下房地产时,未依法向房地产所在地主管税务机关申报缴纳土地增值税:

1. 国有土地使用权(包括未办理土地使用权证)。

2. 地上的建筑物(指建于土地上的一切建筑物,包括地上地下的各种附属设施)及其附着物(指附着于土地上的不能移动,一经移动即遭损坏的物品)。

风险后果

1. 纳税人不进行纳税申报,不缴或者少缴应纳税款的,会被税务机关追缴其不缴或者少缴的税款、滞纳金,并处不缴或者少缴的税款0.5~5倍的罚款。

2. 纳税人未依法缴纳土地增值税的,土地管理部门、房产管理部门不得为其办

理有关的权属变更手续。

合规建议

纳税人(单位和个人)以出售或者其他方式有偿转让国有土地使用权、地上的建筑物及其附着物时,应当自转让房地产合同签订之日起7日内向房地产所在地主管税务机关办理纳税申报,并在税务机关核定的期限内缴纳土地增值税。

【提示】(1)国有土地,是指按国家法律规定属于国家所有的土地。(2)纳税人转让房地产座落在两个或两个以上地区的,应按房地产所在地分别申报纳税。

法律依据

1.《税收征收管理法》

第六十四条　……

纳税人不进行纳税申报,不缴或者少缴应纳税款的,由税务机关追缴其不缴或者少缴的税款、滞纳金,并处不缴或者少缴的税款百分之五十以上五倍以下的罚款。

2.《土地增值税暂行条例》

第二条　转让国有土地使用权、地上的建筑物及其附着物(以下简称转让房地产)并取得收入的单位和个人,为土地增值税的纳税义务人(以下简称纳税人),应当依照本条例缴纳土地增值税。

第十条　纳税人应当自转让房地产合同签订之日起7日内向房地产所在地主管税务机关办理纳税申报,并在税务机关核定的期限内缴纳土地增值税。

第十二条　纳税人未按照本条例缴纳土地增值税的,土地管理部门、房产管理部门不得办理有关的权属变更手续。

3.《土地增值税暂行条例实施细则》

第二条　条例第二条所称的转让国有土地使用权、地上的建筑物及其附着物并取得收入,是指以出售或者其他方式有偿转让房地产的行为。不包括以继承、赠与方式无偿转让房地产的行为。

第三条　条例第二条所称的国有土地,是指按国家法律规定属于国家所有的土地。

第四条　条例第二条所称的地上的建筑物,是指建于土地上的一切建筑物,包括地上地下的各种附属设施。

条例第二条所称的附着物,是指附着于土地上的不能移动,一经移动即遭损坏的物品。

第十七条　条例第十条所称的房地产所在地,是指房地产的座落地。纳税人转让房地产座落在两个或两个以上地区的，应按房地产所在地分别申报纳税。

二、赠与房地产，未依法申报缴纳土地增值税

风险表现

房产所有人、土地使用权所有人将房屋产权、土地使用权赠与他人，且不属于以下情形时，未依法申报缴纳土地增值税：

1. 赠与直系亲属或承担直接赡养义务人的。

2. 通过我国境内非营利的社会团体、国家机关赠与教育、民政和其他社会福利、公益事业的。

风险后果

纳税人不进行纳税申报，不缴或者少缴应纳税款的，会被税务机关追缴其不缴或者少缴的税款、滞纳金，并处不缴或者少缴的税款0.5～5倍的罚款。

合规建议

房产所有人、土地使用权所有人将房屋产权、土地使用权赠与他人，且不属于以下情形时，应依法申报缴纳土地增值税：

1. 赠与直系亲属或承担直接赡养义务人的。

2. 通过我国境内非营利的社会团体、国家机关赠与教育、民政和其他社会福利、公益事业的。

【提示】我国境内非营利的社会团体是指中国青少年发展基金会、希望工程基金会、宋庆龄基金会、减灾委员会、中国红十字会、中国残疾人联合会、全国老年基金会、老区促进会以及经民政部门批准成立的其他非营利的公益性组织。

法律依据

1.《税收征收管理法》

第六十四条 ……

纳税人不进行纳税申报，不缴或者少缴应纳税款的，由税务机关追缴其不缴或者少缴的税款、滞纳金，并处不缴或者少缴的税款百分之五十以上五倍以下的罚款。

2.《土地增值税暂行条例实施细则》

第二条 条例第二条所称的转让国有土地使用权、地上的建筑物及其附着物并取得收入，是指以出售或者其他方式有偿转让房地产的行为。不包括以继承、赠

与方式无偿转让房地产的行为。

3.《财政部、国家税务总局关于土地增值税一些具体问题规定的通知》(财税字〔1995〕48 号,部分失效)

四、关于细则中“赠与”所包括的范围问题

细则所称的“赠与”是指如下情况:

(一)房产所有人、土地使用权所有人将房屋产权、土地使用权赠与直系亲属或承担直接赡养义务人的。

(二)房产所有人、土地使用权所有人通过中国境内非营利的社会团体、国家机关将房屋产权、土地使用权赠与教育、民政和其他社会福利、公益事业的。

上述社会团体是指中国青少年发展基金会、希望工程基金会、宋庆龄基金会、减灾委员会、中国红十字会、中国残疾人联合会、全国老年基金会、老区促进会以及经民政部门批准成立的其他非营利的公益性组织。

三、合作建房,未依法缴纳土地增值税

风险表现

1. 纳税人以“一方出地,一方出资金”的方式与另一方合作建房,建成后转让时,未依法申报缴纳土地增值税。

2. 提供土地使用权的当事人,在合作开发房地产合同中约定“本方不承担经营风险,只收取固定利益”时,未按照转让土地使用权依法申报缴纳土地增值税。

风险后果

纳税人不进行纳税申报,不缴或者少缴应纳税款的,会被税务机关追缴其不缴或者少缴的税款、滞纳金,并处不缴或者少缴的税款 0.5 ~5 倍的罚款。

合规建议

1. 一方出地,一方出资金,双方合作建房,建成后转让的,转让方应依法申报缴纳土地增值税。

【提示】建成后按比例分房自用的,暂免征收土地增值税。

2. 提供土地使用权的一方,在合作开发房地产合同中约定“本方不承担经营风险,只收取固定利益”的,应当按照转让土地使用权依法申报缴纳土地增值税。

【提示】若真属于合作开发房地产,应尽量避免在合同条款中约定提供土地使用权的一方不承担经营风险,只收取固定利益等内容,以免被认定为土地使用权转

让行为而须缴纳土地增值税。

法律依据

1.《税收征收管理法》

第六十四条 ……

纳税人不进行纳税申报,不缴或者少缴应纳税款的,由税务机关追缴其不缴或者少缴的税款、滞纳金,并处不缴或者少缴的税款百分之五十以上五倍以下的罚款。

2.《财政部、国家税务总局关于土地增值税一些具体问题规定的通知》(财税字〔1995〕48 号,部分失效)

二、关于合作建房的征免税问题

对于一方出地,一方出资金,双方合作建房,建成后按比例分房自用的,暂免征收土地增值税;建成后转让的,应征收土地增值税。

3.《最高人民法院关于审理涉及国有土地使用权合同纠纷案件适用法律问题的解释(2020 修正)》

第二十一条 合作开发房地产合同约定提供土地使用权的当事人不承担经营风险,只收取固定利益的,应当认定为土地使用权转让合同。

四、房开企业视同销售房地产,未依法申报缴纳土地增值税

风险表现

房地产开发企业,在将开发产品用于职工福利、奖励、对外投资、分配给股东或投资人、抵偿债务、换取其他单位和个人的非货币性资产等,发生所有权转移时,未按"视同销售房地产"依法申报缴纳土地增值税。

风险后果

纳税人不进行纳税申报,不缴或者少缴应纳税款的,会被税务机关追缴其不缴或者少缴的税款、滞纳金,并处不缴或者少缴的税款 0.5 ~5 倍的罚款。

合规建议

房地产开发企业在土地增值税清算过程中,应重点核查是否存在将开发产品用于职工福利、奖励、对外投资、分配给股东或投资人、抵偿债务、换取其他单位和个人的非货币性资产等,并发生所有权转移的行为,若存在,应按照"视同销售房地产"依法申报缴纳土地增值税。

【提示】房地产开发企业将开发的部分房地产转为企业自用或用于出租等商业用途时，如果产权未发生转移，不征收土地增值税，在税款清算时不列收入，不扣除相应的成本和费用。

法律依据

1.《税收征收管理法》

第六十四条　……

纳税人不进行纳税申报，不缴或者少缴应纳税款的，由税务机关追缴其不缴或者少缴的税款、滞纳金，并处不缴或者少缴的税款百分之五十以上五倍以下的罚款。

2.《国家税务总局关于房地产开发企业土地增值税清算管理有关问题的通知》(国税发〔2006〕187号，已被修改)

三、非直接销售和自用房地产的收入确定

(一)房地产开发企业将开发产品用于职工福利、奖励、对外投资、分配给股东或投资人、抵偿债务、换取其他单位和个人的非货币性资产等，发生所有权转移时应视同销售房地产，其收入按下列方法和顺序确认：

1. 按本企业在同一地区、同一年度销售的同类房地产的平均价格确定；

2. 由主管税务机关参照当地当年、同类房地产的市场价格或评估价值确定。

(二)房地产开发企业将开发的部分房地产转为企业自用或用于出租等商业用途时，如果产权未发生转移，不征收土地增值税，在税款清算时不列收入，不扣除相应的成本和费用。

五、缴纳土地增值税时，申报的房地产转让收入不实

风险表现

单位在申报缴纳土地增值税时，申报的房地产转让收入存在以下情形：

1. 仅申报货币收入，而未申报实物收入和其他有关的经济收益(如违约金、赔偿金、滞纳金、延期付款利息等)。

2. 隐瞒、虚报房地产成交价格。

3. 转让房地产的成交价格低于房地产评估价格，又无正当理由。

4. 对销售合同所载商品房面积与有关部门实际测量面积不一致而补收房款时，未对房地产的收入情况进行调整。

风险后果

征缴土地增值税时,不动产转让收入或成交价格是税务机关稽核的重点。若纳税人存在以下情形,轻则会被税务机关按照房地产评估价格核定征税;重则会被税务机关认定为偷税,依法追缴其不缴或者少缴的税款、滞纳金,并处不缴或者少缴的税款0.5~5倍的罚款;构成犯罪的,可能会被依法追究刑事责任:

1. 仅申报货币收入,而未申报实物收入和其他有关的经济收益。

2. 通过签订阴阳合同等方式,隐瞒、虚报(不报或有意低报)房地产成交价格,

3. 申报的转让房地产的实际成交价低于房地产评估机构评定的交易价,又不能提供凭据或无正当理由。

【提示】房地产评估价格,是指由政府批准设立的房地产评估机构根据相同地段、同类房地产进行综合评定的价格。评估价格须经当地税务机关确认。

合规建议

1. 纳税人在依法缴纳土地增值税时,申报的房地产转让收入(成交价格)应符合以下规定:

(1)转让价格应当公允,应将取得的货币收入、实物收入和其他收入等全部价款及有关的经济收益全部计入转让房地产所取得的收入。

(2)不得隐瞒、虚报(不报或有意低报)房地产成交价格。

(3)若申报的转让房地产的实际成交价低于房地产评估机构评定的交易价,必须能提供凭据或具有正当理由。

2. 房地产开发企业纳税人应核查销售台账,确认是否存在同类型房屋售价不一致且偏差过大等情况。同时要注意留存备查销售定价方案等资料。

法律依据

1.《税收征收管理法》

第六十三条 纳税人伪造、变造、隐匿、擅自销毁帐簿、记帐凭证,或者在帐簿上多列支出或者不列、少列收入,或者经税务机关通知申报而拒不申报或者进行虚假的纳税申报,不缴或者少缴应纳税款的,是偷税。对纳税人偷税的,由税务机关追缴其不缴或者少缴的税款、滞纳金,并处不缴或者少缴的税款百分之五十以上五倍以下的罚款;构成犯罪的,依法追究刑事责任。

……

2.《土地增值税暂行条例》

第五条 纳税人转让房地产所取得的收入,包括货币收入、实物收入和其他

收入。

第九条　纳税人有下列情形之一的,按照房地产评估价格计算征收:

(一)隐瞒、虚报房地产成交价格的;

(二)提供扣除项目金额不实的;

(三)转让房地产的成交价格低于房地产评估价格,又无正当理由的。

3.《土地增值税暂行条例实施细则》

第五条　条例第二条所称的收入,包括转让房地产的全部价款及有关的经济收益。

第十三条　条例第九条所称的房地产评估价格,是指由政府批准设立的房地产评估机构根据相同地段、同类房地产进行综合评定的价格。评估价格须经当地税务机关确认。

第十四条　条例第九条(一)项所称的隐瞒、虚报房地产成交价格,是指纳税人不报或有意低报转让土地使用权、地上建筑物及其附着物价款的行为。

条例第九条(二)项所称的提供扣除项目金额不实的,是指纳税人在纳税申报时不据实提供扣除项目金额的行为。

条例第九条(三)项所称的转让房地产的成交价格低于房地产评估价格,又无正当理由,是指纳税人申报的转让房地产的实际成交价低于房地产评估机构评定的交易价,纳税人又不能提供凭据或无正当理由的行为。

隐瞒、虚报房地产成交价格,应由评估机构参照同类房地产的市场交易价格进行评估。税务机关根据评估价格确定转让房地产的收入。

提供扣除项目金额不实的,应由评估机构按照房屋重置成本价乘以成新度折扣率计算的房屋成本价和取得土地使用权时的基准地价进行评估。税务机关根据评估价格确定扣除项目金额。

转让房地产的成交价格低于房地产评估价格,又无正当理由的,由税务机关参照房地产评估价格确定转让房地产的收入。

六、缴纳土地增值税时,申报的扣除项目存在问题

风险表现

纳税人在申报缴纳土地增值税时,计算增值额的扣除项目存在以下情形:

1. 不据实提供扣除项目金额。

2. 扣留建筑安装施工企业的质保金,未取得其开具的发票,仍计算扣除。

3. 向金融机构支付的利息超过按商业银行同类同期贷款利率计算的金额。

4. 将逾期开发缴纳的土地闲置费用申报扣除。

5. 取得的建筑服务发票备注栏未注明建筑服务发生地县(市、区)名称及项目名称。

6. 将"因隐瞒、虚报房地产成交价格等情形而按房地产评估价格计算征收土地增值税所发生的评估费用"予以扣除。

7. 将预提费用予以扣除(按规定可以扣除的除外)。

风险后果

征缴土地增值税时,计算增值额的扣除项目是税务机关稽核的重点。若纳税人存在不据实申报扣除项目金额、超范围或超标准申报扣除金额、未按核算对象(项目)分摊成本、将不该扣除的项目进行扣除以及未取得合法扣除凭证等情形,造成扣除项目金额不实的,轻则会被税务机关按照评估价格确定扣除项目金额;重则会被税务机关认定为偷税,依法追缴其不缴或者少缴的税款、滞纳金,并处不缴或者少缴的税款0.5~5倍的罚款;构成犯罪的,可能会被依法追究刑事责任。

【提示】纳税人提供扣除项目金额不实的,应由评估机构按照房屋重置成本价乘以成新度折扣率计算的房屋成本价和取得土地使用权时的基准地价进行评估。

合规建议

1. 纳税人在依法缴纳土地增值税时,申报的扣除项目须真实发生、金额准确、取得合法凭据,应注意以下情形:

(1)房地产开发企业在工程竣工验收后,对扣留建筑安装施工企业的质量保证金,在计算土地增值税时,取得发票的,按发票所载金额予以扣除;未取得发票的,不得计算扣除。

(2)财务费用中的利息支出,凡能够按转让房地产项目计算分摊并提供金融机构证明的,允许据实扣除,但最高不能超过按商业银行同类同期贷款利率计算的金额;超过部分,不得扣除。

(3)在土地增值税清算时,要核查前期费用中是否存在土地闲置费用,若存在,此项费用不能作为扣除项目计算。

(4)在"营改增"后取得的建筑服务发票,应在备注栏注明建筑服务发生地县(市、区)名称及项目名称;未按要求注明的,不得计入扣除项目中。

(5)纳税人转让旧房及建筑物时因计算纳税的需要而对房地产进行评估,其支付的评估费用允许在计算增值额时予以扣除。但因纳税人隐瞒、虚报房地产成交价格等情节而按房地产评估价格计算征收土地增值税所发生的评估费用,不允许在计算土地增值税时予以扣除。

(6)房地产开发企业的预提费用,除另有规定外,不得扣除。

2. 房地产开发企业在土地增值税清算过程中,应注意开发成本是否高于同类型项目平均成本;价格签证单是否与市场价格一致等问题。

【提示】(1)土地增值税以国家有关部门审批的房地产开发项目为单位进行清算,对于分期开发的项目,以分期项目为单位清算(其扣除项目金额的确定,可按转让土地使用权的面积占总面积的比例计算分摊,或按建筑面积计算分摊,也可按税务机关确认的其他方式计算分摊)。(2)开发项目中同时包含普通住宅和非普通住宅的,应分别计算增值额。

法律依据

1.《税收征收管理法》

第六十三条 纳税人伪造、变造、隐匿、擅自销毁帐簿、记帐凭证,或者在帐簿上多列支出或者不列、少列收入,或者经税务机关通知申报而拒不申报或者进行虚假的纳税申报,不缴或者少缴应纳税款的,是偷税。对纳税人偷税的,由税务机关追缴其不缴或者少缴的税款、滞纳金,并处不缴或者少缴的税款百分之五十以上五倍以下的罚款;构成犯罪的,依法追究刑事责任。

……

2.《土地增值税暂行条例》

第四条 纳税人转让房地产所取得的收入减除本条例第六条规定扣除项目金额后的余额,为增值额。

第六条 计算增值额的扣除项目:

(一)取得土地使用权所支付的金额;

(二)开发土地的成本、费用;

(三)新建房及配套设施的成本、费用,或者旧房及建筑物的评估价格;

(四)与转让房地产有关的税金;

(五)财政部规定的其他扣除项目。

第九条 纳税人有下列情形之一的,按照房地产评估价格计算征收:

……

(二)提供扣除项目金额不实的;

……

3.《土地增值税暂行条例实施细则》

第八条 土地增值税以纳税人房地产成本核算的最基本的核算项目或核算对象为单位计算。

第九条 纳税人成片受让土地使用权后,分期分批开发、转让房地产的,其扣除项目金额的确定,可按转让土地使用权的面积占总面积的比例计算分摊,或按建筑面积计算分摊,也可按税务机关确认的其他方式计算分摊。

第十三条 条例第九条所称的房地产评估价格,是指由政府批准设立的房地产评估机构根据相同地段、同类房地产进行综合评定的价格。评估价格须经当地税务机关确认。

第十四条 ……

条例第九条(二)项所称的提供扣除项目金额不实的,是指纳税人在纳税申报时不据实提供扣除项目金额的行为。

……

提供扣除项目金额不实的,应由评估机构按照房屋重置成本价乘以成新度折扣率计算的房屋成本价和取得土地使用权时的基准地价进行评估。税务机关根据评估价格确定扣除项目金额。

……

4.《国家税务总局关于房地产开发企业土地增值税清算管理有关问题的通知》(国税发〔2006〕187 号,已被修改)

一、土地增值税的清算单位

土地增值税以国家有关部门审批的房地产开发项目为单位进行清算,对于分期开发的项目,以分期项目为单位清算。

开发项目中同时包含普通住宅和非普通住宅的,应分别计算增值额。

……

四、土地增值税的扣除项目

……

(四)房地产开发企业销售已装修的房屋,其装修费用可以计入房地产开发成本。

房地产开发企业的预提费用,除另有规定外,不得扣除。

……

5.《国家税务总局关于土地增值税清算有关问题的通知》(国税函〔2010〕220 号)

二、房地产开发企业未支付的质量保证金,其扣除项目金额的确定问题

房地产开发企业在工程竣工验收后,根据合同约定,扣留建筑安装施工企业一

定比例的工程款，作为开发项目的质量保证金，在计算土地增值税时，建筑安装施工企业就质量保证金对房地产开发企业开具发票的，按发票所载金额予以扣除；未开具发票的，扣留的质保金不得计算扣除。

三、房地产开发费用的扣除问题

（一）财务费用中的利息支出，凡能够按转让房地产项目计算分摊并提供金融机构证明的，允许据实扣除，但最高不能超过按商业银行同类同期贷款利率计算的金额。其他房地产开发费用，在按照"取得土地使用权所支付的金额"与"房地产开发成本"金额之和的5%以内计算扣除。

（二）凡不能按转让房地产项目计算分摊利息支出或不能提供金融机构证明的，房地产开发费用在按"取得土地使用权所支付的金额"与"房地产开发成本"金额之和的10%以内计算扣除。

全部使用自有资金，没有利息支出的，按照以上方法扣除。

上述具体适用的比例按省级人民政府此前规定的比例执行。

（三）房地产开发企业既向金融机构借款，又有其他借款的，其房地产开发费用计算扣除时不能同时适用本条（一）、（二）项所述两种办法。

（四）土地增值税清算时，已经计入房地产开发成本的利息支出，应调整至财务费用中计算扣除。

四、房地产企业逾期开发缴纳的土地闲置费的扣除问题

房地产开发企业逾期开发缴纳的土地闲置费不得扣除。

6.《国家税务总局关于全面推开营业税改征增值税试点有关税收征收管理事项的公告》（国家税务总局公告2016年第23号，已失效）

四、增值税发票开具

……

（三）提供建筑服务，纳税人自行开具或者税务机关代开增值税发票时，应在发票的备注栏注明建筑服务发生地县（市、区）名称及项目名称。

……

7.《国家税务总局关于营改增后土地增值税若干征管规定的公告》（国家税务总局公告2016年第70号）

五、关于营改增后建筑安装工程费支出的发票确认问题

营改增后，土地增值税纳税人接受建筑安装服务取得的增值税发票，应按照《国家税务总局关于全面推开营业税改征增值税试点有关税收征收管理事项的公

告》(国家税务总局公告2016年第23号)规定,在发票的备注栏注明建筑服务发生地县(市、区)名称及项目名称,否则不得计入土地增值税扣除项目金额。

8.《财政部　国家税务总局关于土地增值税一些具体问题规定的通知》(财税字〔1995〕48号,部分失效)

十二、关于评估费用可否在计算增值额时扣除的问题

纳税人转让旧房及建筑物时因计算纳税的需要而对房地产进行评估,其支付的评估费用允许在计算增值额时予以扣除。对条例第九条规定的纳税人隐瞒、虚报房地产成交价格等情节而按房地产评估价格计算征收土地增值税所发生的评估费用,不允许在计算土地增值税时予以扣除。

七、享受普通标准住宅免征土地增值税优惠不符合规定

风险表现

建造的普通标准住宅(指按所在地一般民用住宅标准建造的居住用住宅)出售享受免征土地增值税优惠政策时,存在以下情形:

1. 将非普通标准住宅(如高级公寓、别墅、度假村等)当成普通标准住宅出售,违规申报享受免征土地增值税优惠政策。

2. 普通标准住宅出售时,增值额超过扣除项目金额20%。

3. 既建普通标准住宅又进行其他房地产开发的,未分别、准确核算增值额。

4. 未向房地产所在地税务机关提出免税申请,并经税务机关审核。

风险后果

1. 纳税人不满足税收优惠条件而违规申报享受税收优惠,导致不缴或者少缴税款的,可能会被税务机关认定为偷税而追缴其不缴或者少缴的税款、滞纳金,并处不缴或者少缴的税款0.5～5倍的罚款;构成犯罪的,可能会被依法追究刑事责任。

2. 如果纳税人既建造普通标准住宅又建造非普通标准住宅,且未分别核算或不能准确核算增值额的,其建造的普通标准住宅也不能享受免税优惠,导致其合法税收利益受损。

合规建议

1. 纳税人在申报享受"普通标准住宅免征土地增值税"优惠政策时,应同时满足以下条件:

(1)申报享受优惠的住宅确系普通标准住宅(按照所在地一般民用住宅标准建造的居住用住宅),而不包括高级公寓、别墅、度假村等非普通标准住宅。

【提示】普通标准住宅与其他住宅的具体划分界限由各省、自治区、直辖市人民政府规定。

(2)普通标准住宅出售时,增值额未超过扣除项目金额20%。

【提示】增值额未超过《土地增值税暂行条例实施细则》第7条第1项、第2项、第3项、第5项、第6项扣除项目金额之和20%的,免征土地增值税;增值额超过扣除项目金额之和20%的,应就其全部增值额按规定计税。

(3)既建普通标准住宅又进行其他房地产开发的,应分别、准确核算增值额。

【提示】不分别核算增值额或不能准确核算增值额的,其建造的普通标准住宅不能适用免税规定。

2. 符合上述免税规定的纳税人,须向房地产所在地税务机关提出免税申请,经税务机关审核后,方能享受免征土地增值税优惠。

法律依据

1.《税收征收管理法》

第六十三条　纳税人伪造、变造、隐匿、擅自销毁帐簿、记帐凭证,或者在帐簿上多列支出或者不列、少列收入,或者经税务机关通知申报而拒不申报或者进行虚假的纳税申报,不缴或者少缴应纳税款的,是偷税。对纳税人偷税的,由税务机关追缴其不缴或者少缴的税款、滞纳金,并处不缴或者少缴的税款百分之五十以上五倍以下的罚款;构成犯罪的,依法追究刑事责任。

……

2.《土地增值税暂行条例》

第八条　有下列情形之一的,免征土地增值税:

(一)纳税人建造普通标准住宅出售,增值额未超过扣除项目金额20%的;

……

3.《土地增值税暂行条例实施细则》

第十一条　条例第八条(一)项所称的普通标准住宅,是指按所在地一般民用住宅标准建造的居住用住宅。高级公寓、别墅、度假村等不属于普通标准住宅。普通标准住宅与其他住宅的具体划分界限由各省、自治区、直辖市人民政府规定。

纳税人建造普通标准住宅出售,增值额未超过本细则第七条(一)、(二)、

(三)、(五)、(六)项扣除项目金额之和百分之二十的,免征土地增值税;增值额超过扣除项目金额之和百分之二十的,应就其全部增值额按规定计税。

……

符合上述免税规定的单位和个人,须向房地产所在地税务机关提出免税申请,经税务机关审核后,免予征收土地增值税。

4.《财政部、国家税务总局关于土地增值税一些具体问题规定的通知》(财税字〔1995〕48号,部分失效)

十三、关于既建普通标准住宅又搞其他类型房地产开发的如何计税的问题

对纳税人既建普通标准住宅又搞其他房地产开发的,应分别核算增值额。不分别核算增值额或不能准确核算增值额的,其建造的普通标准住宅不能适用条例第八条(一)项的免税规定。

5.《财政部、国家税务总局关于土地增值税若干问题的通知》(财税〔2006〕21号,部分失效)

一、关于纳税人建造普通标准住宅出售和居民个人转让普通住宅的征免税问题

《条例》第八条中"普通标准住宅"和《财政部、国家税务总局关于调整房地产市场若干税收政策的通知》(财税字〔1999〕210号)第三条中"普通住宅"的认定,一律按各省、自治区、直辖市人民政府根据《国务院办公厅转发建设部等部门关于做好稳定住房价格工作意见的通知》(国办发〔2005〕26号)制定并对社会公布的"中小套型、中低价位普通住房"的标准执行。纳税人既建造普通住宅,又建造其他商品房的,应分别核算土地增值额。

……

八、预售房地产取得收入,未预缴土地增值税

风险表现

纳税人在预售房地产(项目全部竣工结算前转让房地产)取得收入时,未依照当地税务机关的规定,按房地产类型(普通住房、非普通住房和商用房等)和预征率分别申报预缴土地增值税。

风险后果

纳税人在预售房地产取得收入时,未按照规定依法申报预缴土地增值税的,可能会被税务机关认定为偷税而追缴其不缴或者少缴的税款、滞纳金,并处不缴或者

少缴的税款0.5～5倍的罚款；构成犯罪的，可能会被依法追究刑事责任。

合规建议

纳税人在预售房地产取得收入时，应及时与项目所在地的税务机关沟通，了解并掌握当地土地增值税的预征方式、预征率、计税依据等规定，依法及时申报预缴土地增值税。

【提示】预征土地增值税的计征依据，各地具体征管处理通常有两种方式：(1)按照公式换算，预征土地增值税按照不含税金额确定计税依据；(2)按照预收款扣除应预缴增值税税款，余额作为预征土地增值税的计征依据。

法律依据

1.《税收征收管理法》

第六十三条　纳税人伪造、变造、隐匿、擅自销毁帐簿、记帐凭证，或者在帐簿上多列支出或者不列、少列收入，或者经税务机关通知申报而拒不申报或者进行虚假的纳税申报，不缴或者少缴应纳税款的，是偷税。对纳税人偷税的，由税务机关追缴其不缴或者少缴的税款、滞纳金，并处不缴或者少缴的税款百分之五十以上五倍以下的罚款；构成犯罪的，依法追究刑事责任。

……

2.《土地增值税暂行条例实施细则》

第十六条　纳税人在项目全部竣工结算前转让房地产取得的收入，由于涉及成本确定或其他原因，而无法据以计算土地增值税的，可以预征土地增值税，待该项目全部竣工、办理结算后再进行清算，多退少补。具体办法由各省、自治区、直辖市地方税务局根据当地情况制定。

3.《财政部、国家税务总局关于土地增值税一些具体问题规定的通知》(财税字〔1995〕48号，部分失效)

十四、关于预售房地产所取得的收入是否申报纳税的问题

根据细则的规定，对纳税人在项目全部竣工结算前转让房地产取得的收入可以预征土地增值税。具体办法由各省、自治区、直辖市地方税务局根据当地情况制定。因此，对纳税人预售房地产所取得的收入，当地税务机关规定预征土地增值税的，纳税人应当到主管税务机关办理纳税申报，并按规定比例预交，待办理决算后，多退少补；当地税务机关规定不预征土地增值税的，也应在取得收入时先到税务机关登记或备案。

4.《财政部、国家税务总局关于土地增值税若干问题的通知》(财税〔2006〕21号,部分失效)

三、关于土地增值税的预征和清算问题

各地要进一步完善土地增值税预征办法,根据本地区房地产业增值水平和市场发展情况,区别普通住房、非普通住房和商用房等不同类型,科学合理地确定预征率,并适时调整。工程项目竣工结算后,应及时进行清算,多退少补。

对未按预征规定期限预缴税款的,应根据《税收征管法》及其实施细则的有关规定,从限定的缴纳税款期限届满的次日起,加收滞纳金。

……

5.《财政部、国家税务总局关于营改增后契税、房产税、土地增值税、个人所得税计税依据问题的通知》(财税〔2016〕43号)

三、土地增值税纳税人转让房地产取得的收入为不含增值税收入。

《中华人民共和国土地增值税暂行条例》等规定的土地增值税扣除项目涉及的增值税进项税额,允许在销项税额中计算抵扣的,不计入扣除项目,不允许在销项税额中计算抵扣的,可以计入扣除项目。

五、免征增值税的,确定计税依据时,成交价格、租金收入、转让房地产取得的收入不扣减增值税额。

6.《国家税务总局关于营改增后土地增值税若干征管规定的公告》(国家税务总局公告2016年第70号)

一、关于营改增后土地增值税应税收入确认问题

营改增后,纳税人转让房地产的土地增值税应税收入不含增值税。适用增值税一般计税方法的纳税人,其转让房地产的土地增值税应税收入不含增值税销项税额;适用简易计税方法的纳税人,其转让房地产的土地增值税应税收入不含增值税应纳税额。

为方便纳税人,简化土地增值税预征税款计算,房地产开发企业采取预收款方式销售自行开发的房地产项目的,可按照以下方法计算土地增值税预征计征依据:

土地增值税预征的计征依据=预收款-应预缴增值税税款

九、未依法进行土地增值税清算

风险表现

1.未以国家有关部门审批的房地产开发项目为单位进行清算;对于分期开发的项目,未以分期项目为单位进行清算;开发项目中同时包含普通住宅和非普通住

宅的,未分别计算增值额。

2. 达到必须进行土地增值税清算条件的,未依法主动进行清算。

3. 符合可以进行土地增值税清算条件的,未根据主管税务机关的要求依法进行清算。

风险后果

纳税人达到土地增值税清算条件时,未依法进行清算或未正确进行清算,造成不缴、少缴或延迟缴纳税款的,可能会被税务机关认定为偷税而追缴其不缴或者少缴的税款、滞纳金,并处不缴或者少缴的税款 0.5 ~5 倍的罚款;构成犯罪的,可能会被依法追究刑事责任。

合规建议

1. 对于符合下列情形之一的,纳税人应依法进行土地增值税清算(须在满足清算条件之日起 90 日内到主管税务机关办理清算手续并报送相关资料):

(1)房地产开发项目全部竣工、完成销售的。

(2)整体转让未竣工决算房地产开发项目的。

(3)直接转让土地使用权的。

2. 对符合以下条件之一的,纳税人应根据主管税务机关的要求依法进行土地增值税清算(须在收到主管税务机关下达的清算通知之日起 90 日内办理清算手续并报送相关资料):

(1)已竣工验收的房地产开发项目,已转让的房地产建筑面积占整个项目可售建筑面积的比例在 85% 以上,或该比例虽未超过 85%,但剩余的可售建筑面积已经出租或自用的。

(2)取得销售(预售)许可证满 3 年仍未销售完毕的。

(3)纳税人申请注销税务登记但未办理土地增值税清算手续的(应在办理注销登记前进行土地增值税清算)。

(4)省(自治区、直辖市、计划单列市)税务机关规定的其他情况。

【提示】①土地增值税以国家有关部门审批的房地产开发项目为单位进行清算;②对于分期开发的项目,以分期项目为单位清算;③开发项目中同时包含普通住宅和非普通住宅的,应分别计算增值额。

法律依据

1.《税收征收管理法》

第六十三条　纳税人伪造、变造、隐匿、擅自销毁帐簿、记帐凭证,或者在帐簿上多列支出或者不列、少列收入,或者经税务机关通知申报而拒不申报或者进行虚假的纳税申报,不缴或者少缴应纳税款的,是偷税。对纳税人偷税的,由税务机关追缴其不缴或者少缴的税款、滞纳金,并处不缴或者少缴的税款百分之五十以上五倍以下的罚款;构成犯罪的,依法追究刑事责任。

……

2.《国家税务总局关于房地产开发企业土地增值税清算管理有关问题的通知》(国税发〔2006〕187号,已被修改)

一、土地增值税的清算单位

土地增值税以国家有关部门审批的房地产开发项目为单位进行清算,对于分期开发的项目,以分期项目为单位清算。

开发项目中同时包含普通住宅和非普通住宅的,应分别计算增值额。

四、土地增值税的扣除项目

……

(五)属于多个房地产项目共同的成本费用,应按清算项目可售建筑面积占多个项目可售总建筑面积的比例或其他合理的方法,计算确定清算项目的扣除金额。

3.《土地增值税清算管理规程》(国税发〔2009〕91号,已被修改)

第三条 《规程》所称土地增值税清算,是指纳税人在符合土地增值税清算条件后,依照税收法律、法规及土地增值税有关政策规定,计算房地产开发项目应缴纳的土地增值税税额,并填写《土地增值税清算申报表》,向主管税务机关提供有关资料,办理土地增值税清算手续,结清该房地产项目应缴纳土地增值税税款的行为。

第四条 纳税人应当如实申报应缴纳的土地增值税税额,保证清算申报的真实性、准确性和完整性。

第九条 纳税人符合下列条件之一的,应进行土地增值税的清算。

(一)房地产开发项目全部竣工、完成销售的;

(二)整体转让未竣工决算房地产开发项目的;

(三)直接转让土地使用权的。

第十条 对符合以下条件之一的,主管税务机关可要求纳税人进行土地增值税清算。

(一)已竣工验收的房地产开发项目,已转让的房地产建筑面积占整个项目可售建筑面积的比例在85%以上,或该比例虽未超过85%,但剩余的可售建筑面积已经出租或自用的；

（二）取得销售（预售）许可证满三年仍未销售完毕的；

（三）纳税人申请注销税务登记但未办理土地增值税清算手续的；

（四）省（自治区、直辖市、计划单列市）税务机关规定的其他情况。

对前款所列第（三）项情形，应在办理注销登记前进行土地增值税清算。

第十一条 对于符合本规程第九条规定，应进行土地增值税清算的项目，纳税人应当在满足条件之日起90日内到主管税务机关办理清算手续。对于符合本规程第十条规定税务机关可要求纳税人进行土地增值税清算的项目，由主管税务机关确定是否进行清算；对于确定需要进行清算的项目，由主管税务机关下达清算通知，纳税人应当在收到清算通知之日起90日内办理清算手续。

应进行土地增值税清算的纳税人或经主管税务机关确定需要进行清算的纳税人，在上述规定的期限内拒不清算或不提供清算资料的，主管税务机关可依据《中华人民共和国税收征收管理法》有关规定处理。

十、已清算项目继续销售剩余房产，未依法申报缴纳土地增值税

风险表现

纳税人在土地增值税清算时未转让的房地产，清算后继续销售或有偿转让，但未依法申报缴纳土地增值税，或者税款计算错误（未按清算报告的单位建筑面积成本计算扣除项目金额）。

风险后果

纳税人不进行纳税申报，不缴或者少缴应纳税款的，会被税务机关追缴其不缴或者少缴的税款、滞纳金，并处不缴或者少缴的税款0.5～5倍的罚款。

合规建议

已清算房地产项目继续销售剩余房产的，应在销售当月直接进行清算（不再先预征后清算），扣除项目金额按清算时单位建筑面积成本费用乘以销售或转让面积计算。

法律依据

1.《税收征收管理法》

第六十四条 ……

纳税人不进行纳税申报，不缴或者少缴应纳税款的，由税务机关追缴其不缴或

者少缴的税款、滞纳金，并处不缴或者少缴的税款百分之五十以上五倍以下的罚款。

2.《国家税务总局关于房地产开发企业土地增值税清算管理有关问题的通知》（国税发〔2006〕187 号，已被修改）

八、清算后再转让房地产的处理

在土地增值税清算时未转让的房地产，清算后销售或有偿转让的，纳税人应按规定进行土地增值税的纳税申报，扣除项目金额按清算时的单位建筑面积成本费用乘以销售或转让面积计算。

单位建筑面积成本费用 = 清算时的扣除项目总金额 ÷ 清算的总建筑面积

第三节　房产税税务风险管理

一、单位自营房产，未依法缴纳房产税

风险表现

纳税人存在以下未依法申报缴纳（不缴、少缴）房产税的情形：

1. 未就所有应税房产分别向各房产所在地的税务机关申报缴纳房产税。

2. 仅按照账簿中“固定资产”账户显示的金额申报缴纳房产税，而未将列示在“无形资产”等科目的土地成本（包括为取得土地使用权支付的价款、开发土地发生的成本费用等）纳入房产原值申报缴纳房产税。

3. 未将以房屋为载体，不可随意移动的附属设备和配套设施（如给排水、采暖、消防、中央空调、电气及智能化楼宇设备等）的价值计入房产原值申报缴纳房产税。

4. 未将在房产税征收范围内的具备房屋功能的地下建筑（包括与地上房屋相连的地下建筑以及完全建在地面以下的建筑、地下人防设施等）纳入房产税征税范围申报缴纳房产税。

5. 作为居民住宅区内业主共有的经营性房产的代管人（如物业公司等），在代管自营业主共有的经营性房产时，未依法申报缴纳房产税。

6. 房地产开发企业建造的商品房，在售出前已使用（如用于生产经营活动的售楼处和样板房）或出租、出借的，未按规定申报缴纳房产税。

7. 对于以房产投资联营，投资者参与投资利润分红，共担风险的情况，未按房产原值作为计税依据申报缴纳房产税；对于以房产投资，收取固定收入，不承担联

营风险的情况，未按照规定以收取的固定收入（相当于租金）作为计税依据申报缴纳房产税。

风险后果

纳税人不进行纳税申报，不缴或者少缴应纳税款的，会被税务机关追缴其不缴或者少缴的税款、滞纳金，并处不缴或者少缴的税款0.5～5倍的罚款。

合规建议

房产税纳税人（城市、县城、建制镇和工矿区房产的产权所有人），应依法申报缴纳房产税，并注意以下情形：

1. 房产不在一地的，应按房产的坐落地点，分别向房产所在地的税务机关申报缴纳房产税。

2. 应将土地成本（包括为取得土地使用权支付的价款、开发土地发生的成本费用等，可能列示在“无形资产”等科目的费用）纳入房产原值申报缴纳房产税。

3. 为了维持和增加房屋的使用功能或使房屋满足设计要求，凡以房屋为载体，不可随意移动的附属设备和配套设施，如给排水、采暖、消防、中央空调、电气及智能化楼宇设备等，无论在会计核算中是否单独记账与核算，都应计入房产原值申报缴纳房产税。对于更换房屋附属设备和配套设施的，在将其价值计入房产原值时，可扣减原来相应设备和设施的价值；对附属设备和配套设施中易损坏、需要经常更换的零配件，更新后不再计入房产原值。

【提示】根据《企业会计准则第4号——固定资产》（财会〔2006〕3号）第5条的规定，固定资产的各组成部分具有不同使用寿命或者以不同方式为企业提供经济利益，适用不同折旧率或折旧方法的，应当分别将各组成部分确认为单项固定资产。

4. 在房产税征收范围内的具备房屋功能的地下建筑（包括与地上房屋相连的地下建筑以及完全建在地面以下的建筑、地下人防设施等），应纳入房产税征税范围申报缴纳房产税。

5. 作为居民住宅区内业主共有的经营性房产的代管人（如物业公司等），在代管自营业主共有的经营性房产时，应依法申报缴纳房产税。

6. 房地产开发企业建造的商品房，在售出前已使用（如用于生产经营活动的售楼处和样板房）或出租、出借的，应按规定申报缴纳房产税。

7. 以房产投资联营，应依法申报缴纳房产税：(1)投资者参与投资利润分红，共担风险的，按房产原值作为计税依据；(2)以房产投资收取固定收入，不承担联营风险的，以收取的固定收入（相当于租金）作为计税依据。

法律依据

1.《税收征收管理法》

第六十四条 ……

纳税人不进行纳税申报,不缴或者少缴应纳税款的,由税务机关追缴其不缴或者少缴的税款、滞纳金,并处不缴或者少缴的税款百分之五十以上五倍以下的罚款。

2.《房产税暂行条例》

第一条 房产税在城市、县城、建制镇和工矿区征收。

第三条 房产税依照房产原值一次减除10%至30%后的余值计算缴纳。具体减除幅度,由省、自治区、直辖市人民政府规定。

没有房产原值作为依据的,由房产所在地税务机关参考同类房产核定。

……

第四条 房产税的税率,依照房产余值计算缴纳的,税率为1.2%;依照房产租金收入计算缴纳的,税率为12%。

第九条 房产税由房产所在地的税务机关征收。

3.《财政部、国家税务总局关于房产税若干具体问题的解释和暂行规定》(〔86〕财税地字第008号,部分失效)

八、关于房产不在一地的纳税人,如何确定纳税地点?

房产税暂行条例第九条规定,“房产税由房产所在地的税务机关征收。”房产不在一地的纳税人,应按房产的坐落地点,分别向房产所在地的税务机关缴纳房产税。

4.《财政部、国家税务总局关于安置残疾人就业单位城镇土地使用税等政策的通知》(财税〔2010〕121号)

三、关于将地价计入房产原值征收房产税问题

对按照房产原值计税的房产,无论会计上如何核算,房产原值均应包含地价,包括为取得土地使用权支付的价款、开发土地发生的成本费用等。宗地容积率低于0.5的,按房产建筑面积的2倍计算土地面积并据此确定计入房产原值的地价。

5.《财政部、税务总局关于房产税和车船使用税几个业务问题的解释与规定》(〔87〕财税地字第003号,部分失效)

二、关于房屋附属设备的解释

房产原值应包括与房屋不可分割的各种附属设备或一般不单独计算价值的配套设施。主要有:暖气、卫生、通风、照明、煤气等设备;各种管线,如蒸气、压缩空气、石油、给水排水等管道及电力、电讯、电缆导线;电梯、升降机、过道、晒台等。

属于房屋附属设备的水管、下水道、暖气管、煤气管等从最近的探视井或三通管算起。电灯网、照明线从进线盒联接管算起。

6.《国家税务总局关于进一步明确房屋附属设备和配套设施计征房产税有关问题的通知》(国税发〔2005〕173号,部分失效)

一、为了维持和增加房屋的使用功能或使房屋满足设计要求,凡以房屋为载体,不可随意移动的附属设备和配套设施,如给排水、采暖、消防、中央空调、电气及智能化楼宇设备等,无论在会计核算中是否单独记账与核算,都应计入房产原值,计征房产税。

二、对于更换房屋附属设备和配套设施的,在将其价值计入房产原值时,可扣减原来相应设备和设施的价值;对附属设备和配套设施中易损坏、需要经常更换的零配件,更新后不再计入房产原值。

7.《财政部、国家税务总局关于具备房屋功能的地下建筑征收房产税的通知》(财税〔2005〕181号)

一、凡在房产税征收范围内的具备房屋功能的地下建筑,包括与地上房屋相连的地下建筑以及完全建在地面以下的建筑、地下人防设施等,均应当依照有关规定征收房产税。

上述具备房屋功能的地下建筑是指有屋面和维护结构,能够遮风避雨,可供人们在其中生产、经营、工作、学习、娱乐、居住或储藏物资的场所。

二、自用的地下建筑,按以下方式计税:

……

3.对于与地上房屋相连的地下建筑,如房屋的地下室、地下停车场、商场的地下部分等,应将地下部分与地上房屋视为一个整体按照地上房屋建筑的有关规定计算征收房产税。

三、出租的地下建筑,按照出租地上房屋建筑的有关规定计算征收房产税。

8.《财政部、国家税务总局关于房产税、城镇土地使用税有关政策的通知》(财税〔2006〕186号)

一、关于居民住宅区内业主共有的经营性房产缴纳房产税问题

对居民住宅区内业主共有的经营性房产,由实际经营(包括自营和出租)的代管人或使用人缴纳房产税。其中自营的,依照房产原值减除10%至30%后的余值计征,没有房产原值或不能将业主共有房产与其他房产的原值准确划分开的,由房产所在地地方税务机关参照同类房产核定房产原值;出租的,依照租金收入计征。

9.《国家税务总局关于房产税城镇土地使用税有关政策规定的通知》(国税发〔2003〕89号,部分失效)

一、关于房地产开发企业开发的商品房征免房产税问题

鉴于房地产开发企业开发的商品房在出售前,对房地产开发企业而言是一种产品,因此,对房地产开发企业建造的商品房,在售出前,不征收房产税;但对售出前房地产开发企业已使用或出租、出借的商品房应按规定征收房产税。

10.《国家税务总局关于安徽省若干房产税业务问题的批复》(国税函发〔1993〕368号,部分失效)

一、对于投资联营的房产,应根据投资联营的具体情况,在计征房产税时予以区别对待。对于以房产投资联营,投资者参与投资利润分红,共担风险的情况,按房产原值作为计税依据计征房产税;对于以房产投资,收取固定收入,不承担联营风险的情况,实际上是以联征房产税时应以房产余值计算征收。至于租赁期内房产税的纳税人,可由你局根据实际情况确定。

二、对不属于房产税征税范围的房产申报缴纳房产税

风险表现

误将以下不属于房产税征税范围的房产、建筑物、配套设施设备申报缴纳房产税:

1. 不是位于城市、县城、建制镇和工矿区的房产。

2. 独立于房屋之外的建筑物(如围墙、烟囱、水塔、变电塔、油池油柜、酒窖菜窖、酒精池、糖蜜池、室外游泳池、玻璃暖房、砖瓦石灰窑以及各种油气罐等)。

3. 不属于"与房屋不可分割或者一般不单独计算价值的各种配套设施设备",如房屋内的家具、家电等。

风险后果

无须缴纳房产税,而错误申报缴纳,导致纳税人的合法税收利益受损。

合规建议

纳税人应准确识别和分辨房产税征税范围,对属于征税范围的内容应依法申报纳税;对不属于征税范围的内容,则无须纳税;要做到效防控税务风险。

法律依据

1.《房产税暂行条例》

第一条 房产税在城市、县城、建制镇和工矿区征收。

2.《财政部、税务总局关于房产税和车船使用税几个业务问题的解释与规定》(〔87〕财税地字第003号,部分失效)

一、关于“房产”的解释

“房产”是以房屋形态表现的财产。房屋是指有屋面和围护结构(有墙或两边有柱),能够遮风避雨,可供人们在其中生产、工作、学习、娱乐、居住或储藏物资的场所。

独立于房屋之外的建筑物,如围墙、烟囱、水塔、变电塔、油池油柜、酒窖菜窖、酒精池、糖蜜池、室外游泳池、玻璃暖房、砖瓦石灰窑以及各种油气罐等,不属于房产。

……

3.《国家税务总局关于进一步明确房屋附属设备和配套设施计征房产税有关问题的通知》(国税发〔2005〕173号,部分失效)

一、为了维持和增加房屋的使用功能或使房屋满足设计要求,凡以房屋为载体,不可随意移动的附属设备和配套设施,如给排水、采暖、消防、中央空调、电气及智能化楼宇设备等,无论在会计核算中是否单独记账与核算,都应计入房产原值,计征房产税。

三、出租或者承租房产时,未依法申报缴纳房产税

风险表现

1. 作为出租方,发生以下情形时,未依法申报纳税,导致少缴或延期缴纳房产税:

(1)房产租金收入未如实申报或未按期申报。

(2)租赁合同约定有免租期的,免租期内产权所有人未按照房产原值申报缴纳房产税,导致少缴纳房产税。

(3)出租地下建筑时,未按照出租地上房屋建筑的规定申报纳税。

(4)作为居民住宅区内业主共有的经营性房产的代管人(如物业公司等),在将业主共有的经营性房产出租时,未依法申报缴纳房产税。

2. 作为承租方,发生以下情形时,未依法申报纳税,导致少缴或延期缴纳房产税:

(1)无租使用其他单位房产时,未依照房产余值代缴纳房产税。

(2)融资租赁房产时,未自融资租赁合同约定开始日的次月起(合同未约定开

始日的,自合同签订的次月起)依照房产余值缴纳房产税。

风险后果

纳税人不进行纳税申报,不缴或者少缴应纳税款的,会被税务机关追缴其不缴或者少缴的税款、滞纳金,并处不缴或者少缴的税款0.5~5倍的罚款。

合规建议

1. 作为出租方,发生以下情形时,应依法申报(房产租金收入应如实、按期申报)缴纳房产税:

(1)租赁合同约定有免租期的,免租期内产权所有人应按照房产原值申报缴纳房产税。

(2)出租地下建筑时,应按照出租地上房屋建筑的规定申报缴纳房产税。

(3)作为居民住宅区内业主共有的经营性房产的代管人(如物业公司等),在将业主共有的经营性房产出租时,应依法申报缴纳房产税。

2. 作为承租方,发生以下情形时,应依法申报缴纳房产税:

(1)无租使用其他单位房产时,应依照房产余值代缴纳房产税。

(2)融资租赁房产时,应自融资租赁合同约定开始日的次月(合同未约定开始日的,自合同签订的次月)起依照房产余值缴纳房产税。

法律依据

1.《税收征收管理法》

第六十四条 ……

纳税人不进行纳税申报,不缴或者少缴应纳税款的,由税务机关追缴其不缴或者少缴的税款、滞纳金,并处不缴或者少缴的税款百分之五十以上五倍以下的罚款。

第六十八条 纳税人、扣缴义务人在规定期限内不缴或者少缴应纳或者应解缴的税款,经税务机关责令限期缴纳,逾期仍未缴纳的,税务机关除依照本法第四十条的规定采取强制执行措施追缴其不缴或者少缴的税款外,可以处不缴或者少缴的税款百分之五十以上五倍以下的罚款。

2.《房产税暂行条例》

第二条 房产税由产权所有人缴纳。……

第三条 ……

房产出租的,以房产租金收入为房产税的计税依据。

第四条 房产税的税率,依照房产余值计算缴纳的,税率为1.2%;依照房产租金收入计算缴纳的，税率为12%。

3.《财政部、国家税务总局关于营改增后契税、房产税、土地增值税、个人所得税计税依据问题的通知》(财税〔2016〕43号)

二、房产出租的，计征房产税的租金收入不含增值税。

4.《财政部、国家税务总局关于安置残疾人就业单位城镇土地使用税等政策的通知》(财税〔2010〕121号)

二、关于出租房产免收租金期间房产税问题

对出租房产，租赁双方签订的租赁合同约定有免收租金期限的，免收租金期间由产权所有人按照房产原值缴纳房产税。

5.《财政部、国家税务总局关于具备房屋功能的地下建筑征收房产税的通知》(财税〔2005〕181号)

三、出租的地下建筑，按照出租地上房屋建筑的有关规定计算征收房产税。

6.《财政部、国家税务总局关于房产税、城镇土地使用税有关政策的通知》(财税〔2006〕186号)

一、关于居民住宅区内业主共有的经营性房产缴纳房产税问题

对居民住宅区内业主共有的经营性房产，由实际经营(包括自营和出租)的代管人或使用人缴纳房产税。其中自营的，依照房产原值减除10%至30%后的余值计征，没有房产原值或不能将业主共有房产与其他房产的原值准确划分开的，由房产所在地地方税务机关参照同类房产核定房产原值；出租的，依照租金收入计征。

7.《财政部　国家税务总局关于房产税城镇土地使用税有关问题的通知》(财税〔2009〕128号)

一、关于无租使用其他单位房产的房产税问题

无租使用其他单位房产的应税单位和个人，依照房产余值代缴纳房产税。

三、关于融资租赁房产的房产税问题

融资租赁的房产，由承租人自融资租赁合同约定开始日的次月起依照房产余值缴纳房产税。合同未约定开始日的，由承租人自合同签订的次月起依照房产余值缴纳房产税。

四、出租房产时，房产税征税范围或计税依据适用错误

风险表现

1. 作为转租方，将房屋转租收入申报缴纳房产税，导致多缴税。

2. 未将房屋内的家具、家电等设施设备的租金单独列明，而是以全部租金为计税依据申报缴纳房产税，导致多缴纳房产税。

3. 在既出租房产又提供相关配套服务(如物业服务、仓储服务等)时，未将房产出租和相关服务单独签订合同(或者在同一份合同里明确列明各自相应价值)，而是以全部收入作为计税依据申报缴纳房产税，导致多缴纳房产税。

4. 以含增值税的租金收入作为房产税计税依据申报缴纳房产税，导致多缴纳房产税。

5. 向个人、专业化规模化住房租赁企业出租住房时，未享受房产税优惠政策(减按4%的税率征收房产税)。

风险后果

针对不属于房产税纳税义务人、不属于房产税征税范围的情形申报纳税，或者计税依据确定错误，导致缴纳冤枉房产税或者多缴纳房产税，造成自身合法税收利益受损。

合规建议

出租(转租)房产的单位，在依法申报缴纳房产税的同时，也应注意防控多缴纳房产税的风险。

1. 作为转租方，并非产权所有人，无须就房产转租收入申报缴纳房产税。

2. 房产税的征税范围是位于城市、县城、建制镇和工矿区的“房产”，出租方无须就不属于征税范围的内容申报缴纳房产税：

(1)除为了维持和增加房屋的使用功能或使房屋满足设计要求，以房屋为载体，不可随意移动的附属设备和配套设施(如给排水、采暖、消防、中央空调、电气及智能化楼宇设备等)外，房屋内的其余家具、家电等设施设备并不属于房产税的征税范围，出租方可与承租方协商一致，将该等设施设备的租金与房产租金分别单独列明，从而仅需以房产租金作为计税依据申报缴纳房产税。

(2)在既出租房产又提供相关配套服务(如物业服务、仓储服务等)时，可将房产出租和相关服务单独签订合同，或者在同一份合同里分别列明各自相应对价，从而仅需以房产租金作为计税依据申报缴纳房产税，相关服务收费无须缴纳房产税。

3. 出租方在与承租方签订房产租赁合同时，应明确列明不含税租金、税额及租金总额，从而仅需依法以不含增值税的租金收入作为计税依据申报缴纳房产税。

4. 如果出租的房产是住房，且承租方是个人或者专业化规模化住房租赁企业，则出租方可依法申报享受房产税优惠(减按4%的税率征收房产税)。

【提示】(1)专业化规模化住房租赁企业的标准为:企业在开业报告或者备案城市内持有或者经营租赁住房1000套(间)及以上或者建筑面积3万平方米及以上。各省、自治区、直辖市住房城乡建设部门会同同级财政、税务部门,可根据租赁市场发展情况,对本地区全部或者部分城市在50%的幅度内下调标准。(2)纳税人享受优惠政策的,应按规定进行减免税申报,并将不动产权属、房屋租赁合同、保障性租赁住房项目认定书等相关资料留存备查。

法律依据

1.《房产税暂行条例》

第一条 房产税在城市、县城、建制镇和工矿区征收。

第二条 房产税由产权所有人缴纳。……

第三条 ……

房产出租的,以房产租金收入为房产税的计税依据。

第四条 房产税的税率,依照房产余值计算缴纳的,税率为1.2%;依照房产租金收入计算缴纳的,税率为12%。

2.《国家税务总局关于进一步明确房屋附属设备和配套设施计征房产税有关问题的通知》(国税发〔2005〕173号,部分失效)

一、为了维持和增加房屋的使用功能或使房屋满足设计要求,凡以房屋为载体,不可随意移动的附属设备和配套设施,如给排水、采暖、消防、中央空调、电气及智能化楼宇设备等,无论在会计核算中是否单独记账与核算,都应计入房产原值,计征房产税。

3.《财政部、国家税务总局关于营改增后契税、房产税、土地增值税、个人所得税计税依据问题的通知》(财税〔2016〕43号)

二、房产出租的,计征房产税的租金收入不含增值税。

4.《财政部、税务总局、住房城乡建设部关于完善住房租赁有关税收政策的公告》(财政部、税务总局、住房城乡建设部公告2021年第24号)

二、对企事业单位、社会团体以及其他组织向个人、专业化规模化住房租赁企业出租住房的,减按4%的税率征收房产税。

三、对利用非居住存量土地和非居住存量房屋(含商业办公用房、工业厂房改造后出租用于居住的房屋)建设的保障性租赁住房,取得保障性租赁住房项目认定书后,比照适用第一条、第二条规定的税收政策,具体为:住房租赁企业向个人出租上述保障性租赁住房,比照适用第一条规定的增值税政策;企事业单位、社会团体以及其他组织向个人、专业化规模化住房租赁企业出租上述保障性租赁住房，比照适用第二条规定的房产税政策。

保障性租赁住房项目认定书由市、县人民政府组织有关部门联合审查建设方案后出具。

四、本公告所称住房租赁企业，是指按规定向住房城乡建设部门进行开业报告或者备案的从事住房租赁经营业务的企业。

本公告所称专业化规模化住房租赁企业的标准为：企业在开业报告或者备案城市内持有或者经营租赁住房1000套(间)及以上或者建筑面积3万平方米及以上。各省、自治区、直辖市住房城乡建设部门会同同级财政、税务部门，可根据租赁市场发展情况，对本地区全部或者部分城市在50%的幅度内下调标准。

六、纳税人享受本公告规定的优惠政策，应按规定进行减免税申报，并将不动产权属、房屋租赁合同、保障性租赁住房项目认定书等相关资料留存备查。

五、房产税纳税义务起始时间确认错误

风险表现

未根据相关法律规定的纳税义务发生时间依法申报缴纳房产税。例如，委托施工企业建设的房屋，未从办理验收手续的次月起申报缴纳房产税，而是从取得房产证之日起开始缴纳。

风险后果

1. 纳税人未按照规定期限缴纳税款的，税务机关除责令限期缴纳外，还可从滞纳税款之日起，按日加收滞纳税款万分之五的滞纳金。

2. 纳税人在规定期限内不缴或者少缴应纳税款，经税务机关责令限期缴纳，逾期仍未缴纳的，除会被税务机关依法采取强制执行措施追缴税款外，还可能会被处以不缴或者少缴的税款0.5～5倍的罚款。

合规建议

纳税人应按照规定的纳税义务发生时间，依法及时申报缴纳房产税(房产税按年征收、分期缴纳。纳税期限由省、自治区、直辖市人民政府规定)。具体纳税义务发生时间如下：

1. 纳税人自建的房屋，自建成的次月起征收房产税；纳税人委托施工企业建设的房屋，从办理验收手续的次月起征收房产税。纳税人在办理验收手续前已使用

或出租、出借的新建房屋,应按规定征收房产税。

2. 在基建工地为基建工地服务的各种临时性房屋(如工棚、材料棚、休息棚和办公室、食堂、茶炉房、汽车房等),如果在基建工程结束以后,施工企业将其交还或者估价转让给基建单位的,应当从基建单位接收的次月起,依照规定征收房产税。

【提示】临时性房屋(不论是施工企业自行建造还是由基建单位出资建造交施工企业使用的),在施工期间,一律免征房产税。

法律依据

1.《税收征收管理法》

第三十二条　纳税人未按照规定期限缴纳税款的,扣缴义务人未按照规定期限解缴税款的,税务机关除责令限期缴纳外,从滞纳税款之日起,按日加收滞纳税款万分之五的滞纳金。

第六十八条　纳税人、扣缴义务人在规定期限内不缴或者少缴应纳或者应解缴的税款,经税务机关责令限期缴纳,逾期仍未缴纳的,税务机关除依照本法第四十条的规定采取强制执行措施追缴其不缴或者少缴的税款外,可以处不缴或者少缴的税款百分之五十以上五倍以下的罚款。

2.《房产税暂行条例》

第七条　房产税按年征收、分期缴纳。纳税期限由省、自治区、直辖市人民政府规定。

3.《财政部、国家税务总局关于房产税若干具体问题的解释和暂行规定》(〔86〕财税地字第008号,部分失效)

十九、关于新建的房屋如何征税?

纳税人自建的房屋,自建成之次月起征收房产税。

纳税人委托施工企业建设的房屋,从办理验收手续之次月起征收房产税。

纳税人在办理验收手续前已使用或出租、出借的新建房屋,应按规定征收房产税。

二十一、关于基建工地的临时性房屋,应否征收房产税?

凡是在基建工地为基建工地服务的各种工棚、材料棚、休息棚和办公室、食堂、茶炉房、汽车房等临时性房屋,不论是施工企业自行建造还是由基建单位出资建造交施工企业使用的,在施工期间,一律免征房产税。但是,如果在基建工程结束以后,施工企业将这种临时性房屋交还或者估价转让给基建单位的,应当从基建单位接收的次月起,依照规定征收房产税。

六、房产状态发生变化时,未依法终止房产税纳税义务

风险表现

房产的实物或权利状态发生变化时,纳税人未及时报告修改税源信息,并依法终止房产税纳税义务。

风险后果

纳税人在纳税义务可以终止的情况下,没有依法及时终止纳税义务,导致多缴纳房产税。

合规建议

1. 纳税人因房产的实物或权利状态发生变化,符合相应条件时可以依法终止房产税纳税义务。例如:(1)经有关部门鉴定,对毁损不堪居住的房屋和危险房屋,在停止使用后,可免征房产税;(2)因房屋大修导致连续停用半年以上的,在房屋大修期间免征房产税;(3)房屋产权转让;等等。

2. 房产的实物或权利状态发生变化时,纳税人应及时报告修改税源信息并根据主管税务机关的要求报送相关证明材料,其应纳税款的计算应截至房产的实物或权利状态发生变化的当月末,即从房产状态发生变化的下月起可依法终止纳税义务。

【提示】纳税人房屋大修停用半年以上需要免征房产税的,应在房屋大修前向主管税务机关报送相关的证明材料,包括大修房屋的名称、坐落地点、产权证编号、房产原值、用途、房屋大修的原因、大修合同及大修的起止时间等信息和资料,以备税务机关查验。具体报送材料由各省、自治区、直辖市和计划单列市税务局确定。

法律依据

1.《财政部　国家税务总局关于房产税城镇土地使用税有关问题的通知》(财税〔2008〕152 号)

三、关于房产税、城镇土地使用税纳税义务截止时间的问题

纳税人因房产、土地的实物或权利状态发生变化而依法终止房产税、城镇土地使用税纳税义务的,其应纳税款的计算应截止到房产、土地的实物或权利状态发生变化的当月末。

2.《财政部、税务总局关于房产税若干具体问题的解释和暂行规定》(〔86〕财税地字第008号,部分失效)

十六、关于毁损不堪居住的房屋和危险房屋,可否免征房产税?

经有关部门鉴定,对毁损不堪居住的房屋和危险房屋,在停止使用后,可免征房产税。

3.《国家税务总局关于房产税部分行政审批项目取消后加强后续管理工作的通知》[国税函〔2004〕839号,根据《国家税务总局关于修改部分税收规范性文件的公告》(国家税务总局公告2018年第31号)修订]

一、……

纳税人因房屋大修导致连续停用半年以上的,在房屋大修期间免征房产税,免征税额由纳税人在申报缴纳房产税时自行计算扣除,并在申报表附表或备注栏中作相应说明。

二、纳税人房屋大修停用半年以上需要免征房产税的,应在房屋大修前向主管税务机关报送相关的证明材料,包括大修房屋的名称、座落地点、产权证编号、房产原值、用途、房屋大修的原因、大修合同及大修的起止时间等信息和资料,以备税务机关查验。具体报送材料由各省、自治区、直辖市和计划单列市税务局确定。

第四节　城镇土地使用税税务风险管理

一、使用应税范围内的土地,未依法缴纳城镇土地使用税

风险表现

1. 城镇土地使用税的纳税人(在城市、县城、建制镇、工矿区范围内使用土地的单位和个人),未就以下使用土地情形依法申报缴纳城镇土地使用税:

(1)以出让或转让方式有偿取得位于城市、县城、建制镇、工矿区范围内的土地使用权(包括通过招标、拍卖、挂牌方式取得建设用地)。

(2)新征收耕地或者非耕地。

(3)与其他各方共有土地使用权(未按照实际使用的土地面积占总面积的比例,分别计算纳税)。

(4)与免税单位共同使用共有使用权土地上的多层建筑(未根据其占用的建筑面积占建筑总面积的比例申报纳税)。

(5)企业厂区(包括生产、办公及生活区)以内的绿化用地。

(6)在城镇土地使用税征税范围内单独建造的地下建筑用地。

2. 申报的城镇土地使用税面积少于测定的土地面积(尚未组织测量,按土地使用证书确认的土地面积为准)。

3. 未就跨区土地税源分别向土地所在地的税务机关进行信息报告。

风险后果

纳税人不进行纳税申报,不缴或者少缴应纳税款的,会被税务机关追缴其不缴或者少缴的税款、滞纳金,并处不缴或者少缴的税款0.5~5倍的罚款。

合规建议

1. 城镇土地使用税的纳税人(在城市、县城、建制镇、工矿区范围内使用土地的单位和个人),应就以下使用土地情形依法申报缴纳城镇土地使用税:

(1)以出让或转让方式有偿取得应税范围内的土地使用权(包括通过招标、拍卖、挂牌方式取得建设用地)。

(2)新征收耕地或者非耕地。

(3)与其他各方共有土地使用权(应按照实际使用的土地面积占总面积的比例,分别计算缴纳土地使用税)。

(4)与免税单位共同使用共有使用权土地上的多层建筑(应根据其占用的建筑面积占建筑总面积的比例申报缴纳土地使用税)。

(5)企业厂区(包括生产、办公及生活区)以内的绿化用地。

(6)在城镇土地使用税征税范围内单独建造的地下建筑用地(暂按应征税款的50%征收城镇土地使用税)。

【提示】已取得地下土地使用权证的,按土地使用权证确认的土地面积计算应征税款;未取得地下土地使用权证或地下土地使用权证上未标明土地面积的,按地下建筑垂直投影面积计算应征税款。

2. 纳税人应按照测定的土地面积(尚未组织测量的,按土地使用证书确认的土地面积为准)申报缴纳城镇土地使用税。

3. 纳税人应就跨区土地税源分别向各土地所在地的税务机关进行信息报告,并依法申报纳税。

法律依据

1.《税收征收管理法》

第六十四条 ……

纳税人不进行纳税申报,不缴或者少缴应纳税款的,由税务机关追缴其不缴或者少缴的税款、滞纳金,并处不缴或者少缴的税款百分之五十以上五倍以下的罚款。

2.《城镇土地使用税暂行条例》

第二条　在城市、县城、建制镇、工矿区范围内使用土地的单位和个人,为城镇土地使用税(以下简称土地使用税)的纳税人,应当依照本条例的规定缴纳土地使用税。

前款所称单位,包括国有企业、集体企业、私营企业、股份制企业、外商投资企业、外国企业以及其他企业和事业单位、社会团体、国家机关、军队以及其他单位;所称个人,包括个体工商户以及其他个人。

第三条　土地使用税以纳税人实际占用的土地面积为计税依据,依照规定税额计算征收。

前款土地占用面积的组织测量工作,由省、自治区、直辖市人民政府根据实际情况确定。

第九条　新征收的土地,依照下列规定缴纳土地使用税:

(一)征收的耕地,自批准征收之日起满1年时开始缴纳土地使用税;

(二)征收的非耕地,自批准征收次月起缴纳土地使用税。

第十条　土地使用税由土地所在地的税务机关征收。土地管理机关应当向土地所在地的税务机关提供土地使用权属资料。

3.《财政部、国家税务总局关于城镇土地使用税若干具体问题的解释和暂行规定》(〔1988〕国税地字015号,部分失效)

五、关于土地使用权共有的,如何计算缴纳土地使用税。

土地使用权共有的各方,应按其实际使用的土地面积占总面积的比例,分别计算缴纳土地使用税。

六、关于纳税人实际占用的土地面积的确定。

纳税人实际占用的土地面积,是指由省、自治区、直辖市人民政府确定的单位组织测定的土地面积。尚未组织测量,但纳税人持有政府部门核发的土地使用证书的,以证书确认的土地面积为准;尚未核发土地使用证书的,应由纳税人据实申报土地面积。

十四、关于纳税人使用的土地不属于同一省(自治区、直辖市)管辖范围的,如何确定纳税地点。

纳税人使用的土地不属于同一省(自治区、直辖市)管辖范围的,应由纳税人分别向土地所在地的税务机关缴纳土地使用税。

在同一省(自治区、直辖市)管辖范围内,纳税人跨地区使用的土地,如何确定纳税地点,由各省、自治区、直辖市税务局确定。

4.《关于土地使用税若干具体问题的补充规定》(〔89〕国税地字第140号)

二、关于对纳税单位与免税单位共同使用多层建筑用地的征税问题

纳税单位与免税单位共同使用共有使用权土地上的多层建筑,对纳税单位可按其占用的建筑面积占建筑总面积的比例计征土地使用税。

十三、关于对企业的绿化用地可否免征土地使用税问题

对企业厂区(包括生产、办公及生活区)以内的绿化用地,应照章征收土地使用税;厂区以外的公共绿化用地和向社会开放的公园用地,暂免征收土地使用税。

5.《财政部　国家税务总局关于房产税城镇土地使用税有关问题的通知》(财税〔2009〕128号)

四、关于地下建筑用地的城镇土地使用税问题

对在城镇土地使用税征税范围内单独建造的地下建筑用地,按规定征收城镇土地使用税。其中,已取得地下土地使用权证的,按土地使用权证确认的土地面积计算应征税款;未取得地下土地使用权证或地下土地使用权证上未标明土地面积的,按地下建筑垂直投影面积计算应征税款。

对上述地下建筑用地暂按应征税款的50%征收城镇土地使用税。

6.《国家税务总局关于通过招拍挂方式取得土地缴纳城镇土地使用税问题的公告》(国家税务总局公告2014年第74号)

对以招标、拍卖、挂牌方式取得土地的城镇土地使用税问题公告如下:

通过招标、拍卖、挂牌方式取得的建设用地,不属于新征用的耕地,纳税人应按照《财政部 国家税务总局关于房产税 城镇土地使用税有关政策的通知》(财税〔2006〕186号)第二条规定,从合同约定交付土地时间的次月起缴纳城镇土地使用税;合同未约定交付土地时间的,从合同签订的次月起缴纳城镇土地使用税。

二、城镇土地使用税纳税义务发生时间确认错误

风险表现

未根据相关法律规定的纳税义务发生时间依法申报缴纳城镇土地使用税。例如,以出让或转让方式有偿取得土地使用权,合同未约定交付土地时间时,未从合

同签订的次月起缴纳城镇土地使用税,而是从实际交付土地的次月起或者取得土地使用权证的次月起才缴纳城镇土地使用税。

风险后果

1. 纳税人未按照规定期限缴纳税款的,税务机关除责令限期缴纳外,还可从滞纳税款之日起,按日加收滞纳税款万分之五的滞纳金。

2. 纳税人在规定期限内不缴或者少缴应纳税款,经税务机关责令限期缴纳,逾期仍未缴纳的,除会被税务机关依法采取强制执行措施追缴税款外,还可能会被处以不缴或者少缴的税款 0.5 ~5 倍的罚款。

合规建议

城镇土地使用税的纳税人(在城市、县城、建制镇、工矿区范围内使用土地的单位和个人),应就以下使用土地情形按照规定的纳税义务发生时间,依法及时申报缴纳城镇土地使用税。具体纳税义务发生时间如下:

【提示】城镇土地使用税按年征收、分期缴纳。纳税期限由省、自治区、直辖市人民政府规定。

1. 以出让或转让方式有偿取得位于应税范围内的土地使用权(包括通过招标、拍卖、挂牌方式取得建设用地):

(1)如果企业取得的土地是熟地(净地),应从合同约定交付土地时间的次月起缴纳城镇土地使用税;合同未约定交付土地时间的,从合同签订的次月起缴纳城镇土地使用税。

【提示】①实践中,若办理土地交付使用手续的时间晚于合同约定的交付时间,则从合同约定交付土地时间的次月起缴纳城镇土地使用税;若办理土地交付使用手续的时间早于合同约定的交付时间,则从土地实际交付的次月起缴纳城镇土地使用税。②为避免提前纳税,在签订土地使用权合同时,应明确约定交付土地的时间(按照最可能的预计交付时间)。

(2)如果企业取得的土地是生地(毛地),则城镇土地使用税的纳税义务时间是拆迁工作完成、开始使用土地的时间。

2. 新征收的耕地,应自批准征收之日起满 1 年时开始缴纳城镇土地使用税;新征收的非耕地,应自批准征收次月起开始缴纳城镇土地使用税。

法律依据

1.《税收征收管理法》

第三十二条　纳税人未按照规定期限缴纳税款的,扣缴义务人未按照规定期限解缴税款的，税务机关除责令限期缴纳外，从滞纳税款之日起，按日加收滞纳税款万分之五的滞纳金。

第六十八条 纳税人、扣缴义务人在规定期限内不缴或者少缴应纳或者应解缴的税款，经税务机关责令限期缴纳，逾期仍未缴纳的，税务机关除依照本法第四十条的规定采取强制执行措施追缴其不缴或者少缴的税款外，可以处不缴或者少缴的税款百分之五十以上五倍以下的罚款。

2.《城镇土地使用税暂行条例》

第九条 新征收的土地，依照下列规定缴纳土地使用税：

（一）征收的耕地，自批准征收之日起满1年时开始缴纳土地使用税；

（二）征收的非耕地，自批准征收次月起缴纳土地使用税。

3.《财政部、国家税务总局关于房产税、城镇土地使用税有关政策的通知》（财税〔2006〕186号）

二、关于有偿取得土地使用权城镇土地使用税纳税义务发生时间问题

以出让或转让方式有偿取得土地使用权的，应由受让方从合同约定交付土地时间的次月起缴纳城镇土地使用税；合同未约定交付土地时间的，由受让方从合同签订的次月起缴纳城镇土地使用税。

4.《国家税务总局关于通过招拍挂方式取得土地缴纳城镇土地使用税问题的公告》（国家税务总局公告2014年第74号）

通过招标、拍卖、挂牌方式取得的建设用地，不属于新征用的耕地，纳税人应按照《财政部　国家税务总局关于房产税　城镇土地使用税有关政策的通知》（财税〔2006〕186号）第二条规定，从合同约定交付土地时间的次月起缴纳城镇土地使用税；合同未约定交付土地时间的，从合同签订的次月起缴纳城镇土地使用税。

5.《国土资源部、住房和城乡建设部关于进一步加强房地产用地和建设管理调控的通知》（国土资发〔2010〕151号）

四、严格住房建设用地出让管理

（一）规范编制拟供地块出让方案。……

土地出让必须以宗地为单位提供规划条件、建设条件和土地使用标准，严格执行商品住房用地单宗出让面积规定，不得将两宗以上地块捆绑出让，不得“毛地”出让。拟出让地块要依法进行土地调查和确权登记，确保地类清楚、面积准确、权属合法，没有纠纷。

……

三、房产、土地状态发生变化时，未依法终止城镇土地使用税纳税义务

风险表现

1. 房产、土地的实物或权利状态发生变化时，纳税人未及时报告修改税源信息，并依法终止城镇土地使用税的纳税义务。

2. 不符合房产、土地的实物或权利状态已发生变化的相关条件，提前终止城镇土地使用税的纳税义务。

风险后果

1. 纳税人在纳税义务可以终止的情况下，没有依法及时终止纳税义务，导致多缴纳房产税。

2. 纳税人提前终止纳税义务，不进行纳税申报，不缴或者少缴应纳税款的，会被税务机关追缴其不缴或者少缴的税款、滞纳金，并处不缴或者少缴的税款 0.5 ~ 5 倍的罚款。

合规建议

房产、土地的实物或权利状态发生变化时，纳税人应及时报告修改税源信息并根据主管税务机关的要求报送相关证明材料，其应纳税款的计算应截至房产、土地的实物或权利状态发生变化的当月末，即从房产、土地状态发生变化的次月起可依法终止纳税义务。

【提示】关于“房产、土地的实物或权利状态发生变化”具体指什么，国家税务总局并没有明确规定。有的地方自行出台了规定，大致分为以下几种标准：

（1）房屋交付使用。《青岛市地方税务局关于明确房地产企业商品房开发期间城镇土地使用税有关问题的通知》（青地税函〔2009〕128 号）第 2 条“纳税义务的截止时间”规定：“房地产企业开发商品房已经销售的，土地使用税纳税义务的截止时间为商品房实物或权利状态发生变化即商品房交付使用的当月末。商品房交付使用，是指房地产企业将已建成的房屋转移给买受人占有，其外在表现主要是将房屋的钥匙交付给买受人。”

《国家税务总局安徽省税务局关于若干税收政策问题的公告》（2012 年 11 月 23 日安徽省地方税务局公告 2012 年第 2 号公布，根据 2019 年 2 月 15 日《国家税务总局安徽省税务局关于修改〈关于若干税收政策问题的公告〉的公告》修改）第 1 条规定：“房地产开发企业销售新建商品房的城镇土地使用税纳税义务截止时间，

为房屋交付使用的当月末。房屋交付使用的时间为合同约定时间。未按合同约定时间交付使用的,为房屋的实物或权利状态发生变化的当月末。”

(2)房屋交付时间和购房者房屋产权登记时间孰先。《重庆市地方税务局关于明确房地产开发企业城镇土地使用税纳税义务终止有关问题的公告》(重庆市地方税务局公告2012年第6号)规定:……房地产开发企业销售房屋并终止城镇土地使用税纳税义务时间按“房屋交付时间和购房者房屋产权登记时间孰先”的原则确定。

(3)办理产权证。《河南省地方税务局房地产开发企业城镇土地使用税征收管理办法》(豫地税发〔2006〕84号,部分失效)第7条规定:“房地产开发企业城镇土地使用税纳税人,开发商品房已经销售的,应自房屋交付使用之次月,按照交付使用商品房屋的建筑面积所应分摊的土地面积相应调减应税土地面积。房屋交付使用,是指房地产开发企业按照售房合同的规定,将房屋已销售给购房人且购房人已办理了房屋土地使用权证或者房屋产权证,房屋所占有的土地已发生实际转移的行为。……”

法律依据

1.《税收征收管理法》

第六十四条 ……

纳税人不进行纳税申报,不缴或者少缴应纳税款的,由税务机关追缴其不缴或者少缴的税款、滞纳金,并处不缴或者少缴的税款百分之五十以上五倍以下的罚款。

2.《财政部　国家税务总局关于房产税城镇土地使用税有关问题的通知》(财税〔2008〕152号)

三、关于房产税、城镇土地使用税纳税义务截止时间的问题

纳税人因房产、土地的实物或权利状态发生变化而依法终止房产税、城镇土地使用税纳税义务的,其应纳税款的计算应截止到房产、土地的实物或权利状态发生变化的当月末。

第五节　附加税费税务风险管理

风险表现

纳税人在实际缴纳增值税、消费税时,未依法申报缴纳附加税费(城市维护建

设税、教育费附加、地方教育附加),主要包括以下情形:

1. 未按照依法实际缴纳的增值税、消费税为计税依据计算并申报缴纳附加税费。

2. 未分别与增值税、消费税同时计算申报缴纳附加税费。

3. 未按所在地区的适用税率申报缴纳城市维护建设税。

4. 多缴的增值税、消费税发生退税时,未同时退还已缴纳的城市维护建设税(增值税、消费税实行先征后返、先征后退、即征即退的,除另有规定外,不予退还)。

风险后果

1. 纳税人不进行纳税申报,不缴或者少缴应纳税款的,会被税务机关追缴其不缴或者少缴的税款、滞纳金,并处不缴或者少缴的税款0.5~5倍的罚款。

2. 纳税人若未能依法享受退税、减免税等税收优惠,将导致自身合法税收利益受损。

合规建议

1. 纳税人在申报缴纳增值税、消费税时,应依法申报缴纳附加税费:

(1)计税依据:依法实际缴纳的增值税、消费税税额(以下简称实缴两税税额)。

【提示】实缴两税税额=应当缴纳的两税税额(不含因进口货物或境外单位和个人向境内销售劳务、服务、无形资产缴纳的两税税额)+增值税免抵税额-直接减免的两税税额(不包括实行先征后返、先征后退、即征即退办法退还的两税税额)-期末留抵退税退还的增值税税额。

(2)税费计算:

①应纳城市维护建设税=实缴两税税额×7%(或5%,或1%)。

【提示】城市维护建设税适用税率:A. 所在地在市区的,税率为7%;B. 所在地在县城、镇的,税率为5%;C. 所在地不在市区、县城或者镇的,税率为1%。

②应纳教育费附加=实缴两税税额×3%。

③应纳地方教育附加=实缴两税税额×2%。

【提示】2023年1月1日至2027年12月31日,对增值税小规模纳税人、小型微利企业和个体工商户减半征收资源税(不含水资源税)、城市维护建设税、房产税、城镇土地使用税、印花税(不含证券交易印花税)、耕地占用税和教育费附加、地方教育附加。且可与“6税2费”的其他优惠政策叠加享受。

(3)纳税义务发生时间:与增值税、消费税的纳税义务发生时间一致,分别与增值税、消费税同时缴纳。

2. 纳税人因多缴增值税、消费税而发生退税时，可依法申请同时退还已缴纳的城市维护建设税。

【提示】增值税、消费税实行先征后返、先征后退、即征即退的，除另有规定外，不予退还随增值税、消费税附征的城建税。

法律依据

1.《税收征收管理法》

第六十四条 纳税人、扣缴义务人编造虚假计税依据的，由税务机关责令限期改正，并处五万元以下的罚款。

纳税人不进行纳税申报，不缴或者少缴应纳税款的，由税务机关追缴其不缴或者少缴的税款、滞纳金，并处不缴或者少缴的税款百分之五十以上五倍以下的罚款。

2.《城市维护建设税法》

第一条 在中华人民共和国境内缴纳增值税、消费税的单位和个人，为城市维护建设税的纳税人，应当依照本法规定缴纳城市维护建设税。

第二条 城市维护建设税以纳税人依法实际缴纳的增值税、消费税税额为计税依据。

城市维护建设税的计税依据应当按照规定扣除期末留抵退税退还的增值税税额。

城市维护建设税计税依据的具体确定办法，由国务院依据本法和有关税收法律、行政法规规定，报全国人民代表大会常务委员会备案。

第四条 城市维护建设税税率如下：

（一）纳税人所在地在市区的，税率为百分之七；

（二）纳税人所在地在县城、镇的，税率为百分之五；

（三）纳税人所在地不在市区、县城或者镇的，税率为百分之一。

前款所称纳税人所在地，是指纳税人住所地或者与纳税人生产经营活动相关的其他地点，具体地点由省、自治区、直辖市确定。

第七条 城市维护建设税的纳税义务发生时间与增值税、消费税的纳税义务发生时间一致，分别与增值税、消费税同时缴纳。

3.《财政部、税务总局关于城市维护建设税计税依据确定办法等事项的公告》（财政部、税务总局公告2021年第28号）

一、城市维护建设税以纳税人依法实际缴纳的增值税、消费税税额（以下简称两税税额)为计税依据。

依法实际缴纳的两税税额,是指纳税人依照增值税、消费税相关法律法规和税收政策规定计算的应当缴纳的两税税额(不含因进口货物或境外单位和个人向境内销售劳务、服务、无形资产缴纳的两税税额),加上增值税免抵税额,扣除直接减免的两税税额和期末留抵退税退还的增值税税额后的金额。

直接减免的两税税额,是指依照增值税、消费税相关法律法规和税收政策规定,直接减征或免征的两税税额,不包括实行先征后返、先征后退、即征即退办法退还的两税税额。

二、教育费附加、地方教育附加计征依据与城市维护建设税计税依据一致,按本公告第一条规定执行。

4.《国家税务总局关于城市维护建设税征收管理有关事项的公告》(国家税务总局公告2021年第26号)

六、因纳税人多缴发生的两税退税,同时退还已缴纳的城建税。

两税实行先征后返、先征后退、即征即退的,除另有规定外,不予退还随两税附征的城建税。

5.《征收教育费附加的暂行规定(2011修订)》

第三条　教育费附加,以各单位和个人实际缴纳的增值税、营业税、消费税的税额为计征依据,教育费附加率为3%,分别与增值税、营业税、消费税同时缴纳。

除国务院另有规定者外,任何地区、部门不得擅自提高或者降低教育费附加率。

6.《财政部关于统一地方教育附加政策有关问题的通知》(财综〔2010〕98号)

二、统一地方教育附加征收标准。地方教育附加征收标准统一为单位和个人(包括外商投资企业、外国企业及外籍个人)实际缴纳的增值税、营业税和消费税税额的2%。……

第三篇

财务报表涉税风险分析

税务与财务之间有着不可分割的联系，对财务报表进行分析不仅可以了解企业财务状况，还可以识别企业税务风险。因此，对财务报表中与税务相关的各类指标及主要项目进行分析，是识别、评估和防控税务风险的有效手段。

第十章　财务指标涉税风险分析

本章将围绕增值税、企业所得税、个人所得税、印花税、土地增值税、房产税、城镇土地使用税等税种，全面解析各税种的相关税务风险指标，协助财税人员识别风险特征、分析风险原因、预估风险后果、防范风险发生。

第一节　增值税税务风险分析指标

一、增值税一般纳税人税负变动率异常

1. 指标分析：税负率 =（本期应纳税额 ÷ 本期应税收入）×100%；

税负变动率 =（本期税负率 − 基期税负率）÷ 基期税负率 ×100%。

2. 指标预警：税负变动率超出正常区间 ±30%。

3. 风险提示：企业税负变化过大（变化幅度超过 30%），税务机关可能会认为企业存在账外经营，已实现纳税义务而未结转收入，取得进项税额不符合规定，购进货物用于免税、集体福利等不得抵扣项目未做进项转出，或者虚开发票等问题。

企业应详细检查销售业务，从原始凭证到记账凭证、应收账款、货币资金、存货等。将本期与其他各期进行比较分析，查明异常变动情况的原因，以核实是否存在隐瞒、漏记或虚记收入，以及将外购的存货用于职工福利、个人消费、对外投资、捐赠等情况。

二、海关完税凭证抵扣进项占比异常

1. 指标分析：指标值 = 本期海关完税凭证抵扣进项税额 ÷ 本期进项税总额 ×100%。

2. 指标预警：纳税人本期取得海关完税凭证抵扣进项税额占本期进项税总额的比例过高，或者单笔抵扣进项税额过大（≥20 万元）。

3. 风险提示：海关完税凭证抵扣进项占比过大，税务机关可能会认为企业存在取得虚开、虚假或者不合规海关完税凭证抵扣进项税额及虚列费用的问题。

三、进项税额控制额异常

1. 指标分析:指标值 =(本期进项税额 ÷ 进项税额控制额 - 1)×100%。

进项税额控制额 =[(本期期末存货 - 本期期初存货)+ 本期主营业务成本]× 主要外购货物的增值税税率 + 本期固定资产进项税额 + 本期不动产进项税额 + 本期购进服务进项税额。

2. 指标预警:指标值大于 10%,视为异常。

3. 风险提示:具体分析时,先计算本期进项税额控制额,以进项税额控制额与增值税申报表中的本期进项税额进行比对,若前者明显小于后者,则可能存在虚抵进项税额问题。

【案例】甲企业为日用品批发企业,2022 年 9 月期初存货金额 1000 万元,期末存货 1300 万元,主营业务成本 450 万元,运费不含税支出 60 万元。申报抵扣进项税额 180 万元。

【解析】

进项税额控制额 =[(本期期末存货金额 - 本期期初存货金额)+ 本期主营业务成本]× 本期外购货物税率 + 本期运费进项税额合计 =[(1300 - 1000)+ 450]× 13% + 60 × 9% = 102.9(万元)

指标值 =(本期进项税额 ÷ 进项税额控制额 - 1)×100% =(180 ÷ 102.9 - 1)× 100% = 74.93% > 10%,可能存在虚抵进项税额的问题。

经进一步核查发现,企业有 80 万元的库存商品由于管理不善被盗,未做进项税额转出处理。

四、农产品收购凭证抵扣进项占比异常

1. 指标分析:指标值 = 本期农产品收购凭证抵扣进项税额 ÷ 本期进项税总额 ×100%。

2. 指标预警:取得农产品收购凭证抵扣进项占当期进项税额的比例过高,或者单笔抵扣进项税额过大(≥20 万元)。

3. 风险提示:如果企业存在上述情况,税务机关可能会认为纳税人存在取得虚开、虚假或不合规定的农产品收购凭证抵扣进项税额及虚列费用的问题,税务机关会实地核查企业生产能力、库存商品的情况,确定收购业务及款项支付的真实性。

五、运费发票抵扣进项占比异常

1. 指标分析：指标值 = 本期运费发票抵扣进项 ÷ 本期进项税总额 × 100%。

2. 指标预警：取得运费发票抵扣进项占当期进项税额的比例过高（≥10%），或者单笔抵扣进项税额过大（≥20 万元）。

3. 风险提示：如果企业存在上述情况，税务机关可能会认为纳税人存在取得虚开、虚假或不合规定的运费发票抵扣进项税额及虚列费用的问题。

六、成品油抵扣进项税额异常

1. 指标分析：指标值 = 本期购进成品油抵扣进项税额 ÷ 本期进项税总额 × 100%。

2. 指标预警：指标值大于 10%，视为异常。

3. 风险提示：成品油作为一种运输燃料，除专业运输企业以外，其他企业的耗用一般较小，如果成品油抵扣进项税额超过总进项税额的 10%，会被税务机关视为异常，认为可能存在成品油经销企业将个人消费者不要发票的收入虚开给企业，虚抵进项税额、虚增费用等情况。

税务机关会核查成品油的具体用途（是运输油耗还是生产油耗），企业实际生产经营中是否需要大量的成品油，购进大量成品油的企业有无储油设备等。

七、商贸企业进销税率不一致

1. 指标分析：

（1）9% 税率进项税额占比 = 本期 9% 税率进项税额 ÷ 本期进项税总额 × 100%；

（2）13% 税率销项税额占比 = 本期 13% 税率销项税额 ÷ 本期销项税总额 × 100%。

2. 指标预警：9% 税率进项税额占比 > 50% 且 13% 税率销项税额占比 > 50%，视为异常。

3. 风险提示：如果商贸企业一般纳税人购进货物中 9% 税率占比达到 50% 以上，说明该企业购进货物以低税率货物为主，但企业销售 13% 税率的货物占到 50% 以上，说明该企业销售货物以高税率货物为主。企业购销存在明显的不匹配现象，可能存在利用虚开农产品发票虚抵进项税额等问题。

税务机关会核实企业库存,确认库存商品的真实性,以及是否存在真实的购进相关货物的行为;同时,还可能会核查企业是否存在真实的委托加工业务。

八、一般纳税人增值税税负变动率与销售额变动率配比分析

1. 指标分析:税负率 =(本期应纳税额 ÷ 本期应税收入)×100%。

税负变动率 =(本期税负率 - 基期税负率)÷ 基期税负率 ×100%;

销售额变动率 =(本期销售额 - 基期销售额)÷ 基期销售额 ×100%。

2. 指标预警:

以下 3 种情况可能会被认为存在异常:(1)销售额变动率高于正常峰值或销售额变动率正常,税负变动率低于正常峰值;(2)销售额变动率与税负变动率均低于正常峰值;(3)销售额变动率及税负变动率均高于正常峰值。

3. 风险提示:

(1)销售额变动率高于正常峰值或销售额变动率正常而税负变动率低于正常峰值,税务机关会以进项税额为核查重点,查证有无扩大进项税抵扣范围、虚抵进项税额、不按规定申报抵扣等问题。

(2)销售额变动率与税负变动率均低于正常峰值,税务机关会核实销项税额计算的正确性(会侧重查证有无账外经营、瞒报/迟报应税销售额、错误适用税率等问题)。

(3)销售额变动率及税负变动率均高于正常峰值,税务机关会重点核实企业是否存在虚开发票问题。

【案例】甲企业为批发零售业一般纳税人。2022 年,实现销售额 1000 万元,增值税销项税额 130 万元,购进货物、服务、劳务等共计 600 万元,进项税额 78 万元,期初无留抵税额。2023 年,实现一般计税项目销售额 1200 万元,增值税销项税额 156 万元;出租 2016 年 4 月 30 日前取得的不动产采用简易计税,取得不含税出租收入 200 万元;购进货物、服务、劳务等共计 1000 万元,进项税额 118 万元。

【解析】

(1)销售额变动率 =(1200 + 200 - 1000)÷ 1000 × 100% = 40%。

(2)2022 年应纳增值税 = 130 - 78 = 52(万元),税负率 = 52 ÷ 1000 × 100% = 5.2%;

2023 年应纳增值税 =(156 - 118)+ 200 × 5% = 48(万元),税负率 = 48 ÷ 1400 × 100% = 3.43%;

税负变动率 =(本期税负率 - 上期税负率)÷ 上期税负率 × 100% =(3.43% -

5.2%)÷5.2%×100% = -34.04%。

【分析疑点】

疑点1:2023年销售额与上年相比增加了40%,但是增值税税负却下降了34.04%,增值税税负变动与销售额变动方向相反且不配比。

疑点2:增值税税负变动率为-34.04% < 预警值-30%,存在异常。

进一步核查发现出现异常的原因有两个:一是出租不动产采用简易计税,征收率为5%,税率较低;二是简易计税项目对应的进项税额不得抵扣,未做进项税额转出处理。

九、进项税额变动率与销项税额变动率配比分析

1. 指标分析:指标值 = (进项税额变动率 - 销项税额变动率) ÷ 销项税额变动率×100%。

进项税额变动率 = (本期进项税额 - 基期进项税额) ÷ 基期进项税额×100%;

销项税额变动率 = (本期销项税额 - 基期销项税额) ÷ 基期销项税额×100%。

2. 指标预警:指标值超出正常区间10%。

3. 风险提示:理想状态下,两者变动方向和幅度应基本一致。企业进项税额变动率高于销项税额变动率,可能会被税务机关怀疑存在少计应税收入(如未开票收入、未按规定申报纳税等)或虚抵进项税额问题。

税务机关会从以下几个方面进行核查:

(1)企业是否由于新增在建工程或购入新固定资产而增加了进项税额,如有,属于正常;

(2)企业本期费用类进项税额是否偏大,费用是否真实;

(3)有无用于不得抵扣项目(如免税项目、简易计税项目,集体福利等)的购进货物等未做进项税额转出,有无非正常损失类产品的进项税额没有及时转出等问题;

(4)有无视同销售行为没有申报纳税;

(5)销项税额计算是否正确,有无漏报、迟报计税销售额,错用税率等问题。

十、销售毛利率变动率与税负率变动率配比分析

1. 指标分析:指标值 = 毛利率变动率 ÷ 税负变动率×100%。

毛利率 = (主营业务收入 - 主营业务成本) ÷ 主营业务收入×100%;

毛利率变动率 = (本期毛利率 - 基期毛利率) ÷ 基期毛利率 × 100%;

税负率 = (本期应纳税额 ÷ 本期应税收入) × 100%;

税负变动率 = (本期税负率 - 基期税负率) ÷ 基期税负率 × 100%。

2. 指标预警:正常情况下两者应基本同步增长,指标值接近1。

3. 风险提示:税务机关主要通过上述配比分析判断企业是否存在少计提销项税额或多抵扣进项税额的问题。如果分析过程中出现以下情形,可能会被视为异常(可能认为企业存在将自产产品或外购货物用于免税项目、简易计税项目、无偿捐赠、集体福利等,不计收入或未做进项税额转出等问题):

(1)指标值>1,且两者都为正数。

(2)指标值<1,且两者都为负数。

(3)指标值<1,前者为正数后者为负数。

若出现上述情况,税务人员会了解企业的收入变化情况。

针对收入疑点,实地核实原材料、半成品、包装物等购进、验收、入库、领用、周转等收发货登记相关记录;检查企业各开户银行的对账单,了解其资金流向,结合购销合同,分析材料购进及货物销售数量及价格;审核收款记录,将收款情况与开票情况进行核对,检查是否存在未开发票未计提销项税的情况。

针对多抵进项税额的疑点,检查企业"生产成本""制造费用""营业费用""管理费用"等借方发生额,核实是否存在将外购存货用于职工福利、个人消费等情况;检查农产品入库记录、款项支付等情况,结合历史或同行业单位定耗量,判断是否存在虚开问题。

十一、销售额变动率与应纳税额变动率配比分析

1. 指标分析:指标值 = 销售额变动率 ÷ 应纳税额变动率。

销售额变动率 = (本期销售额 - 基期销售额) ÷ 基期销售额 × 100%;

应纳税额变动率 = (本期应纳税额 - 基期应纳税额) ÷ 基期应纳税额 × 100%。

2. 指标预警:正常情况下两者应基本同步增长,指标值接近1。

3. 风险提示:判断企业是否存在少计提销项税额或多抵进项税额的问题。如果分析过程中出现以下情形,可能会被视为异常(可能认为企业存在将自产产品或外购货物用于免税项目、简易计税项目、无偿捐赠、对外投资、集体福利等,不计收入或未做进项税额转出等问题):

(1)指标值>1,且两者都为正数。

(2)指标值<1,且两者都为负数。

(3)指标值为负数,前者为正数后者为负数。

出现上述情况,税务机关会检查企业的主要经营范围,查看营业执照、税务登记、经营方式及征管范围界定情况,以及是否兼营不同税率的应税货物;查阅仓库货物收发登记簿,了解材料购进、货物入库、发出数量及库存数量,并与申报情况进行比对;审核企业明细分类账簿,重点核实"应收账款""应付账款""预付账款"等明细账,并与主营业务收入、应交税费明细核对,审核有无将收入长期挂往来账、少计销项税额或多抵进项税额等问题;审核进项税额抵扣凭证,检查有无将购进货物用于免税项目、简易计税项目、集体福利等情况。

十二、存货与预收账款配比分析

1. 指标分析:存货与预收账款是性质相反的两个账户,一般情况下,余额的变化方向应相反。

2. 指标预警:

(1)如果存货期末余额比较大,说明产品滞销;

(2)如果预收账款期末余额比较大,说明产品畅销。

3. 风险提示:存货与预收账款是性质相反的两个账户,如果两者余额同时都较大,则说明预收账款的真实性存在问题,可能是销售收入已实现,由于对方不要发票或延迟要发票,企业未及时确认收入;或者是货物已经发出,未及时确认收入、结转成本。

十三、期末预收账款变动率与销售收入变动率配比分析

1. 指标分析:指标值=期末预收账款变动率÷销售收入变动率。

期末预收账款变动率=(本期预收账款期末值-上期预收账款期末值)÷上期预收账款期末值×100%;

销售收入变动率=(本期销售额-上期销售额)÷上期销售额×100%。

2. 指标预警:正常情况下两者应基本同步增长,指标值接近1。

3. 风险提示:

以下情形可能存在少计提销项税额或多抵扣进项税额的问题:

(1)指标值>1,且两者都为正数。

(2)指标值<1,且两者都为负数。

(3)指标值为负数,前者为正数后者为负数。

出现上述情况,税务人员会重点核查以下三个方面:①通过预收账款核算的前提是否存在,如购货方有无必要预付货款,有无订立预付账款购销合同;②通过检查有关销货合同、仓库发货单、货运单据、收款凭证、记账凭证等,分析已实现销售的商品是否及时转销预收账款,以确定预收账款和销售收入核算的正确性和合理性;③对税法规定必须纳税的预收账款,是否已及时、足额纳税。

十四、新办一般纳税人购销情况风险分析

1. 指标分析:销售额高且固定资产小的新办一般纳税人。

2. 指标预警:销售额高且固定资产小,开业不满1年,使用增值税专用发票。

3. 风险提示:开业后收入陡增,存在虚开发票风险;农产品抵扣进项占比过高,存在虚抵进项税额风险;生产加工企业固定资产小于1万元,且无电费支出,存在虚假经营风险;等等。

十五、增值税专用发票用量变动异常

1. 指标分析:

(1)指标值=(增值税专用发票本月使用量-增值税专用发票上月使用量)÷增值税专用发票上月使用量×100%。

(2)本月增值税发票的增量次数及增票总数。

2. 指标预警:

(1)纳税人开具增值税专用发票的次数超过上月30%(工业企业)或120%(商业企业),并超过上月10份以上,视为异常。

(2)1个月内出现3次增票且增票总数超过240份(平均每次超过80份),视为异常。

3. 风险提示:增值税专用发票用量骤增,除正常业务变化外,可能有虚开现象。

一般情况下,企业出现销售波动时要求增票是合理的,但企业在1个月内出现3次增票且增票总数超过240份(平均每次超过80份),会被认为企业经营波动太大,不符合经营常理。

当出现上述异常指标时,税务人员会对企业进行检查,防止虚开后突然注销或走逃,一般会检查纳税人的购销合同是否真实、生产经营情况是否与签订的合同情况相符;检查"原材料""产成品""货币资金""银行存款""现金""应收账款""预

收账款”等会计科目，并实地查验存货等内容。对于临时增量购买专用发票的还将重点审查其合同履行情况。

十六、销项发票客户离散度异常

1. 指标分析：远距离销售货物收入占总销售收入比例较大且一次性交易占比高。

2. 指标预警：与距离大于 500 公里的购货方的交易额占收入总额的 50% 以上，且一次性交易比例大于 50%，视为异常。

3. 风险提示：企业客户过多、过散，可能存在虚假交易和虚开发票情况。一家企业受地域成本限制，其较远的交易在很多情况下是不现实的。如果存在客户离散度大且物流方向或加工不合理的情况，税务人员会进一步对其主要客户进行核查，以确定是否存在真实交易。

【案例】一张普通发票上，货物名称是“混凝土”，票面各种问题都没有，填写规范。购买方是河南省某商贸公司，销售方是广西某建筑材料公司。该河南公司说，买混凝土是用于建设规划为 5 层的办公楼。检查人员问，货物是广西的企业在本地有临时生产场所，还是从广西直接送到河南的呢？

其回答：从广西购买，直接送来的。

检查人员当时就断定，这笔业务是虚假的。为什么呢？

混凝土的特性是什么？从生产到使用，时间最多不能超过 3 个小时，否则它就会凝结，无法使用。因此，怎么可能从广西购买的混凝土到河南还可以用呢？

河南公司承认，确实购买了混凝土，不过是从本地购买后取得了这张发票。

十七、发票作废率偏高

1. 指标分析：增值税发票作废率 = 本月增值税发票作废份数 ÷（本月正常开具增值税发票份数 + 本月作废增值税发票份数）×100%。

2. 指标预警：

（1）增值税发票作废率 >10%，视为异常。

（2）同一笔销售发票当月作废，次月重开，控制每月销售额在起征点以下。

3. 风险提示：

（1）纳税人将已开具的发票作废，下月重开，将当月发票开具金额降至起征点以下，恶意隐瞒收入从而达到不交税的目的。

(2)开票方与受票方在没有真实业务的前提下恶意串通,开票方违规作废开具的部分发票(未收回发票联),受票方虚列成本,从而达到偷税目的。

(3)部分企业涉嫌虚开发票,为了避免被税务机关发现,将部分发票进行作废,以平销、微利达到虚开发票的目的。

十八、专用发票长期顶额开具异常

1. 指标分析:增值税发票顶额开具率 = 本月增值税发票顶额开具份数 ÷ 本月开具增值税发票份数 ×100%。

2. 指标预警:增值税发票顶额开具率 >90%,视为异常。

3. 风险提示:发票开具金额的满额度高于90%,可能存在虚开发票的现象。

第二节 企业所得税税务风险分析指标

一、企业所得税税收贡献率异常

1. 指标分析:

(1)指标值1 =(企业所得税贡献率 – 该行业所得税贡献率)÷ 该行业所得税贡献率 ×100%;

(2)指标值2 =(企业所得税贡献率 – 企业前三年平均所得税贡献率)÷ 企业前三年平均所得税贡献率 ×100%;

企业所得税贡献率 = 应纳企业所得税额 ÷ 企业所得税应税收入 ×100%。

2. 指标预警:指标值≤ –20%,视为异常。

3. 风险提示:指标值低于预警值,企业可能存在不计或少计销售(营业)收入、多列成本费用、扩大税前扣除范围等问题。税务机关会对企业的收入、成本、费用等进行分别剖析,找到影响指标值的具体因素,从而进一步进行核查。

二、营业利润率异常

1. 指标分析:

(1)指标值1 =(企业营业利润率 – 该行业营业利润率平均值)÷ 该行业营业利润率平均值 ×100%;

(2)指标值2 =(企业营业利润率 – 企业前三年营业利润率平均值)÷ 企业前

三年营业利润率平均值×100%；

营业利润率=营业利润÷营业总收入×100%；

营业利润=营业收入-营业成本-税金及附加-销售费用-管理费用-财务费用-资产减值损失+公允价值变动净收益+投资净收益。

2. 指标预警：

(1)通过营业利润率指标与前三年平均情况的对比分析，了解企业本期营业利润的情况。本期营业利润率低于前三年平均水平的一定比例(如1%)，则本期营业利润率偏低，视为异常。

(2)企业营业利润率与同行业营业利润率比较，如果偏离比较大(如指标值≤-20%)，则企业营业利润率偏低，视为异常。

3. 风险提示：通过与本企业不同年度的纵向比较，或者与同行业的横向比较，若发现企业营业利润率偏低问题，则可能存在少计收入或多列支成本费用、扩大税前扣除范围等问题，需要进一步核实利润核算是否准确。

三、主营业务收入变动率异常

1. 指标分析：主营业务收入变动率=(本期主营业务收入-基期主营业务收入)÷基期主营业务收入×100%。

2. 指标预警：

(1)一般情况下，企业的主营业务收入应是增长状态，所以预警值一般为正值；

(2)通过主营业务收入变动率指标与前三年平均情况的对比分析，了解企业本期主营业务收入变动情况。

3. 风险提示：

(1)如主营业务收入变动率为负值，或虽为正值但远远小于预警值，则可能存在少计收入等问题；

(2)本期主营业务收入变动率低于前三年平均水平，则本期主营业务收入变动率偏低，需结合其他指标进一步分析。

四、主营业务成本变动率异常

1. 指标分析：主营业务成本变动率=(本期主营业务成本-基期主营业务成本)÷基期主营业务成本×100%。

2. 指标预警：

(1)通过主营业务成本变动率指标与前三年平均情况的对比分析，了解企业本期主营业务成本变动情况；

(2)一般情况下，企业的主营业务成本出现增长状态是正常的，但是如果增长过多过快，则视为异常。

3. 风险提示：

(1)本期主营业务成本变动率高于前三年平均水平，则可能本期主营业务成本偏高，需结合其他指标进一步分析；

(2)如主营业务成本变动率为正值，且远远大于预警值(由税务机关根据本地区该行业的具体情况所设置)，则可能存在多计成本等问题。

五、三项费用[①]变动率异常

1. 指标分析：三项费用变动率＝(本期三项费用总额－基期三项费用总额)÷基期三项费用总额×100%。

费用变动率＝(本期费用－基期费用)÷基期费用×100%。

2. 指标预警：

(1)通过三项费用变动率指标与前三年平均情况的对比分析，了解企业本期费用的变动情况；

(2)一般情况下，企业的三项费用出现增长状态是正常的，但是如果增长过多过快，则视为异常。

3. 风险提示：

(1)本期三项费用变动率高于前三年平均水平，则可能本期三项费用偏高，需结合其他指标进一步分析；

(2)如三项费用变动率为正值，且远远大于预警值(由税务机关根据本地区该行业的具体情况所设置)，可能存在多列费用、扩大税前扣除等问题。

六、主营业务收入费用率异常

1. 指标分析：

(1)指标值1＝(主营业务收入费用率－企业前三年平均主营业务收入费用

① 三项费用为管理费用、制造费用和营业费用。

率）÷企业前三年平均主营业务收入费用率×100%；

（2）指标值2=（主营业务收入费用率－全市行业平均主营业务收入费用率）÷全市行业平均主营业务收入费用率×100%；

主营业务收入费用率=本期期间费用÷本期主营业务收入×100%。

2. 指标预警：指标值>10%，视为异常。

3. 风险提示：主营业务收入费用率明显高于全市行业平均水平或高于前三年平均水平，可能存在多提、多摊相关费用，将资本性支出一次性在当期列支或少计收入等问题。

若存在上述指标异常，税务机关会对企业的“应付账款”“预收账款”“其他应付款”等科目的期初、期末数进行分析，如有“应付账款”“其他应付款”出现红字和“预收账款”期末大幅度增长等情况，可能存在少计收入问题。税务机关将对纳税人的销售费用、财务费用、管理费用进行检查，并判断其增长情况是否合理，是否存在取得虚开发票、虚列费用等问题；对企业短期及长期借款的期初、期末数据进行分析，以判断是否存在应予资本化的基建贷款利息计入当期财务费用等问题。

七、主营业务收入成本率异常

1. 指标分析：指标值=主营业务收入成本率－全市行业主营业务收入成本率。

主营业务收入成本率=主营业务成本÷主营业务收入×100%。

2. 指标预警：指标值>5%，视为异常。

3. 风险提示：如果企业主营业务收入成本率明显高于同行业平均水平，则说明纳税人可能存在多列或虚列成本的情形。税务机关会结合其他指标做进一步分析，检查企业原材料价格是否上涨，是否有新增设备或设备出现重大变故以至于影响产量，以及企业原材料结转方法是否发生改变，产成品与在产品之间的成本分配是否合理，是否存在将在建工程成本计入生产成本等问题。

八、成本费用率异常

1. 指标分析：成本费用率=（本期销售费用+本期管理费用+本期财务费用）÷本期主营业务成本×100%。

2. 指标预警：在一般情况下，费用与成本的关系应该是期间费用的增长幅度低于主营业务成本的增长幅度，并且费用总额也应该小于成本总额，因此所设置的预警值应小于1。

3. 风险提示：该指标是根据纳税人的申报数据计算出各类费用（营业费用、管理费用、财务费用）与当期主营业务成本之间的比率关系，与所设置的相应预警值做比较。如果测算出的成本费用率近似于预警值，说明纳税申报数据正常；如果测算出的成本费用率小于预警值，说明纳税人可能存在多列支成本问题；如果测算出的成本费用率大于预警值，说明纳税人可能存在多列支期间费用问题。

九、成本费用利润率异常

1. 指标分析：成本费用利润率 = 本期利润总额 ÷ 本期成本费用总额 × 100%。

本期成本费用总额 = 主营业务成本总额 + 费用总额。

2. 指标预警：本期成本费用利润率小于预警值（由税务机关根据本地区该行业的具体情况所设置）或者低于前三年平均水平的一定比例。

3. 风险提示：本期成本费用利润率小于预警值或者低于前三年平均水平的一定比例，可能存在少计收入或多列成本费用等问题。

十、净资产收益率异常

1. 指标分析：净资产收益率 = 净利润 ÷ 平均净资产 × 100%。

平均净资产 = （所有者权益年初数 + 所有者权益年末数）÷ 2。

2. 指标预警：指标值 < 同期银行存款利率，视为异常。

3. 风险提示：如果企业近三年净资产收益率均低于同期银行存款利率（由于行业不景气及公司投资周期影响等，偶尔一年低于可能正常，但若长年低于同期银行存款利率，企业持续经营就有问题了），则属于净资产收益率偏低，可能存在多列支成本费用或少计收入等问题。

十一、减免税期满后利润陡降

1. 指标分析：指标值 = （减免税期满后当期利润总额 − 企业上期利润总额）÷ 企业上期利润总额 × 100%。

2. 指标预警：指标值 ≤ −50%，视为异常。

3. 风险提示：减免税期满后利润陡降，企业可能存在人为调节利润、少缴企业所得税的风险。税务机关会核查企业减免税期内成本费用核算是否存在人为后置、期间费用摊销是否正确、享受税收减免优惠的项目是否与非减免项目分开核算并合理分担期间费用等问题。

十二、总资产报酬率异常

1. 指标分析：总资产报酬率 = (利润总额 + 利息支出) ÷ 平均资产总额 × 100%。

平均资产总额 = (资产合计年初数 + 资产合计年末数) ÷ 2。

2. 指标预警：若本期总资产报酬率小于预警值或者低于前三年平均水平的一定比例，则视为异常。

3. 风险提示：企业本期总资产报酬率小于预警值或者低于前三年平均水平的一定比例，本期可能存在少计收入或多列支成本、费用以及扩大税前扣除范围等问题。

十三、无形资产综合摊销率变动异常

1. 指标分析：指标值 ≐ (本期综合摊销率 - 基期综合摊销率) ÷ 基期综合摊销率 × 100%。

综合摊销率 = 无形资产摊销 ÷ 无形资产原值 × 100%。

2. 指标预警：指标值≥20%，视为异常。

3. 风险提示：无形资产综合摊销变动率过大，说明纳税人可能存在未按规定摊销无形资产的情况，需核实无形资产摊销方法并实地核查无形资产的相关情况。

十四、残疾人员工资加计扣除异常

1. 指标分析：加计扣除人员工资比例 = 加计扣除人员工资 ÷ 企业所有职工工资 × 100%。

2. 指标预警：本期加计扣除人员工资金额 > 20 万元，或残疾人员工资比例 > 30%。

3. 风险提示：企业安置残疾人员的，在按照支付给残疾职工工资据实扣除的基础上，可以在计算应纳税所得额时按照支付给残疾职工工资的 100% 加计扣除。

通过残疾人员、国家鼓励安置的其他人员工资扣除的风险指标分析，进一步查看企业残疾人员、国家鼓励安置的其他人员工资发放是否真实、准确，是否存在不合理享受优惠政策的涉税风险。若本期加计扣除人员工资金额大于 20 万元或残疾人员工资比例在 30% 以上，则可能存在残疾人员工资金额或比例过高的情况。

税务机关会重点核查：

(1) 是否依法与安置的每位残疾人签订了 1 年期限及以上的劳动合同或服务协议，并且安置的每位残疾人在企业实际上岗工作；

(2)是否为安置的每位残疾人按月足额缴纳了企业所在区、县人民政府根据国家政策规定的基本养老保险、基本医疗保险、失业保险和工伤保险等社会保险;

(3)是否定期通过银行等金融机构向安置的每位残疾人实际支付了不低于企业所在区、县适用的经省级人民政府批准的最低工资标准的工资;

(4)是否具备安置残疾人上岗工作的基本设施。

十五、主营业务收入变动率与主营业务成本变动率配比分析

1. 指标分析:指标值 = 主营业务收入变动率 ÷ 主营业务成本变动率。

主营业务收入变动率 = (本期主营业务收入 - 基期主营业务收入) ÷ 基期主营业务收入 × 100%;

主营业务成本变动率 = (本期主营业务成本 - 基期主营业务成本) ÷ 基期主营业务成本 × 100%。

2. 指标预警:在正常情况下,指标值应接近1。

3. 风险提示:

以下情况,可能存在企业少计收入、多列成本费用、扩大税前扣除范围等问题,应引起注意:

(1)指标值 >1 且相差较大、两者都为负数,即收入与成本都在减少,但是收入减少幅度大于成本减少幅度。

(2)指标值 <1 且相差较大、两者都为正数,即收入与成本都在增加,但是成本增加幅度大于收入增加幅度。

(3)指标值为负数,且前者为负数、后者为正数,即收入在减少,成本却在增加。

十六、主营业务收入变动率与期间费用变动率配比分析

1. 指标分析:指标值 = 主营业务收入变动率 ÷ 期间费用变动率。

主营业务收入变动率 = (本期主营业务收入 - 基期主营业务收入) ÷ 基期主营业务收入 × 100%;

期间费用变动率 = (本期三项费用总额 - 基期三项费用总额) ÷ 基期三项费用总额 × 100%。

2. 指标预警:在正常情况下,指标值应接近1。

3. 风险提示:

以下情况,可能存在企业少计收入、多列成本费用、扩大税前扣除范围等问题,

应引起注意：

（1）指标值>1 且相差较大、两者都为负数，即收入和费用都在减少，但是收入减少幅度大于费用减少幅度。

（2）指标值<1 且相差较大、两者都为正数，即收入和费用都在增加，但是费用增加幅度大于收入增加幅度。

（3）指标值为负数，且前者为负数、后者为正数，即收入在减少，费用却在增加。

十七、主营业务收入变动率与主营业务利润变动率配比分析

1. 指标分析：指标值＝主营业务收入变动率÷主营业务利润变动率。

主营业务收入变动率＝（本期主营业务收入－基期主营业务收入）÷基期主营业务收入×100%；

主营业务利润变动率＝（本期主营业务利润总额－基期主营业务利润总额）÷基期主营业务利润总额×100%。

2. 指标预警：在正常情况下，指标值应接近 1。

3. 风险提示：

以下情况，可能存在企业多列成本费用、扩大税前扣除范围等问题，应引起注意：

（1）指标值<1 且相差较大、两者都为负数，即收入和利润都在减少，但是利润减少幅度大于收入减少幅度。

（2）指标值>1 且相差较大、两者都为正数，即收入和利润都在增加，但是收入增加幅度大于利润增加幅度。

（3）指标值为负数，且前者为正数、后者为负数，即收入在增加、利润却在减少。

十八、应纳税所得额变动率与应纳税额变动率配比分析

1. 指标分析：指标值＝应纳税所得额变动率÷应纳税额变动率。

应纳税所得额变动率＝（本期应纳税所得额－基期应纳税所得额）÷基期应纳税所得额×100%；

应纳税额变动率＝（本期应纳税额－基期应纳税额）÷基期应纳税额×100%。

2. 指标预警：在正常情况下，指标值应接近 1。

3. 风险提示：

以下情况，可能存在企业多列成本费用、扩大税前扣除范围等问题，应引起

注意：

（1）指标值 <1 且相差较大、两者都为负数，即应纳税所得额和应纳税额都在减少，但是应纳税额减少幅度大于应纳税所得额减少幅度。

（2）指标值 >1 且相差较大、两者都为正数，即应纳税所得额和应纳税额都在增加，但是应纳税所得额增加幅度大于应纳税额增加幅度。

（3）指标值为负数，且前者为正数、后者为负数，即应纳税所得额在增加，应纳税额却在减少。

十九、存货周转率变动率与销售收入变动率配比分析

1. 指标分析：指标值 = 存货周转率变动率 ÷ 销售收入变动率。

存货周转率 = 主营业务成本 ÷ [（期初存货成本 + 期末存货成本）÷2] ×100%；

存货周转率变动率 =（本期存货周转率 − 基期存货周转率）÷ 基期存货周转率 ×100%；

销售收入变动率 =（本期销售收入 − 基期销售收入）÷ 基期销售收入 ×100%。

2. 指标预警：在正常情况下，指标值应接近 1。

3. 风险提示：

以下情况，可能存在企业少计收入问题，应引起注意：

（1）指标值 >1 且相差较大、两者都为正数，即存货周转和收入都在增加，但是存货周转增加幅度大于收入增加幅度。

（2）指标值 <1 且相差较大、两者都为负数，即存货周转和收入都在减少，但是收入减少幅度大于存货周转减少幅度。

（3）指标值为负数，前者为正数、后者为负数，即存货周转在增加，收入却在减少。

二十、期末应收账款变动率与销售收入变动率配比分析

1. 指标分析：指标值 = 期末应收账款变动率 ÷ 销售收入变动率。

期末应收账款变动率 =（本期应收账款期末值 − 基期应收账款期末值）÷ 基期应收账款期末值 ×100%；

销售收入变动率 =（本期销售收入 − 基期销售收入）÷ 基期销售收入 ×100%。

2. 指标预警：在正常情况下，指标值应接近 1。

3. 风险提示：

以下情况，可能存在企业少计收入问题，应引起注意：

(1) 指标值 >1 且相差较大、两者都为正数，即应收账款和收入都在增加，但是应收账款增加幅度大于收入增加幅度。

(2) 指标值 <1 且相差较大、两者都为负数，即应收账款和收入都在减少，但是收入减少幅度大于应收账款减少幅度。

(3) 指标值为负数，前者为正数、后者为负数，即应收账款在增加，收入却在减少。

若存在上述异常情况，税务机关会检查纳税人"库存商品""产成品""应付账款""预收账款""其他应付款"等科目，详细了解业务内容，并核实相应的合同等资料，以及实地检查库存等。

二十一、关联收入申报异常

1. 指标分析：关联收入申报异常值 = 关联收入金额 − 已申报关联收入金额；

关联收入金额 = 集团企业和成员企业个别财务报表营业收入合计金额 − 合并财务报表营业收入金额。

2. 指标预警：关联收入申报异常值 >0，视为异常。

3. 风险提示：通过个别财务报表数据与合并财务报表数据的比对，分析集团企业内部是否存在关联交易，进一步核查集团企业和成员企业申报的关联交易是否完整、准确；若关联收入申报异常值大于零，则可能集团成员企业申报的关联交易不全面、不准确。

税务机关通过集团企业合并财务报表采集"主营业收入""其他业务收入""营业外收入"金额，通过集团企业和成员企业个别财务报表采集"主营业务收入""其他业务收入""营业外收入"金额；已申报关联收入为企业所得税年度纳税申报表附表，年度关联业务往来报告表"商品(材料)销售""劳务收入""出让无形资产""出让固定资产""融资应计利息收入"的合计金额。

二十二、关联应收、应付款项比例异常

1. 指标分析：关联应收(应付)款项异常值 = 集团企业和成员企业个别财务报表应收(应付)款项合计金额 − 集团企业合并财务报表中应收(应付)款项。

关联应收(应付)款项异常值占比 = 关联应收(应付)款项 ÷ 集团成员企业应

收(应付)款项合计金额×100%。

2. 指标预警:关联应收(应付)款项异常金额≥500万元或占比≥10%,视为异常。

3. 风险提示:通过个别财务报表数据与合并财务报表数据的比对,分析集团企业内部是否存在债权债务关系,进一步查找集团企业与成员企业之间、成员企业相互之间关联交易、资金拆借中的涉税风险;若关联应收(应付)款项金额在500万元或占比在10%以上,则说明集团成员企业之间可能存在关联应收、应付款项涉税风险。

【提示】应收款项包括"应收账款""应收票据""预付账款""长期债券投资""应收股利""其他应收款",应付款项包括"应付账款""应付票据""预收账款""应付债券""应付股利""其他应付款";集团企业合并财务报表中应收、应付金额,集团企业和成员企业个别财务报表应收、应付合计金额。

二十三、关联借款费用异常

1. 指标分析:关联借款费用异常值=集团成员企业财务费用合计金额-集团企业合并财务报表中财务费用金额。

2. 指标预警:关联借款费用异常值≥20万元,视为异常。

3. 风险提示:通过个别财务报表数据与合并财务报表数据的比对,分析集团企业内部是否存在因借款而支付相关费用的事项,进一步查找集团企业与成员企业之间、成员企业相互之间关联交易、资金拆借中的涉税风险;若关联借款费用异常金额在20万元以上,则说明集团成员企业之间可能存在借款费用涉税风险。

二十四、关联交易金额变动率

1. 指标分析:关联交易金额变动率=关联交易变动金额÷基期关联交易金额×100%。

关联交易变动金额=本期关联交易金额-基期关联交易金额。

2. 指标预警:关联交易变动金额≥500万元或关联交易金额变动率≥10%,视为异常。

3. 风险提示:通过关联交易金额变动率的比对,分析集团成员企业关联交易是否存在异常,进一步查找集团成员企业之间商品、劳务、资产交易及资金拆借中的涉税风险;若关联交易变动金额在500万元以上或关联交易金额变动率在10%以上,则关联交易金额变动异常。

【提示】关注集团各成员企业的企业所得税年度纳税申报表附表,年度关联业务往来报告表(2)中“交易总金额”“关联交易金额”合计数。

二十五、关联交易毛利率异常

1. 指标分析:指标值 =(关联交易毛利率 - 主营业务毛利率)÷主营业务毛利率×100%。

关联交易毛利率 =(关联销售收入 - 关联销售成本)÷关联销售收入×100%;

主营业务毛利率 =(主营业务收入 - 主营业务成本)÷主营业务收入×100%。

2. 指标预警:关联交易毛利率偏离企业主营业务毛利率2%以上,视为异常。

3. 风险提示:通过关联交易毛利率与企业主营业务毛利率的比对分析,进一步查找集团成员企业之间商品、劳务等关联交易的涉税风险;如果关联交易毛利率偏离主营业务毛利率2%以上,则可能存在关联交易价格不公允问题。

【提示】关注企业报送的关联交易明细表及财务报表中“关联销售收入”“关联销售成本”,企业报送的财务报表中的“主营业务收入”“主营业务成本”。

【案例】M公司是上海知名服装机械生产企业K公司在常州市武进区设立的全资子公司,注册资本500万元。按照集团安排,M公司主要承担生产基地职能,负责原材料采购、整机与零配件的组装生产;K公司则主要承担研发、设计、销售和资金调配等职能。在开展风险应对时,税务人员发现,M公司存在关联交易毛利率偏低的税务风险。税务人员在检查中发现,M公司仅有K公司一家客户,多年毛利率维持在5%~6%,导致企业整体税负较低。对此,集团财务总监解释称,M公司作为生产基地向母公司供货,不需要承担研发失败和市场波动等外部风险,作为单一职能的生产商,获得6%左右的利润,是合理的。该财务总监同时表示税务机关不应对境内关联交易开展检查和调整。

【解析】《特别纳税调查调整及相互协商程序管理办法》(国家税务总局公告2017年第6号,部分失效)第38条规定:“实际税负相同的境内关联方之间的交易,只要该交易没有直接或者间接导致国家总体税收收入的减少,原则上不作特别纳税调整。”这导致部分企业财务人员产生了“境内关联交易不存在税务风险”的错误认知,忽略了“实际税负相同”这一关键前提条件。

通过异地情报查询,税务人员获取了K公司的相关财务信息和申报数据。资料显示,K公司为高新技术企业,享受15%的企业所得税税率优惠,且整机再销售业务的毛利率高达70%以上。而M公司不享受任何企业所得税优惠，适用25%税率，因此，K公司与M公司存在企业所得税税负差，不满足《特别纳税调查调整及相互协商程序管理办法》第38条的要求。税务机关进一步调查后，确定M公司向K公司销售整机的定价偏低，应按照独立交易原则，对M公司的收入进行调整。

第三节　个人所得税税务风险分析指标

一、企业人均工薪收入低于同地区同行业平均水平

1. 指标分析：企业人均工薪收入＝企业在分析期内工资薪金总额÷总人数。

2. 指标预警：与同地区同行业的人均工薪收入比较，偏离度较大，视为异常。

3. 风险提示：分析期内企业人均工薪收入低于同地区同行业的平均水平，可能存在隐匿个人所得税应纳税所得额（应税收入）等问题。

二、企业人均工薪收入少于本企业前三年人均工薪收入

1. 指标分析：企业人均工薪收入＝企业在分析期内工资薪金总额÷总人数。

2. 指标预警：与本企业前三年人均工薪收入的平均水平比较，偏离度较大，视为异常。

3. 风险提示：分析期内企业人均工薪收入少于本企业前三年人均工薪收入，可能存在隐匿个人所得税收入问题。

三、同一单位员工同时存在工资薪金所得与劳务报酬所得

1. 指标分析：同一自然人纳税人识别号在同一个扣缴单位的个人所得税申报记录中。

2. 指标预警：同一自然人纳税人识别号在同一个扣缴单位的个人所得申报记录中同时存在工资薪金所得与劳务报酬所得。

3. 风险提示：一般来讲，企业员工从本企业取得的所得主要是工资薪金所得或股息红利所得。除特殊情况外，企业不会为本单位员工支付劳务报酬。同一个自然人的纳税人识别号在同一个扣缴单位同时有工资薪金所得和劳务报酬所得申报记录，原因可能有：（1）企业为了达到降低社保缴费基数的目的，通过将工资薪金转化为劳务报酬的方式来人为地减少工资总额；（2）企业利用员工身份证代开劳务发

票,虚列费用以达到少交企业所得税的目的。(3)利用工资薪金所得与劳务报酬所得收入额的计算差异达到降低个人所得税负担的目的。

四、个人所得税申报工资总额和企业所得税申报工资总额不符

1. 指标分析:指标值 = 分析期个人所得税申报工资总额 ÷ 分析期企业所得税申报工资总额。

2. 指标预警:在一般情况下,两者比值应接近 1。

3. 风险提示:指标值 < 1,说明企业可能存在少扣缴个人所得税或企业所得税税前虚列工资薪金等问题。

五、个人独资、合伙企业个税税负率小于地区行业平均值

1. 指标分析:税收负担率 = 分析期个人所得税应纳税额 ÷ 分析期收入总额 × 100%。

利润率 = 分析期利润总额 ÷ 分析期收入总额 × 100%。

2. 指标预警:税收负担率和利润率同时小于该地区行业平均值,视为异常。

3. 风险提示:对查账征收的个人独资、合伙企业税收负担率和利润率进行地区行业横向比较,如果税收负担率和利润率同时低于该地区行业平均值,可能存在虚列成本费用、少缴个人所得税问题。

【案例】税务机关在案头分析过程中发现,某个人独资企业 2023 年税收负担率和利润率均低于同地区同行业个人独资企业的平均税收负担率和利润率。经实地核查发现如下问题:

(1)该企业代关联企业支付的土地交易费,直接于费用科目列支,未通过往来科目核算;

(2)随意列支商业保险支出;

(3)投资者工资、薪金支出未列入不允许扣除的项目金额;

(4)业务招待费超标准税前列支;

(5)投资者的个人消费费用与企业的生产经营费用混为一谈,难以划分清楚。

在实地核查后,税务机关认为,该企业纳税调整存在较大的随意性,应纳税调增的投资者工资、薪金支出等成本费用支出不作调增处理,有利于企业的投资者费用却作了纳税调减处理,导致个人独资企业投资者少缴生产经营所得个人所得税 20,705.96 元,遂责令该企业限期补缴上述税款,按日万分之五加收滞纳金,并处以

所补税款50%的罚款。

六、所有者权益变动少扣缴个人所得税

1. 指标分析：指标值 =（“资本公积 + 盈余公积 + 未分配利润”期初数 + 净利润 -“资本公积 + 盈余公积 + 未分配利润”期末数）× 自然人投资比例 ×20%。

2. 指标预警：指标值大于扣缴个人所得税报告表明细中利息、股息、红利所得个人所得税额。

3. 风险提示：有自然人投资者的企业（非个人独资企业、非合伙企业、非上市公司），在转增股本及分配股息、红利时应代扣代缴利息、股息、红利所得个人所得税。如果指标值大于扣缴个人所得税报告表明细中的利息、股息、红利所得个人所得税额，则存在少代扣代缴利息、股息、红利所得个人所得税的风险。

七、个人所得税增长率与工资薪金支出增长率配比分析

1. 指标分析：指标值 = 个人所得税增长率 ÷ 工资薪金支出增长率。

个人所得税增长率 =（分析期个人所得税实缴额 - 基期个人所得税实缴额）÷ 基期个人所得税实缴额 ×100%；

工资薪金支出增长率 =（分析期工资薪金总额 - 基期工资薪金总额）÷ 基期工资薪金总额 ×100%。

2. 指标预警：正常情况下，指标值应接近1。

3. 风险提示：以下情况，可能存在未足额扣缴个人所得税或虚列工资薪金问题，应引起重视：

（1）指标值 <1 且相差较大、两者都为正数，即个人所得税与工资薪金都在增加，但是工资薪金增加幅度远大于个人所得税增加幅度。

（2）指标值 >1 且相差较大、两者都为负数，即个人所得税与工资薪金都在减少，但是个人所得税减少幅度远大于工资薪金减少幅度。

（3）指标值为负数，前者为负数、后者为正数，即工资薪金在增加，个人所得税却在减少。

八、自然人代开劳务发票与个人所得税申报记录比对异常

1. 指标分析：指标值 = 某自然人纳税人识别号年度内代开劳务发票收入 ÷ 个人所得税申报劳务报酬收入。

2. 指标预警：正常情况下，指标值应等于 1。

3. 风险提示：指标值 >1，说明支付所得的扣缴义务人可能存在未按规定预扣预缴个人所得税问题。

九、股东其他应收款余额长期未变动异常

1. 指标分析：指标值 = 股东其他应收款年末数 - 股东其他应收款年初数。

2. 指标预警：指标值≥0，视为异常。

3. 风险提示：指标≥0，可能存在纳税年度内个人投资者从其投资的企业借款，在该纳税年度终了后既不归还，又未用于企业生产经营的，企业未依照“利息、股息、红利所得”项目代扣代缴投资者个人所得税的问题。

法律依据

1.《财政部、国家税务总局关于规范个人投资者个人所得税征收管理的通知》（财税〔2003〕158 号）

二、……

纳税年度内个人投资者从其投资企业（个人独资企业、合伙企业除外）借款，在该纳税年度终了后既不归还，又未用于企业生产经营的，其未归还的借款可视为企业对个人投资者的红利分配，依照“利息、股息、红利所得”项目计征个人所得税。

2.《个人所得税管理办法》（国税发〔2005〕120 号，已被修改）

第三十五条 各级税务机关应强化对个体工商户、个人独资企业和合伙企业投资者以及独立从事劳务活动的个人的个人所得税征管。

……

（四）加强个人投资者从其投资企业借款的管理，对期限超过一年又未用于企业生产经营的借款，严格按照有关规定征税。

……

第四节 印花税税务风险分析指标

一、印花税税负变动系数

1. 指标分析：印花税税负变动系数 = 本期印花税负担率 ÷ 上年同期印花税负担率。

印花税负担率＝(应纳税额÷计税收入)×100%。

2. 指标预警：在正常情况下，指标值应接近1。

3. 风险提示：本期印花税负担率与上年同期对比，在正常情况下比值应接近于1。若比值小于1，则可能存在未足额申报印花税问题。

二、印花税同步增长系数

1. 指标分析：印花税同步增长系数＝应纳税额增长率÷主营业务收入增长率。

应纳税额增长率＝(本期累计应纳税额－上年同期累计应纳税额)÷上年同期累计应纳税额×100%；

主营业务收入增长率＝(本期累计主营业务收入额－上年同期累计主营业务收入额)÷上年同期累计主营业务收入额×100%。

2. 指标预警：在正常情况下，指标值应接近1。

3. 风险提示：本指标用于分析印花税应纳税额增长率与主营业务收入增长率，评估纳税人申报(贴花)纳税情况的真实性，适用于建筑安装等行业应纳税额增长率与主营业务收入增长率的对比分析。在正常情况下，两者应基本同步增长，比值接近1。若比值小于1，则可能存在未足额申报印花税问题。

三、印花税应纳税额与短期或长期借款合计增加额比对分析

1. 指标分析：短期或长期借款合计增加额＝本期短期或长期借款年末数－本期短期或长期借款年初数。

2. 指标预警：正常情况下，指标值＞0，借款合同印花税应纳税额＞0。

3. 风险提示：如果本期短期或长期借款合计增加额大于0，而本期借款合同印花税应纳税额为0，那么可能存在向银行借款但未缴纳印花税问题。

四、印花税应纳税额与实收资本、资本公积合计增加额比对分析

1. 指标分析：实收资本、资本公积合计增加额＝本期实收资本、资本公积年末数－本期实收资本、资本公积年初数。

2. 指标预警：正常情况下，指标值＞0，实收资本印花税应纳税额＞0。

3. 风险提示：如果本期实收资本、资本公积合计增加额大于0，而本期实收资本印花税应纳税额为0，则可能存在实收资本、资本公积增加但未缴纳印花税问题。

五、印花税变动率与在建工程增加额比对分析

1. 指标分析：在建工程增加额 = 本期在建工程期末数 - 本期在建工程期初数。

2. 指标预警：正常情况下，指标值 >0，建筑合同印花税应纳税额 >0。

3. 风险提示：如果本期在建工程增加额大于 0，而本期建筑合同印花税应纳税额为 0，那么可能存在签订建筑服务合同但未缴纳印花税问题。

第五节 土地增值税税务风险分析指标

一、转让应税项目增值率变动系数

1. 指标分析：转让应税项目增值率变动系数 =（当期转让应税项目增值率 - 基期转让应税项目增值率）÷ 基期转让应税项目增值率。

2. 指标预警：一般情况下，转让应税项目增值率变动系数应≥0。

3. 风险提示：该指标适用于经常性发生转让行为的纳税人，如房地产开发、投资、销售行业。增值率变动系数反映了企业的经营状况和业绩，当变动率出现负数，应进一步深入进行分析核实。

二、转让应税项目增值率与同类项目转让增值率配比

1. 指标分析：转让应税项目增值率与同类项目转让增值率的比值 = 转让应税项目的增值率 ÷ 市场上相同或类似项目的增值率。

2. 指标预警：在一般情况下，指标值应接近 1。

3. 风险提示：分析判断发生转让房产和土地使用权的价格和增值额的准确性，防止隐瞒转让收入、虚增成本。若二者比例远低于 1，则说明转让的价格低于市场价格，应进一步评估分析。

三、土地增值税变动与企业利润额（应纳税所得额、应纳所得税额）变动的配比分析

1. 指标分析：指标值 = 土地增值税增长率 ÷ 营业利润增长率。

2. 指标预警：该指标应等于或略大于 1。

3. 风险提示：本指标主要适用于经常发生土地增值税应税项目的房地产开发

公司、投资公司等。土地增值税是以法定增值额作为计税依据的，法定的土地增值额与企业利润额（应纳税所得额、应纳所得税额）也呈现正相关关系。

企业利润增加无非是盈利能力增加，或者盈利能力不变但销售收入规模增加，任何一种情况都会使土地增值税发生相应幅度的增加。结合土地增值税超率累进税率，一定幅度的价格增加会造成转让收入和增值率的增加，引起税额增加。因此该指标应等于或略大于1。若小于1，则说明土地增值税增长幅度低于营业利润增长幅度；若远低于1，或为负数，应确认为重点可疑问题，进一步评估分析。

四、当期转让全部土地使用权、房产的增值率变动与同期房地产行业价格指数变动的配比分析

1. 指标分析：指标值 = 转让全部土地使用权、房产的增值率 ÷ 同期房地产行业价格指数变动率。

2. 指标预警：该指标一般应等于或接近于1。

3. 风险提示：房地产开发企业当期转让全部土地使用权、房产的增值率的高低变化，很大程度上取决于转让收入的高低变化，因为可扣除的成本和费用是相对固定的。因此，社会经济研究机构或政府经济部门发布的当地房地产价格指数，可作为市场行情的"晴雨表"。价格指数增长快，说明房地产价格上升的速度也快，土地增值税纳税人在应税项目的权属转让上也会获得更大的收入和价差，并得到较高的增加值和增加率。因此，本系数一般应该等于或接近于1。若比值接近0或者为负数，则说明土地增值税的增长幅度远低于价格增长幅度，甚至出现相反的变化趋势，应作为重大疑点进一步进行分析。

第六节　房产税税务风险分析指标

一、房产税应缴与实缴税款差异分析

1. 指标分析：房产税差异值 = 企业实缴房产税 - 企业应缴房产税。

企业应缴房产税 = 自用房产原值 ×（1 - 减除幅度）× 房产税适用税率（从价计征）+ 房产租金 × 房产税适用税率（从租计征）。

2. 指标预警：房产税差异值 ≠ 0，视为异常。

3. 风险提示：将测算的应纳房产税与实际缴纳的房产税比对，若房产税差异值

小于0且差异较大，则企业可能存在隐瞒房产原值、租金，少缴房产税等问题。

二、房屋租金收入变动率与房产税变动率比对分析

1. 指标分析：

房屋租金收入变动率＝（分析期房屋租金收入－上期房屋租金收入）÷上期房屋租金收入×100%。

房产税变动率＝（分析期出租房屋房产税－上期出租房屋房产税）÷上期出租房屋房产税×100%。

2. 指标预警：在正常情况下，两个变动率的关系是正相关的，两者基本应该同步增长。

3. 风险提示：若房屋租金收入变动率＞0，而房产税变动率≤0，则可能存在少缴房产税的问题；反之，可能存在少缴增值税的问题，须进一步核实企业是否存在该类问题。

【案例】税务机关的风险监控模型扫描显示，北京某置业有限公司2016～2017年开具品名为“房屋租金”的发票200余份，金额累计达2700多万元。其房产税一直按自用从价计征缴纳，存在少缴风险。

经核查，该企业共有6套房产对外出租但未从租计征并缴纳房产税。

此外，税务人员通过分析其发票备注栏的房屋地址，发现该企业另有3套房产未在税务机关进行房源登记，未申报缴纳房产税。最终，该企业补缴房产税295.18万元，加征滞纳金39.70万元。

三、房屋原值变动率与房产税变动率比对分析

1. 指标分析：指标值＝房产税变动率÷房屋原值变动率。

房屋原值变动率＝（房屋原值期末数－房屋原值期初数）÷房屋原值期初数×100%；

房产税变动率＝（分析期从价计征房产税－上期从价计征房产税）÷上期从价计征房产税×100%。

2. 指标预警：在正常情况下，两个变动率的关系是正相关的，两者基本应该同步增长。

3. 风险提示：

以下情况可能存在少计提房产税问题，应予重视：

(1)指标值<1,且房产税变动率与房屋原值变动率均为正数,即房屋原值增长幅度>房产税增长幅度。

(2)指标值>1,且房产税变动率与房屋原值变动率均为负数,即房屋原值减少幅度<房产税减少幅度。

(3)指标值<0,房产税变动率为负值、房屋原值变动率为正值,即房屋原值增幅较大而房产税不增长。

四、在建工程变动率与房产税变动率比对分析

1. 指标分析:

在建工程变动率=(在建工程期末数-在建工程期初数)÷在建工程期初数×100%。

房产税变动率=(分析期房产税-上期房产税)÷上期房产税×100%。

2. 指标预警:在正常情况下,两个变动率的关系是负相关的,即在建工程减少,房产税增长。

3. 风险提示:

(1)如果分析期在建工程变动率<0,而房产税变动率≤0,那么可能存在少缴房产税的问题;

(2)如果在建工程长期>0,而房产税变动率≤0,那么可能存在企业房产已经验收或者在验收前就已交付使用("在建工程"科目长期挂账,未及时转入"固定资产"科目核算),但未按规定申报缴纳房产税的问题。

五、出租房产印花税与房产税比对分析

1. 指标分析:

印花税变动率=(分析期印花税-上期印花税)÷上期印花税×100%;

房产税变动率=(分析期房产税-上期房产税)÷上期房产税×100%。

2. 指标预警:在正常情况下,两个变动率的关系是正相关的。

3. 风险提示:

(1)如果租赁房产税增长额>0,而本期(租赁)印花税应纳税额为0,那么说明纳税人可能未按规定缴纳印花税。

(2)如果租赁房产税增长额为0,而本期(租赁)印花税应纳税额>0,那么说明纳税人可能未按规定缴纳(租赁)房产税。

第七节　土地使用税税务风险分析指标

一、城镇土地使用税变动率

1. 指标分析：

城镇土地使用税变动率 =（本期土地使用税 - 基期土地使用税）÷ 基期土地使用税 ×100%。

2. 指标预警：在一般情况下，如果企业土地占用量不发生变化，城镇土地使用税变动率应该等于 0。

3. 风险提示：根据企业所占用土地的地理位置确定的不同单位税额不会轻易改变。因此，若企业土地占用量不发生变化，城镇土地使用税变动率应该等于 0。如果城镇土地使用税变动率小于 0，那么可能存在少缴土地使用税的问题。税务机关会进一步核查企业是否有转让土地使用权的行为。

二、城镇土地使用税变动率与房产税变动率配比分析

1. 指标分析：

房产税变动率 =（本期房产税额 - 基期房产税额）÷ 基期房产税额 ×100%；

城镇土地使用税变动率 =（本期土地使用税 - 基期土地使用税）÷ 基期土地使用税 ×100%。

2. 指标预警：在正常情况下，两个变动率的关系是正相关的，两者基本应该同步增长。

3. 风险提示：如果城镇土地使用税变动率 >0，而房产税变动率≤0，那么可能存在少缴房产税的问题；反之，可能存在少缴城镇土地使用税的问题。

三、城镇土地使用税变动率与无形资产变动率配比分析

1. 指标分析：指标值 = 城镇土地使用税变动率 ÷ 无形资产变动率 ×100%。

城镇土地使用税变动率 =（本期土地使用税 - 基期土地使用税）÷ 基期土地使用税 ×100%；

无形资产变动率 =（无形资产期末数 - 无形资产年初数）÷ 无形资产年初数 ×100%。

2. 指标预警：在正常情况下，两者应同步增长。

3. 风险提示：

以下情况，可能存在少缴城镇土地使用税问题：

(1) 指标值 <1，且城镇土地使用税变动率与无形资产变动率均为正数。

(2) 指标值 >1，且城镇土地使用税变动率与无形资产变动率均为负数。

(3) 指标值 <0，且城镇土地使用税变动率为负数，无形资产变动率为正数。

第十一章　财务报表项目税务风险分析

本章主要针对资产负债表、利润表、现金流量表等 3 大财务报表中的重点项目，阐述如何通过相关会计科目数据信息，识别、评估和防控企业相关税务风险。

第一节　资产负债表主要项目税务风险分析

一、资产类项目数据

（一）货币资金涉税风险

货币资金是指企业拥有的，以货币形式存在的资产，包括现金、银行存款和其他货币资金。货币资金是企业中最活跃的资产，也是企业的重要支付手段和流通手段，因而是流动资产的审查重点。

与“货币资金”相关的主要涉税风险如下：

1. 货币资金余额过大或者过小。

如果资产负债表中的货币资金期末余额长期很大，现金流量表中的经营活动现金流量也很大，而利润表上收入类、利得类项目的发生额却很少，税务机关会怀疑企业存在应确认未确认收入，将收到的款项长期挂在往来款中不确认收入，从而不缴纳或者延迟缴纳税款。

如果资产负债表中的货币资金期末余额长期很小，现金流量表中的经营活动现金流量也很小，而利润表的收入类项目的发生额却很大，如果企业毛利率不高，增值税应纳税额较小，税务机关会怀疑企业虚增收入、虚开发票。

例如，某制造企业月货币资金余额足以保证该企业 4 个多月的生产经营，不符合企业经营资金政策，资金有效利用率太低，闲置时间太长。而该企业长短期借款全年维持在高位，即该企业的货币资金完全可以用来归还借款，归还借款后的余额仍可保证其正常经营，结合其利润表中的高额财务费用支出，其巨额货币资金常年处在闲置状态十分可疑。

2. 货币资金变动情况与营业收入等项目发生额不匹配。

如果当期货币资金期末余额与期初余额相比有较大增长，而营业收入本期发生额较小，就需要进一步分析“短期借款”“长期借款”“预收账款”等科目，核实是否有销售收入不入账的情形。

如果当期货币资金期末余额与期初余额相比没有明显变化，但是成本类、费用类本期发生额却很大，就需要进一步分析“应付账款”等科目，核实是否存在虚列成本费用的税务风险。

例如，某企业资产负债表中，“货币资金”发生额是本期主营业务收入的近200倍。通过查看财务报表、企业所得税年度申报表和征管信息，发现该公司营业收入仅为8.66万元，但利息收入为1268.89万元，经核实，该利息收入是购买合同中明确承诺到期本金可全部收回的理财产品的收入，但该企业未就该等保本理财收益按照贷款服务缴纳增值税。

3. 资产负债表中“货币资金”期初数与期末数的差额与现金流量表中“现金及现金等价物的净增加额”不匹配。

在不存在现金等价物的情况下，资产负债表中“货币资金”期初数与期末数的差额与现金流量表中“现金及现金等价物的净增加额”应当相等，如果不等，需进一步分析核实。

(二)应收账款涉税风险

应收账款是随着企业的销售行为而形成的一项债权，应收账款的发生与收入的确认密切相关。该账款按不同的购货或接受劳务的单位设置明细账户进行明细核算。

与“应收账款”相关的主要涉税风险如下：

1. 应收账款变动方向与收入变动方向不一致。

在通常情况下，应收账款的对应科目是“主营业务收入”和“其他业务收入”，所以应收账款应与营业收入同方向变动。如果一家企业的本期应收账款与上期相比大幅增加，而利润表中的营业收入本期和上期相比却是持平或者下降的，则税务机关可能会认为企业存在隐瞒收入、多计成本费用的问题。

如果应收账款月增加额大于当期申报的应税收入、免税收入、增值税销项税额之和，税务机关会认为企业可能存在少计收入的问题。

2. 应收账款余额巨大，且长期挂账。

可能会被税务机关认为存在虚开发票、虚增收入的问题。一般情况下，无真实交易,便不会有对应的资金流入,就会形成应收账款的长期挂账。税务机关可能会通过协查的方式查验应收账款的真实性。

3. 应收账款本期余额大幅增加。

(1)与利润表的营业收入做配比分析,如果应收账款增加额大于利润表上的营业收入×(1+适用增值税税率或征收率),则企业可能存在确认应收账款时未确认收入的问题。

(2)可能存在在优惠期结束之前集中开票问题。

(3)可能存在企业刻意延长应收账款期限问题。

(4)可能存在长期挂账而未申请核销的应收账款。

4. 应收账款期末余额大幅减少。

可能企业计提了坏账准备或做了坏账核销,或者发生了债务重组。应进一步核实坏账准备是否在税前扣除而未进行相应的纳税调整,坏账损失与债务重组损失是否符合税前扣除要求等。

【案例】A公司是一家家具生产企业。税务稽查人员发现注册会计师对A公司被检查年度出具的审计报告中有这样的保留意见“由于贵公司对B公司和C公司等单位的应收账款串户问题严重,我们无法认定有关应收账款明细账户期末余额的正确性”,于是,稽查人员找出B、C两家公司应收账款的明细账户仔细研究,发现这两个明细账户年末均为贷方余额的异常现象。

保留意见中除列明的B、C公司外,“等单位”究竟还指哪些单位?“串户问题”究竟情况如何?红字余额又是如何形成的?对于这些问题,审计报告都未能予以明确。

为了查明情况,稽查人员根据B、C公司明细账户上的凭证号码分别找出了相关记账凭证进行逐一核对,果然发现了“串户问题”,主要问题是A公司将收回的其他9家公司的销货款分别集中冲减了B、C公司的应收账款借方余额,会计处理为借“银行存款”(款项来源为9家公司)、贷“应收账款——B公司或C公司”,致使对B、C公司的应收账款明细账户年末出现了贷方余额,审计报告保留意见中的“等单位”应该就是指这9家公司。

那A公司为何要将从这9家公司收回的货款贷记到对B、C公司应收账款的明细账户上呢?税务稽查人员分析认为,关键的问题是A公司对这9家公司的销售没有先做“借:应收账款,贷:主营业务收入”的账务处理,而是在收到货款后直接冲减了与这9家公司毫无关系的B、C公司的应收账款,最终达到少计对这9家公司实现的销售收入的目的。于是，稽查人员立即要求A公司提供对这9家公司销售产品开具发票并进行销售核算的情况，A公司无法提供，并承认了偷税问题，全年共少计主营业务收入近1000万元。

由于A公司将相关的产品销售成本（均匀地）混杂在其他各月份正常确认销售收入的产品销售成本中一并结转，没有造成销售成本结转的大起大落，一定程度上影响和迷惑了检查人员对纳税情况的分析。

（三）应收票据涉税风险

应收票据、应付票据通常是指“商业汇票”，包括“银行承兑汇票”和“商业承兑汇票”两种，是远期票据，付款期一般在1个月以上、6个月以内。

“应收票据”与“应收账款”均是核算企业在赊销货物业务中所使用的账户，“应收票据”的涉税问题有与“应收账款”账户相一致的方面，但也有不同之处：一是带息票据已收回的利息，按会计核算的要求应冲减财务费用；二是企业贴现票据的贴现息，按规定也是计入财务费用。如果利息和贴现息计算错误或账务处理错误，会影响企业所得税的数额。

与“应收票据”相关的主要涉税风险如下：

1. 应收票据长期挂账。

应收票据多为短期信用，承兑期一般不超过6个月，如果企业应收票据长期挂账，则属于异常。由于商业汇票等具有可多次背书转让的特征，有些企业可能直接背书转让给第三方用于交易，而第三方也可能不入账，再继续背书转让，以后收到此票据的企业均可以在该票据约定的期限内无限制地背书转让，而收到票据的各方均可能不入账也不在“应收票据备查簿”进行登记。由此可见，企业的应收票据很容易为一些企业的账外经营提供方便，应收票据长期挂账也因此成为税务机关关注的重点。

例如，某公司将收到的10多张大额商业汇票直接背书转让给钢材供应商采购钢材，但对收取票据和背书转让的情况均未在“应收票据备查簿”进行登记（而是另外用一练习簿登记，且仅单独向财务处长汇报），并将用背书转让票据采购的钢材专门销售给用现金购货且不需要开具发票的客户，这样从采购到销售都无须在账面反映。税务稽查人员最终查明，该公司采取此“飞过海”方法销售的钢材和水泥累计达960万元，共隐瞒营业利润近200万元，偷逃了大量增值税和企业所得税。税务机关依法追缴了税款，加收了滞纳金，并移交司法机关处理。

2. 票据贴现息税前扣除不符合规定。

企业可以持未到期的票据到银行或社会中介机构进行贴现。在实务中，到银行贴现手续较烦琐、资金签发慢，因而急需资金的持票企业常常会选择到中介机构去贴现。但需要注意的是，根据《支付结算办法》(银发〔1997〕393 号，已被修改)第 6 条“银行是支付结算和资金清算的中介机构。未经中国人民银行批准的非银行金融机构和其他单位不得作为中介机构经营支付结算业务。但法律、行政法规另有规定的除外”的规定，未经中国人民银行批准的票据贴现行为属于非法金融业务活动，企业向不合法的机构贴现支付的贴现息不得在税前扣除。

另外，企业与出票人或者直接前手必须具有真实的交易关系，否则，企业将票据贴现产生的贴现息也无法在税前扣除。

3. 采购方承担销售方贴现息相关风险。

在日常交易中，常出现此种情况：销售方把货物卖给采购方，由于采购方资金紧张，会向销售方开具商业或银行承兑汇票，并在采购合同中约定销售方向开户行申请票据贴现时产生的贴现息由采购方承担，销售方将贴现凭证给予采购方进行做账。这种做法存在以下两个问题：

(1)由于贴现凭证上不是开出商业汇票人采购方的名字而是持票人销售方的名字，这种票据贴现利息支出无法证明该支出与采购方企业的生产经营相关，故不得在其企业所得税税前扣除。

(2)根据《增值税暂行条例实施细则》第 12 条：“条例第六条第一款所称价外费用，包括价外向购买方收取的手续费、补贴、基金、集资费、返还利润、奖励费、违约金、滞纳金、延期付款利息、赔偿金、代收款项、代垫款项、包装费、包装物租金、储备费、优质费、运输装卸费以及其他各种性质的价外收费。……”的规定，销售方向采购方收取的票据贴现息应作为价外费用并入销售额申报缴纳增值税，并应向采购方开具增值税发票。而在实践中，销售方收取采购方的票据贴现息时，往往把银行开给销售方的银行贴现凭证直接交给采购方进行入账，没有向采购方开具发票，从而埋下了税收隐患。

4. 带息票据利息处理错误。

带息的应收票据，应在期末计提利息，计提的利息应冲减财务费用，若企业收到利息后未冲减财务费用，将导致少缴企业所得税。如果属于销售方价外向购买方收取的延期付款利息等，还须按价外费用申报缴纳增值税。

例如，税务人员检查某企业“应收票据”账户贷方，发现有到期收回票据的记录。会计分录为：

借：银行存款318,000

贷：应收票据300,000

应付福利费18,000

因账户对应关系异常，检查人员检查了“应收票据登记簿”并核实所收回的这张票据是带息票据，年息为6%。最终认定了企业利用“应付福利费”账户截留到期票据利息，偷逃企业所得税的行为。

（四）其他应收款涉税风险

其他应收款是指企业除买入返售金融资产、应收票据、应收账款、预付账款、应收股利、应收利息、应收代位追偿款、应收分保账款、应收分保合同准备金、长期应收款等以外的其他各种应收及暂付款项。其主要内容包括应收的各种罚款、赔款（如因企业财产等遭受意外损失而向保险公司收取的赔款等）；出租包装物租金；应向职工收取的各种垫付款项（如水电费、医药费等）；备用金（向企业各职能科室、车间、个人周转使用等拨出的备用金）；存出保证金（如租入包装物所支付的押金）；预付账款转入；其他各种应收、暂付款项。

其他应收款核算内容繁杂，经常会被企业用来记录一些性质不明确的经济业务，同时也是隐瞒关联企业和投资者借款常用的科目。因此，其他应收款是税务机关关注的重点科目。“其他应收款”账户的涉税问题主要有三个方面：一是不合法、不合理的报销（如备用金）会造成成本或费用失真，影响企业所得税；二是利用该账户隐瞒长期投资及收益，或截留其他收入而影响纳税；三是对属于销售的业务，不通过销售收入和销售成本账户处理，而是记入该账户，隐匿收入和利润。

与“其他应收款”相关的主要涉税风险如下：

1. 其他应收款贷方余额巨大。

（1）可能存在隐瞒收入问题。企业通常会对一些未开票收入，在收到货款后放到其他应收款贷方，来达到逃避缴纳税款的目的。

例如，某企业其他应收款余额较大，税务稽查人员对该账户进行了详细检查，发现一个名为“其他”的明细账户存在异常，于是逐一对相关事项进行了详细核实，发现该明细账户是截留各种零星收入的“大箩筐”。企业平时发生的出售边角料收入、固定资产清理残料收入、出售废旧物资收入、销售产品收取的价外费用、出纳长款等均汇集其中，从而达到逃避缴纳税款的目的。

（2）取得虚开发票，假付款后资金回流无处安置，放到了其他应收款的贷方。

2. 其他应收款借方余额巨大。

可能存在向关联企业或个人提供借款的问题。如果不按公允利率收取利息(甚至是无偿借款),则会涉及增值税风险、企业所得税风险和个人所得税风险等。

(1)增值税风险——视同销售。

企业向关联企业或者个人(非员工)无偿提供借款,需要视同销售缴纳增值税。

【提示】根据《财政部、税务总局关于延续实施医疗服务免征增值税等政策的公告》(财政部、税务总局公告2023年第68号)第2条、第3条的规定,在2027年12月31日前,对企业集团内单位(含企业集团)之间的资金无偿借贷行为,免征增值税。

根据《市场监管总局关于做好取消企业集团核准登记等4项行政许可等事项衔接工作的通知》(国市监企注〔2018〕139号)的规定,取消企业集团核准登记后,集团母公司应当将企业集团名称及集团成员信息通过国家企业信用信息公示系统向社会公示。

(2)企业所得税风险——纳税调整。

企业向关联企业或者个人提供借款,不按照独立企业之间的业务往来收取利息(如利率低于同类业务的正常利率),而减少其应纳税所得额的,税务机关有权进行合理调整。

(3)个人所得税风险——视为分红、生产经营所得、工资薪金所得,代扣代缴个税。

①企业的个人投资者从其投资企业借款,在取得借款的纳税年度终了后(或者期限超过1年)既不归还,又未用于企业生产经营的(包括将借款用于购买房屋及其他财产,并将所有权登记为投资者或其家庭成员),其未归还的借款可视为企业(个人独资企业、合伙企业除外)对个人投资者的红利分配,按照"利息、股息、红利所得"项目计征个人所得税;或者视为企业(个人独资企业、合伙企业)对个人投资者的利润分配,按照"个体工商户的生产、经营所得"项目计征个人所得税。

②企业其他人员向企业借款用于购买房屋及其他财产,并享有所有权(即便将财产无偿或有偿交付企业使用),且借款年度终了后未归还借款的,按照"工资、薪金所得"项目计征个人所得税。

【提示】虽然上述情况的纳税义务人是企业的投资者或者其他人员,但企业作为支付所得方为扣缴义务人,应依法代扣代缴相关人员的个人所得税,否则,将会面临被税务机关处以应扣未扣税款0.5~3倍的罚款风险。

(五)预付账款涉税风险

预付账款是指企业按照购货合同的约定,预先以货币资金或货币等价物支付供应商的款项。在日常核算中,预付账款按实际付出的金额入账,如预付的材料及商品采购货款,必须预先支付的农副产品预购定金,施工企业的预付工程款、预付备料款等。对付款企业来说,预付账款是一项流动资产。

与"预付账款"相关的主要涉税风险是,预付账款余额较大且长期挂账,明显异常。需要核实该预付账款的真实性,很有可能是对方无偿占用资金或者采用非常规手段隐瞒收入。

【案例】税务稽查人员检查A建筑安装公司(以下简称A公司)时,发现其2021年的主营业务收入与上年相比,不升反降,与规模相当的同行相比,差距较大。但A公司2021年度的工作总结反映实现的业务收入比上年度增长了30%,而且员工的年薪达到历史最高水平。这些都说明A公司与整个建筑行业一样得到同步发展,但为何其业务收入不升反降呢?

检查人员怀疑A公司隐匿了业务收入,但先后检查了预收及应付账款、其他应付款、银行存款等科目,均未见异常。检查人员意识到可能存在挂靠大公司承接业务而隐瞒收入的问题,于是从账面寻找与A公司有往来的大公司,终于在"预付账款——B公司"账户中发现隐藏着一大公司(以下简称C公司)。据该账户记载,A公司在2019年年底预付2000万元至B公司购买钢材,钢材未购回,2021年下半年又由C公司分4次汇回2000万元冲平了该账户,但12月,A公司又收到1100万元钢材,并作了"借:原材料——钢材,贷:预付账款——B公司"的账务处理,而凭证后未附钢材发票。面对这些异常情况,A公司财务经理解释说,A公司先代C公司预付给B公司2000万元钢材款,并由其分4次归还。后收到的1100万元钢材,是A公司向B公司购买的,尚未开票结算。当检查人员索要其代C公司预付款的协议及利息结算资料时,财务经理说因两家老总是好友,未签订协议也未收利息。在检查组至B、C公司调查了解情况后终于真相大白。

原来,A公司仅具有"房屋建筑"三级资质,为了承接大型建筑工程,遂"挂靠"具有一级资质的C公司,并以C公司名义承接了B公司总造价为1.69亿元包工包料的一大楼工程,但须预付2000万元保证金(A公司账面反映的购钢材款)。除预付保证金一事外,其他全部的收入、支出、往来等会计处理事项均在C公司账面反映,C公司因出借资质获得的2%手续费收入(出借资质属违法行为,在此不展开论述)已按规定纳税。扣除各类成本、费用及税金,该工程最终形成的1100万元利润,A 公司用购买钢材的发票作为工程施工成本冲销,而所购钢材已由 A 公司验收入库。因此,A 公司账面“预付账款——B 公司”贷方余额 1100 万元实际上是隐藏的承接 B 公司工程转回的利润,钢材款根本无须再付。

(六)存货涉税风险

存货是指企业在日常活动中持有以备出售的产成品或商品、处在生产过程中的在产品、在生产过程或提供劳务过程中耗用的材料或物料等。一般情况下,企业的存货包括下列 3 种类型的有形资产:(1)在正常经营过程中存储以备出售的存货,如工业企业的库存产成品及商品流通企业的库存商品;(2)为了最终出售正处于生产过程中的存货,如加工企业的在产品、自制半成品以及委托加工物资等;(3)为了生产供销售的商品或提供服务以备消耗的存货,如各种原材料、燃料、包装物、低值易耗品等。

与“存货”相关的主要涉税风险如下:

1. 存货余额过大或增长较快。

存货余额过大或增长较快,可能是由于生产经营规模扩大或集中备货等原因造成,或者是企业属于一些特殊行业(如大型机械设备生产企业、房地产企业),存货的加工周期比较长,随着完工进度的不断推进,存货的余额过大或增长过快也是正常的。

如果是集中备货,当期进项税额会出现大幅上升,很有可能出现留抵税额。

但是,如果没有上述原因却出现了存货余额过大或增长较快的情况,而企业的预收账款又很大,那么很可能是企业销售货物后不愿确认纳税义务,将收到的款项挂到了预收账款科目中。报表数据反映出来的就是好像无货可发预收货款,但存货又出现滞销的矛盾情况。税务机关可能会通过实地盘库等方式核实库存账实是否相符。

2. 存货余额过小或大幅减少。

存货减少的主要原因是实现销售。若本期出现存货大幅减少,而营业收入没有显著变化的情况,则应进一步核实存货减少的具体原因,以确定企业是否存在以下情形:存货非正常损失;以存货偿债、投资、赠送等视同销售;销售收入已实现、未确认收入;等等。

3. 存货变动情况与行业特点不匹配。

通常情况下,企业都会根据实际需求,合理地确定存货数量,如果企业的存货占用过多,会造成库存积压、资金短缺;而如果存货不足,则会造成企业停工待产或者断货。不同行业的存货周转周期不同。例如,大型设备制造业,由于生产周期较长,存货要经过原材料、在产品、半成品、产成品等过程,因此存货周转周期比较长;而食品生产行业,由于产品加工过程较短,产品有保质期等,所以存货周转周期比较短。如果企业的存货变动情况和行业特点不匹配,说明企业存货可能存在问题,应进一步核实企业是否存在货物已发出但未确认收入等问题。

4. 存货期末出现红字。

如果企业资产负债表存货期末出现红字,可能有如下原因:(1)多结转成本,减少利润,少缴企业所得税。(2)如果数量为红字,金额为正数,说明计入成本的金额低于账面成本价,造成的后果是少转成本,虚增利润。(3)数量和金额都为红字,可能是单价正常的情况下,发票未到,存货已入库,未做估价入账就领用发出;如果存货核算规范,极可能是虚转成本,少缴企业所得税。(4)存货账户账面结存栏只有金额,没有数量,这种情况很可能是平时成本少结转造成的。

5. 采用计划成本法和售价金额核算法未准确处理成本差异和进销差价。

如果企业材料采用计划成本法核算,或者库存商品采用计划成本法或售价金额核算法核算,应在结转成本时,分摊材料成本差异或者商品进销差价,如果材料成本差异期初是贷方余额,计划成本大于实际成本,说明是节约差,如果有领用材料或销售材料、库存商品时,应该结转材料成本差异,冲减成本。如果未进行材料成本差异的结转,会造成多计成本、少缴企业所得税的后果。如果购入或委托加工商品采用售价核算的,对外销售商品结转成本时,应借记:主营业务成本科目,贷记:生产成本科目。如果未进行商品进销差价的分摊,会造成多计成本、少缴企业所得税的后果。

例如,某市税务局根据企业所得税预警信息,对2023年度汇算清缴后企业所得税低于最低贡献率的某矿业企业进行评估,通过分析某企业上年度资产负债表数据,发现该企业"存货"科目余额出现赤字,并且数额较大,这引起了评估人员的注意。

经核实,该企业购进原材料金额24,685,541元,没有从卖方取得发票,同时也未做暂估金额入库的账务处理,而是直接转入生产环节,结转产成品,且产成品已销售,年末无余额。

根据相关税收法律政策规定,企业超过汇算清缴期,仍未取得发票,应该调增应纳税所得额,缴纳企业所得税,经评估约谈,企业自查补税6,171,385元。

【提示】纳税人已经验收入库但发票账单尚未到达的各种存货,应按计划成本、合同价格或其他合理价格暂估入账；企业在汇算清缴期内仍然没有取得合法购货凭证的，应将存货按暂估价计入当期应纳税所得额，缴纳企业所得税。

（七）固定资产涉税风险

固定资产是指企业为生产产品、提供劳务、出租或者经营管理而持有的、使用时间超过 12 个月的、价值达到一定标准的非货币性资产，包括房屋、建筑物、机器、机械、运输工具以及其他与生产经营活动有关的设备、器具、工具等。

与“固定资产”相关的主要涉税风险如下：

1. 如果企业“固定资产”期末原值减少，说明该企业当期很可能发生了“固定资产”处置，无论是“利得”还是“损失”，都需要缴纳资产处置的流转税。例如：处置因政策原因未抵扣进项税额的固定资产，纳税人按照简易办法依 3% 征收率减按 2% 征收增值税。

2. 固定资产投入与销售收入规模不匹配，可能存在虚增固定资产问题。

【案例】税务稽查人员在对某化工企业近 3 年的增值税纳税情况进行检查时，发现该企业存在销售收入规模与固定资产投入不相符的问题。

稽查经过：检查人员查阅了该企业 2019 ~ 2021 年的经营数据，发现该企业 2019 年实现营业收入 1572 万元，缴纳增值税 86.5 万元；2020 年实现营业收入 2173 万元，缴纳增值税 180 万元；2021 年实现营业收入 2768 万元，缴纳增值税 238 万元。而该企业 2016 年固定资产投入规模就达到 2340 万元，以后年度基本保持不变。该企业主要经营粗苯等化工原料的生产销售，产品单价较高，按照其生产经营和市场销售规律，在固定资产规模早已达产且稳步提升的情况下，企业销售收入应保持较高水平。

面对检查人员的疑问，该企业财务人员解释说，虽然企业 2016 年固定资产投入就已达产，但因为生产工艺流程欠佳而使产能不足，主要产品的产量一直保持较低水平，所以 2016 年实现营业收入 1320 万元，2017 年实现营业收入 1648 万元；并且公司客户都是国有大型企业，财务制度规范，结算要求较严，均要求带票结算，所以不会隐瞒收入，少缴增值税。

检查人员通过查看其原始生产记录和资金结算单据，但会不会其他方面有问题？特别是固定资产发票有问题？这一疑虑在检查人员深入生产车间实地核查后越来越重。经过实地核查得知，该企业生产规模不大，只有一个生产车间，面积也不大，生产设备也较简单，只有两条生产线。虽然该企业财务人员一直声称，生产设备价值较高，属于按特殊要求定制的，但检查人员判断其中必有问题。于是，检查人员调取了该企业的固定资产明细账及相关原始单据、施工合同、建造合同,进行逐一核查。

通过检查固定资产发票发现,该企业列支的发票全部为普通发票,并且金额较大,单张价格均超过50万元。而且建造合同格式单一、内容简单,与该企业财务人员所述的按需定制不符。

面对检查人员的再三询问,该企业财务人员承认:该企业主要产品市场需求旺盛,基本处于供不应求状态,并且利润可观。但是,因客户必须要求开具增值税专用发票,企业增值税方面很难有漏洞可钻。于是,就在企业所得税方面进行所谓的筹划,通过虚假列支固定资产,每年多计提固定资产折旧、列支生产成本的方式,增加主营业务成本,进而减少利润总额,人为减少应纳税所得额,从而达到少缴企业所得税的目的。

处理结果:通过最终核实,该企业2015年、2016年分别取得不合规发票列支固定资产3,472,694.7元和4,428,108.52元,导致以后年度多计提折旧3,025,050元。根据相关规定,不合规发票取得的固定资产折旧不得在税前扣除,应予以调增应纳税所得额,合计应补缴企业所得税998,266.5元,并按规定加收滞纳金。

(八)在建工程涉税风险

企业与固定资产有关的后续支出,包括日常修理费用、大修理费用、更新改造支出、房屋的装修费用等,满足固定资产准则规定的固定资产确认条件的,在“在建工程”科目核算;不满足固定资产确认条件的,在“管理费用”等科目核算。

与“在建工程”相关的主要涉税风险是:企业在建工程余额长期很大,可能存在未及时办理竣工决算手续结转固定资产情况,导致少缴纳房产税;同时,对于因少缴房产税和少计提折旧增加的利润,企业可能会通过多结转成本或者多列、虚列费用进行调整等。

法律依据

1.《营业税改征增值税试点实施办法》(财税〔2016〕36号附件1,部分失效)

第十条 销售服务、无形资产或者不动产,是指有偿提供服务、有偿转让无形资产或者不动产,但属于下列非经营活动的情形除外:

……

(三)单位或者个体工商户为聘用的员工提供服务。

第十四条 下列情形视同销售服务、无形资产或者不动产:

(一)单位或者个体工商户向其他单位或者个人无偿提供服务,但用于公益事业或者以社会公众为对象的除外。

……

2.《税收征收管理法》

第三十六条 企业或者外国企业在中国境内设立的从事生产、经营的机构、场所与其关联企业之间的业务往来,应当按照独立企业之间的业务往来收取或者支付价款、费用;不按照独立企业之间的业务往来收取或者支付价款、费用,而减少其应纳税的收入或者所得额的,税务机关有权进行合理调整。

3.《税收征收管理法实施细则》

第五十四条 纳税人与其关联企业之间的业务往来有下列情形之一的,税务机关可以调整其应纳税额:

……

(二)融通资金所支付或者收取的利息超过或者低于没有关联关系的企业之间所能同意的数额,或者利率超过或者低于同类业务的正常利率;

……

4.《财政部、国家税务总局关于规范个人投资者个人所得税征收管理的通知》(财税〔2003〕158号)

二、关于个人投资者从其投资的企业(个人独资企业、合伙企业除外)借款长期不还的处理问题。

纳税年度内个人投资者从其投资企业(个人独资企业、合伙企业除外)借款,在该纳税年度终了后既不归还,又未用于企业生产经营的,其未归还的借款可视为企业对个人投资者的红利分配,依照"利息、股息、红利所得"项目计征个人所得税。

5.《个人所得税管理办法》(国税发〔2005〕120号,已被修改)

第三十五条 各级税务机关应强化对个体工商户、个人独资企业和合伙企业投资者以及独立从事劳务活动的个人的个人所得税征管。

……

(四)加强个人投资者从其投资企业借款的管理,对期限超过一年又未用于企业生产经营的借款,严格按照有关规定征税。

6.《财政部、国家税务总局关于企业为个人购买房屋或其他财产征收个人所得税问题的批复》(财税〔2008〕83号)

一、根据《中华人民共和国个人所得税法》和《财政部 国家税务总局关于规范个人投资者个人所得税征收管理的通知》(财税〔2003〕158号)的有关规定,符合以下情形的房屋或其他财产,不论所有权人是否将财产无偿或有偿交付企业使用,其实质均为企业对个人进行了实物性质的分配,应依法计征个人所得税。

(一)企业出资购买房屋及其他财产,将所有权登记为投资者个人、投资者家庭成员或企业其他人员的;

(二)企业投资者个人、投资者家庭成员或企业其他人员向企业借款用于购买房屋及其他财产,将所有权登记为投资者、投资者家庭成员或企业其他人员,且借款年度终了后未归还借款的。

二、对个人独资企业、合伙企业的个人投资者或其家庭成员取得的上述所得,视为企业对个人投资者的利润分配,按照“个体工商户的生产、经营所得”项目计征个人所得税;对除个人独资企业、合伙企业以外其他企业的个人投资者或其家庭成员取得的上述所得,视为企业对个人投资者的红利分配,按照“利息、股息、红利所得”项目计征个人所得税;对企业其他人员取得的上述所得,按照“工资、薪金所得”项目计征个人所得税。

7.《个人所得税法》

第九条 个人所得税以所得人为纳税人,以支付所得的单位或者个人为扣缴义务人。

……

8.《税收征收管理法》

第六十九条 扣缴义务人应扣未扣、应收而不收税款的,由税务机关向纳税人追缴税款,对扣缴义务人处应扣未扣、应收未收税款百分之五十以上三倍以下的罚款。

二、负债类项目数据

(一)应付账款

应付账款通常是指因购买材料、商品或接受劳务供应等而发生的债务,是买卖双方在购销活动中由于取得物资与支付货款在时间上不一致而产生的负债。

与“应付账款”相关的主要涉税风险如下:

1. 应付账款长期挂账。

如果应付账款长期挂账,应结合企业的货币资金情况核实企业的偿付能力。如果企业盈利情况较好、没有资金短缺的情况,那么企业可能存在虚增成本、取得虚开发票等情况,应结合记账凭证、采购合同、入库单或采取协查等方式进一步核实应付账款业务的真实性。如果确实属于无法支付的应付账款，应核实是否应该转入营业外收入计算缴纳企业所得税。

2. 应付账款金额与存货不匹配。

一般情况下，应付账款与存货的比例在 30% 左右比较合适，若该比例达到 70% 甚至 100% ，则说明企业绝大部分商品是赊购的。如果企业“货币资金”科目显示企业资金并不短缺，说明企业应付账款虚假的可能性比较大，应进一步核查。

3. 应付账款大幅增加。

如果企业应付账款期末余额与期初余额相比有大幅上升，而利润表中营业收入本年与上年相比却是持平或下降状态，说明企业可能存在虚增成本或隐瞒收入的问题。

4. 应付账款大幅减少。

如果企业应付账款期末余额与期初余额相比有大幅下降，说明企业偿付了大量的应付账款，但是，支付的货币资金本期与上期相比没有太大的变化，说明用货币资金偿付欠款的可能性不大；如果长期借款、短期借款、其他应付款等其他负债类科目本年与上年相比也没有大幅上升，说明企业借新债还旧债的可能性不大。企业可能存在用非货币资产抵债的问题，应进一步核实存货变动情况，如果存货本年和上年相比大幅减少，但营业收入却变化不大，就要进一步检查相关记账凭证，核实企业是否存在用存货偿债但未视同销售的情形，以及是否存在债务豁免、债转股等情况。

（二）预收账款

预收账款是指企业向购货方预收的购货订金或货款。企业在收到预收账款时，商品或劳务的销售合同尚未履行，因而不能作为收入入账，只能确认为一项负债，即贷记“预收账款”账户。企业按合同规定提供商品或劳务后，再根据合同的履行情况，逐期或一次性将未实现收入转成已实现收入，即借记“预收账款”账户，贷记有关收入账户。预收账款的期限一般不超过 1 年，通常应作为一项流动负债反映在各期末的资产负债表上。

与“预收账款”相关的主要涉税风险如下：

1. 收到预收款未按规定履行预缴税款义务或纳税义务。

纳税人采取预收款方式销售自行开发的房地产项目的，应在收到预收款时按照 3% 的预征率预缴增值税。

纳税人提供建筑服务取得预收款的，应在收到预收款时，以取得的预收款扣除支付的分包款后的余额,按照规定的预征率预缴增值税。

纳税人提供租赁服务采取预收款方式的,其纳税义务发生时间为收到预收款的当天。

如果企业属于建筑业或房地产行业,或者存在租赁服务,且财务报表显示预收账款余额比较大,应结合企业纳税申报表核实其是否按规定预缴或缴纳增值税等。

2. 预收账款余额过大,存在销售挂账可能。

如果企业经营产品属于非紧俏商品,基本上是买方市场,购货方先付款后提货的可能性较小。若企业预收账款很大的同时存货余额也很多,应抽取调阅发生额较大的凭证详细检查,以核实企业是否存在货物已发出但发票未开,将收到的款项挂"预收账款",少确认销售额,不缴或者少缴纳税款的情况。

3. 预收账款减少但未记录收入。

如果企业"本期(预收账款月初余额 - 预收账款月末余额) ÷ (1 + 适用税率) > 本期申报增值税销售额",那么存在以下两种可能:

(1)可能发生了退款。

(2)可能预收账款减少但未记收入:①会计在记账时将预收账款科目与应付款类往来科目对冲,在财务报表上隐瞒企业实际经营情况,造成少记、迟记收入;②以未达成交易为由虚假归还预收账款,利用自制凭证直接冲减预收账款和货币资金等。

(三)其他应付款

其他应付款是指与企业的主营业务没有直接关系的,除应付票据、应付账款、应付工资、应付利润等以外的,应付、暂收其他单位或个人的款项,如应付租入固定资产和包装物的租金、管辖区内业主装修存入的保证金、应付统筹退休金、职工未按期领取的工资等。

与"其他应付款"相关的主要涉税风险如下:

1. 当期其他应付款增长过快。

若当期新增其他应付款大于销售收入的 80%,说明企业当期发生的业务大部分没有付款,不符合经营常规,应进一步核实其他应付款的真实性。

2. 其他应付款借方余额过大。

如果其他应付款借方余额很大,企业可能存在以下情况:

(1)虚开发票。向他人虚开发票后,必然会有资金流入,但由于业务并不是真实发生的,所以流入的资金必然要回流给对方,这时资金就通过其他应付款的借方余额流出,造成这个科目长期存在大额挂账,且某些余额长期不能清理。

(2)向关联方出借资金。如果其他应付款借方余额长期挂账的对象是企业的关联方,那么可能存在企业无偿出借资金给关联方使用的情况,会涉及不缴或者少缴增值税、企业所得税、个人所得税等风险。

(3)变相向个人股东分红逃避个人所得税义务。例如,以公司名义代股东支付买车、买房等大额消费支出,并将相关财产登记在股东或其家属名下,股东占用的公司资金长期挂在其他应付款的借方名下。

3. 其他应付款贷方余额过大。

如果其他应付款贷方余额长期过大,那么企业可能存在以下问题:

(1)通过其他应付款隐匿收入。应对明细账和相关记账凭证做进一步检查。

(2)取得虚开发票。在没有真实业务的情况下取得虚开发票,为了把形式做成真实的,企业会对外支付资金,但付出去的钱又会想办法最终回到公司的账户,这时候其他应付款很可能就成了资金回流的入口。

(3)向非金融企业借款利率过高。如果资产负债表中(短期借款平均余额+长期借款平均余额)×银行同期平均利率小于利润表中的财务费用,说明企业向非金融企业借款的利率水平可能高于金融企业同期同类贷款利率,高出的部分不得在税前扣除,需要做纳税调增处理。

(4)其他应付款如果确属无法支付的款项,应并入营业外收入计算缴纳企业所得税。

【案例】2023 年 3 月,某市税务局依托金税三期系统和大数据分析平台,对房地产开发企业开展风险扫描分析,发现 S 公司的其他应付款指标明显高于预警值。进一步分析后,税务人员了解到,这家成立于 2016 年的房地产投资开发公司,于 2020 年 6 月开发了某商务楼项目,建筑面积 6 万平方米,2022 年年底竣工。2021 年 11 月收到商品房预售许可证后开始对外销售,2022 年账面预收款 16,160.27 万元,其他应付款 3175.71 万元。

税务人员将该公司 2022 年的财务会计报表、企业所得税年度汇算清缴表的各项指标与其历年指标做比对分析后,发现该公司其他应付款余额大于预收账款增加额和营业收入的相当比例。该公司是不是存在将应税收入、营业外收入等挂在“其他应付款”科目,用未实际发生的应付款项虚列支出的问题?带着疑问,税务人员调取分析了 S 公司 2021 年以来的申报资料等涉税信息。

核查大量信息后，税务人员约谈 S 公司财务人员，并向该公司发出“纳税评估询问通知书”，要求公司对其“其他应付款”等财务指标异常情况说明原因，并提供证明材料。S 公司财务人员表示，挂在“其他应付款”科目的 3175.71 万元，部分是向客户收取的定金，长期挂账，与业主签订购房合同后没有进行结转；部分是向占用 S 公司资金的其他单位收取的利息，不知道向对方提供何种发票，因未向对方提供发票不能确认收入，所以未将这笔收入作为计税依据申报纳税。

最终，S 公司无法举证说明其他应付款较高的理由，承认其有隐瞒收入、虚列往来账问题，少申报缴纳了企业所得税、增值税、城建税、教育费附加、地方教育附加、印花税等税费。目前，该公司已按照规定补缴税款、滞纳金合计 271.54 万元。

【提示】税务机关通过金税三期(四期)征管软件预警评估系统，根据系统设定的指标，可以实现对企业各项资料进行数据信息和逻辑关系分析，对企业历史上存在的涉税问题、环节、行为进行税务风险测定，筛选出可疑信息，进行预警评估，对重要信息进行双随机摇号稽查，该案例中的其他应付款即为常见的税务预警指标。

(四)长期借款和短期借款涉税风险

长期借款是指企业从银行或其他金融机构借入的期限在 1 年以上(不含 1 年)的借款，如从各专业银行、商业银行取得的贷款，向财务公司、投资公司等金融企业借入的款项，等等。

短期借款是指企业为维持正常的生产经营所需的资金或为抵偿某项债务而向银行或其他金融机构等外单位借入的、还款期限在 1 年以下(含 1 年)的各种借款，主要有经营周转借款、临时借款、结算借款、票据贴现借款、卖方信贷、预购定金借款和专项储备借款等。

与“长期借款和短期借款”相关的主要涉税风险如下：

1. 长、短期借款余额增加，但没有借款合同印花税缴纳记录。

根据《印花税法》所附《印花税税目税率表》的规定，借款人(不包括同业拆借)与银行业金融机构、经国务院银行业监督管理机构批准设立的其他金融机构签订的借款合同，需按照借款金额的万分之零点五计算缴纳印花税。如果企业的长、短期借款增加，且存在向金融机构借款的情况，但无借款合同印花税申报缴纳记录，那么说明企业很可能存在少缴印花税问题。

2. 企业存在在建工程使用借款，利息费用未资本化。

《企业所得税法实施条例》第 37 条第 2 款规定：“企业为购置、建造固定资产、无形资产和经过 12 个月以上的建造才能达到预定可销售状态的存货发生借款的，在有关资产购置、建造期间发生的合理的借款费用，应当作为资本性支出计入有关资产的成本，并依照本条例的规定扣除。”所以，如果企业资产负债表在建工程科目有余额或者企业属于大型设备制造企业、房地产企业等，且当期（长期借款平均余额＋短期借款平均余额）×银行同期平均利率＝利润表的财务费用，说明企业当期利息支出全部费用化了，应进一步核实是否存在应予资本化的利息因费用化而在当期税前扣除的问题。

3. 向关联企业长期借款持续增长，超过关联企业债资比。

如果企业长期借款数额较大、持续增加，应关注是否存在关联企业之间的借款，借款是否超过了规定的债资比。如果企业接受关联方债权性投资与其权益性投资比例超过 2∶1（金融企业为 5∶1），需要按规定计算不得税前扣除的利息支出，并进行相应纳税调整。

另外，企业与其关联方之间的业务往来，不符合独立交易原则而减少企业或者其关联方应纳税收入或者所得额的，税务机关有权按照合理方法调整。

三、所有者权益类项目数据

（一）资本公积

1. 企业将资本公积转增注册资本（股本）时，未依法为自然人股东代扣代缴个人所得税。

《国家税务总局关于进一步加强高收入者个人所得税征收管理的通知》（国税发〔2010〕54 号）第 2 条第 2 款第 1 项规定，加强企业转增注册资本和股本管理，对以未分配利润、盈余公积和除股票溢价发行外的其他资本公积转增注册资本和股本的，要按照“利息、股息、红利所得”项目，依据现行政策规定计征个人所得税。因此，企业以“除股票溢价发行外的”其他资本公积转增注册资本和股本的，要按照“利息、股息、红利所得”项目代扣代缴自然人股东的个人所得税。

警示案例

北京市地税局第六稽查局（以下简称稽查局）在日常检查约谈中，发现某企业财务报表中的数据异常，经过认真细致的检查，最终引出了一笔千万元税款大案。

2015 年，稽查人员对某企业上报的财务报表进行审阅，发现其所有者权益中，股本科目金额变动较大，由 875 万元增加至 7000 万元。通过进一步了解，发现该企业自然人股东股本增加金额较大，而没有个人所得税入库，有可能存在一定的涉税疑点，该局决定立案检查。

经查,该企业近2年利润率保持在20%左右,企业正计划上市。检查人员发现该企业增加的6125万元股本为资本公积转增股本;其中有7名自然人股东的股本,由540万元增加到4320万元,但没有缴纳相关个人所得税的记录。

针对检查人员提出的涉税疑点,企业认为,按照《国家税务总局关于股份制企业转增股本和派发红股征免个人所得税的通知》(国税发〔1997〕198号)第1条"股份制企业用资本公积金转增股本不属于股息、红利性质的分配,对个人取得的转增股本数额,不作为个人所得,不征收个人所得税",以及《国家税务总局关于原城市信用社在转制为城市合作银行过程中个人股增值所得应纳个人所得税的批复》(国税函〔1998〕289号)第2条:"……'资本公积金'是指股份制企业股票溢价发行收入所形成的资本公积金。将此转增股本由个人取得的数额不作为应税所得征收个人所得税……"的相关规定,该转增股本的资本公积,属于股本溢价发行形成的资本公积,不应缴纳个人所得税。

针对该企业的解释,检查人员对该企业资本公积的形成来源开展了更加细致的检查。通过调取投资协议等资料,发现该资本公积形成于2013年,是一家医药公司直接股权投资形成的,没有股票发行过程,属于投资者投入形成的资本公积增加,而非股票溢价发行形成,不符合上述文件的要求,获得转增股本的自然人股东应按照《国家税务总局关于进一步加强高收入者个人所得税征收管理的通知》(国税发〔2010〕54号)的相关规定计征个人所得税。企业负有代扣代缴义务。

同时,检查人员还针对该企业提出的再次转让导致重复征税的忧虑进行了解释,说明再次转让时,本次缴纳的个人所得税的转增额可计入股权原值。经过反复的政策解释,该企业最终认可了税务机关的观点,并接受了补缴个人所得税756万元,罚款378万元的处罚决定。

2. 资本公积增加是由于资产评估增值原因,企业调整账面价值后未按规定进行企业所得税纳税调整。

根据《企业所得税法实施条例》第56条"企业的各项资产,包括固定资产、生物资产、无形资产、长期待摊费用、投资资产、存货等,以历史成本为计税基础。前款所称历史成本,是指企业取得该项资产时实际发生的支出。企业持有各项资产期间资产增值或者减值,除国务院财政、税务主管部门规定可以确认损益外,不得调整该资产的计税基础"的规定,对于非法定的资产评估增值(如银行贷款时的评估增值),不允许调整企业的资产价值和计税基础。

对于法定的资产评估增值,分3种情况处理:(1)纳税人按照国务院的统一规定,进行清产核资时发生的固定资产评估净增值,不计入应纳税所得额;(2)纳税人在产权转让过程中发生的产权转让净收益(按国家有关规定全额上缴财政的国有资产产权转让净收益除外)或净损失,计入应纳税所得额,依法缴纳企业所得税;(3)企业进行股份制改造时发生的资产评估增值,应相应地调整账户,所发生的固定资产评估增值可以计提折旧,但在计算应纳税所得额时不得扣除,应进行相应的企业所得税纳税调整。

3. 企业“资本公积—其他资本公积”的期末余额远超过期初余额的,可能存在接受股东的捐赠、无偿划入资产,但未按规定进行涉税处理(包括未申报缴纳印花税,未依法为自然人股东代扣代缴个人所得税等)的情形。

虽然会计上按照实质重于形式的原则,将上述情形视同资本性投入计入其他资本公积。但是,根据税法的规定,企业接受捐赠,属于应税收入的一部分,要计入应纳税所得额进行申报纳税。

【提示】根据《国家税务总局关于企业所得税应纳税所得额若干问题的公告》(国家税务总局公告2014年第29号)第2条第1项“企业接收股东划入资产(包括股东赠予资产、上市公司在股权分置改革过程中接收原非流通股股东和新非流通股股东赠予的资产、股东放弃本企业的股权,下同),凡合同、协议约定作为资本金(包括资本公积)且在会计上已做实际处理的,不计入企业的收入总额,企业应按公允价值确定该项资产的计税基础”的规定,企业在接受股东捐赠资产时,如果合同、协议约定作为资本金或资本公积,且在会计上已这样处理了,就可以不计入应税收入。这时,会计和税务处理一致。

(二)盈余公积、未分配利润

盈余公积是指企业从税后利润中提取的、留存于企业内部的、具有特定用途的各种收益积累。盈余公积包括法定盈余公积和任意盈余公积。

公司分配当年税后利润时,应当提取利润的10%列入公司法定公积金(公司法定公积金累计额为公司注册资本的50%以上的,可以不再提取)。公司的法定公积金不足以弥补以前年度亏损的,在依照前款规定提取法定公积金之前,应当先用当年利润弥补亏损。公司从税后利润中提取法定公积金后,经股东会决议,还可以从税后利润中提取任意公积金。公司弥补亏损和提取公积金后所余税后利润,有限责任公司按照股东实缴的出资比例分配利润(全体股东约定不按照出资比例分配利润的除外),股份有限公司按照股东所持有的股份比例分配利润(公司章程另有规定的除外)。

公司的公积金用于弥补公司的亏损(先使用任意公积金和法定公积金;仍不能弥补的,可以按照规定使用资本公积金)、扩大公司生产经营或者转为增加公司注册资本(法定公积金转为增加公司注册资本时,留存的该项公积金不得少于转增前公司注册资本的25%)。

与"盈余公积、未分配利润"相关的主要涉税风险如下:

1. 盈余公积和未分配利润之和的变动,与利润表中的净利润变动方向和幅度不一致。

理论上,盈余公积和未分配利润之和的变动,应该与利润表中的净利润变动方向和幅度是大致相同的。如果企业本年度的净利润为正数,但盈余公积和未分配利润之和却减少了,或者虽然增加但大大低于净利润数,那么企业可能进行了利润分配。此时需要考虑利润分配的涉税情况,如果企业存在自然人股东,那么企业进行利润分配时需要履行代扣代缴个人所得税的义务。

2. 企业将盈余公积、未分配利润转增注册资本(股本)时,未依法为自然人股东代扣代缴个人所得税。

《国家税务总局关于进一步加强高收入者个人所得税征收管理的通知》(国税发〔2010〕54号)第2条第2款第1项规定,加强企业转增注册资本和股本管理,对以未分配利润、盈余公积和除股票溢价发行外的其他资本公积转增注册资本和股本的,要按照"利息、股息、红利所得"项目,依据现行政策规定计征个人所得税。因此,企业以未分配利润、盈余公积转增注册资本和股本的,要按照"利息、股息、红利所得"项目代扣代缴自然人股东的个人所得税。

法律依据

《公司法》

第二百一十条 公司分配当年税后利润时,应当提取利润的百分之十列入公司法定公积金。公司法定公积金累计额为公司注册资本的百分之五十以上的,可以不再提取。

公司的法定公积金不足以弥补以前年度亏损的,在依照前款规定提取法定公积金之前,应当先用当年利润弥补亏损。

公司从税后利润中提取法定公积金后,经股东会决议,还可以从税后利润中提取任意公积金。

公司弥补亏损和提取公积金后所余税后利润,有限责任公司按照股东实缴的出资比例分配利润,全体股东约定不按照出资比例分配利润的除外;股份有限公司按照股东所持有的股份比例分配利润，公司章程另有规定的除外。

公司持有的本公司股份不得分配利润。

第二百一十四条　公司的公积金用于弥补公司的亏损、扩大公司生产经营或者转为增加公司注册资本。

公积金弥补公司亏损，应当先使用任意公积金和法定公积金；仍不能弥补的，可以按照规定使用资本公积金。

法定公积金转为增加注册资本时，所留存的该项公积金不得少于转增前公司注册资本的百分之二十五。

第二节　利润表主要项目税务风险分析

一、营业收入

营业收入是指在一定时期内，企业从事生产经营所取得的收入，如商业企业的商品销售收入、生产加工企业的产品销售收入、餐饮企业的食品销售收入、服务企业的服务收入、仓储企业的仓储收入、运输企业的运费收入及代办运输收入等。营业收入包括主营业务收入和其他业务收入。

与“营业收入”相关的主要涉税风险如下：

1. 税会差异处理错误。

由于新收入准则对收入的确认和计量引入了更多的职业判断因素，而税法上对收入的确认确定性要大一些，所以，会产生各种各样的税会差异。

2. 营业收入与应收账款周转率、存货周转率、总资产周转率等不匹配。

一般情况下，如果企业的应收账款周转率、存货周转率、总资产周转率等提高了，说明企业的经营情况呈现向上向好的发展态势，营业收入也应该比上期有所增长。若出现营业收入持平或者下降的状况，则说明企业可能存在隐匿收入的问题。

3. 营业收入与固定资产规模增长情况不匹配。

如果企业资产负债表中固定资产规模大幅增加，而利润表中营业收入增长幅度很小或者是下降的，应进一步核查新增的固定资产是什么，是不是用于生产的机器设备，如果是，需进一步核实设备的投入使用时间，测算设备的产量。再进一步核查存货科目，如果存货出现大幅增长，说明新产品还未销售，属于正常情况。如果存货没有大的变化，说明企业可能存在隐匿产量、账外经营的情况。

4. 应付职工薪酬与营业收入变动情况不匹配。

资产负债表中应付职工薪酬比上年出现大幅上涨，而利润表中的营业收入却无明显增长或出现下降态势，说明企业可能存在虚增人工成本或隐匿收入的问题。

5. 企业所得税年营业收入小于增值税申报表销售额。

如果企业所得税年度申报表（A 类）填报的销售（营业）收入合计小于企业同期(所属期 1 ~ 12 月）增值税销售（营业）收入之和，说明企业可能存在少记企业所得税收入的情况。

【案例】某企业 2022 年度预收款收入共计 500 万元，收入对应的项目未竣工，但由于应客户要求提前开票，企业在 2023 年年初确认了增值税收入并缴纳税款。随着项目的推进，根据权责发生制，该收入应计入 2023 年企业所得税收入，但企业为了调节收入，未将这部分收入在 2023 年企业所得税汇算清缴中进行申报，而是计入了 2024 年收入。

根据《企业所得税法实施条例》第 9 条“企业应纳税所得额的计算，以权责发生制为原则，属于当期的收入和费用，不论款项是否收付，均作为当期的收入和费用；不属于当期的收入和费用，即使款项已经在当期收付，均不作为当期的收入和费用。本条例和国务院财政、税务主管部门另有规定的除外”及《国家税务总局关于确认企业所得税收入若干问题的通知》（国税函〔2008〕875 号）第 2 条“企业在各个纳税期末，提供劳务交易的结果能够可靠估计的，应采用完工进度（完工百分比）法确认提供劳务收入……”的规定，该企业应采用完工进度（完工百分比）法确认提供劳务收入。

二、营业成本

营业成本是指企业为生产产品、提供劳务等发生的可归属于产品成本、劳务成本等的费用，应当在确认销售商品收入、提供劳务收入等时，将已销售商品、已提供劳务的成本等计入当期损益。营业成本包括主营业务成本和其他业务成本。

与“营业成本”相关的主要涉税风险如下：

1. 成本变动与收入变动不配比。

一般情况下，企业收入与成本应该是同方向、同比例变动，如果成本增长远远大于收入增长，说明企业可能存在隐匿收入或者虚增成本的可能。

2. 单位产品成本高于上年同期或同行业平均水平。

一般情况下，如果产品的原材料价格稳定，企业生产工艺流程没有改变，产品的结构没有改变，企业的单位产品成本应该不会出现大的变化。如果企业某个月单位产品成本突然出现大幅上涨，高于上年同期或同行业平均水平，说明企业可能存在隐匿产量的问题。

三、期间费用

期间费用是指企业日常活动发生的不能计入特定核算对象的成本，而应计入发生当期损益的费用，包括管理费用、销售费用和财务费用。

期间费用包含以下 2 种情况：(1) 企业发生的支出不产生经济利益，或者即使产生经济利益但不符合或者不再符合资产确认条件的，应当在发生时确认为费用，计入当期损益。(2) 企业发生的交易或者事项导致其承担了一项负债，而又不确认为一项资产的，应当在发生时确认为费用计入当期损益。

与“期间费用”相关的主要涉税风险如下：

1. 期间费用增长过快，与营业收入不匹配。

如果企业期间费用出现大幅上升情况，而企业经营规模未发生大的变化，营业收入未出现大幅增长甚至出现下降情况，说明企业可能存在虚增期间费用或者少计收入的问题，应做进一步的核实。

2. 业务招待费未按规定调整。

发票品目中含“餐”字样的当年度发票合计数大于企业“业务招待费支出账载金额”，说明企业可能存在以下问题：(1) 误将本该属于业务招待费的支出错误归集到其他科目(如会议费、职工福利费、职工教育经费、主营业务成本等)，需更正申报企业所得税年度申报。(2) 赠送客户实物的，未视同销售货物缴纳增值税、企业所得税，未按照“偶然所得”项目代扣代缴个人所得税。

3. 发票品目中含“广告”字样的当年度发票合计数大于企业期间费用中的企业“广告费支出账载金额”。

说明企业可能存在以下问题：误将本该属于广告费和业务宣传费的支出错误归集到其他科目(如主营业务成本、咨询顾问费等)，需更正申报企业所得税年度申报。

4. 发票品目中含“咨询”字样的当年度发票合计数小于企业期间费用“咨询顾问账载金额”合计数。

说明企业可能存在以下问题：误将不属于咨询顾问费的支出归集到该科目，导致无合法凭证虚列成本入账的情况，需更正申报企业所得税年度申报。

5. 财务费用金额较大、增长过快。

如果企业财务费用金额较大、增长过快，应进一步核实企业支付的利息是否超过金融企业同期同类贷款利率，是否存在向关联企业借款超过债资比的利息在税前扣除等情况，并核实企业与金融机构签订的借款合同是否依法申报缴纳印花税。

6. 期间费用增长幅度高于营业成本增长幅度。

一般情况下，期间费用的增长幅度应低于营业成本的增长幅度，并且费用总额也应该小于成本总额。如果期间费用与营业成本的比值过大，说明可能存在多列支期间费用问题。

四、税金及附加

根据《增值税会计处理规定》（财会〔2016〕22 号）的规定，全面试行营业税改征增值税后，“营业税金及附加”科目名称调整为“税金及附加”科目，该科目核算企业经营活动发生的消费税、城市维护建设税、资源税、教育费附加及房产税、土地使用税、车船使用税、印花税等相关税费；利润表中的“营业税金及附加”项目调整为“税金及附加”项目。

与“税金及附加”相关的主要涉税风险如下：

1. 税金及附加与营业收入的比值远远小于上年同期数。

如果企业本期税金及附加与营业收入的比值远远小于上年同期数，说明企业可能存在少缴税金情况，应详细核实具体原因。

2. 误将不属于当年度“税金及附加”的其他税费进行归集。

“税金及附加”包含消费税、城市维护建设税、资源税、教育费附加（含地方教育附加）、房产税、土地使用税、车船使用税、印花税、环境保护税等相关税费。

【案例】某公司 2023 年申报并补缴了 2021 ~ 2023 年的房产税 90 万元、城镇土地使用税 3 万元，全额计入了当年“管理费用”科目，并在税前进行扣除。

【解析】根据《国家税务总局关于企业所得税应纳税所得额若干税务处理问题的公告》（国家税务总局公告 2012 年第 15 号）第 6 条“……根据《中华人民共和国税收征收管理法》的有关规定，对企业发现以前年度实际发生的、按照税收规定应在企业所得税前扣除而未扣除或者少扣除的支出，企业做出专项申报及说明后，准予追补至该项目发生年度计算扣除，但追补确认期限不得超过 5 年……”的规定，该企业应将以前年度的税金追补至实际发生年度扣除。

第三节 现金流量表主要项目税务风险分析

一、销售商品、提供劳务收到的现金

该项目反映企业销售商品、提供劳务实际收到的现金,包括本期销售商品(含销售商品产品、材料,下同)与提供劳务收到的现金、收回前期销售与提供劳务的款项、本期预收的账款、本期收回前期已核销的坏账,扣除本期发生的销售退回所支付的现金。本项目可以根据“应收账款”“应收票据”“预收账款”“主营业务收入”“其他业务收入”等科目的记录分析填列。

(一)风险分析方向

现金流量表中的“销售商品、提供劳务收到的现金”项目与利润表中“主营业务收入”项目之间有着内在的联系,可以利用现金流量表中的“销售商品、提供劳务收到的现金”项目测算营业收入,然后与企业申报营业收入进行比对,若申报营业收入小于测算营业收入,说明企业可能存在少计收入问题。

(二)测算公式推导

1. 销售商品、提供劳务收到的现金 = 本期销售货物收到的现金 + 上期销售货物本期收到的现金 + 本期新增预收账款 + 销项税 - 应收项的意外减少 + 收回以前的坏账 = 营业收入(主营业务收入 + 其他业务收入) - 本期新增应收款项 + 本期减少应收款项 + 本期新增预收账款 + 销项税 - 应收项的意外减少 + 收回以前的坏账。

2. 营业收入测算值 = 销售商品、提供劳务收到的现金 + 本期新增应收款项 - 本期减少应收款项 - 本期新增预收账款 - 销项税 + 应收项的意外减少 - 收回以前的坏账 = 销售商品、提供劳务收到的现金 + (应收票据期末余额 - 应收票据期初余额) + (应收账款期末余额 - 应收账款期初余额) - (预收账款期末余额 - 预收账款期初余额) - 本期销项税额 + 应收项的意外减少 - 收回以前的坏账。

其中,应收项的意外减少主要包括坏账的发生;票据贴现造成的借记财务费用;非现金抵账等。

3. 营业收入申报数 = 主营业务收入申报数 + 其他业务收入申报数。

4. 问题值 = 营业收入测算值 - 营业收入申报数。

【案例】某酒厂为增值税一般纳税人,主要从事粮食白酒的生产和销售。2023

年6月，申报白酒销售额30万元（销售数量4吨），当期销项税额3.9万元、准予抵扣的进项税额3.15万元、应交增值税0.75万元。经调查核实，企业当月销售白酒收到资金23.04万元，当期应收票据期初期末余额均为0，应收账款期末余额18.2万元、期初余额4.25万元，预收账款期末余额0、期初余额3.05万元。已知该行业增值税税负预警下限为4.16%。请根据以上情况，分析该企业存在的税务风险。

【解析】

1. 增值税税负率＝0.75÷30×100%＝2.5%＜行业增值税税负预警下限4.16%，说明企业可能存在少缴增值税情况。

2. 营业收入测算值＝23.04＋(18.2－4.25)－(0－3.05)－3.9＝36.14(万元)；

问题值＝营业收入测算值－营业收入申报数＝36.14－30＝6.14（万元），说明企业可能存在少计收入情况。

二、购进商品、接受劳务支付的现金

该项目反映公司购买商品、接受劳务实际支付的现金，包括本期购入商品、接受劳务支付的现金，以及本期支付前期购入商品、接受劳务的未付款项和本期预付款项等。本期发生的购货退回收到的现金应从本项目内扣除。本项目可以根据“在途物资”“原材料”“库存商品”“应付账款”“应付票据”“现金”“银行存款”等科目的记录分析填列。

（一）风险分析方向

现金流量表中的“购进商品、接受劳务支付的现金”项目与利润表中“主营业务成本”项目之间有着内在的联系，可以利用现金流量表中的“购进商品、接受劳务支付的现金”项目测算营业成本，然后与企业申报营业成本进行比对，若申报营业成本大于测算营业成本，说明企业可能存在多计成本问题。

（二）测算公式推导

1. 购进商品、接受劳务支付的现金＝本期购进货物支付的现金＋上期购进货物本期支付的现金＋本期新增预付账款＋进项税＋存货的意外减少－存货的意外增加＝（营业成本＋存货期末余额－存货期初余额）－本期新增应付款项＋本期减少应付款项＋本期新增预付账款＋进项税＋存货的意外减少－存货的意外增加。

2. 营业成本测算值＝购进商品接受劳务支付的现金－（存货期末余额－存货期初余额）＋（应付票据期末余额－应付票据期初余额）＋（应付账款期末余额－应付账款期初余额）－（预付账款期末余额－预付账款期初余额）－本期进项税发

生额－存货的意外减少＋存货的意外增加;

其中:(存货期末余额－存货期初余额)＝(存货期末净额－存货期初净额)＋(存货跌价准备期末余额－存货跌价准备期初余额);

存货的意外减少主要指未对应主营业务成本和其他业务成本的存货减少部分,如管理部门,在建工程领用材料;存货的意外增加主要指非购买渠道造成的存货增加,如折旧计入制造费用科目,应付职工薪酬计入生产成本或制造费用的部分。

3. 营业成本申报数＝主营业务成本申报数＋其他业务成本申报数。

4. 问题值＝营业成本测算值－营业成本申报数。

【案例】某企业本期购买商品接受劳务支付的现金为600万元;存货期末余额126万元、期初余额56万元;应付票据期末余额23万元、期初余额33万元;应付账款期末余额68万元、期初余额58万元;预付账款期末余额4.5万元、期初余额12.5万元;本期进项税发生额55万元。主营业务成本为520万元。

【解析】营业成本测算值＝600－(126－56)＋(23－33)＋(68－58)－(4.5－12.5)－55＝483(万元);

问题值＝483－520＝－37(万元);

测算营业成本数小于申报营业成本数,说明该企业可能存在多计成本问题。

作者简介

主　编

陈锐，云南春锐律师事务所主任，注册会计师（非执业会员），注册税务师（非执业会员），北京法天眼合规管理平台创始人，高级人力资源法务师，基金、证券从业资格。工科背景+10年世界500强外企管理经验；高级工程师、注册电气工程师、一级注册消防工程师、项目管理专业人士（PMP）。

专业领域：劳动用工、财税合规及风险管理、企业合规顾问。

高少华，北京市盈科律师事务所高级合伙人、盈科北京资本财税法律事务部主任、盈科全国青年律师工作委员会副主任、盈科全球财税服务中心副主任，中华全国律师协会财税法专业委员会委员，“全国律协西部律师讲师团”讲师，九三学社中央委员会第二届青年工作委员会委员，九三学社北京企业家联谊会副会长，中国并购交易师，北京市律师协会财税法律专业委员会委员，深圳市股权投资研究会高级研究员。

专业领域：税务筹划、税务风险处置与化解、国内重大项目并购重组及美股上市全程咨询运作。

杨发勇，北京市盈科（广州）律师事务所高级合伙人、税股法律事务部主任，广东省财税法学研究会常务理事，广东股权交易中心挂牌审核专家，鲁东大学法学院客座教授，华南理工大学法律硕士校外导师。

专业领域：税务筹划、税务风险处置与化解、涉税刑事辩护、股权顶层架构设计、企业投融资、并购重组、股东纠纷解决。

周旭泽，北京市盈科律师事务所执业律师，高级企业合规师，清华大学法律硕士，清华大学法硕同学会（校友会）监事，北京市法学会电子商务法治研究会理事。

专业领域：企业合规管理架构设计、财税合规、劳动用工合规、资本市场、民商事诉讼。

副主编

游本春，硕士研究生导师，盈科全国劳动与社会保障专业委员会主任，北京盈科（昆明）律师事务所劳动用工合规管理事务部主任，北京法天眼合规管理平台创始人。

专业领域：劳动用工、税务合规管理。

赵海红，天津澍泽律师事务所律师，高级企业合规师、高级财税管理师、高级劳动关系管理师，北京法天眼合规管理平台合规管理顾问。

专业领域：企业合规与法律风险管理、常年法律顾问、民商事纠纷诉讼（仲裁）。

温乐，北京市君致律师事务所律师，北京法天眼合规管理平台合规管理顾问。

专业领域：证券与资本市场、公司与并购重组、公司债券融资、民商事争议解决。

葛伟栋，浙江振邦律师事务所专职律师，高级人力资源法务师，浙江省法学会金融法学研究会理事，绍兴市律师协会政府法律顾问与行政专业委员会委员，绍兴市律师协会公司、金融与保险专业委员会，北京法天眼合规管理平台合规管理顾问。

专业领域：企业法律顾问、劳动用工、税务合规管理。

郑辉，法学博士，北京市盈科（广州）律师事务所高级合伙人，从事法律工作20余年，盈科全球刑民交叉法律服务中心广州中心主任，盈科刑辩学院食药环犯罪研究中心副主任，盈科律师事务所第五届全国产品质量与安全法律专业委员会副主任，广东省法学会犯罪学研究会常务理事，广东中立法律服务社疑难案件处理中心专家，广东省环境保护纠纷人民调解委员会人民调解员，广州市法学会刑事辩护研究会常务理事兼秘书长；曾在广州市中级人民法院等单位工作10余年，具有丰富的司法、行政执法、纪检监察等一线实务经验。

专业领域：刑事辩护（尤其擅长办理职务犯罪、金融犯罪、涉税犯罪、网络犯罪、性犯罪等案件）、刑民交叉案件、环境资源类案件、法律顾问。

杨彩琴，大脑营行思维商学院终身合伙人，京政亿企法财税商企业服务平台创始人，英国安格利亚鲁斯金大学硕士学位，高级管理会计师，国际注册会计师，税务会计师，专注财务领域13年，服务过的小中大企业超过8000家。

专业领域：财务、税务、企业经营管理、战略分析、股权顶层架构设计。

林春娥，浙江学优律师事务所高级合伙人，温州市律师协会财税专业委员会委员，企业合规师，北京法天眼合规管理平台合规管理顾问。

专业领域：劳动用工、税务常年顾问、合规管理。

张海峰，高级企业法律顾问，高级企业合规师，高级股权架构师，高级合同管理合规师，高级人力资源法务师，北京法天眼合规管理平台合规管理顾问。

专业领域：企业公司章程及股权架构设计、税务筹划、劳动用工风险防控、合同全程风险防控、应收账款风险管理、建设工程全程风险管理。

许高伟，北京万商天勤（武汉）律师事务所合伙人、劳动和社会保障业务部主任，高级（一级）企业人力资源管理师，劳动和社会保障方面实战专家，多家企业法律顾问，北京法天眼合规管理平台合规顾问。

专业领域：劳动人事争议、侵权纠纷、合同纠纷、企业法律顾问、税务风险防范。

马阳，云南曲直律师事务所党支部书记、主任，财税法律事务部主任，昆明市律师协会财税法律专业委员会委员、银行与金融法律专业委员会委员，2024 年获得中国共产党云南省律师行业会员会优秀共产党员，北京法天眼合规管理平台合规顾问。

专业领域：不良资产处置、税务合规专项、公司股权架构设计专项。

黄家琴，上海段和段（昆明）律师事务所律师，税务师，企业金融（高级）风险师，具有证券、基金从业资格，北京法天眼合规管理平台合规管理顾问。

专业领域：劳动用工及税务合规顾问、劳动用工及税务合规管理咨询专项、税企争议解决、涉税刑事辩护、企业并购业务等。

陈萍，四川瀛领禾石律师事务所主任、党总支书记、创始合伙人、建设工程与房地产专业委员会主任，四川省律师协会乡村振兴法律专业委员会委员，成都市律师协会理事、成华律师工作委员会主任、成都仲裁委员会仲裁员、北海国际仲裁院仲裁员，北京法天眼合规管理平台合规顾问。

专业领域：常年法律顾问、公司法律、行政法律、合同法律、刑事辩护。

杨定洁，康达（重庆）律师事务所高级合伙人律师，北京法天眼合规管理平台合规管理顾问。

专业领域：刑事辩护、民商事诉讼、企业合规、社会稳定风险评估。

编　委

柳慧波，江苏五道口企业管理有限公司创始合伙人、德持合规官品牌创始人，资深人力资源用工管理专家，国家高级人力资源管理师，高级企业合规管理师，高级人力资源法务师，北京法天眼合规管理平台合规顾问。

专业领域：劳动用工合规顾问、企业人力资源管理体系建设、企业财税合规管理顾问。

张友贵，高级企业合规师，取得会计师、审计师、企业法律顾问执业证书；在国有企业、私营企业、会计师事务所均有任职经历。在审计、人力资源、法务等岗位任管理工作多年，具有丰富的实践经验，现任职大型药企人力资源经理及法务经理。

专业领域：劳动用工及争议、税务合规筹划。

龙卫铭，北京德和衡（佛山）律师事务所权益合伙人，执业逾30年、服务项目超10,000件。

专业领域：民法、刑法、行政法全法律领域。

宋宁，中央财经大学和中国社会科学院大学税务专业硕士导师，中国对外经贸会计学会副会长，中国企业国际合规论坛秘书长，国际商会中国委员会税务专委会副主席，国家税务总局首批领军人才。

专业领域：企业税务合规、国际税务合规、跨国税务争议解决。

周朝霞，盈和盈财务咨询（贵州）集团有限公司、人外人财税咨询（贵州）有限公司、赢和赢企业管理（贵州）集团有限公司创始人，贵州人外人律师事务所首席财税顾问，从事会计代账行业10余年，资深财税人。

专业领域：企业财税合规、企业经营专项。

李志军，北京瀛和律师事务所合伙人、涉税犯罪业务部副主任，北京市东城区第四届律师协会财务委员会委员，税务师。

专业领域：税务评估筹划、涉税争议代理、涉税犯罪辩护。

王颖，山东奥瀚律师事务所主任律师，山东省律师协会刑事专业委员会委员、婚姻家庭法专业委员会委员，临沂市律师协会民事法律专业委员会委员，临沂仲裁委员会仲裁员。

专业领域：刑事、劳动用工、税务合规等。

何志霞，四川天责律师事务所合伙人、副主任，雅安市律师协会监事会监事，四川省劳动争议仲裁调解员，高级企业合规师，高级企业法律顾问。

专业领域：劳动用工合规管理咨询专项、合同风险管理、企业法律顾问。

黄祖，云南锦税律师事务所主任，普洱仲裁委员会、澜湄国际仲裁院仲裁员。

专业领域：企业税务法律风险防控、企业合规顾问。

杨波，江苏通税（长沙）律师事务所主任，具有税务师、会计师、证券（基金）资格。

专业领域：民商事合同纠纷、公司法财税综合顾问服务、股权节税架构设计、重大交易法财税综合咨询服务、涉税争议解决、涉税刑事辩护。

刘丹，湖南淇凭律师事务所律师，湖南淇凭税务师事务所有限公司合伙人，长沙市人力资源服务协会专家委员会委员，北京法天眼合规管理平台合规顾问。

专业领域：税务合规及劳动用工顾问、民商事诉讼。